重建中的反思

重新理解历史唯物主义

杨 耕 著

杨耕文集

第4卷

Reflections on Reconstruction

Reinterpreting Historical Materialism

华东师范大学出版社
·上海·

图书在版编目（CIP）数据

重建中的反思：重新理解历史唯物主义 / 杨耕著 . -- 上海：华东师范大学出版社，2023
（杨耕文集）
ISBN 978-7-5760-4005-0
Ⅰ.①重… Ⅱ.①杨… Ⅲ.①历史唯物主义—文集 Ⅳ.① B03-53
中国国家版本馆 CIP 数据核字 (2023) 第 129451 号

杨耕文集　第 4 卷
重建中的反思：重新理解历史唯物主义

著　　者　　杨　耕
策划编辑　　王　焰
责任编辑　　朱华华　张婷婷
责任校对　　宋红广　时东明
装帧设计　　卢晓红

出版发行　　华东师范大学出版社
社　　址　　上海市中山北路 3663 号　邮　编 200062
网　　址　　www.ecnupress.com.cn
电　　话　　021-60821666　行政传真 021-62572105
客服电话　　021-62865537　门市（邮购）电话 021-62869887
地　　址　　上海市中山北路 3663 号华东师范大学校内先锋路口
网　　店　　http://hdsdcbs.tmall.com

印 刷 者　　上海中华商务联合印刷有限公司
开　　本　　787 毫米 ×1092 毫米 1/16
印　　张　　23
字　　数　　330 千字
版　　次　　2023 年 8 月第 1 版
印　　次　　2023 年 8 月第 1 次
书　　号　　ISBN 978-7-5760-4005-0
定　　价　　108.00 元

出 版 人　　王　焰

（如发现本版图书有印订质量问题，请寄回本社客服中心调换或电话 021-62865537 联系）

目 录

导　论　唯物主义的历史形态与历史唯物主义的理论特征 / 1
　　一、法国唯物主义的两个派别：机械唯物主义与现实人道主义 / 1
　　二、唯物主义的历史形态：自然唯物主义、人本唯物主义、历史
　　　　唯物主义 / 9
　　三、历史唯物主义的创立：终结形而上学 / 19

第一章　社会的自然与自然的社会 / 31
　　一、社会与自然的相互渗透及其中介 / 31
　　二、实践活动中的人与自然的关系 / 37
　　三、人对自然实践把握的基本环节 / 44
　　四、否定性的辩证法 / 49
　　五、实践：人类世界的本体 / 54

第二章　社会的个人与个人的社会 / 59
　　一、"有生命的个人"与"现实的个人" / 59
　　二、实践：人的存在方式 / 64
　　三、人的本质是社会关系的总和 / 66
　　四、"社会生产人"与"人生产社会" / 70

第三章　社会的本质、结构和有机体的特征 / 74
　　一、实践：社会生活的本质 / 74
　　二、社会结构：实践活动的对象化和交往活动的制度化 / 79
　　三、社会的经济结构、政治结构和观念结构 / 81
　　四、社会有机体及其特征 / 89

第四章　社会发展的"自然历史过程" / 95
一、社会经济形态的发展在何种意义上与自然历史过程"相似" / 96
二、社会发展中的自然形态、派生形态和超越形态 / 104
三、人类总体历史的进程与具体民族历史的进程 / 110
四、社会历史过程与自然历史过程的区别 / 115

第五章　历史规律的形成与特征 / 118
一、历史规律的实践性、总体性和重复性 / 118
二、生产力与生产关系的矛盾运动规律 / 123
三、社会主义代替资本主义的历史必然性 / 128
四、社会主义必然代替资本主义的历史进程 / 132
五、历史规律的决定性与人的活动的选择性 / 137

第六章　价值尺度与历史尺度 / 145
一、价值尺度的取向与历史尺度的坚守 / 145
二、价值关系：人与物、人与人之间的利益关系 / 149
三、价值观：价值关系应然状态的期盼与展示 / 153

第七章　意识的发生与认识的本质 / 161
一、人类意识的个体发生与种系发生 / 161
二、意识：社会的产物 / 164
三、意识：被意识到的存在 / 167
四、语言是思想的直接现实 / 172
五、认识：主体对客体的能动反映 / 176
六、认识活动与实践活动的同构性 / 180
七、认识主体与客体的相互作用及其特征 / 186
八、认识：感性直观与理性思维的统一 / 189

第八章　实践反思与"从后思索" / 197
一、从黑格尔的思辨反思到马克思的实践反思 / 197
二、"从后思索"法：认识历史的根本方法 / 206
三、"从后思索"法的基本原则 / 208
四、"从后思索"法的基本要求 / 212

五、"从后思索"法与批判的历史哲学 / 216
　　六、历史认识论：历史唯物主义的理论生长点 / 219

第九章　科学抽象与思维建构 / 229
　　一、感性具体、抽象规定、思维具体、实践理念 / 230
　　二、科学抽象与理论体系的形成 / 233
　　三、从"抽象的规定"到"思维的具体"的基本环节 / 235
　　四、从"抽象的规定"到"思维的具体"的根本原则 / 239
　　五、从"抽象的规定"到"思维的具体"的实质：思维的建构 / 242
　　六、研究方法与叙述方法 / 247

第十章　自由王国与自由个性 / 251
　　一、自由与必然：人类活动的本原性矛盾 / 251
　　二、从必然王国向自由王国的转变 / 254
　　三、从单面的人到全面而自由发展的人 / 258
　　四、时间是人的发展的空间 / 264

附录一　历史唯物主义研究：问题、观点与思路 / 270

附录二　重新审视唯物主义的历史形态和历史唯物主义的理论空间
　　——重读《神圣家族》 / 298

附录三　历史唯物主义：哲学理论主题的根本转换与理论空间的重新建构
　　——在日本一桥大学的演讲 / 315

附录四　重读马克思与走进马克思
　　——我的学术自述 / 328

参考文献 / 348

第一版后记 / 353

第二版后记 / 356

第三版后记 / 359

导论

唯物主义的历史形态与历史唯物主义的理论特征

传统的观点认为,唯物主义在其发展过程中经历了三个历史阶段,形成了三种历史形态,这就是:自发或朴素唯物主义、机械或形而上学唯物主义和辩证唯物主义,历史唯物主义是辩证唯物主义在历史领域中的"推广"与"应用"。对哲学史和马克思主义哲学的重新考察使我们得知,这是一个误解、一种误判。在这种误解、误判中,唯物主义发展进程中的主题转换被遮蔽了,历史唯物主义的划时代的贡献在相当大的程度上被抛弃了。这里,我拟就法国唯物主义的两个派别、唯物主义的历史形态,以及历史唯物主义的基本特征做一新的考察和审视,以深化我们对历史唯物主义的研究。

一、法国唯物主义的两个派别:机械唯物主义与现实人道主义

18世纪的法国处在一个动荡不安、风云变幻的时代。

康德断言,这是一个批判的时代。卡西尔认为,这是一个理性的时代。在我看来,这是一个理性载负着批判的时代。在这个时代产生的法国唯物主义以其独特的反思精神和批判态度充分展示了自己的理论风采,并在哲学史上留下了浓墨重彩的一章。然而,18世纪法国唯物主义又受到来自不同方面的误解,在总体上,18世纪法国唯物主义一直被称作机械唯物主义或形而上学唯物主义。实际上,在法国唯物主义中存在着两个派别,即机械唯物主义和人本唯物主义。正如马克思所说:"法国唯物主义有两个派别:一派起源于笛卡儿,一派起源于洛克。后一派主要是法国有教养的分子,它直接导向社会主义。前一派是机械唯物主义,它成为真正的法国自然科学的财产。"①

就理论起源而言,机械唯物主义派有科学和哲学双重起源:从科学上看,起源于牛顿经典力学;从哲学上看,起源于笛卡尔哲学。换言之,在牛顿和笛卡尔,或者说,在当时的科学和哲学的双重影响下,在法国唯物主义中形成了机械唯物主义派,其代表人物就是拉美特利(又译拉·梅特里)。拉美特利极为推崇牛顿和笛卡尔,认为"如果哲学的领域里没有笛卡尔,那就和科学的领域里没有牛顿一样,也许还是一片荒原"②。

17—18世纪,牛顿经典力学取得了巨大的成功,并确立了成熟的自然科学的两大原则:一是重复性原则,即世界服从于力学规律体系,而重复性是力学规律以至全部自然规律的根本特征;二是精确性原则,即支配世界的规律不仅可以被认识,而且可以用精确的量的关系去把握。

牛顿的信念为18世纪法国科学家所接受,同时,经过法国哲学家伏尔泰的系统介绍,牛顿的科学思想和哲学观念在18世纪的法国已经享有隆名盛誉,它造就了一种强烈的科学主义和理性主义情绪,刺激着相当一部分思想家,包括法国唯物主义者把自然规律观念直接代入社会领域,并把社会和人还原为自然。一般来说,自然科学本无意向哲学献媚,但它又

---

① 《马克思恩格斯全集》第2卷,人民出版社1957年版,第160页。
② [法]拉·梅特里:《人是机器》,顾寿观译,商务印书馆1959年版,第60页。

往往决定了哲学的面貌。牛顿经典力学的成功对法国哲学家来说既有诱力,又有压力。总之,具有威力。正是科学的威力使一大批法国哲学家聚集在自然科学的大旗下,用机械论的观点去理解自然、社会和人本身,并形成了机械唯物主义派。

笛卡尔哲学体系包含着两个对立的部分,即物理学和形而上学,前者表达了一种自然观,这种自然观的特点就在于,朝着用自然本身来解释自然现象的方向迈出了关键的一步。实际上,笛卡尔是以力学运动规律为基础,把由地上获得的力学原则应用于天体现象以至整个世界,从而构造了一个具有反宗教神学意义的机械唯物主义世界图景。不是别人,正是笛卡尔把自然科学中的机械论观念移植到哲学中并造就了机械论的时代精神。如果说,笛卡尔的泛神论的形而上学成为18世纪法国唯物主义批判的对象,那么,他的物理学,即唯物主义自然观则开启了近代反宗教神学的先河,为18世纪法国唯物主义的发展奠定了哲学基础,深刻地影响了拉美特利,同时,又使拉美特利停留在机械论的水平上。

其一,"拉美特利利用了笛卡儿的物理学,甚至利用了它的每一个细节。他的'人是机器'一书是模仿笛卡儿的动物是机器写成的。"①的确如此。笛卡尔的"世界是机器""动物是机器"观念引导着拉美特利走进"人是机器"的观念。在拉美特利看来,人有"感觉、思想",能"辨别善恶","生而具有智慧和一种敏锐的道德本能",但感觉本身就是物质的一种潜在的属性,同广延和运动一样,构成了物质的本性,所以,人"又是一个动物"②。

其二,和动物一样,人也是由原子结构组成的,人和动物在生理构造上"完全相似",只不过人"比最完善的动物再多几个齿轮,再多几条弹簧,脑子和心脏的距离成比例地更接近一些,因此所接受的血液更充足一些,于是那个理性就产生了"③。"正像提琴的一根弦或钢琴的一个键受到振

---

① 《马克思恩格斯全集》第2卷,第166页。
② [法]拉·梅特里:《人是机器》,第67页。
③ [法]拉·梅特里:《人是机器》,第52页。

动而发出一个声响一样,被声浪所打击的脑弦也被激动起来,发出或重新发出那些触动它们的话语。"①

其三,人与人在生理构造上也"完全相似",只是由于"黑胆,苦胆,痰汁和血液这些体液按照其性质、多寡和不同方式的配合,使每一个人不同于另一个人"②。拉美特利极为强调"自然界的齐一性",强调"自然禀赋这种一切后天品质的来源",并得出"结论":"人是一架机器;在整个宇宙里只存在着一个实体,只是它的形式有各种变化。"③

显然,这是一种纯粹的自然的人。正是借助这种自然的人,拉美特利把人从宗教神学的纠缠中解放出来,使人获得了自然的独立性,并要求承认人的天赋权利;同时,由于机械论的束缚,刚从神权的重压下解放出来的人,在拉美特利这里又变成了一架"机器",人的能动性、创造性、主体性被遮蔽了。拉美特利力图建构一种"人体的哲学"。这种"人体的哲学"实际上是把笛卡尔的动物结构学运用到人体结构上,并完全是从生物学、机械论来考察人的。就其实质而言,机械唯物主义派属于费尔巴哈所说的那种"纯粹自然科学的唯物主义"。所以,就其理论归宿而言,以牛顿力学和笛卡尔哲学为基础的机械唯物主义"成为真正的法国自然科学的财产"④。

18世纪法国唯物主义中的另一派是现实"人道主义"⑤。从理论上看,现实的人道主义起源于洛克哲学,其代表人物是爱尔维修。

如前所述,机械唯物主义派起源于本土的笛卡尔哲学。笛卡尔哲学的确具有一种批判精神,它崇尚理性,并把个人的理性作为审视事物的尺度。隐寓在这种思想中的,是人的自我意识的独立和觉醒,这为18世纪法国唯物主义对个人的研究开辟了思想道路。但是,笛卡尔哲学又有明显的局限性,这种局限性不仅体现在二元论的体系上,而且体现在反

---

① [法]拉·梅特里:《人是机器》,第32页。
② [法]拉·梅特里:《人是机器》,第18页。
③ [法]拉·梅特里:《人是机器》,第69、73页。
④ 《马克思恩格斯全集》第2卷,第160页。
⑤ 《马克思恩格斯全集》第2卷,第160页。

神学的不彻底性上。笛卡尔运用演绎的方法编织神话之网,上帝则在这个网上占据中心地位。"神的真实性就被设定为绝对认识与被绝对认识者的实在性之间的绝对纽带。"①黑格尔的这一评价可谓一语中的、一针见血。

更重要的是,笛卡尔把反封建的斗争限制在思想范围内。笛卡尔明确指出:他"始终只求克服自己,不求克服命运,只求改变自己的欲望,不求改变世界的秩序"②。显然,这种观念和作为法国政治变革先导的启蒙哲学是不相容的。"启蒙哲学的基本倾向和主要努力,不是反映和描绘生活",而是"塑造生活本身",其"任务不仅在于分析和解剖它视为必然的那种事物的秩序,而且在于产生这种秩序,从而证明自己的现实性和真理"③。这就是说,以笛卡尔哲学和牛顿力学为理论基础的机械唯物主义派无法全面完成启蒙哲学的任务。

因此,另一部分法国哲学家希望找到一个能够作为法国革命哲学依据的学说。"除了否定神学和17世纪的形而上学之外,还需要有肯定的、反形而上学的体系。人们感到需要一部能够把当时的生活实践归结为一个体系并从理论上加以论证的书。这时,洛克关于人类理性的起源的著作很凑巧地在英吉利海峡那边出现了。"④于是,他们便把视线转向海峡彼岸的英国,转向洛克哲学。在这一部分法国哲学家看来,从洛克的唯物主义经验论出发可以得出改造环境、变革社会的结论,因此,应当把洛克的唯物主义经验论作为法国革命的哲学基础。

洛克哲学全面探讨了认识的起源、界限和知识的确定性,并从认识活动和道德实践两个方面集中而系统地批判了"天赋观念论"。按照洛克的观点,思辨理性没有天赋观念,实践理性同样没有天赋观念,道德观念是由教育和社会环境造成的;社会不是天然的,而是人们自己创造的;人的

---

① [德]黑格尔:《哲学史讲演录》第四卷,贺麟、王太庆译,商务印书馆1978年版,第83页。
② 北京大学哲学系外国哲学史教研室编译:《十六—十八世纪西欧各国哲学》,商务印书馆1975年版,第146页。
③ [德]卡西勒:《启蒙哲学》序,顾伟铭等译,山东人民出版社1988年版,第4页。
④ 《马克思恩格斯全集》第2卷,第162页。

趋乐避苦的自然倾向指向人的利益,而人的利益的实现需要社会以及作为维系社会纽带的道德原则。所以,人是根据利益创造社会和道德原则的。

可以看出,反对宗教神学,肯定人的利益,提高个人的地位,这是洛克对"天赋观念论"批判的意义所在。显然,洛克的唯物主义经验论既有重要的认识论意义,又有重要的政治内涵。洛克唯物主义经验论的双重含义,即认识论性质和政治内涵深深地触动了爱尔维修的心灵,直接成为爱尔维修哲学的出发点和先导。马克思指出:"爱尔维修也是以洛克的学说为出发点的,他的唯物主义具有真正法国的性质。"①

爱尔维修哲学"以洛克的学说为出发点"体现在,爱尔维修从洛克的唯物主义经验论中提取出"感觉"这一概念,并把感觉看作是人的存在方式,看作是连接意识与客观外界的桥梁。由此,爱尔维修认为,通过感觉,人一方面不断地认识外在世界,形成和发展自己的认识;另一方面把存在于内心的关于自由的欲望和要求变为外在的争取自由的活动。换言之,通过唯物主义感觉论,使得自由不再诉诸内在精神,而是诉诸外在环境,诉诸改变外在环境的活动。

根据第一方面,爱尔维修提出了"人是环境的产物"的命题;根据第二方面,爱尔维修又提出了"意见支配环境"的命题。与孟德斯鸠强调自然环境不同,爱尔维修强调的是社会环境,他提出这两个命题的宗旨是证明这样一个道理,即人的智力天然平等,人的性格受制于社会环境,所以,要改变人,首先必须改变社会环境。正如马克思所说,"既然人的性格是由环境造成的,那就必须使环境成为合乎人性的环境"②。

爱尔维修哲学所具有的"真正法国的性质"体现在,人成了爱尔维修特别关注和精心研究的课题,其哲学问题的提出和解决都是围绕着人而展开的,中心就是要解决人如何享有幸福生活的问题,正如爱尔维修自己

---

① 《马克思恩格斯全集》第 2 卷,第 165 页。
② 《马克思恩格斯全集》第 2 卷,第 167 页。

所说,"哲学家研究人,对象是人的幸福。这种幸福既取决于支配人们生活的法律,也取决于人们所接受的教育"①。围绕着个人利益,爱尔维修展开了对人和社会问题的探讨。

在爱尔维修看来,人生来既不"好",也不"坏",人性既可以为"善",也可以为"恶",是利益把人们结合起来或分离开来,使人成为"好"的或"坏"的。"如果说自然界是服从运动的规律的,那么精神界就是不折不扣地服从利益的规律的。利益在世界上是一个强有力的巫师,它在一切生灵的眼前改变了一切事物的形式。""无论在任何时候,任何地方,无论在道德问题上,还是在认识问题上,都是个人的利益支配着个人的判断"②。爱尔维修高度重视个人利益,同时,又没有否定社会利益,相反,他谋求利益的和谐,并认为社会利益是一切美德的原则,是一切立法的基础,"公共的福利——最高的法律"③。因此,应以社会利益为"永恒不变"的原则变革政体,创建合理的社会制度,谋求利益的和谐。

可以看出,爱尔维修实际上是把认识论中的经验主义引入到伦理学的范围,并力图建立一种实证科学的伦理学。正如爱尔维修本人所说,"我们应当象研究其他各种科学一样来研究道德学,应当象建立一种实验物理学一样来建立一种道德学"④。爱尔维修实际上是把唯物主义、功利主义和伦理学结合起来了,其批判锋芒直指封建制度,即不合理的社会环境。在这一思想的背后,就是18世纪法国生活实践和文化氛围的变换,就是资本主义生产方式的发展及其所要求的个人的自主性、独立性。

这样,经过爱尔维修的改造,洛克的唯物主义经验论这个从英国吹来的哲学微风又夹杂着政治雨丝,而爱尔维修的唯物主义本身简直是风雨交织,在法国引起了巨大的思想风暴。爱尔维修把"唯物主义运用到社会

---

① 北京大学哲学系外国哲学史教研室编译:《十八世纪法国哲学》,商务印书馆1963年版,第478页。
② 北京大学哲学系外国哲学史教研室编译:《十八世纪法国哲学》,第460、458页。
③ 北京大学哲学系外国哲学史教研室编译:《十八世纪法国哲学》,第550页。
④ 北京大学哲学系外国哲学史教研室编译:《十八世纪法国哲学》,第430页。

生活方面"①,初步实现了唯物主义和人道主义的结合,从而为法国革命找到了哲学依据,并为后来的空想社会主义奠定了"逻辑基础"。

通常认为,爱尔维修同时提出这两个命题,即"人是环境的产物"和"意见支配环境"是一种逻辑矛盾、循环论证,陷入"二律背反"之中。实际上,这是一种误读。人与环境的确处在一种相互作用之中,"人创造环境,同样环境也创造人"②。在我看来,"人是环境的产物"和"意见支配环境"这两个命题实际上揭示了人与环境之间的相互作用,是一种朴素的相互作用观点。

相互作用存在于社会生活的一切方面。"只有从这种普遍的相互作用出发,我们才能认识现实的因果关系。"③历史唯物主义绝不排除相互作用,而是要求对相互作用做出合理的解释;绝不取消相互作用,而是要求发现引起相互作用的基础。"合理形态"的相互作用观点是历史唯物主义的一个内在原则,是历史唯物主义所要求的辩证逻辑。实际上,爱尔维修的失误并不在于他同时提出"人是环境的产物"和"意志支配环境"这两个命题,而在于他仅仅停留在人与环境的相互作用上,没有去进一步探寻人与环境相互作用的基础。在马克思那里,这个基础就是实践。正如马克思所说,"环境的改变和人的活动或自我改变的一致,只能被看作是并合理地理解为革命的实践"④。就理论归宿而言,以爱尔维修为代表的"现实的人道主义",即人本唯物主义"直接导向社会主义"⑤,"直接成为社会主义和共产主义的财产"⑥。这是因为,"既然人是从感性世界和感性世界中的经验中汲取自己的一切知识、感觉等等,那就必须这样安排周围的世界,使人在其中能认识和领会真正合乎人性的东西,使他能认识到自己是人。既然正确理解的利益是整个道德的基础,那就必须使个别人的私

---

① 《马克思恩格斯全集》第2卷,第165页。
② 《马克思恩格斯全集》第3卷,人民出版社1960年版,第43页。
③ 《马克思恩格斯选集》第4卷,人民出版社1995年版,第328页。
④ 《马克思恩格斯选集》第1卷,人民出版社1995年版,第55页。
⑤ 《马克思恩格斯全集》第2卷,第167—168、160页。
⑥ 《马克思恩格斯全集》第2卷,第166页。

人利益符合于全人类的利益。既然从唯物主义意义上来说人是不自由的,就是说,既然人不是由于有逃避某种事物的消极力量,而是由于有表现本身的真正个性的积极力量才得到自由,那就不应当惩罚个别人的犯罪行为,而应当消灭犯罪行为的反社会的根源,并使每个人都有必要的社会活动场所来显露他的重要的生命力。既然人的性格是由环境造成的,那就必须使环境成为合乎人性的环境。"①因此,"并不需要多大的聪明就可以看出,关于人性本善和人们智力平等,关于经验、习惯、教育的万能,关于外部环境对人的影响,关于工业的重大意义,关于享乐的合理性等等的唯物主义学说,同共产主义和社会主义之间有着必然的联系"②。

爱尔维修的人本唯物主义在当时产生了重大的影响,它不仅漂流到意大利,影响了意大利的思想领域,而且折回到英国,深刻地影响了英国的功利主义;更重要的是,它又返身于法国,在社会主义者、共产主义者那里产生了重大影响,成为社会主义和共产主义思想的"逻辑基础"。爱尔维修本人因此被誉为"道德界的培根"。在唯物主义发展史上,爱尔维修是一个转折点,以其"现实的人道主义"为标志,自然唯物主义开始衰落,人本唯物主义开始兴起,并由此启示我们重新考察唯物主义的历史形态。

二、唯物主义的历史形态:自然唯物主义、人本唯物主义、历史唯物主义

传统的观点把唯物主义划分为三种历史形态,即朴素或自发唯物主义、机械或形而上学唯物主义和辩证唯物主义,并认为这三种形态的唯物主义在理论主题或观察世界的理论视角上并没有什么根本性的变化,即三者都以"整个世界"为研究对象,只不过朴素或自发唯物主义把世界看成是一个混沌的整体;机械或形而上学唯物主义把世界理解为一个孤立、静止、不变的事物;辩证唯物主义则把世界理解为普遍联系和永恒发展的物质体系,而

---

① 《马克思恩格斯全集》第 2 卷,第 166—167 页。
② 《马克思恩格斯全集》第 2 卷,第 166 页。

历史唯物主义不过是辩证唯物主义在历史领域中的"推广"与"应用"。

这种传统观点有其合理因素,但它又把这种合理因素溶解于不合理的理解之中。这种不合理的理解集中体现在,忽视了唯物主义发展进程中的理论主题转换,没有真正理解历史唯物主义的划时代贡献。从理论主题的历史转换这一根本点来看,唯物主义具有三种历史形态,即自然唯物主义、人本唯物主义和历史唯物主义。

自然唯物主义始自古希腊哲学,后在霍布斯那里达到了系统化的程度,并一直延伸到法国唯物主义中的机械唯物主义派。自然唯物主义或者在直接断言世界本身的意义上去寻求"万物的统一性",把万物的本原归结为自然物质的某种形态,或者在"认识论转向"过程中去探讨思维与存在、精神与自然界的统一性,并以实证科学对自然现象的研究为基础,把物质世界以及人本身归结为自然物质的某种属性。

从总体上看,自然唯物主义根据"时间在先"的原则,把整个世界还原为自然物质,并认为人们自然而然地就可以认识物质世界,而无须先行地对自己认识的前结构进行反思与批判;人们认识的不是自然物质向他们显现出来的现象,而是自然物质本身。更重要的是,自然唯物主义所理解的物质,是一种脱离人、与人的活动和社会历史无关的"抽象的自然""抽象的物质"。在自然唯物主义那里,这种"抽象的物质"成了"一切变化的主体",人仅仅成了自然物质的一种表现形态,人的能动性、创造性、主体性统统不见了。正是在这个意义上,马克思认为,到了霍布斯那里,唯物主义变得片面了,变得漠视人了。

正因为自然唯物主义是脱离人的实践活动、排除了历史过程来考察自然物质的,因而制造了"物质的自然"与"精神的历史"对立的神话,并在历史观上陷入唯心主义。"那种排除历史过程的、抽象的自然科学的唯物主义的缺点,每当它的代表越出自己的专业范围时,就在他们的抽象的和唯心主义的观念中立刻显露出来。"[①]可见,这种以"抽象的物质"为基础

---

① 《马克思恩格斯全集》第23卷,人民出版社1972年版,第410页。

的唯物主义与以"抽象的思维"为基础的唯心主义是殊途同归,正如马克思所说,"抽象的唯灵论是抽象的唯物主义;抽象的唯物主义是物质的抽象的唯灵论"①。

人本唯物主义起源于法国唯物主义中的另一派,即"现实的人道主义",并在费尔巴哈那里达到了典型的形态。费尔巴哈在一定程度上意识到了自然唯物主义所理解的物质的抽象性,因而指出:"斯宾诺莎虽然将物质当作实体的一种属性,却没有将物质当作感受痛苦的原则,这正是因为物质并不感受痛苦,因为物质是单一的、不可分的、无限的,因为物质和与它相对立的思维属性具有相同的特质,简言之,因为物质是一种抽象的物质,是一种无物质的物质。"②为了与以"抽象的物质"为基础的自然唯物主义划清界限,费尔巴哈"将人连同作为人的基础的自然当作哲学的唯一的,普遍的,最高的对象"③,并力图以"现实的自然"和"现实的人"为基本原则来理解世界并构造哲学体系。

同时,费尔巴哈力图"借助人,把一切超自然的东西归结为自然,又借助自然,把一切超人的东西归结为人"④。尽管费尔巴哈本人对唯物主义概念持一种保留态度,但实际上他以一种自然主义的方式把人本主义或人道主义和唯物主义结合起来了,从而建构了人本唯物主义。"费尔巴哈在理论方面体现了和人道主义相吻合的唯物主义,而法国和英国的社会主义和共产主义则在实践方面体现了这种唯物主义。"⑤"费尔巴哈比'纯粹的'唯物主义者有巨大的优越性:他也承认人是'感性的对象'。但是,毋庸讳言,他把人只看作是'感性的对象',而不是'感性的活动'。"⑥换言之,费尔巴哈不理解实践是人的存在方式,一旦人们开始生产自己的生活资料的时候,"他们就开始把自己和动物区别开来"。"个人怎样表现自己

---

① 《马克思恩格斯全集》第1卷,人民出版社1956年版,第355页。
② 《费尔巴哈哲学著作选集》上卷,荣震华等译,商务印书馆1984年版,第110—111页。
③ 《费尔巴哈哲学著作选集》上卷,第184页。
④ 《费尔巴哈哲学著作选集》上卷,第249页。
⑤ 《马克思恩格斯全集》第2卷,第160页。
⑥ 《马克思恩格斯全集》第3卷,第50页。

的生活,他们自己也就怎样。因此,他们是什么样的,这同他们的生产是一致的——既和他们生产什么一致,又和他们怎样生产一致。因而,个人是什么样的,这取决于他们进行生产的物质条件。"①

现实的人总是在一定的社会形式中从事实践活动的人,人的本质在其现实性上是社会关系的总和。"黑人就是黑人。只有在一定的关系下,他才成为奴隶。纺纱机是纺棉花的机器。只有在一定的关系下,它才成为资本。脱离了这种关系,它也就不是资本了。"②同样,脱离了一定的社会关系,黑人就不再是奴隶了。这就是说,使黑人成为奴隶的,不是黑人的"人的本性",而是黑人生活其中的社会关系。问题就在于,费尔巴哈恰恰不理解实践是人的特殊的生命活动形式,没有从社会关系去把握人的本质,所以,费尔巴哈力图从现实的人出发,可最终得到的人仍然是"抽象的人"。

同时,费尔巴哈不理解人的实践活动是现存世界的基础,只有在人的实践活动中形成的"历史的自然",才是人的现实的自然界,而那个先于人类历史存在的自然界,是"不存在的自然界"。费尔巴哈"没有看到,他周围的感性世界决不是某种开天辟地以来就已存在的、始终如一的东西,而是工业和社会状况的产物,是历史的产物,是世世代代活动的结果,其中每一代在前一代所达到的基础上继续发展前一代的工业和交往方式,并随着需要的改变而改变它的社会制度。甚至连最简单的'可靠的感性'的对象也只是由于社会发展、由于工业和商业往来才提供给他"③。因此,费尔巴哈力图从现实的自然出发,可最终得到的自然仍然是"抽象的自然",最终仍然陷入他所批判的"抽象的物质"之中。

费尔巴哈唯物主义的不彻底性实际上是双重意义上的不彻底性:一是在自然观上没有从人与自然的实践关系去理解自然,陷入"抽象的自然"之中,以这样一种"抽象的物质"为基础,实际上是悄悄地踏上了"唯心

---

① 《马克思恩格斯全集》第3卷,第24页。
② 《马克思恩格斯选集》第1卷,第344页。
③ 《马克思恩格斯全集》第3卷,第48—49页。

主义的方向"①；二是在历史观上没有从人与人的社会关系去理解人，陷入"抽象的人"之中，以这样一种"抽象的人"为基础，必然直接踏上了唯心主义的道路。由于费尔巴哈"从来没有把感性世界理解为构成这一世界的个人的全部活生生的感性活动"，所以，"正是在共产主义的唯物主义者看到改造工业和社会制度的必要性和条件的地方，他却重新陷入唯心主义"。②

费尔巴哈根本不理解"历史的自然和自然的历史"③及其深刻的内涵，"历史的自然和自然的历史"都在他的视野之外。"当费尔巴哈是一个唯物主义者的时候，历史在他的视野之外；当他去探讨历史的时候，他决不是一个唯物主义者。在他那里，唯物主义和历史是彼此完全脱离的。"④因此，超越人本唯物主义，建立和"历史"相结合的唯物主义，即历史唯物主义是理论和历史的双重要求。

我不能同意普列汉诺夫的观点，即费尔巴哈的唯物主义和马克思的唯物主义都属于"最新的唯物主义"，马克思的"唯物主义观点是在费尔巴哈哲学的内在逻辑所指示的同一方向上发展起来的"，"马克思的认识论实际就是费尔巴哈的认识论"。⑤这是一种无原则的糊涂观念。它表明，普列汉诺夫从根本上混淆了费尔巴哈的唯物主义与马克思的唯物主义的区别，不理解费尔巴哈的唯物主义是人本唯物主义，而马克思的唯物主义是历史唯物主义，前者仅仅把人看作是"感性的对象"，后者则把人看作是"感性的活动"。

由于费尔巴哈的唯物主义不理解"革命的、实践批判的活动的意义"，所以，它仍然"只是从客体或者直观的形式"去理解"对象、现实、感性"。正是在这个意义上，马克思把费尔巴哈的唯物主义"包括"在"从前的一切

---

① 《马克思恩格斯全集》第42卷，人民出版社1979年版，第129页。
② 《马克思恩格斯全集》第3卷，第50、50—51页。
③ 《马克思恩格斯全集》第3卷，第49页。
④ 《马克思恩格斯全集》第3卷，第51页。
⑤ 《普列汉诺夫哲学著作选集》第三卷，刘亦宇等译，生活·读书·新知三联书店1962年版，第148、155、147页。

唯物主义",即"旧唯物主义"的范畴之中,而把自己的唯物主义称为"新唯物主义"。按照马克思的观点,旧唯物主义的主要缺点是,"对对象、现实、感性,只是从客体的或者直观的形式去理解,而不是把它们当作感性的人的活动,当作实践去理解,不是从主体方面去理解"①;新唯物主义的根本特征则在于:从人的实践活动出发去理解"对象、现实、感性",并认为"对象、现实、感性"是人的实践活动的对象化,是"工业和社会状况的产物,是历史的产物"。新唯物主义就是历史唯物主义。

按照历史唯物主义的观点,人们为了能够生存和生活,必须进行物质生产活动,实现人与自然之间的物质交换;为了实现人与自然之间的物质交换,人与人之间必须进行活动互换,并必然结成一定的社会关系。"人们在生产中不仅仅影响自然界,而且也相互影响。他们只有以一定的方式共同活动和互相交换其活动,才能进行生产。为了进行生产,人们相互之间便发生一定的联系和关系;只有在这些社会联系和社会关系的范围内,才会有他们对自然界的影响,才会有生产。"②

正是在这种人与自然"物质变换"和人与人"活动互换"的双重运动中,在这种人与自然关系和人与人关系的双重关系下,自然物质被打上了人的活动和社会关系的烙印,自然转化为"人化自然""历史的自然",物质转变为"社会的物"。历史唯物主义关注的正是这种"人化自然""历史的自然",关注的正是这种"社会的物"。葛兰西正确指出:"物质本身并不是我们的主题,成为主题的是如何为了生产而把它社会地历史地组织起来。"③

从形式上看,历史唯物主义研究的仅仅是人与人之间的关系,与自然或人与自然的关系无关。可问题在于,社会是在人与自然之间的物质变换过程中形成和发展起来的,人与自然之间的物质变换构成了社会存在和发展的"永恒的自然必然性"。因此,"把人对自然界的关系从历史中排

---

① 《马克思恩格斯选集》第1卷,第54页。
② 《马克思恩格斯选集》第1卷,第344页。
③ [意]葛兰西:《实践哲学》,徐崇温译,重庆出版社1990年版,第162页。

除出去",必然造成"物质的自然"和"精神的历史"对立的神话,从而走向唯心主义历史观。人与自然的关系和人与人的关系又是相互制约的。这种相互制约的人与自然的关系和人与人的关系体现在"对象、现实、感性"中,体现在"可感觉而又超感觉的社会的物"中。

因此,历史唯物主义把人与自然的实践关系作为"历史的现实基础",力图通过对人与自然关系的改变来改变人与人的关系,通过人对物占有关系(私有制)的扬弃来改变人与人的关系。作为"共产主义的唯物主义",历史唯物主义就"是人和自然界之间、人和人之间的矛盾的真正解决,是存在和本质、对象化和自我确证、自由和必然、个体和类之间的斗争的真正解决。它是历史之谜的解答,而且知道自己就是这种解答"①。

这就是说,历史唯物主义所关注、所要解决的基本问题,就是人的实践活动所包含和展现出来的人与自然的关系和人与人的关系,即人与世界的关系问题。以实践为出发点范畴解答人与世界的关系,使历史唯物主义展现出一个新的哲学空间,即一个自足而又完整、唯物而又辩证的世界图景。这就是说,历史唯物主义不仅仅是"唯物主义历史观",更重要的,是"唯物主义世界观",一种内含着"否定性的辩证法"的"真正批判的世界观"②。

由此,我们遇到了一个无法回避的重大问题,这就是历史唯物主义与辩证唯物主义的关系问题。

按照传统的观点,马克思主义哲学就是辩证唯物主义和历史唯物主义,其中,辩证唯物主义是唯物辩证的自然观,历史唯物主义是辩证唯物主义在历史领域的"推广"与"应用",是唯物辩证的历史观。这一观点集中体现在斯大林的《论辩证唯物主义和历史唯物主义》中。在这本小册子中,斯大林明确指出:"辩证唯物主义是马克思列宁主义党的世界观。它所以叫作辩证唯物主义,是因为它对自然界现象的看法、它研究自然界现

---

① 《马克思恩格斯全集》第42卷,第120页。
② 《马克思恩格斯全集》第3卷,第261页。

象的方法、它认识这些现象的方法是辩证的,而它对自然界现象的解释、它对自然界现象的了解、它的理论是唯物主义的。""历史唯物主义就是把辩证唯物主义的原理推广去研究社会生活,把辩证唯物主义的原理应用于社会生活现象,应用于研究社会,应用于研究社会历史。"①以此为前提,斯大林论证了"马克思主义哲学唯物主义的基本特征":一是世界按其本质说来是物质的,世界是按物质运动规律发展的;二是意识是物质的反映,思维是发展到高度完善的物质,即人脑的产物;三是世界及其规律是可以认识的。实际上,这三个特征在近代唯物主义那里都具备了。

这表明,斯大林也是脱离人的活动和社会历史来谈论自然、物质的。以这样一种"抽象的自然""抽象的物质"为基础来理解辩证唯物主义,实际上是在用近代唯物主义来理解辩证唯物主义,实际上抹平了马克思的新唯物主义与旧唯物主义的本质区别。正因为如此,在《论辩证唯物主义与历史唯物主义》中,斯大林把霍布斯的话,即"物质是一切变化的主体"当作马克思本人的话加以引用,把马克思所批判的观点当作马克思本人所赞赏的观点加以阐述。

把这样一种"辩证唯物主义""推广""应用"到历史领域中所形成的"历史唯物主义",必然使马克思的历史唯物主义发生"变形"甚至"位移"。在谈到社会物质生活条件与社会发展的关系时,斯大林指出,自然环境,即"地理环境的稍微重大一些的变化都需要几百万年,而人们的社会制度的变化,甚至是极其重大的变化,只需要几百年或一两千年也就够了","由此应该得出结论:地理环境不可能成为社会发展的主要的原因,决定的原因,因为在几万年间几乎保持不变的现象,决不能成为在几百年间就发生根本变化的现象发展的主要原因"。② 决定社会发展的主要力量是物质资料的生产方式,归根到底是生产力,而生产力"不是人们有意的、自觉的活动的结果,而是自发地、不自觉地、不以人们意志为转移地发生

---

① 《斯大林选集》下卷,人民出版社1979年版,第424页。
② 《斯大林选集》下卷,第440页。

的"①。在我看来,斯大林这一论述存在着双重缺陷:

一是脱离人的活动和社会历史孤立地考察自然环境。斯大林没有从人与自然的实践关系去考察自然环境,没有意识到在人的实践活动中形成的自然界才是人的现实的自然界,因而在他那里,自然环境成了脱离人的活动和社会历史的单独的发展系列。斯大林视野中的自然环境即地理环境,只是纯粹地理学意义上的地理环境,而不是历史唯物主义视野中的地理环境。在《德意志意识形态》中,马克思明确指出:"只要人存在,自然史和人类史就彼此相互制约。""任何历史记载都应当从这些自然基础以及它们在历史进程中由于人们的活动而发生的变更出发。"②

二是脱离自然环境孤立地考察生产方式和社会发展。由于脱离人的活动和社会历史去考察自然环境,斯大林又必然脱离自然环境考察生产方式和社会发展。换言之,生产方式、社会发展成了脱离人与自然关系的另一个单独的发展系列。这里,马克思所关注的人与自然之间的"物质变换"、人与人之间的"活动互换"不见了,生产方式、社会发展似乎成了一种与自然环境、人的活动无关的运动过程。

实际上,历史唯物主义是从人对自然的实践关系去理解自然环境对社会发展的意义的,并认为自然环境的特殊性质直接影响着人与自然的统一关系,直接影响着生产力的发展,从而影响着社会发展。马克思指出:"资本的祖国不是草木繁茂的热带,而是温带。不是土壤的绝对肥力,而是它的差异性和它的自然产品的多样性,形成社会分工的自然基础,并且通过人所处的自然环境的变化,促使他们自己的需要、能力、劳动资料和劳动方式趋于多样化。"③

在我看来,辩证唯物主义与历史唯物主义不是两种"观",即辩证唯物主义是自然观,历史唯物主义是历史观,而是同一个"观",即马克思的世界观的不同表述;不是两个"主义",即辩证唯物主义是自然主义,历史唯

---

① 《斯大林选集》下卷,第450—451页。
② 《马克思恩格斯全集》第3卷,第23—24页。
③ 《马克思恩格斯全集》第23卷,第561页。

物主义是历史主义,而是同一个"主义",即马克思的新唯物主义的不同表述,确切地说,辩证唯物主义是历史唯物主义的又一称谓。当马克思从实践出发,科学地解答了人与自然、人与人或人与社会的矛盾问题,创立历史唯物主义时,也就同时创立了辩证唯物主义。这是一种以物质实践为基础、主体与客体相互作用的辩证唯物主义。

与动物不同,人总是在不断制造与自然的对立关系中获得与自然的统一关系的,对自然客体的否定正是对主体自身的肯定。实践不断地改造、创造着现存世界,同时,又不断地改造、创造着人本身,包括他的肉体组织、思维结构和社会关系。正是在这个过程中,自然成为"历史的自然","自在之物"成为"为我之物",人与自然的关系成为"为我而存在"的关系①。

这种"为我而存在"的矛盾关系是最深刻、最复杂的矛盾关系。正是这种矛盾关系构成了马克思之前众多哲学大师的"滑铁卢",致使唯物主义自然观与唯物主义历史观"咫尺天涯",唯物主义对辩证法"望洋兴叹"。马克思高出一筹的地方就在于,通过对人的实践活动及其意义的深刻剖析,科学地解答了人与自然、人与社会的矛盾关系问题,从而消除了"物质的自然"与"精神的历史"对立的神话,把唯物主义自然观和历史观统一起来了,同时,也就把唯物主义和辩证法统一起来了。历史唯物主义中的"历史"是人的实践活动的内在矛盾,即人与自然、人与社会的矛盾得以展开的境域,是辩证法得以展开的空间。

"辩证法在对现存事物的肯定的理解中同时包含对现存事物的否定的理解,即对现存事物的必然灭亡的理解,"按其本质来说,辩证法"是批判的和革命的"②。历史唯物主义本身就内含着这种否定性、批判性和革命性,本身就是一种"否定性的辩证法"。历史唯物主义不仅从实践出发去理解、解释现存事物,而且从实践出发去否定、改变现在事物,并确认在

---

① 《马克思恩格斯全集》第3卷,第34页。
② 《马克思恩格斯全集》第23卷,第24页。

"历史上进步表现为现存事物的否定"①。"从资本主义生产方式产生的资本主义占有方式,从而资本主义的私有制,是对个人的、以自己劳动为基础的私有制的第一个否定。但资本主义生产由于自然过程的必然性,造成了对自身的否定。这是否定的否定。这种否定不是重新建立私有制,而是在资本主义时代的成就的基础上,也就是说,在协作和对土地及靠劳动本身生产的生产资料的共同占有的基础上,重新建立个人所有制。"②马尔库塞由此认为,在历史唯物主义中,"现实的否定变成了一个历史条件,一个不能被作为形而上学关系状态的而具体化的历史条件。换句话说,它变成一个与社会的特定历史形式相联系的社会条件"。"马克思的辩证法的历史特征包含着普遍的否定性,也包含着自身的否定。特定的关系状态就意味着否定,否定之否定伴随着事物新秩序的建立。"③马尔库塞的这一评价合理而中肯。历史唯物主义内含着辩证法的否定性、批判性、革命性,是与辩证唯物主义融为一体的理论体系。

可以看出,在马克思的哲学体系中,并不存在一个独立的、作为理论基础的"辩证唯物主义",也不存在一个独立的、仅仅具有应用性质的"历史唯物主义"。历史唯物主义所内含的实践的观点、否定性的辩证法和广义的历史境域,使唯物主义以至整个哲学发生了革命性变革。在我看来,用辩证唯物主义来称谓历史唯物主义,是为了凸显历史唯物主义的辩证法维度及其批判性、革命性。

三、历史唯物主义的创立:终结形而上学

在《路德维希·费尔巴哈和德国古典哲学的终结》中,恩格斯指出:"随着自然科学领域中每一个划时代的发现,唯物主义也必然要改变自己的形式;而自从历史也得到唯物主义的解释以后,一条新的发展道路也在

---

① 《马克思恩格斯选集》第4卷,第317页。
② 《马克思恩格斯全集》第23卷,第832页。
③ [美] 马尔库塞:《理性和革命》,程志民译,重庆出版社1993年版,第284、285页。

这里开辟出来了。"①"这条新的发展道路",就是从人的存在方式——实践出发去理解和把握人与自然和人与社会的关系,即人与世界的关系,从社会存在出发去理解自然存在,从人的存在出发去解读存在的意义。这样,历史唯物主义便终结了形而上学,并使西方哲学从传统形态转向现代形态。

这里所说的形而上学,不是指它的转义,即与辩证法相对立意义上的思维方法,而是指其本义,即关于超验存在之本性的哲学形态。"形而上学就是一种超出存在者之外的追问,以求回过头来获得对存在者之为存在者以及存在者整体的理解。"②海德格尔的这一见解正确而深刻。形而上学产生之初,研究的就是超感觉的、经验以外的对象,关注的就是存在物作为存在的那种本质,追求的就是一切实在对象背后的那种"初始本原""终极存在",并把这种存在看作是具体事物和特殊存在的"最基本依据",即本体,然后据此推论出其他一切。正是在这个意义上,亚里士多德认为,哲学以"寻求最高原因的基本原理"为宗旨,因而是一切智慧中的"最高的智慧"。

形而上学在对存在的存在和世界终极根据的探究中,确立了一种严格遵循逻辑的推理规则,即从公理、定理出发,按照推理规则得出必然结论。这无疑具有积极意义,标志着理论形态的哲学的诞生。然而,从柏拉图、亚里士多德一直到黑格尔,形而上学中的存在日益脱离现实的事物和现实的人,成为一种抽象的存在、抽象的本体,甚至成为一种君临人与世界之上的神秘的主宰力量。"形而上学响应作为逻各斯的存在,并因此在其主要形态上看,形而上学就是逻辑学,但却是思考存在者之存在的逻辑学,因而就是从差异之有差异者方面被规定的逻辑学:存在—神—逻辑学。"③这里,存在和存在者被混淆了,人的存在被遮蔽了,人的能动性和主体性,人的自由和价值都被消解在这种抽象的本体之中,不管这种抽象的

---

① 《马克思恩格斯选集》第4卷,第228页。
② [德]海德格尔:《路标》,孙周兴译,商务印书馆2001年版,第137页。
③ 《海德格尔选集》下卷,孙周兴选编,上海三联书店1996年版,第840页。

本体是"绝对理性",还是"抽象物质"。

同时,形而上学又逐步演变成一种凌驾于一切科学之上的"科学的科学",它自视发现了最普遍、绝对可靠、自明的理性概念和原则,从而能够推演出全部知识体系。换言之,哲学成了全部知识和科学的基础。实际上,这是一种虚妄。用海德格尔的话来说,就是"对哲学的能力的本质做这样的期望和要求未免过于奢求"①。无论是作为"知识的总结",还是作为"科学的科学",形而上学这种哲学形态实际上既充当了科学的"运动员",又充当了科学的"裁判员",与现代科学的发展已处于一种对立的状态,成为一种"多余"的"科学"。

实际上,恩格斯早就对形而上学这种哲学形态的本质和命运做了深刻的分析和中肯的评价。在《反杜林论》中,恩格斯指出:"一旦对每一门科学都提出要求,要它们弄清它们自己在事物以及关于事物的知识的总联系中的地位,关于总联系的任何特殊科学就是多余的了。于是,在以往的全部哲学中仍然独立存在的,就只有关于思维及其规律的学说——形式逻辑和辩证法。其他一切都归到关于自然和历史的实证科学中去了。"②在《路德维希·费尔巴哈和德国古典哲学的终结》中,恩格斯重申:"对于已经从自然界和历史中被驱逐出去的哲学来说,要是还留下什么的话,那就只留下一个纯粹思想的领域:关于思维过程本身的规律的学说,即逻辑和辩证法。"③

从历史上看,近代唯物主义一开始就具有反对形而上学的倾向。在培根那里,唯物主义"还在朴素的形式下包含着全面发展的萌芽。物质带着诗意的感性光辉对人的全身心发出微笑"④。在孔狄亚克眼中,"形而上学不是科学",而是"幻想和神学的偏见"。然而,近代唯物主义的发展却使它事与愿违,即从提出以人为中心并倡导人道主义转到以物质为主

---

① [德]海德格尔:《形而上学导论》,熊伟等译,商务印书馆1996年版,第12页。
② 《马克思恩格斯选集》第3卷,人民出版社1995年版,第364页。
③ 《马克思恩格斯选集》第4卷,第257页。
④ 《马克思恩格斯全集》第2卷,第163页。

体并"敌视人"①,刚从神权的重压下解放出来的人在近代唯物主义那里又变成了一架"机器",那种脱离现实的人及其活动的"抽象的物质"成了"一切变化的主体"。近代唯物主义把哲学变成了一个庞大的"自然体系",这种"自然体系"成了消融一切的"盐酸池",人和人的存在都被消融在这种"抽象的自然""抽象的物质"之中。

这就势必导致哲学的转向,即探讨人及其认识活动的能动性,并突出自我意识作用。执行、完成这一"转向"并因此声名显赫的是康德和黑格尔,而且黑格尔又建立起一个庞大的、包罗万象的形而上学王国。正如马克思所说的:"黑格尔天才地把 17 世纪的形而上学同后来的一切形而上学及德国唯心主义结合起来并建立了一个形而上学的包罗万象的王国",从而使形而上学"在德国哲学中,特别是在 19 世纪的德国思辨哲学中,曾有过胜利的和富有内容的复辟"②。

之所以是一次"胜利的复辟",是因为黑格尔的"思辨的形而上学"以最宏伟的方式概括了全部形而上学的发展,"这是一次胜利进军,它延续了几十年,而且决没有随着黑格尔的逝世而停止。相反,正是从 1830 年到 1840 年,'黑格尔主义'取得了独占的统治,它甚至或多或少地感染了自己的敌手;正是在这个时期,黑格尔的观点自觉地或不自觉地大量渗入了各种科学,也渗透了通俗读物和日报,而普通的'有教养的意识'就是从这些通俗读物和日报中汲取自己的思想材料的"③。

之所以是一次"富有内容的复辟",是因为黑格尔的"思辨的形而上学"是同概念辩证法融为一体的,这种辩证法的实质就是作为推动原则和创造原则的"否定性的辩证法"。"黑格尔的《现象学》及其最后成果——作为推动原则和创造原则的否定性的辩证法——的伟大之处首先在于,黑格尔把人的自我产生看作一个过程,把对象化看作非对象化,看作外化和这种外化的扬弃;因而,他抓住了劳动的本质,把对象性

---

① 《马克思恩格斯全集》第 2 卷,第 164 页。
② 《马克思恩格斯全集》第 2 卷,第 159 页。
③ 《马克思恩格斯选集》第 4 卷,第 220 页。

的人、现实的因而是真正的人理解为他自己的劳动的结果。"①尽管黑格尔的"否定性的辩证法"只是人类历史运动的"抽象的、逻辑的、思辨的表达",但它毕竟"第一个全面地有意识地叙述了辩证法的一般运动形式"②,因而使形而上学实现了"富有内容的复辟"。这种发展了人的能动方面的"否定性的辩证法",像一条永恒的金带贯穿在黑格尔的"思辨的形而上学"中。

然而,黑格尔只是在形式上肯定了人的能动性,由于他把人仅仅看作是"绝对理性"自我实现的工具,所以,他又从根本上彻底地剥夺了人的能动性。这就是说,在黑格尔哲学中,不仅本体成为一种抽象的存在,人也成为一种抽象的存在,消失在"绝对理性"的阴影之中。"绝对理性"成为一种新的迷信,高高地耸立在祭坛上让人们顶礼膜拜。如果说柏拉图哲学是全部形而上学的真正滥觞,那么,黑格尔哲学就是全部形而上学的巨大渊薮。一句话,黑格尔哲学是形而上学的集大成者和发展顶峰。因此,哲学的进一步发展必然从批判黑格尔哲学开始,对黑格尔哲学的批判则意味着对"一切形而上学"的批判。

到了19世纪中叶,随着自然科学的独立化并"给自己划定了单独的活动范围",随着社会生活的发展并凸显了人的异化了的生存状态,人们开始把"全部注意力集中到自己身上",那种脱离了实证科学,脱离了人的存在的形而上学便失去了自身的神圣光环,"变得枯燥乏味了"。随着时间的推进,形而上学不仅"在理论上威信扫地",而且"在实践上已经威信扫地"③。反对形而上学因此成为一种潮流,一种时代精神。马克思以其敏锐的观察力注意到这一趋势,明确提出"反对一切形而上学",并断言:"形而上学将永远屈服于现在为思辨本身的活动所完善化并和人道主义相吻合的唯物主义。"④在《神圣家族》中,马克思认为,费尔巴哈的唯物主

---

① 《马克思恩格斯全集》第42卷,第163页。
② 《马克思恩格斯全集》第23卷,第24页。
③ 《马克思恩格斯全集》第2卷,第161页。
④ 《马克思恩格斯全集》第2卷,第159—160页。

义在理论方面体现了这种唯物主义。"只有费尔巴哈才是从黑格尔的观点出发而结束和批判了黑格尔的哲学。费尔巴哈把形而上学的绝对精神归结为'以自然为基础的现实的人',从而完成了对宗教的批判。同时也巧妙地拟定了对黑格尔的思辨以及一切形而上学的批判的基本要点。"①实际上,费尔巴哈并未完成"结束"黑格尔哲学和"消解"形而上学的任务。完成这一历史任务,并真正创立"为思辨本身的活动所完善化并和人道主义相吻合的唯物主义"的,不是费尔巴哈,而是马克思本人。

在哲学史上,马克思和孔德同时举起了批判形而上学的大旗。在时代性上,马克思的"反对形而上学"与孔德的"拒斥形而上学"具有一致性,二者对形而上学的批判实际上是对近代哲学以及整个传统哲学的批判,这是现代精神对近代和古代精神的批判;在指向性上,马克思的"反对形而上学"与孔德的"拒斥形而上学"却有本质的不同。孔德从自然科学的可证实和精确性原则出发批判形而上学,力图用实证科学精神来改造和超越传统哲学,并把哲学局限于现象、知识以及可证实的范围内;马克思则从人的存在出发去批判形而上学,认为反对形而上学之后,哲学应转换自己的理论主题,聚焦人的世界,对人的异化了的生存状态给予深刻批判,对人的价值、自由和解放给予深切关注。

形而上学的基础是本体论。从根本上说,马克思批判并终结形而上学的工作就是从本体论层面上发动并展开的。按照马克思的观点,人类的第一个历史活动,也是每日每时必须进行的基本活动,就是生产满足人的生存所需要的资料,即"生产物质生活本身","而人们的存在就是他们的实际生活过程"②。人正是在这种"生产物质生活"的实践活动中得以生存和发展的,自然正是在这种"生产物质生活"的实践活动中转化为"人化自然"、人的存在的,"土地只有通过劳动、耕种才对人存在"③。实践是对象化的活动,在人的实践活动中生成的存在是对象性的存在。"工业的

---

① 《马克思恩格斯全集》第 2 卷,第 177 页。
② 《马克思恩格斯全集》第 3 卷,第 29 页。
③ 《马克思恩格斯全集》第 42 卷,第 114 页。

历史和工业的已经产生的对象性的存在,是一本打开了的关于人的本质力量的书,是感性地摆在我们面前的人的心理学。"①

与形而上学不同,历史唯物主义关注的不是与人无关的"抽象的自然""抽象的存在",而是人的现实存在;关注的不是所谓的"终极存在""原初物质",而是"对象、现实、感性"何以成为这样的存在,自然的物何以成为"可感觉而又超感觉"的"社会的物"。"被抽象地孤立地理解的、被固定为与人分离的自然界,对人说来也是无"②,或者说,是一种"不存在的自然界"③。

在历史唯物主义体系中,存在是人的存在,是在人的实践活动中生成的对象性的存在。"非对象性的存在物是非存在物","是一种非现实的、非感性的、只是思想上的即只是虚构出来的存在物,是抽象的东西"。④ 可见,历史唯物主义并不是以一种抽象的、超时空的方式谈论存在问题的,而是从人的实践活动出发"询问并回答关于存在的问题"。用海德格尔的话来说就是,"这种唯物主义的本质不在于一切只是物质的主张中,而是在于一种形而上学的规定中,按照这种规定,一切存在者都显现为劳动的材料"⑤。这是其一。

其二,人们总是在一定的社会形式中并借助这种社会形式而实现对自然的占有。"自然界的人的本质只有对社会的人说来才是存在的;因为只有在社会中,自然界对人说来才是人与人联系的纽带,才是他为别人的存在和别人为他的存在,才是人的现实的生活要素;只有在社会中,自然界才是人自己的人的存在的基础。只有在社会中,人的自然的存在对他说来才是他的人的存在,而自然界对他说来才成为人。"⑥这就是说,人是通过实践并在一定的社会形式中创造自己的存在的,并在这个过程中赋

---

① 《马克思恩格斯全集》第42卷,第127页。
② 《马克思恩格斯全集》第42卷,第178页。
③ 《马克思恩格斯全集》第3卷,第50页。
④ 《马克思恩格斯全集》第42卷,第168、169页。
⑤ Heidegger, *Letter on Humanism*, Frankfurt, Suhrkamp Verlag, 1972, p. 27.
⑥ 《马克思恩格斯全集》第42卷,第122页。

予自然存在新的尺度——社会性或历史性,从而使自然存在转化为人的存在,即社会存在。"实物是为人的存在,是人的实物存在,同时也就是人为他人的定在,是他对他人的人的关系,是人对人的社会关系。"①这样,历史唯物主义不仅肯定了存在物和存在的差异,而且阐明了自然存在和社会存在的关系,并认为"人们的意识,随着人们的生活条件、人们的社会关系、人们的社会存在的改变而改变"②。这就凸显了存在的根本特征——社会性或历史性。

其三,在资本主义社会,资本是最基本和最高的社会存在。按照历史唯物主义的观点,"资本不是物,而是一定的、社会的、属于一定历史社会形态的生产关系,它体现在一个物上,并赋予这个物以特有的社会性质"③。这就是说,资本不是物本身,但又是通过物并在物中而存在。同时,作为一种特定的社会关系,资本又赋予物以特定的社会性质,使物成为"社会的物"。

更重要的是,资本使人与人的关系"不是表现为人们在自己劳动中的直接的社会关系,而是表现为人们之间的物的关系和物之间的社会关系"④。这种物化的根本特征,就是物主体化,人客体化,物具有"巨大的权力",成为统治人、支配人的"物质力量"。换言之,资本不仅使人与人的关系物化了,而且使人与物、人与人的关系异化了。这就是说,资本在资本主义社会中具有支配一切的权力,它不仅改变了人与物的关系,而且改变了人与人的关系;不仅改变了与人相关的自然界的存在属性,而且改变了人类社会的存在形态。可以看出,资本本身就是一种独特的社会存在,是现代社会的根本规定和建构原则,构成了资本主义社会的基本建制。

由此可见,历史唯物主义以资本为核心范畴而展开的对资本主义社会的批判,本质上是存在论意义上的批判。正是在这个批判过程中,历史

---

① 《马克思恩格斯全集》第 2 卷,第 52 页。
② 《马克思恩格斯全集》第 1 卷,第 291 页。
③ 《马克思恩格斯全集》第 25 卷,第 920 页。
④ 《马克思恩格斯全集》第 23 卷,第 90 页。

唯物主义扬弃了抽象的存在,发现了现实的存在,并揭示了资本主义社会的秘密。"历史唯物主义最重要的任务是,对资本主义社会制度做出准确的判断,揭露资本主义制度的本质。"①正因为对资本主义制度的本质做出了"准确的判断",历史唯物主义透视出"一切已经覆灭的社会形式的结构"②。人体解剖对于猴体解剖是一把钥匙。低等动物身上表露的高等动物的征兆,反而只有在高等动物被认识以后才能理解。在人类历史上存在着和古生物学中一样的情形。"资产阶级社会是历史上最发达的和最复杂的生产组织。因此,那些表现它的各种关系的范畴以及对于它的结构的理解,同时也能使我们透视一切已经覆灭的社会形式的结构和生产关系。"③正是在这里,蕴含着历史唯物主义认识论的根本原则,即"从后思索法"。在《资本论》中,马克思明确指出:"对人类生活形式的思索,从而对它的科学分析,总是采取同实际发展相反的道路。这种思索是从事后开始的,就是说,是从发展过程的完成结果开始的。"④

同时,在这个批判过程中,历史唯物主义发现了人与人的关系以物与物的关系而存在的秘密,并透视出人的自我异化的逻辑。按照历史唯物主义的观点,人与人关系的物化、异化与商品生产、生产资料私有制密切相关甚至融为一体。商品"充满形而上学的微妙和神学的怪诞",任何物品一旦作为商品,就"变化为一个可感觉而又超感觉的物"⑤。其秘密就在于:"商品形式在人们面前把人们本身劳动的社会性质反映成劳动产品本身的物的性质,反映成这些物的天然的社会属性,从而把生产者同总劳动的社会关系反映成存在于生产者之外的物与物之间的社会关系"⑥;"活动和产品的普遍交换已成为每一单个人的生存条件,这种普遍交换,他们的互相联系,表现为对他们本身来说是异己的、无关的东西,表现为

---

① [匈]卢卡奇:《历史与阶级意识》,杜章智等译,商务印书馆1999年版,第318页。
② 《马克思恩格斯全集》第46卷上,人民出版社1979年版,第43页。
③ 《马克思恩格斯全集》第46卷上,第43页。
④ 《马克思恩格斯全集》第23卷,第92页。
⑤ 《马克思恩格斯全集》第23卷,第87页。
⑥ 《马克思恩格斯全集》第23卷,第88—89页。

一种物。在交换价值上,人的社会关系转化为物的社会关系;人的能力转化为物的能力"①。问题的关键在于,这种由商品生产占据统治地位、由生产资料私有制导致的异化使巨大的物的权力"不归工人所有,而归人格化的生产条件即资本所有,这种物的权力把社会劳动本身当作自身的一个要素而置于同自己相对立的地位"②。

海德格尔自觉不自觉地意识到这一点,因而认为:"马克思在体会到异化的时候深入到历史的本质性的一度中去了,所以马克思主义关于历史的观点比其余的历史学优越。但因为胡塞尔没有,据我看来萨特也没有在存在中认识到历史事物的本质性,所以现象学没有、存在主义也没有达到这样的一度中,在此一度中才有可能有资格和马克思主义交谈。"③

由于把实践作为人的存在方式,把人的存在看作在实践活动中生成的对象性的存在、社会存在,把资本看作现实的社会存在,历史唯物主义便"使存在从存在者中显露出来",从而使隐蔽着的存在的意义显现出来了。这样,历史唯物主义便终结了"抽象的存在""抽象的本体"。也正因为如此,历史唯物主义把本体论与人间的苦难和幸福结合起来了,开辟了从本体论认识现实的道路,并由此终结了形而上学。

海德格尔把柏拉图以来的形而上学时代称之为"存在的遗忘的时代",并认为"形而上学不断以各种不同的方式说到存在。形而上学表示并似乎确定,它询问并回答了关于存在的问题。实际上形而上学从来没有解答过这种问题,因为它从来没有追问到这个问题。当它涉及存在时,只是把存在想象为存在者。虽然它涉及存在,指的却是一切存在者。自始至终,形而上学的各种命题总是把存在者和存在相互混淆……由于这种永久的混淆,所谓形而上学提出存在的说法使我们陷入完全错误的境地"④。历史唯物主义的创立结束了这一"存在的遗忘的时代",并使哲学

---

① 《马克思恩格斯全集》第 46 卷上,第 103—104 页。
② 《马克思恩格斯全集》第 46 卷下,人民出版社 1980 年版,第 360 页。
③ 《海德格尔选集》上卷,孙周兴选编,上海三联书店 1996 年版,第 383 页。
④ [德]海德格尔:《回到形而上学基础之路》,载[美]考夫曼《存在主义》,陈鼓应等译,商务印书馆 1987 年版,第 219 页。

走出了这种"完全错误的境地"。正是在这个意义上,海德格尔认为:"形而上学就是柏拉图主义。尼采把他自己的哲学标示为颠倒了的柏拉图主义。随着这一已经由卡尔·马克思完成了的对形而上学的颠倒,哲学达到了最极端的可能性。哲学进入其终结阶段了。"①应该说,海德格尔的这一评价是公正的。

问题在于,在"完成了对形而上学的颠倒"之后,历史唯物主义并不是像海德格尔所理解的那样,在"颠倒"形而上学之后又建构一种形而上学,并不是像存在主义那样,在批判形而上学之后又回归形而上学,而是告别了抽象的本体论,终结了形而上学。与"那种排除历史过程的、抽象的自然科学的唯物主义"不同,历史唯物主义不是从"抽象的自然""抽象的物质""抽象的存在"出发,以一种超时空的方式抽象地谈论世界的物质统一性,而是从人的实践活动出发去理解人与自然、人与社会的关系,去理解自然存在与社会存在的关系,去"询问并回答关于存在的问题",从而揭示出"社会的物"是"可感觉而又超感觉的物"②,并认为社会存在的本质不在其可感觉的实体性,而在其超感觉的社会内涵、历史内涵。所以,马克思指出:"分析经济形式,既不能用显微镜,也不能用化学试剂。二者都必须用抽象力来代替。"③

"费尔巴哈从来不谈人类世界,而是每次都求救于外部自然界,而且是那个尚未置于人的统治之下的自然界。"④与费尔巴哈不同,马克思关注的恰恰是人类世界。历史唯物主义的创立使哲学的聚焦点从"整个世界"转向人类世界,从宇宙本体转向人的生存本体,从自然存在转向社会存在。这一转换标志着西方哲学的转轨,即从传统哲学转向现代哲学。就内容而不就表现形式,就总体而不就个别派别而言,现代西方哲学关注的就是人类的生活世界和生存状态。用雅斯贝尔斯的话来说就是,哲学所

---

① [德]海德格尔:《面向思的事情》,陈小文等译,商务印书馆1999年版,第70页。
② 《马克思恩格斯全集》第23卷,第89页。
③ 《马克思恩格斯全集》第23卷,第8页。
④ 《马克思恩格斯全集》第42卷,第369页。

力求的目标在于领悟人的现实境况下的那个实在。"历史唯物主义是我们这个时代唯一不可超越的哲学。"萨特的这一名言表明,历史唯物主义不仅是现代西方哲学进程中的奠基者和创造性的对话者,而且是现代西方哲学进程中的参与者和强有力的推动者。

第一章

社会的自然与自然的社会

社会不同于自然,但社会又离不开自然。任何一个人都生活在自然与社会"二位一体"的现存世界中,面临的是社会的自然和自然的社会,或者说,是"历史的自然"和"自然的历史"。实践则是社会与自然相互作用、相互渗透的中介,是社会的自然和自然的社会形成的基础,并构成了人类社会的本体,生成着否定性的辩证法。历史唯物主义科学地解答了社会与自然的关系问题,从而消除了"物质的自然"与"精神的历史"对立的"神话",实现了唯物主义自然观和唯物主义历史观的高度统一。

一、社会与自然的相互渗透及其中介

社会的自然也就是"人化自然"。人化自然是相对于自在自然而言的。自在自然包含着两重含义:一是指人类社会产生之前就已存在的先在自然;二是指人类的实践活动尚未达到或深入到的自然,即尚未被人化的部分。

人化自然,则是指被人的实践活动改造过并打上了人的目的和意志烙印的自然。

自在自然和人化自然都具有客观实在性。人们并不是在自在自然之外创造人化自然,而是在自在自然所提供的材料的基础上表现自己的本质力量,建造人化自然的。人的实践可以改变自在自然的外部形态、内部结构乃至其规律起作用的方式,但是,它不可能消除自在自然的客观实在性。相反,自在自然的客观实在性通过实践延伸到人化自然之中,并构成了人化自然客观实在性的自然基础。

自在自然和人化自然又有本质的区别。自在自然是独立于人的活动或尚未被纳入到人的活动范围内的自然界,其运动完全是自发的,一切都处在盲目的相互作用中。人化自然和人的活动不可分离。人化自然是被人的实践活动所改造过的自然,它体现了人的需要、目的、意志和本质力量,是人的实践活动的对象化。人化自然的独特性就是它对人的实践活动的依赖性。人化自然不可能脱离自在自然,要以自在自然为自己存在和发展的前提,但人化自然毕竟不同于自在自然,也不是自在自然自动延伸的产物。从根本上说,人化自然是人的实践活动的对象化,是人的对象世界。

统一的物质世界本无自在自然和人化自然之分,只是出现了人及其活动之后,"自然之网"才出现了缺口并一分为二,即在自在自然的基础上叠加了一个与它既对立又统一的人化自然。实践则是自在自然和人化自然分化与统一的基础。

实践不仅使自在自然发生形态的改变,同时还把人的目的性因素注入自然界的因果链条之中,使自然界的因果链条按同样客观的"人类本性"发生运转。实践虽然不能使自然物的本性和规律发生变化,却能把人的目的运用到物质对象上去,按人的方式来规范物质转换活动的方向和过程,改变物质的自在存在形式。正如恩格斯所说:"我们不仅发现一个运动后面跟随着另一个运动,而且我们也发现,只要我们造成某个运动在自然界中发生时所必需的那些条件,我们就能引起这个运动,甚至我们还能引起自然界中根本不发生的运动(工业),至少不是以这种方式发生运动,并且我们能赋予这些运动以预先规定的方向和范围。"①

在实践中,自在自然这个"自在之物"日益转化为体现了人的目的、并能满足人的需要的"为我之物"。这一过程就是自然"人化"的过程,其结果是从自在自然中分化出人化自然。"自然的人化"强调的是"自然界对人说来的生成过程"。换言之,"自然的人化"强调的不是自然界的变化,而是自然界在人的实践过程中不断获得属人的性质,不断地被改造为人的生存和发展的条件。人化自然是人的本质力量的确证和展现,体现了人的体力和智力,甚至体现了人的审美能力,正如马克思所说,"人也按照美的规律来建造"②。因此,人化自然"是人的现实的自然界",是"真正的、人类学的自然界"③。

自然的"人化"过程同时就是人类社会形成和发展的过程,"整个所谓世界历史不外是人通过人的劳动而诞生的过程,是自然界对人说来的生成过程"④。人们在从事物质生产、改造自然的同时,又改造和创造着自己的社会联系和社会关系。"人在积极实现自己本质的过程中创造、生产人的社会联系。"⑤没有人与人之间的社会关系,也就不可能有人与自然的现实关系。"一切生产都是个人在一定社会形式中并借这种社会形式而进行的对自然的占有。"⑥这就是说,自然的"人化"是在社会之中而不是在社会之外实现的。正是在这个意义上,马克思指出:"自然界的人的本质只有对社会的人说来才是存在的;因为只有在社会中,自然界对人说来才是人与人联系的纽带……才是人的现实的生活要素;只有在社会中,自然界才是人自己的人的存在的基础。"⑦在现存世界中,自然界意味着什么,

---

① 《马克思恩格斯选集》第4卷,人民出版社1995年版,第328页。
② 《马克思恩格斯全集》第42卷,第97页。
③ 《马克思恩格斯全集》第42卷,第128页。
④ 《马克思恩格斯全集》第42卷,第131页。
⑤ 《马克思恩格斯全集》第42卷,第24页。
⑥ 《马克思恩格斯全集》第46卷上,第24页。
⑦ 《马克思恩格斯全集》第42卷,第122页。

自然对人的关系如何,人对自然的作用采用了什么样的形式、内容和范围等,都受到社会关系的制约。要把人化自然从社会形式中分离出去是不可能的。

实践改造自然,不仅仅是改变自然物的形态,不仅仅是在自然物中灌注了人的目的,更重要的,是在自然物中灌注社会力量,使社会力量进入到自然存在当中,并在自然存在上打上了社会关系的烙印,从而赋予自然存在以新的尺度——社会性或历史性,使其具有一种独特的社会性质,转化为社会存在。在现存世界中,自然不仅保持着天然的物质本性,而且被打上了人的烙印;不仅具有客观实在性,而且具有社会历史性。人化自然是一个社会(历史)范畴,本质上是社会的自然或"历史的自然"。

在现存世界中,如同自然被社会中介一样,反过来,社会也被自然中介。人类社会就是在人与自然的物质变换过程中形成并发展起来的,人类历史也无非是"自然界对人的生成过程"。作为客体的自然,其本身的规律不可能被完全消融到对它进行占有的社会过程中;自然不是外在于社会,而是作为一种恒定的因素出现在历史过程中,社会需要归根到底只有通过自然过程的中介才能实现。通过实践,自然进入到社会之中,从纯粹的自然存在转化为社会存在,转化为社会生活的要素,并制约着社会的发展。

"在实践上,人的普遍性正表现在把整个自然界——首先作为人的直接的生活资料,其次作为人的生命活动的材料、对象和工具——变成人的无机的身体。"[1]"自然界同劳动一样也是使用价值(而物质财富就是由使用价值构成的!)的源泉,劳动本身不过是一种自然力即人的劳动力的表现。"[2]人与自然之间的物质变换构成了社会存在和发展得以实现的"永恒的自然必然性"。社会发展既不是纯自然的过程,也不是脱离自然的超自然的过程,而是包括自然运动在内的、与自然历史"相似"的过程。正是

---

[1]《马克思恩格斯全集》第42卷,第95页。
[2]《马克思恩格斯选集》第3卷,第298页。

在这个意义上,社会是自然的社会,"历史是人的真正的自然史"①。把人对自然的理论和实践关系从社会(历史)中排除出去,也就等于把社会(历史)建立在虚无上。

社会的自然与自然的社会的形成,标志着"现存世界""现实世界",即人类世界的形成。人类世界在内容上包含着自然与社会两个方面。但是,人类世界又不是自然界与社会的"相加",而是在实践基础上形成的人化自然与人类社会"二位一体"的世界。在人类世界中,自然与社会相互制约、相互渗透,摆在人们面前的是社会的自然与自然的社会,或者说,是历史的自然与自然的历史。社会的自然与自然的社会都是人们"对象性的活动"的产物。

现代科学成果表明,自然史上最高的"会聚"发生在自然史向人类史的转化之时,此时,较低层次的自然系统成为较高层次的社会系统的组成部分,而社会系统又对自然系统施加着"约束",这是其一。其二,自在自然通过人的实践活动转化为人化自然,并在人化自然中延续了自己的存在;同时,人化自然不可避免地要参与到整个大自然的运动过程,或者说,仍然要加入到由自然规律支配的自然运动过程中。

这样,就会出现两种情况:一是自然运动以其强大的力量强行铲除人化自然的痕迹,使人的活动成果趋于淡化和消失;二是人化自然改变了自然规律起作用的范围和结果,改变了自然过程,特别是生物圈内物质、能量的变换。这就可能产生对人并非有利的负面效应,如生态失衡问题。当今,生态失衡问题日益突出,不同程度地触及世界上所有国家和所有民族的利益而具有世界性的影响,具有全球性质,因而又被称为"全球问题"。

"全球问题"深刻地反映了社会与自然的矛盾。"全球问题"的出现,从一定意义上说,是由于科学技术被广泛应用于自然而又失去控制所引发的。科学技术的进步和生产力的发展赋予人类改造自然的新手段、新

---

① 《马克思恩格斯全集》第42卷,第169页。

形式,使社会对自然的影响在广度和深度上都急剧地扩大了。例如,人类对地球的改造作用在广度和深度上不断拓展,造成一种新的地质作用过程,并急剧地改变地球表面。同时,人类正在影响化学元素,造成新的化合物,把新的物质引入地球内部,改变了地球的化学过程。当人们在自然身上滥用科学技术的威力时,全球环境恶化就不足为怪了。全球气候变暖,土壤过分流失和土地沙漠化扩展,森林资源日益减少,臭氧层的耗损或破坏,生物物种加速灭绝,动植物资源急剧减少,淡水供给不足,空气污染等,都是人类不合理地利用科学技术并使社会与自然发生冲突的结果。形象地说,生态失衡是以"天灾"的形式而表现出来的"人祸"。

恩格斯早就指出了自然界"对人进行报复"的问题:"如果说人靠科学和创造性天才征服了自然力,那么自然力也对人进行报复,按人利用自然力的程度使人服从一种真正的专制,而不管社会组织怎样。"[1]"我们不要过分陶醉于我们对自然界的胜利。对于每一次这样的胜利,自然界都报复了我们。"[2]实际上,"全球问题"就是一个自然界对人的"报复"问题。更重要的是,"全球问题"不仅是一个自然问题,是一个科学技术的问题,而且是一个社会问题,是一个涉及社会制度、社会管理组织和社会整体实践的复杂问题。

因此,要解决自然界对人的"报复"问题,就必须合理地调节人与自然的关系,而"要实行这种调节,单是依靠认识是不够的。这还需要对我们现有的生产方式,以及和这种生产方式连在一起的我们今天的整个社会制度实行完全的变革"[3],从而实现"人类同自然的和解","在最无愧于和最适合于他们的人类本性的条件下"进行人与自然之间的物质变换[4]。历史唯物主义并不主张"对自然的崇拜",而是主张征服自然。但是,历史唯物主义同时认为,人并不是在自然之外,而是在自然之中去征服自然的,

---

[1]《马克思恩格斯选集》第3卷,第225页。
[2]《马克思恩格斯全集》第20卷,人民出版社1971年版,第519页。
[3]《马克思恩格斯全集》第20卷,第521页。
[4]《马克思恩格斯全集》第25卷下,第927页。

这种征服不应使社会与自然发生"生"与"死"的对立,而应使自然成为"人的无机身体",实现社会与自然的真正"和解",即在更高阶段上回归社会与自然的统一,达到新的平衡,实现社会与自然的"共生"。

实际上,社会与自然的平衡有两种类型:

一是原生的自然生态系统的平衡,即自然生态系统没有受到外力的破坏,它凭借自我调节而保持自身的平衡。在这种平衡状态中,人处在服从的地位,社会与自然的关系因此比较协调,温情脉脉。"稻花香里说丰年,听取蛙声一片",所陶醉的就是这种境界。

二是人工生态系统的平衡,即通过人对自然的改造,不断改变原生的自然生态系统,创造出一个适合"人类本性",即适合人的生存和发展的生态平衡系统。历史唯物主义所追求的社会与自然的平衡,就是这种平衡,并为达到这一平衡指出了必由之路,即按照人的内在需要和外在的自然规律这两种尺度的统一去改造自然,同时,对现在的社会制度进行变革,创造合理利用科学技术的社会环境。

二、实践活动中的人与自然的关系

实践作为一种社会现象,早就引起了哲学家的注意。苏格拉底说过,"只要一息尚存,我永不停止哲学的实践"。亚里士多德认为,"实践是包括了完成目的在内的活动"。康德正式把"实践"概念引入哲学中,并提出了"理论理性"和"实践理性"的概念。然而,从总体上看,在历史唯物主义产生之前,无论是唯物主义哲学,还是唯心主义哲学,都不理解人类实践活动的本质和意义。结果,唯物主义哲学与人的能动的方面失之交臂,唯心主义哲学则"抽象地发展"了人的能动的方面。

旧哲学之所以不理解实践活动的本质和意义,除了旧唯物主义与唯心主义各自的主观原因以外,还有客观原因,即实践作为人所特有的活动,本身就具有矛盾的特征:一方面,实践是人的有目的的活动,受人的理性、意志的支配,体现了人对理想世界的追求;另一方面,实践又是作为物质实体的人,通过工具等物质手段同物质世界进行物质变换的客观过程。不能全面而深刻地把握人的实践活动的这种内在矛盾,是造成旧唯物主义与唯心主义各执一端、争执不下的认识论根源。

当历史唯物主义把物质生产活动作为实践的首要形式和根本内容时,历史唯物主义所理解的实践是同自然运动既相联系又相区别的社会活动,是一种自在自为的活动。按照马克思的观点,物质生产首先是人以自身的活动来引起、调整和控制人与自然之间物质变换的过程,在这个过程中,人与人之间又要互换活动,就必然结成一定的社会关系。人与自然的关系制约着人与人的社会关系,人与人的社会关系又制约了人与自然的关系。同时,物质生产过程结束时得到的物质结果,在这个过程开始时就作为目的在生产者的头脑中以观念的形式存在着,这个目的是生产者"所知道的,是作为规律决定着他的活动的方式和方法的"①。这是一个"物质变精神"和"精神变物质"的过程。

这就是说,实践既是人与自然之间物质变换的过程,又是人与人之间活动互换的过程,同时,还是人的观念与物质之间转换的过程。在实践活动中,这种"物质变换""活动互换""观念与物质的转换"是交织在一起的,从而使人的实践活动成为自在自为的活动。这样,历史唯物主义就找到了把能动性、自由性、创造性,与现实性、客观性、物质性统一起来的基础。

从词义上看,实践就是实行或行动,指的是人们实现某种主观目的的活动。在历史唯物主义中,实践是指人能动地改造物质世界的对象性活动。对实践本质的这一理解和规定,首先肯定了实践活动的对象性质,即它是以人为主体,以客观事物为对象的现实活动;更重要的是,实践把人的目的、理想、知识、能力等本质力量对象化为客观实在,创造出一个属人的对象世界,因此,实践是人所特有的对象化活动。正如马克思所说,"劳动的产品就是固定在某个对象中、物化为对象的劳动,这就是劳动的对象

---

① 《马克思恩格斯全集》第 23 卷,第 202 页。

化。劳动的实现就是劳动的对象化"①。

与动物消极地适应自然的活动不同,人的实践活动是积极地改造自然的活动,具有自主性。实践的自主性表现在,人通过实践不仅能够认识自然规律,而且能够使自然规律为人所用,达到人掌握和占有物的目的。同时,实践还具有创造性,创造出按照自然规律本身无法产生或产生的概率几乎等于零的事物。人对世界的改造本质上就是创造。没有创造,就不会形成适合人类生存和发展的属人世界。

实践的自主性和创造性体现了人的主体性。实践是由人发动、同时又是为了人的活动,它使人与物的关系成为"为我而存在"②的关系,由此确立了人对自然界的主体地位。在实践中,人按照对事物运动规律的认识去改造事物,把它塑造成适合人占有和利用的形式,充分显示了人的主体性。同时,人在实践中自觉地把自己和自然界区分开来,自觉地意识到自我的存在,具有了主体意识。实践的发展,既是人的主体性不断发展和提升的过程,同时,也是人的主体意识不断提高和弘扬的过程。

实践活动的自主性、创造性和主体性表明,实践具有自觉能动性,是自觉的能动的活动。在实践活动中,人把物的内容映射到自身中,同时又把自身的需要以目的的形式灌注到物的内容中,使观念的东西转化为物质的东西,使自在之物变为"为我之物",使物成为从属于人的需要的存在,从而在人与物之间建立起一种新的更高的统一的关系,即"为我而存在"的关系。

实践是人自觉地改造物质世界的创造性活动。实践活动中的人和自然的相互作用与自然界中的物质实体的相互作用是根本不同的。实践活动不同于以观念的方式把握物质世界的活动,具有物质的、感性的形式,具有直接现实性的特征。实践是人把自己作为物质力量,并运用物质手段同物质对象发生实际的相互作用,这种感性活动同感性对象一样具有

---

① 《马克思恩格斯全集》第42卷,第91页。
② 《马克思恩格斯全集》第3卷,第34页。

客观实在性。但是,实践的直接现实性不同于自然物的直接现实性和客观实在性。纯粹的自然物不包含人的主观活动,因此,它们不可能证实或证伪人的理论与认识。实践则不同,它既同人的主观活动相联系,又能从人的主观活动的圈子里走出来,物化为感性的客观存在。这种客观存在是一种不同于自然存在的"人们的存在",即社会存在。

作为人所特有的对象化活动,实践一开始就是社会的实践,是历史地发展着的实践。尽管实践可以表现为单个人的个体活动,但人们总是凭借着社会力量去同自然发生关系、从事实践活动,总是在一定的社会关系中进行实践活动的。"为了进行生产,人们相互之间便发生一定的联系和关系;只有在这些社会联系和社会关系的范围内,才会有他们对自然界的影响,才会有生产。"[1]"甚至当我从事科学之类的活动,即从事一种我只是在很少情况下才能同别人直接交往的活动的时候,我也是社会的……不仅我的活动所需的材料,甚至思想家用来进行活动的语言本身,都是作为社会的产品给予我的,而且我本身的存在就是社会的活动。"[2]人的实践活动是社会活动。实践的对象、范围、规模和方式都受到历史条件的制约。

在实践活动中,人把自身之外的自然变成了自己活动的对象,变成自己的客体,与此同时,也就使自己成为主体性的存在。因此,在实践活动中,人与自然的关系转变为主体与客体的关系。如果说主体是从事着实践活动和认识活动的人,那么,客体就是实践活动和认识活动所指向的对象,首先是自然界。

实践的主体是实践活动中具有能动性的因素,在其能力结构中存在着三种基本要素:一是"人本身的自然力",即人具有与自然物相适应的自然力,因而可以与其进行物质变换,但这种物质力量是精神支配下的物质力量;二是人的智力,即主体所实际掌握、运用的知识和经验,这种智力

---

[1]《马克思恩格斯选集》第1卷,第344页。
[2]《马克思恩格斯全集》第42卷,第122页。

主要是作为主体改造客体的目的和方法而发生作用的,并可作为设计实现这一目的的具体途径、方法和步骤;三是主体的感情和意志力。这种感情和意志力对主体实践活动的发动与停止、对主体实践能力的发挥起着重要的控制和调节作用。正如马克思所说,"激情、热情是人强烈追求自己的对象的本质力量"①。

客体是进入主体活动的领域,并同主体发生功能性关系,或为主体活动所指向的自然物。因此,对于实践的客体要从两方面去理解:

一方面,客体是一种不以主体的主观意志为转移的自然物,这种自然物不仅在成为客体之前就具有客观性,而且进入主体与客体的关系结构以后,这种客观性也仍然保持着。

另一方面,客体不是与自然物相等同的概念,自然物只有被纳入到主体活动范围内,成为主体活动所改造或指向的对象时,才能成为客体。换言之,哪些自然物能够成为实践的客体,不仅取决于这些自然物的自在本性,而且取决于人的本质力量的发展水平;不仅取决于自然物具有哪些可被人类利用的属性,而且取决于实践的水平能否利用自然物的这些属性。客体的变化不仅表示客体本身发生了特定的变化,而且这种变化本身就是主体本质力量变化的确证。

这就是说,通过客体的变化可以透视出主体需要和能力的变化;客体不断扩大的过程,实际上就是实践以及人的本质力量的发展过程。正如马克思所说,"工业的历史和工业的已经产生的对象性的存在,是一本打开了的关于人的本质力量的书"②。人原本是自然界的产物,受自然界所支配。可实践扭转了乾坤,使人成为一种主体性的存在,自然则成为客体,受人所支配。

同主体一样,客体也是历史的范畴,被纳入到主体活动范围的客体是不断扩大和变化的。其中,自然是客体的最基本形式。问题在于,人与自

---

① 《马克思恩格斯全集》第 42 卷,第 169 页。
② 《马克思恩格斯全集》第 42 卷,第 127 页。

然的关系离不开并受制于人与人的关系。所以,适应生产实践的需要、与改造自然的实践活动同时发生的是处理人与人之间社会关系的实践活动。

既然生产实践离不开一定的社会关系,总是在一定社会关系中进行的,那么,同生产实践相伴而行,就必须维持和巩固那些适合生产发展的社会关系,调整和改变那些不适合生产发展的社会关系。因此,处理社会关系的活动是人类实践活动的又一基本形式。这就是说,从事实践活动的人,必须把在实践活动中形成的人与人的社会关系作为认识和改造的对象。对象化了的现实的社会结构、社会制度因此成为实践活动中的又一客体。

实践是一个以主体、中介和客体为基本骨架的动态的发展系统。其中,主体是能动性因素,客体是受动性因素,工具则是把主体与客体连接起来,使二者之间的相互作用得以实现的中介。

从主体与客体相互作用的特点和实质看,这种相互作用既不同于一般的物质实体之间的相互作用,也不同于一般的精神与物质之间的相互作用,而是把这两种相互作用都包含于自身。具体地说,主体与客体的相互作用具有物质性的特点,但又不能把这种相互作用的本质归结为一般的物质性,除人以外的一切物与物之间的相互作用都是无意识的、盲目的,都不可能以主体与客体相互作用的形式出现。在主体与客体的相互作用中,出现了一般的物质实体之间的相互作用所没有的崭新的关系,这就是目的与手段、能动者与受动者、创造者与被创造者之间的关系。

因此,主体在主客体相互作用中的主导地位和中心地位就被确定下来了。在实践过程中,主体一方面受到客体的限定和制约,另一方面,又不断地发展自己的能力和需求,以自觉能动的活动不断打破客体的限定,超越客体。主体与客体之间的这种限定和超越或限定中的超越的关系,是实践的主体与客体相互作用的实质。

从主体与客体相互作用的内容和结果看,这种相互作用是通过主体对象化和客体非对象化的双向运动实现的。人通过实践使自己的本质力量转化为对象物,这就是主体的对象化。实践是人们运用工具改造自然的过程。在这个过程中,客体按照主体的需要和要求发生了结构与形式上的变化,形成了自然界原本不存在的种种对象物。这种种对象物是人在与自然相互作用中创造出来的,是主体的本质力量通过活动转化为静止的物质的存在形式,它们积淀、凝聚和物化在客体中。因此,主体的对象化就是主体通过对象性活动向客体渗透和转化,即主体客体化。人类一切实践活动的结果都是主体对象化、客体化的结果。

在主体对象化的同时,还发生着客体的非对象化。所谓客体非对象化,是指客体从客观对象的存在形式转化为主体生命结构的因素或主体本质力量的因素,客体失去对象化的形式,变成主体的一部分。马克思指出:"在生产中,人客体化,在消费中,物主体化。"[1]在生产实践中,主体一方面通过物质和能量的输出改变着客体,另一方面需要把一部分客体作为直接的生活资料加以消费,或者把客体的规定性转化为自己思维的力量,或者把物质工具作为自己身体器官的延伸包括在生命活动中。这些都是客体向主体的渗透和转化,即客体主体化。

主体对象化、主体客体化造成人的活动成果的体外积累,形成了人类积累、交换、传递、继承和发展自己本质力量的特殊方式——社会遗传方式,从而使人类的物质文化和精神文化的成果不会因个体的消逝而消失;客体非对象化、客体主体化则使人占有、吸收对象(包括前人的活动成果),从而不断丰富人的本质力量,提高主体能力,使主体能以更高的水平去改造客体。因此,实践主体与客体的相互作用总是不断地在新的基础上进行。

主体对象化与客体非对象化、主体客体化与客体主体化的双向运动是人类实践活动同一过程的两个方面,它们互为前提、互为中介,人们正是通过这种运动形式不断解决所面临的现实矛盾的。这是客体对主体的制约性和主体对客体的超越性的生动体现,是人类实践活动的本质内容。

---

[1]《马克思恩格斯全集》第46卷上,第26页。

三、人对自然实践把握的基本环节

人对自然界的实践把握是通过三个基本环节进行的：确立实践目的和实践方案；实践主体依据目的、方案通过一定手段作用于客体；根据实践结果修正实践目的和实践方案，从而对实践活动本身进行反馈调节。这三个环节实际上构成了实践活动的运行机制。

目的是人们在实际改造自然之前，在头脑中预定的活动结果，是人们从事实践活动的出发点。目的不仅包含着主体对自身需要的意识，而且也包含着对客体及其与主体关系的认识。由于外部自然的现存形式不能满足人的需要，人必须根据自己的内在需要对外部自然进行改造。这种改造首先是在思维中进行的，即通过"思维操作"，消灭外部对象"当前存在"的自在的客观性，在思维中形成一个符合人的内在需要和主观要求的"理想存在"，在观念中建立起主体与客体的新的统一的关系。

这种思维改造，对于实际改造来说，是一种超前改造，是实践改造外部对象的过程在思维中的预演，是预先在头脑中设定的实践活动的理想模型。这种超前改造形成了实践的目的，并以意图、动机的形式规定了人们活动的目标。目的包含着主体改造客体的强烈愿望，是要在对人有用的形式上占有客体，而不仅仅是一般地认识客体。目的所关心的不是客体的现状如何，而是客体应当如何，是客体对主体的意义。正如马克思所说，"人却懂得按照任何一个种的尺度来进行生产，并且懂得怎样处处都把内在的尺度运用到对象上去"[①]。

目的中既包含着主观的尺度，也包含着客观的尺度。在这两个尺度中，主观尺度是核心，客观尺度是前提。"人在自己的实践活动中面向客观世界，以它为转移，以它来规定自己的活动。"从这个意义上说，"人的目

[①]《马克思恩格斯全集》第42卷，第97页。

的是客观世界所产生的,是以它为前提的"。① 然而,目的要克服的却是客体的自在的客观性,使客观存在符合人的主观需要。"目的的活动不是指向自己……而且为了通过消灭外部世界的规定的(方面、特征、现象)来获得具有外部现实形式的实在性。"②换言之,人在实践活动中并非仅仅接受自然规律,而且要依据自己的目的利用自然规律去改变外部自然的现存状况,使它成为符合人的目的的新的状态,即成为"人类学的自然界"。

可见,目的包含着主体与客体、主观与客观的矛盾,这种主体与客体、主观与客观的矛盾表现为实然与应然、理想与现实的矛盾。外部自然实际怎样,这是对象的实然性;主体要求对象应当怎样,这是对象的应然性。实然性表明了外部自然的客观状态,是自然当前的现实存在;应然性则表明了人们对自然的主观要求,是一种未来理想的存在。目的的内在矛盾通过实践的对象性活动得到解决。

实践的目的性把实践活动过程同自然运动过程区别开来。在自然运动过程中,事物及其发展直接受因果规律制约,事物的现状主要是被过去的事件所支配,是过去制约现在。实践活动过程却不是一般的"原因——结果"的转化过程,而是"目的——结果"的转化过程,目的作为环节插入客观联系的因果链条之中,作为一种特殊的原因而起作用。

在这种特殊的因果关系中,目的作为原因并不是指向过去的事件,而是指向一种尚未发生的事件。因此,人的实践活动并不是纯粹地为过去的事件所制约,而是同时受到未来的事件的制约;未来的事件在现实中尚不存在,它是主体选择活动、创造活动的结果。这样,实践过程就表现为一种自在自为的运动过程。这种过程改变了自在事物的自然进程,使其成为在主体制约下的客体运动过程。这就是主体活动的客观性与客体运动的客观性的本质区别。

历史唯物主义确认因果关系是现实的联系,认为"'因果关系的运

---

① 《列宁全集》第 55 卷,人民出版社 1990 年版,第 157、159 页。
② 《列宁全集》第 55 卷,第 183 页。

动'=实际上在不同的广度或深度上被捉摸到、被把握住内部联系的物质运动以及历史运动"①。可以说,整个自然科学就是依据因果范畴建立起来的,离开因果范畴就没有自然科学。同时,在说明主体的活动过程时,历史唯物主义又强调目的范畴的重要性,认为人的实践活动是体现着目的性的活动,离开目的就无法说明人的实践活动。人的这种有目的的活动与客观的因果关系并非如同冰炭,难以相容。正如恩格斯所说,人的活动能够"引起自然界中根本不发生的运动(工业),至少不是以这种方式发生运动,并且我们能赋予这些运动以预先规定的方向和范围。因此,由于人的活动,就建立起因果观念",同时,"人类的活动对因果性作出验证……可以说是对因果性作了双重的验证"②。人的活动的因果联系是更特殊、更复杂的因果联系。

目的是主观的,而它要改造的对象却是客观的,因此,目的不能直接作用于客观对象。"物质力量只能用物质力量来摧毁。"③客观对象只能被一种客观力量改变。手段正是这样一种现实的客观力量。但是,手段是依据主观目的的要求选定的,只有符合主观目的要求的"物"才能成为手段,实现不同目的必须使用具有不同功能的手段。同时,手段功能的发挥也必须服从于目的,手段依据目的而运动,并始终为目的所制约。正如马克思所说,"劳动者利用物的机械的、物理的和化学的属性,以便把这些物当作发挥力量的手段,依照自己的目的作用于其他的物"。④

手段是人的身内器官与身外器官的矛盾统一。手段是主体将其置于主体与客体之间,把自己的活动传到客体上去的物或物的综合体。"这样,自然物本身就成为他的活动的器官,他把这种器官加到他身体的器官上……延长了他的自然的肢体。"⑤动物完全靠身内器官从事活动,身内器官是它们唯一的活动手段。动物的力量和能力的大小,是由它的身内器

---

① 《列宁全集》第55卷,第135页。
② 《马克思恩格斯选集》第4卷,第328—329页。
③ 《马克思恩格斯选集》第1卷,第9页。
④ 《马克思恩格斯全集》第23卷,第203页。
⑤ 《马克思恩格斯全集》第23卷,第203页。

官决定的。与动物不同,人的力量和能力的大小主要不是由身内器官决定,而是由身外器官,即手段决定的。

手段是由身外的自然物所构成的,但它在人的实践活动中的功能却是人的身内器官功能的外化,是人的身外器官。靠身外器官的作用,人首先占有和支配了一部分外部自然力,并把这些自然力变成主体自身的力量去征服其他自然力,从而实现自己的目的。手段的特点就在于,它是人的身内器官与身外器官的统一。这样,人们就可以突破身内器官功能的局限,使主体的力量具有了无限发展的可能性。

正因为如此,马克思提出,要注意"社会人的生产器官"和"批判的工艺史"问题,并指出:"达尔文注意到自然工艺史,即注意到在动植物的生活中作为生产工具的动植物器官是怎样形成的。社会人的生产器官的形成史,即每一个特殊社会组织的物质基础的形成史,难道不值得同样注意吗?"只要认真研究作为手段的工具,创建"批判的工艺史","工艺学会揭示出人对自然的能动关系"[1]。

"社会人的生产器官"的形成表明,在实践活动中,人们使用的是自己制造的工具,而不是使用天然工具。这说明,手段首先是人们过去活动的结果,而后才是未来活动的前提;手段不是天然的自然物,而是凝聚了、物化了人的过去活动的人工自然物。如果说人的身内器官是一种天然器官,那么,手段作为一种身外器官就是一种人工器官,是"社会人的生产器官"。因此,手段与人的肉体器官的关系,不仅是身外器官与身内器官的关系,而且是人工器官与天然器官的关系。只有具备过去活动结果与未来活动前提这两种性质的东西,才具备手段的性质。换言之,手段是人的过去活动和未来活动的矛盾统一。

手段把人的过去活动与未来活动统一起来,把前人活动与后人活动统一起来了,这就使人的活动具有不同于动物活动的特点。具体地说,前人活动的结果和终点,是后人活动的前提和起点,因此,手段使前人活动

---

[1]《马克思恩格斯全集》第23卷,第409、410页。

与后人活动、过去活动与未来活动建立起内在的历史联系。这样,每一代人在使用手段进行活动时,实质上是把前人活动及其成果作为自己的手段,因而每一代人都突破了本身力量的局限,把历史上创造的人类力量的总和纳入自身之中,以人"类"的资格去从事新的活动。这就使人类社会的发展成为一个不断向上的、滚雪球式的过程,形成了区别于生物进化规律的社会发展规律。

正因为如此,马克思把"社会人的生产器官"看作是"每一个社会组织的物质基础",认为只要认真研究作为手段、工具的"社会人的生产器官"的形成史,就能够揭示出人对自然的活动方式和人的物质生活的生产过程,从而揭示出社会关系以及精神观念的起源,并形象地指出:"手推磨产生的是封建主的社会,蒸汽磨产生的是工业资本家的社会。"①

在实践的目的中,实践的结果已经以主观观念的形式建立起来了,实践结果就是在外部自然中以客观形式实现了的主观目的。因此,实践的结果是主观性与客观性的现实统一。在这个过程中,主体自觉地认识、把握和利用客体的规律,使客体达到适应主体需要的性质和状态。这样一来,自然界本身潜存着的丰富的因果联系的可能性,通过"目的→手段→结果"的运动,被有选择地实现出来了。

同自然运动结果相比,实践活动结果有一个显著的特点,这就是实践的结果具有成败的属性。自然结果仅仅是由原因引起的,自然运动受自然规律支配,必然严格遵循客观规律,不存在违背客观规律的可能性,所以,在这种原因与结果之间没有成败问题。实践的结果却始发于目的,而且在整个实践过程中目的不仅没有消失,反而成为支配人的活动的方式和方法。在这个过程中,人既可能遵循客观规律,也可能违背客观规律,因而实践结果一旦形成,就立即进入与目的的对比之中。正是这种对比关系构成实践结果所独有的成败属性。因此,实践结果对实践目的具有反馈作用,人们可以以此坚定或修正实践活动的目的,反思整个实践过

---

① 《马克思恩格斯选集》第 1 卷,第 142 页。

程。实践结果对主体发生的这些效应,使主体具有了更大的能动性,因而成为主体活动的一个基本环节。

人的实践活动之所以与自然的物质运动具有不同的特点,是因为人的活动是在理性支配下活动。理性追求着客体的必然性,向人们展现外部自然的各种可能性,以供主体行动时选择;同时,理性又追求着客体的应然性,并促使人们根据应然性在客体发展的多种可能性中进行选择。人的实践活动与自然的物质运动的区别,并不在于前者自觉地为客观规律所支配,后者盲目地为客观规律所支配,而是在于,在人的实践活动中,理性向主体展示了可供选择的多种可能性以及对各种可能性后果的估计,同时,又反映着主体内在需要的多种层次性及其实现的可能性,从而使主体把客体的可能性和主体的可能性结合起来,并创造条件使这种可能转为现实。这个过程蕴含并体现着深刻的辩证法。

四、否定性的辩证法

"辩证法在对现存事物的肯定的理解中同时包含对现存事物的否定的理解,即对现存事物的必然灭亡的理解;辩证法对每一种既成的形式都是从不断的运动中,因而也是从它的暂时性方面去理解;辩证法不崇拜任何东西,按其本质来说,它是批判的和革命的。"[1]在实践活动中,人以否定的方式实现自身与自然界的统一,从而形成实践活动的"否定性的辩证法"。社会生活在本质上是实践的,历史不过是人的实践活动在时间中的展开。因此,人类实践活动的否定性的辩证法也就是人类历史运动的否定性的辩证法。"在历史中进步是现存事物的否定。"[2]"黑格尔的《现象学》及其最后结果——作为推动原则和创造原则的否定性的辩证法——的伟大之处首先在于,黑格尔把人的自我产生看作一个过程,把对象化看

---

[1]《马克思恩格斯全集》第23卷,第24页。
[2]《马克思恩格斯全集》第20卷,第553页。

作失去对象,看作外化和这种外化的扬弃;因而,他抓住了劳动的本质,把对象性的人、现实的因而是真正的人理解为他自己的劳动的结果。"①在规定人的本质时,黑格尔引入了劳动以及生成的观点,认为人是在活动中展现自己的本质的,"人的真正存在就是他的行为"②。马克思由此认为,黑格尔"把劳动看作人的本质,看作人的自我确证的本质",看作"人在外化范围内或者作为外化的人的自为的生成"③。正是由于对劳动进行了相当深刻的哲学思考,并用劳动来理解否定,黑格尔提出了作为推动原则和创造原则的否定性的辩证法。

按照黑格尔的观点,劳动是人对自然物进行"赋形"的活动,即对自然物加以改造的活动,它构成了人与自然之间的"否定的中项"。正是借助这个否定的中项,人从自然界中分离出来,并在自然物上打上人的烙印,否定了自然物的原生形态;在这个过程中,人使自身的力量得以外化,并占有、获取自然物。"我做成了某个东西,我就实现了外化;这种否定是积极的,外化也就是获取。"④劳动的否定性使人本身的力量外化,即对象化,这种对象化所形成的客体又反过来同人发生矛盾,支配并统治人,从而产生异化。

否定不仅表现为外化、异化,而且还表现为扬弃这种外化、异化的活动。在这个过程中,人在自己的劳动产品中直观到自身,自觉地意识到自己的独立性,使外化的对象,即客体回到人本身,主体与客体达到统一,主体由此得到自我实现。在黑格尔看来,这就是一个否定之否定的过程。"这个否定性是自身的否定关系的单纯之点,是一切活动——生命的和精神的自身运动——最内在的源泉,是辩证法的灵魂,一切真的东西本身都具有它,并且唯有通过它才是真的。"⑤但是,在黑格尔那里,只有抽象的思维活动和精神劳动,才具有本原意义上的能动性和创造性,物质的、感性

---

① 《马克思恩格斯全集》第 42 卷,第 163 页。
② [德] 黑格尔:《精神现象学》上卷,贺麟、王玖兴译,商务印书馆 1979 年版,第 213 页。
③ 《马克思恩格斯全集》第 42 卷,第 163 页。
④ [德] 黑格尔:《精神现象学》上卷,第 23 页。
⑤ [德] 黑格尔:《逻辑学》下卷,杨一之译,商务印书馆 1982 年版,第 543 页。

的劳动只是"精神活动的样式";真正的人在根本上是自在自为的自我意识,人的关系领域是"现在世界的精神的光天化日"。"人的本质,人,在黑格尔看来是和自我意识等同的。因此,人的本质的一切异化都不过是自我意识的异化……因此,对异化的、对象性的本质的任何重新占有,都表现为把这种本质合并于自我意识:掌握了自己本质的人,仅仅是掌握了对象性本质的自我意识。因此,对象之返回到自我就是对象的重新占有。"①

可见,黑格尔的否定性辩证法是在唯心主义的基础上,以一种"抽象的、逻辑的、思辨的"形式表达了人类实践活动和历史运动的辩证法。"由于黑格尔根据否定的否定所包含的肯定方面把否定的否定看成真正的和唯一的肯定的东西,而根据它所包含的否定方面把它看成一切存在的唯一真正的活动和自我实现的活动,所以他只是为那种历史的运动找到抽象的、逻辑的、思辨的表达。"②实际上,在黑格尔之前,卢梭已经用否定之否定思想研究人类历史运动,并具有了否定性的辩证法思想。按照卢梭的观点,人类历史运动是一个平等—不平等—平等的过程。在人类社会的原始状态,人类生活在没有私有财产的状况中,人与人之间是自由平等的;随着生产和技术的发展,人类社会进入文明状态,同时产生了私有制,从而造成了人与人之间的不平等,这是一个"个人完善化"与"类的没落"的时代;随着不平等发展到极限,不平等又重新转变为平等,但这种平等不是回到原始人的自发的平等,而是达到更高级的以社会契约为基础的平等。卢梭在这里向我们展示了一个否定之否定的图景,一个在对抗和矛盾中向着自己对立面转化的辩证过程。

这表明,卢梭已经较为自觉而明确地用否定之否定思想来研究人类历史了,由此显示了他的超越时代的历史主义敏感性,"几乎是堂而皇之地把自己的辩证起源的印记展示出来"。恩格斯高度评价了卢梭的这一辩证法思想,认为"在卢梭那里不仅已经可以看到那种和马克思《资本论》

---

① 《马克思恩格斯全集》第 42 卷,第 165 页。
② 《马克思恩格斯全集》第 42 卷,第 159 页。

中所遵循的完全相同的思想进程,而且还在他的详细叙述中可以看到和马克思所使用的完全相同的整整一系列辩证的说法:按本性说是对抗的、包含着矛盾的过程,一个极端向它的反面的转化,最后,作为整个过程的核心的否定的否定"①。

马克思批判继承了黑格尔的否定性辩证法以及卢梭的否定之否定思想。当马克思把实践理解为人的存在方式,并把物质实践理解为人与自然、人与社会关系,即人与世界关系的基础时,否定性的辩证法就获得了一个现实的基础,成为一种"合理形态"的辩证法。

人与自然的关系不同于动物与自然的关系。人并不是像动物那样肯定自然的直接存在状态,使自己消极地适应自然,而是以自身的实践活动否定自然的直接存在的状态,并赋予它合乎人的需要和目的的形式。但是,目的本身并不能直接加于对象之上,要把目的赋予对象,还必须有把它们统一起来的中介,这个中介就是劳动工具。人是持有某一工具或某一工具系统、为着某种目的进入到改造自然的实践活动之中的。

工具与目的、对象都具有同一性:一方面,工具作为人的肢体的延伸,是合乎人的目的的,或者说,与目的具有同一性;另一方面,工具本身也是一个物质客体,与实践的物质对象具有同一性。因此,工具能够在目的的支配下以其物质性与实践对象的物质性相互作用,并将人的目的赋予实践活动的对象,否定其原生形态,使其具有属人性质,即使自在自然转化为人化自然,"自在之物"转化为"为我之物"。在这个过程中,自然"对人生成"②,人与自然的关系成为一种"为我而存在"的关系。实践本身就内含着一种否定性的辩证法,在实践过程中生成的"为我而存在"的关系标志着人与自然的关系是一种否定性的矛盾关系。

人对自然的否定性活动发展到一定程度、一定阶段产生了生产资料私有制,私有制以及自然分工的存在使人的活动本身发生了异化,异化的

---

① 《马克思恩格斯选集》第3卷,第483页。
② 参见《马克思恩格斯全集》第42卷,第131页。

形成标志着人类历史进入到人受异己力量支配的阶段。"只要人们还处在自然形成的社会中,就是说,只要特殊利益和共同利益之间还有分裂,也就是说,只要分工还不是出于自愿,而是自然形成的,那么人本身的活动对人来说就成为一种异己的、同他对立的力量,这种力量压迫着人,而不是人驾驭着这种力量。"①

资本主义社会是异化的典型和极端形式。在资本主义社会,资本具有个性,而活动着的个人却没有个性;不是人支配物,而是物支配并奴役人;而物之所以能支配并奴役人,实际上是少数人借物的力量支配并奴役多数人。"关键不在于物化,而在于异化,外化,外在化,在于巨大的物的权力不归工人所有,而归人格化的生产条件即资本所有,这种物的权力把社会劳动本身当作自身的一个要素而置于同自己相对立的地位。"②但是,资本主义社会毕竟形成"以物的依赖性为基础的人的独立性","形成普遍的社会物质变换,全面的关系,多方面的需求以及全面的能力的体系"③,从而为每个人的自由发展创造和建立了前提条件。换言之,资本主义社会在把异化推向极端的同时,又为扬弃异化准备了条件。生产力的巨大增长和高度发展、劳动和资本的对立达到极限,必然导致私有制的灭亡和异化的扬弃。

人的异化和异化的扬弃并不是一个纯粹的自我意识的矛盾运动过程,而是一个"改造对象世界""创造对象世界"的实践活动的矛盾运动过程。异化"这种颠倒的过程不过是历史的必然性,不过是从一定的历史出发点或基础出发的生产力发展的必然性,但决不是生产的某种绝对必然性,倒是一种暂时的必然性,而这一过程的结果和目的(内在的)是扬弃这个基础本身以及过程的这种形式"④。从异化的产生到异化的扬弃,是一种具有历史必然性的否定之否定过程。"从资本主义生产方式产生的资

---

① 《马克思恩格斯选集》第1卷,第85页。
② 《马克思恩格斯全集》第46卷下,第360页。
③ 《马克思恩格斯全集》第46卷上,第104页。
④ 《马克思恩格斯全集》第46卷下,第361页。

本主义占有方式,从而资本主义的私有制,是对个人的、以自己劳动为基础的私有制的第一个否定。但资本主义生产由于自然过程的必然性,造成了对自身的否定。这是否定的否定。这种否定不是重新建立私有制,而是在资本主义时代的成就的基础上,也就是说,在协作和对土地及靠劳动本身生产的生产资料的共同占有的基础上,重新建立个人所有制。"①实际上,这一否定之否定过程不仅包含着对人与人之间关系的否定之否定,而且包含着对人与自然之间关系的否定之否定。按照马克思的观点,作为这一否定之否定的结果,"共产主义是私有财产即人的自我异化的积极的扬弃,因而是通过人并且为了人而对人的本质的真正占有;因此,它是人向自身、向社会的(即人的)人的复归,这种复归是完全的、自觉的而且保存了以往发展的全部财富的……是人和自然界之间、人和人之间的矛盾的真正解决,是存在和本质、对象化和自我确证、自由和必然、个体和类之间的斗争的真正解决。"②无疑,这一否定之否定过程就是否定性的辩证法。

可以看出,在历史唯物主义中,否定性的辩证法是以实践观为基础,并同历史观有机结合、融为一体的。马尔库塞由此认为,在历史唯物主义中,"现实的否定变成一个历史条件,一个不能被作为形而上学关系状态的而具体化的历史条件。换句话说,它变成一个与社会的特定历史形式相联系的社会条件","马克思的辩证法的历史特征包含着普遍的否定性,也包含着自身的否定。特定的关系状态就意味着否定,否定之否定伴随着事物新秩序的建立"。③ 应该说,马尔库塞的这一评价是中肯而合理的。

五、实践:人类世界的本体

如前所述,实践不仅使自在自然发生形态的改变,同时,还把人的目

---

① 《马克思恩格斯全集》第23卷,第832页。
② 《马克思恩格斯全集》第42卷,第120页。
③ [美] 马尔库塞:《理性与革命》,程志民等译,重庆出版社1993年版,第284、285页。

的性因素注入自然界的因果链条当中,使自然界的因果链条按同样客观的"人类本性"发生运转;实践虽然不能改变自然物的本性和规律,但却能把人的内在尺度运用到物质对象上去,按人的方式来规范物质转换活动的方向和过程,改变物质的自在存在形式。在实践活动中,自然这个"自在之物"日益转化为体现了人的目的、并能满足社会需要的"为我之物"。这一过程就是自然"人化"的过程,其结果是从天然自然中分化出人化自然,使自然界在人的实践过程中不断获得属人的性质,不断地被改造为社会存在和发展的条件。

自然的"人化"过程同时就是人类社会形成和发展的过程。全部社会生活在本质上是实践的。人们在从事物质生产实践、改造自然的同时,又形成、改造和创造着自己的社会联系和社会关系。没有人与人之间的社会关系,也就不可能有人与自然的现实关系。"一切生产都是个人在一定社会形式中并借这种社会形式而进行的对自然的占有。"[1]这就是说,自然的"人化"是在社会之中,而不是在社会之外实现的。在实践活动中生成的人化自然和人类社会及其统一,构成了人类世界。

在马克思的著作中,"现实世界""现存世界""感性世界""人类世界"是同一概念的不同表述,从不同角度揭示了人们所面对并生活其中的世界的特征。

人通过自己的实践活动在自在世界的基础上建造了属人世界,从而使世界二重化为自在世界和人类世界。在这个过程中,自在世界构成了人类世界存在和发展的自然基础,人在实践活动中把自然同化于自身,转化为自己的本质力量;同时,又把这种本质力量对象化,创造了属人的对象世界,即人类世界;人类世界形成之后又反过来不断地改变自在世界的界限,并使人的本质力量进入到自然存在之中,使这一部分自然存在转化为社会存在。"只要有人存在,自然史和人类史就彼此相互制约。"[2]

---

[1]《马克思恩格斯全集》第46卷上,第24页。
[2]《马克思恩格斯选集》第1卷,第66页。

人的实践活动使世界二重化为自在世界与人类世界表明,实践不仅改造着世界,而且创造着世界。正是在这个意义上,马克思认为,不仅要从客体方面,而且要从主体方面,从"感性的人的活动",即实践方面,去理解"对象、现实、感性"。因此,在历史唯物主义中,实践具有本体论意义。

实践的本体论意义首先体现在,实践创造出一个与自然既对立又统一的人类社会,一个与自在世界既对立又统一的人类世界。

人类世界中的自然不是与人无关的自然,而是被人们"加工"过的自然;人们不仅改造自然存在,而且通过实践使自身进入到自然存在中,并赋予自然存在以新的属性——社会性或历史性。一切对自然的加工、改造都是在"一定的社会形式中并借这种社会形式"进行的。人化自然是被打上了社会关系烙印的自然,是社会的自然。

在人类世界中,自然界意味着什么,自然对人的关系如何,人对自然的作用采用了什么样的形式、内容和范围等,都受到社会关系的制约。要把人类世界中的自然从社会形式中分离出去是不可能的。在人类世界中,自然不仅保持着天然的物质本性,而且被打上了人的烙印;不仅具有客观实在性,而且具有社会历史性。人化自然本质上是一个社会(历史)范畴。

人类世界中的社会也不是与自然无关的社会。人类社会是在人与自然的物质变换中形成并发展起来的,人类历史也无非是"自然界对人的生成过程"。在人类世界中,作为客体的自然,其本身的规律不可能被完全消融到占有它的社会中;自然不是外在于社会,而是作为社会存在和发展的条件出现在社会中;社会的需要只有通过自然过程作为中介才能实现,人与自然之间的物质变换构成了社会存在和发展得以实现的"永恒的自然必然性"。在这个意义上,社会是自然的社会。

社会的自然与自然的社会都是人们实践活动的产物。实践是社会与自然相互作用、相互影响、相互渗透的中介和基础,是人类世界得以存在的根据和基础,在人类世界的运动中具有导向作用。人类世界当然不能归结为人的意识,但同样不能还原为自在自然。人类意识、人类社会以至整个人类世界对自在自然具有不可还原性。社会的自然与自然的社会都是通过人的实践活动形成的,人类世界只能是实践中的存在。所以,马克思认为,物质实践"这种活动、这种连续不断的感性劳动和创造、这种生产,是整个现存的感性世界的非常深刻的基础"①。

实践的本体论意义不仅体现在人类世界的形成上,而且还体现在人类世界的不断发展中。

实践是人类世界得以存在和发展的基础,人类世界是实践中的存在,而实践本身就处在不断地变化发展之中。因此,人类世界是一个动态的、不断生成、不断形成更大规模和更多层次的开放体系,具有历史性。正如马克思所说,人们"周围的感性世界决不是某种开天辟地以来就已存在的、始终如一的东西,而是工业和社会状况的产物,是历史的产物,是世世代代活动的结果,其中每一代都在前一代所达到的基础上继续发展前一代的工业和交往方式,并随着需要的改变而改变它的社会制度"②。

人与自然的统一在每一个时代都随着人的实践活动的发展而不断改变。在现代,人类已经"上穷碧落下黄泉","上天、入地、下海",人类活动已涉及广袤的宇宙、辽阔的海洋,深入到地球深处以及生物的分子结构等。正如现代著名科学家西蒙所说的,"我们今天生活着的世界,与其说是自然的世界,还不如说是人造的或人为的世界。在我们周围,几乎每样东西都刻有人的技能的痕迹"③。这进一步凸显了实践的本体论意义。

确认实践是人类世界得以存在的根据和基础、在人类世界的运动中具有导向作用,并不是否定自然界对人类社会、人类世界的先在性。同一切唯物主义一样,历史唯物主义确认自然界的"优先地位",并认为"人并没有创造物质本身。甚至人创造物质的这种或那种生产能力,也只是在物质本身预先存在的条件下才能进行"④。但是,马克思并没有把旧唯物

---

① 《马克思恩格斯全集》第3卷,第50页。
② 《马克思恩格斯全集》第3卷,第48—49页。
③ [美]西蒙:《关于人为事物的科学》,杨砾译,解放军出版社1988年版,第8页。
④ 《马克思恩格斯全集》第2卷,第58页。

主义的自然概念原封不动地移入到历史唯物主义中,而是用实践的框架来理解人类世界中的自然,把自然同社会联系起来考察,认为"任何历史记载都应当从这些自然基础以及它们在历史进程中由于人们的活动而发生的变更出发"①,并把"感性世界理解为构成这一世界的个人的共同的、活生生的、感性的活动"②。

正因为如此,马克思极为关注人的实践活动,关注"自己时代的现实世界",并明确指出,"对实践的唯物主义者,即共产主义者说来,全部问题都在于使现存世界革命化,实际地反对和改变事物的现状"③。

---

① 《马克思恩格斯全集》第3卷,第23—24页。
② 《马克思恩格斯全集》第3卷,第50页。
③ 《马克思恩格斯全集》第3卷,第48页。

第二章

社会的个人与个人的社会

历史唯物主义当然要研究历史规律,但历史规律不仅实现于人的活动中,而且形成于人的活动中。因此,研究历史规律必须研究人的历史活动。在这个意义上,历史唯物主义又是"关于现实的人及其历史发展的科学"①。按照马克思的观点,人是社会的主体,社会是人的社会,个人与社会的关系是统一的:个人依赖社会,社会是个人赖以存在和发展的现实条件,现实的个人是社会的个人;社会又离不开个人,现实的个人是社会的主体,是历史的前提和出发点。社会生产人,人也生产社会;人既是历史的"剧中人",又是历史的"剧作者"。个人的发展和社会的发展是一致的。

一、"有生命的个人"与"现实的个人"

人是什么,这是哲学家们给予特别关注而又众说纷

---

① 《马克思恩格斯选集》第4卷,第241页。

绕的问题,以致卢梭感叹道:"人类的各种知识中最有用而又最不完备的,就是关于'人'的知识。"①的确如此,人类最关心的是自己,但在相当长的历史时期内人最不了解的恰恰也是自己。从普罗泰戈拉的"人是万物的尺度"到费尔巴哈的"人是人的最高尺度",从亚里士多德的"人是政治动物"到富兰克林的"人是制造工具的动物",从拉美特利的"人是机器"到康德的"人是目的",从爱尔维修的"人是环境的产物"到萨特的"存在先于本质"……自从苏格拉底提出"认识你自己"以来,人的问题犹如一只"看不见的手"牵引着哲学家们不停思索、寝食难安。在一定意义上说,哲学史就是一部"人学史"。

众多哲学家在回答人这个"斯芬克斯之谜"时,提出了许多有见地的、具有合理因素的观点,但从总体上看,他们的解答大多是片面的。其失误主要在于:没有站在人是社会活动的产物的高度来把握人的本质,往往把人的本质简单地归结为人的某一种特性,认为人的本质是先天的、固定不变的;没有把人放到社会关系中来研究,没有对人的社会特质给予足够的关注,即使有的思想家注意到了人的社会性方面,但由于不懂得实践是人的生存方式,因而没有真正说明人的本质。

历史唯物主义所理解的人首先是"有生命的个人",因为"任何人类历史的第一个前提无疑是有生命的个人的存在"②。问题在于,"有生命的个人"是通过自身的实践活动改造自然而存在的,实践构成了人的特殊的生命活动形式。因此,"有生命的个人"就是"从事实际活动的人"。"这些个人是从事活动的,进行物质生产的,因而是在一定的物质的、不受他们任意支配的界限、前提和条件下活动地表现自己的。"③

这就是说,从事实践活动的个人,或者说,在实践活动中存在的个人,才是"现实的个人"。正如马克思所说:"个人怎样表现自己的生活,他们自己也就怎样。因此,他们是什么样的,这同他们的生产是一致的——既

---

① [法]卢梭:《论人类不平等的起源和基础》,李常山译,商务印书馆1962年版,第62页。
② 《马克思恩格斯全集》第3卷,第23页。
③ 《马克思恩格斯全集》第3卷,第29页。

和他们生产什么一致,又和他们怎样生产一致。因而,个人是什么样的,这取决于他们进行生产的物质条件。"①正是在这个意义上,马克思认为,"现实的个人"也就是这些个人的活动和物质生活条件。

现实的个人是自然存在物,具有自然属性。

历史唯物主义反对把人看成纯粹的自然人,反对把人的自然属性说成是人的唯一或根本属性,反对单纯地用生物学规律来解释人的行为和社会现象,但历史唯物主义并不否认人也是一种自然存在物,并不否认人的自然因素在人类生命活动中的作用。相反,历史唯物主义认为,"人直接地是自然存在物……而且作为有生命的自然存在物"②。因此,历史唯物主义"第一个需要确定的具体事实就是这些个人的肉体组织,以及受肉体组织制约的他们与自然界的关系"③。人来源于自然这一事实,决定了人永远不能割断自身同自然的联系。

更重要的是,现实的个人本身就包含自然。正是在这个意义上,马克思多次使用"人本身的自然"这一概念,并认为人是"具有自然力、生命力,是能动的自然存在物;这些力量作为天赋和才能、作为欲望存在于人身上"④。人的有生命的肉体组织,是一个由活动器官、消化器官、循环器官、感觉器官和神经组织等系统组成的有机整体。其中,各个器官系统相互联系、相互制约,协调有序地发挥功能,既同外部自然进行物质变换,又在内部自然进行新陈代谢,从而不断地再生产人本身的生命有机体。"人来源于动物界这一事实已经决定人永远不能完全摆脱兽性",恩格斯在这里所说的"兽性"实际上就是指人的自然属性。

现实的个人是社会存在物,具有社会属性。

在黑格尔看来,一个人注定成为君主,是通过直接的自然的方式,即通过肉体的出生实现的,出生像决定动物的特质一样决定了君主的特质。

---

① 《马克思恩格斯全集》第3卷,第24页。
② 《马克思恩格斯全集》第42卷,第167页。
③ 《马克思恩格斯全集》第3卷,第23页。
④ 《马克思恩格斯全集》第42卷,第167页。

人与动物没有区别：马生下来就是马,国王生下来就是国王,君主的权力和尊严是与生俱来的东西,是由其肉体的本性决定的。马克思则认为,黑格尔只是证明了君主一定是生出来的,但没有说明出生如何使"君主"成为君主的。

在马克思看来,一个人通过出生获得了自然生命和肉体存在,但这并不是他获得某种社会特权的原因和根据,包括王位继承制在内的长子继承制是以私有财产的存在为根据的,长子继承制是一种"国家制度""政治制度"和社会制度。正是在这个意义上,马克思认为,那些生下来就是国王和贵族的人夸耀自己的血统、自己的家世,实际上是宣传一种"动物的世界观","贵族的秘密就是动物学"。

作为社会存在物,人必然具有社会属性。"人不是抽象的蛰居于世界之外的存在物。人就是人的世界,就是国家,社会。"①在现实中,任何个人都不是孤立地站在自然面前,而是始终生活在特定的社会中,并作为社会的成员和自然相对立的。在社会之外的"孤独的个人",充其量不过是思维中的想象。实际上,个人"本身的存在就是社会的活动"②。

正是在社会活动中,每个人都形成了自己的"个人的国家特质""个人的社会特质",更重要的是,这种社会属性反过来又改变并重塑着人的"肉体本性""私人特质",即人的社会属性不断改变并重塑着人的自然属性。所以,对于个人,"应该按照他们的社会特质,而不应该按照他们的私人特质来考察他们"③。一言以蔽之,"社会人的一定性质,即他所生活的那个社会的一定性质"④。

现实的个人"是有意识的类存在物"⑤,具有精神属性。

人与动物的重要区别之一,就是动物和自然界是直接统一的,动物的生命活动是生物的本能活动,而"人则使自己的生命活动本身变成自己的

---

① 《马克思恩格斯选集》第1卷,第1页。
② 《马克思恩格斯全集》第42卷,第122页。
③ 《马克思恩格斯全集》第1卷,第270页。
④ 《马克思恩格斯全集》第19卷,第404页。
⑤ 《马克思恩格斯全集》第42卷,第96页。

意志和意识的对象。他的生命活动是有意识的……有意识的生命活动把人同动物的生命活动直接区别开来"①。在社会领域内进行活动的,都是具有意识、经过思虑或凭激情行动的、追求某种目的的人,而且"人离开动物愈远,他们对自然界的作用就愈带有经过思考的、有计划的、向着一定的和事先知道的目标前进的特征"②。

作为"有意识的类存在物",人具有精神属性。具体地说,人具有一个与动物的心理结构不同的、由知、情、意所构成的精神属性,一个由感性认识与理性认识构成的认知结构,一个与外部客观世界不同的主观世界,并由此形成了人所特有的主观能动性或自觉能动性。这种能动性使"人的意识不仅反映客观世界,并且创造客观世界"③。

现实的个人是自然存在物、社会存在物和有意识的存在物,但本质上是社会存在物;人具有自然属性、社会属性和精神属性,但本质属性是社会属性。"人即使不像亚里士多德所说的那样,天生是政治动物,无论如何也天生是社会动物。"④人具有自然属性,动物也具有自然属性,但人的自然属性不是生物本能,不是纯粹的自然属性,而是打上了社会关系烙印的自然属性。人的精神属性离不开人的社会因素,相反,它是在人的社会活动中形成的,其内容是社会生活的反映。"意识在任何时候都只能是被意识到了的存在,而人们的存在就是他们的实际生活过程。"⑤现实的个人是自然属性与社会属性、感性与理性的矛盾统一体。从根本上说,文学艺术作品所要刻画的,就是人的自然属性与社会属性、感性与理性之间的冲突,是人性内部的矛盾冲突。《复活》之所以能够在不同时代、不同国家引起不同读者的共鸣,就是因为它着力刻画了聂赫留朵夫身上的自然属性与社会属性、感性与理性之间的典型的矛盾冲突,而类似的冲突在我们每个人身上都或多或少地存在着。正如托尔斯泰在《复活》中所说,"人人身

---

① 《马克思恩格斯全集》第42卷,第96页。
② 《马克思恩格斯全集》第20卷,第517页。
③ 《列宁全集》第55卷,第182页。
④ 《马克思恩格斯全集》第23卷,第363页。
⑤ 《马克思恩格斯全集》第3卷,第29页。

上都有各种人类本性的根苗;不过有时这种品性流露出来,有时那种品性流露出来罢了;人往往变得不像他自己了,其实他仍旧是原来那个人"。

二、实践:人的存在方式

"一个种的全部特性、种的类特性就在于生命活动的性质。"①这就是说,判断一个物种的存在方式就是看其生命活动的形式。动物是在本能、消极适应自然环境的过程中维持自己生存的,所以,动物的存在方式就是其本能活动。与此不同,人是在有目的、积极改造自然的过程中维持自己生存和发展的,所以,人的存在方式就是实践活动。

首先,实践改变和发展着人的自然属性。所谓人的自然属性,是指人的肉体组织、生物性的欲望和需要。毫无疑问,人们之所以劳动,是受人的"肉体组织所决定",而劳动、实践一经开始就成为强大的推动力,开始支配人类生物进化的方向。"已经得到满足的第一个需要本身、满足需要的活动和已经获得的为满足需要用的工具又引起新的需要。"②实践使人的自然需要的对象、内容和满足方式与动物相比发生了质的变化,赋予它们以不同于动物需要的属人性质,改变和发展着人的自然属性。

其次,实践生成和发展着人的社会属性。人是社会存在物,人的本质在其现实性上是社会关系的总和,而现实的社会关系是在人的实践活动中生成的。"生活的生产——无论是自己生活的生产(通过劳动)或他人生活的生产(通过生育)——立即表现为双重关系:一方面是自然关系,另一方面是社会关系;社会关系的含义是指许多个人的合作。"③正是在这种共同活动中,人们之间发生一定的社会关系。这种社会关系反过来又制约和规定人的本质,生成和发展着人的社会属性。换言之,人是在实践活动中"创造、生产人的社会关系、社会本质",从而使自己成为社会存在

---

① 《马克思恩格斯全集》第42卷,第96页。
② 《马克思恩格斯全集》第3卷,第32页。
③ 《马克思恩格斯全集》第3卷,第33页。

物的。

再次,实践生成和发展着人的精神属性。人是"有意识的类存在物"。有意识的生命活动把人同动物的生命活动区别开来,使人成为"能动的自然存在物"。问题在于,人的意识是在实践中生成、实现和确证的。"思想、观念、意识的生产最初是直接与人们的物质活动,与人们的物质交往,与现实生活的语言交织在一起的"①,是物质生产活动的"直接产物",而后又成为"物质生活过程的必然升华物"。意识的形成离不开语言的产生,语言是意识的物质外壳,和意识具有同样长久的历史。问题在于,语言是在人与人之间的实践活动、交往活动的过程中产生的。所以,马克思指出,"语言是一种实践的、既为别人存在并仅仅因此也为我自己存在的、现实的意识"②。换言之,实践生成和发展着人的精神属性,使人的生命活动成为有意识的生命活动,使人成为"有意识的类存在物"。"通过实践创造对象世界,即改造无机界,证明了人是有意识的类存在物。"③人的自然属性、社会属性和精神属性是在实践活动中得以统一的。其中,自然属性在实践活动中得以重塑,社会属性和精神属性则是在实践活动中生成和发展起来的。"一当人们自己开始生产他们所必需的生活资料的时候……他们就开始把自己和动物区别开来",因此,人"是什么样的,这同他们的生产是一致的——既和他们生产什么一致,又和他们怎样生产一致"。④ 实践构成了人的存在方式,是人的生命之根和立命之本。

实践作为人的存在方式,有一个极其重要的特征,这就是实践是一种对象性活动。所谓对象性活动,是指实践活动的对象性质,即它是以人为主体,以客观事物为对象的现实活动;更重要的,是指实践把人的目的、知识、能力等本质力量对象化为客观实在,创造出一个属人的对象世界。对象性活动使人们有目的地把自身的本质力量凝结在对象中,使其取得客

---

① 《马克思恩格斯全集》第 3 卷,第 29 页。
② 《马克思恩格斯全集》第 3 卷,第 34 页。
③ 《马克思恩格斯全集》第 42 卷,第 96 页。
④ 《马克思恩格斯全集》第 3 卷,第 24 页。

观实在的形式,成为客体,同时,又通过客体来认识和确证自己的本质力量。正如马克思所说:"劳动的产品就是固定在某个对象中、物化为对象的劳动,这就是劳动的对象化。劳动的实现就是劳动的对象化。""工业的历史和工业的已经产生的对象性的存在,是一本打开了的关于人的本质力量的书。"①

三、人的本质是社会关系的总和

"根据就是内在存在着的本质,而本质实质上即是根据",黑格尔的这一观点无疑是正确的。人的本质就是人成为人的内在根据。在《关于费尔巴哈的提纲》中,马克思明确指出:"人的本质不是单个人所固有的抽象物,在其现实性上,它是一切社会关系的总和。"②

人的本质不是单个人天生就具有的东西,也不是从所有个人身上抽象出来的共同性。现实的人总是处在特定的社会关系中。社会关系使现实的个人具有独特的社会品质。现实的个人及其特征,是在后天与他人的交往中形成的,是由他在社会关系中的地位决定的。马克思指出:"黑人就是黑人。只有在一定的关系下,他才成为奴隶。纺纱机是纺棉花的机器,只有在一定的关系下,它才成为资本。脱离了这种关系,它也就不是资本了,就像黄金本身并不是货币,砂糖并不是砂糖的价格一样。"③这就是说,使黑人成为奴隶的不是所谓的黑人的"本性",而是黑人生活在其中的特定的社会关系。真正决定现实的个人及其特征的是他所依存的社会关系的状况。一个人"成为奴隶或成为公民,这是社会的规定,是人和人或 A 和 B 的关系。A 作为人并不是奴隶。他在社会里并通过社会才成为奴隶"④。要真正认识人的本质,就必须深入到社会关系之中。

---

① 《马克思恩格斯全集》第 42 卷,第 91、127 页。
② 《马克思恩格斯选集》第 1 卷,第 56 页。
③ 《马克思恩格斯选集》第 1 卷,第 344 页。
④ 《马克思恩格斯全集》第 46 卷上,第 220 页。

社会关系是多方面的,有经济关系、政治关系和思想关系,还有血缘关系、地缘关系和业缘关系,等等。这些关系不是简单地堆积拼凑在一起,而是相互联系、相互影响形成一个整体,以"总和"的形式存在着并发挥作用。但是,毫无疑问,在全部社会关系中,经济关系,即生产关系是决定其他一切社会关系的基本关系,在社会关系的总和中起着支配作用。因此,人们在生产关系中所获得的规定性构成人的根本规定性。

在阶级社会中,生产关系表现为阶级关系,因而社会关系包含着阶级关系。在分析资本家和工人的关系时,马克思指出:"资本家和雇佣工人,本身不过是资本和雇佣劳动的体现者,人格化,是由社会生产过程加在个人身上的一定的社会性质,是这些一定的社会生产关系的产物。"[①]所以,《资本论》中"涉及的人,只是经济范畴的人格化,是一定的阶级关系和利益的承担者"。"不管个人在主观上怎样超脱各种关系,他在社会意义上总是这些关系的产物。"[②]人的本质是随着社会关系的变化而变化的。由于人们在不同的历史条件下所依存的社会关系不同,因而便具有不同的本质,具有特殊的性质。从奴隶主到封建主再到资本家,从奴隶到农民再到工人阶级,人的"本性"在不断变化,而造成这种变化的直接原因,就是社会关系处在不断变化中。由"社会关系的总和"所决定的人的本质不是凝固不变的抽象物,而是随着社会关系的变化而变化,具有历史性。所以,唯物主义历史观要求在研究人的一般本性之后,还要研究处在历史变化中的人的本性。

人的本性与人的本质是两个既有联系又有区别的概念。人的本性是指人生而具有的属性,人的本质则是使人成为人的根据。马之所以是马,是因为它具有马的本性;某一具体的马之所以是良马,是因为马的本性在它身上得到最集中、最充分的表现。这种使马成为马的特性,就是马这个种所具有的类本性。类本性是一种自然本性,它不是在个体之外存在的

---

① 《马克思恩格斯全集》第25卷下,第995页。
② 《马克思恩格斯全集》第23卷,第12页。

东西,而是个体本身所固有的自然本性。所以,生物中种的关系是个体与类的关系。人也具有这种类似的个体与类的关系。如果一个人不具有人所共有的类特性,当然不是人。人要成为人,从种的角度看,首先要具有人所共有的东西。

然而,人不仅是自然存在物,而且是社会存在物。构成人的本质的东西不是生物学上的类,而是社会关系。人的本质是在社会生活中形成的社会本质,即使是类本性,也会受到社会关系的再铸造而发生变化。人的自然本性取决于人的肉体组织,但它的实现方式受到社会关系的制约。饮食男女本是人的自然本性,可"朱门酒肉臭,路有冻死骨"却是一种社会现象,而"梁山伯与祝英台""罗密欧与朱丽叶"式的爱情悲剧体现的就是一种特定的道德观念和社会关系。"人生自古谁无死,留取丹心照汗青"这一千古绝句表明,人的生与死本身属于自然现象,而生与死的意义却属于社会现象。

日常生活中所说的"某人没有人性",实际上不是指其丧失了人的自然本性,而是指违反了特定社会公认的做人的准则。我们可以说动物的本性在动物自身,但不能说人的本质在人自身。我们只有把人放在社会关系中才能理解人的本质,而不能用人的类来说明人的本质。正因为如此,马克思提出了人的"两种特质",即人的肉体特质(私人特质)和社会特质的问题,并认为人的本质不是人的"抽象的肉体的本性,而是人的社会特质","应该按照他们的社会特质,而不应该按照他们的私人特质来考察他们"①。

现实的人都表现为个体,离开了个体,人必然是一个不可捉摸的抽象存在。但是,任何现实的个人都是属于一定社会形式的个人,处在一定的社会关系中。在阶级社会中,个人——集团(阶级)——社会是统一的,个人属于一定的集团(阶级),而各个集团(阶级)构成特定的社会。所以,人类社会的关系是个人——集团——社会,而不是个体——亚种——类。

---

① 《马克思恩格斯全集》第 1 卷,第 270 页。

费尔巴哈提出,"类的保持是由于自然的理由,类无非就是借交配而繁殖繁衍的个体的总和"。显然,这是一种自然主义的观点,其中的个人是抽象的个人。费尔巴哈"所分析的抽象的个人,实际上是属于一定的社会形式的"①。马克思关于人的本质是"一切社会关系的总和"的论断,摒弃了费尔巴哈关于个体和类的观点,把人与人的关系从个体和类转变为个人和社会的关系。

社会和类是不同的概念。"类"强调的是个体的自然同一性,而"社会"关注的则是个人之间的全部关系。马克思所说的全部社会关系的总和,指的就是社会。"生产关系总合起来就构成所谓社会关系,构成为所谓社会,并且是构成一个处于一定历史发展阶段上的社会,具有独特的特征的社会。"②从类的观点来考察人,只能看到抽象的同一性,差异只是性别、肤色、年龄等;从社会的角度来考察人,看到的是人的社会属性、阶级差别,如奴隶主与奴隶、地主与农民、资本家与工人。

历史唯物主义关于人的本质有两个基本命题,即人的本质是劳动和人的本质是社会关系。这两个命题并非相互否定,而是相互补充的。

一方面,"人的本质是劳动"有待于深化为"人的本质是社会关系"。在《1844年经济学哲学手稿》中,马克思提出,人的本质是劳动。但是,不同历史阶段有不同的劳动方式,而劳动方式之所以不同,一个重要原因,就是受社会关系,尤其是生产关系的制约。劳动是在社会关系中进行的,社会关系不过是人们的物质的和个体的活动所借以实现的必然形式。因此,要具体说明人的本质是劳动,就必须从劳动上升到社会关系。

另一方面,"人的本质是社会关系"是以"人的本质是劳动"为前提的。人只有通过劳动才能成为现实的人,而在劳动中的人必然结成一定的社会关系。正如马克思在《德意志意识形态》中所说,"以一定的方式进行生产活动的一定的个人,发生一定的社会关系和政治关系"③。这种社会关

---

① 《马克思恩格斯全集》第3卷,第5页。
② 《马克思恩格斯选集》第1卷,第345页。
③ 《马克思恩格斯全集》第3卷,第28—29页。

系反过来决定着人的社会特质。所以,马克思强调,人的本质,"在其现实性上",是一切社会关系的总和。

四、"社会生产人"与"人生产社会"

在哲学史上,个人与社会的关系一直是哲学家关注的问题。历史唯物主义产生之前,在这一问题上存在着整体主义与个体主义两种对立的观点。

整体主义认为,社会由个人结合而成,但社会整体所具有的性质不是个人特性的简单相加,相反,社会作为一个有机整体决定和支配着个人的行为,所以,必须从社会整体出发去说明个体。例如,在黑格尔看来,国家是社会组织的最高形式,个人是从国家和整体获得"绝对个体性"或"实体性的个体性"的。

个体主义认为,社会就是个人的相加,社会依赖于个体,个体的属性先于和高于社会整体的属性,只有从个体出发才能对社会进行根本性的说明。例如,费尔巴哈哲学以及斯密、李嘉图经济学都认为,社会由孤立的个体所组成,只要研究了这些原子式的个人,就可以理解社会以及个人与社会的关系了。

整体主义与个体主义各执一端,但二者又存在着共同的缺陷,即都不懂得个人与社会的关系是在实践活动中形成的,是随着历史的变化而不断发展的。无论是整体主义,还是个体主义,它们所讲的"个人"都是抽象的个人,它们所讲的"社会"同样是抽象的社会,因而它们对个人与社会关系的解释只能是抽象的。

历史唯物主义对个体主义做了深刻的批判,认为费尔巴哈"所分析的抽象的个人,实际上是属于一定的社会形式的",而被斯密、李嘉图当作出发点的孤立的猎人和渔夫,"属于18世纪缺乏想象力的虚构,这是鲁滨逊一类的故事"。同时,历史唯物主义也批判了整体主义,强调"应当避免重新把'社会'当作抽象的东西同个人对立起来",认为"正像社会本身生产作为人的人一样,人也生产社会"①。

人是社会存在物。社会构成了个人存在和发展的前提,规定了人的现实本质。个人总是处于一定社会关系中的个人,"不管个人在主观上怎样超脱各种关系,他在社会意义上总是这些关系的产物"②。有什么样的社会关系,就有什么样的人。社会关系构成了人的活动的前提,并预先规定了人们的现实本质。例如,在前资本主义社会和资本主义社会中,我们看到"两种人":一种是"必然的个人",一种是"偶然的个人"。所谓"必然的个人",是指生下来就注定从属某一群体的人,无可选择;所谓"偶然的个人",是指在市场经济条件下通过竞争来确定自己地位和身份的人。前资本主义社会经济联系松弛,可人与人之间的关系密切,而且历史越是往前追溯,个人就越不独立,越从属于一个更大的整体,个人是"必然的个人";资本主义社会经济联系紧密,可人与人之间的关系疏远,并形成了以物的依赖性为基础的人的独立性,形成了所谓的"孤立的个人",个人成为"偶然的个人"。

实际上,"产生这种孤立个人的观点的时代,正是具有迄今为止最发达的社会关系(从这种观点看来是一般关系)的时代","物的依赖关系无非是与外表上独立的个人相对立的独立的社会关系,也就是与这些个人本身相对立而独立化的、他们互相间的生产关系"。③ 由此可见,无论是"必然的个人",还是"偶然的个人",其背后都是特定的生产关系和社会关系。正是在这个意义上,历史唯物主义认为,"社会本身生产作为人的人"。

人也生产社会。社会是人们交互作用的产物,历史的"最终的结果总是从许多单个的意志的相互冲突中产生出来的"④。社会离不开个人,全部人类历史的第一个前提是有生命的个人的存在。社会关系、社会结构

---

① 《马克思恩格斯全集》第42卷,第121页。
② 《马克思恩格斯全集》第23卷,第12页。
③ 《马克思恩格斯全集》第46卷上,第21、111页。
④ 《马克思恩格斯选集》第4卷,第697页。

不过是人的实践活动的对象化、静态化。"以一定的方式进行生产活动的一定的个人,发生一定的社会关系和政治关系……社会结构和国家经常是从一定个人的生活过程中产生的。"①

按照马克思的观点,"人们是在一定的生产关系中制造呢绒、麻布和丝织品的。但是……这些一定的社会关系同麻布、亚麻等一样,也是人们生产出来的。社会关系和生产力密切相联。随着新生产力的获得,人们改变自己的生产方式,随着生产方式即谋生的方式的改变,人们也就会改变自己的一切社会关系……人们按照自己的物质生产率建立相应的社会关系"②。人们在实践活动的基础上不断地改造、创造着社会关系,从而不断地改造、创造着社会本身。历史不过是追求着自己目的的人的活动,人们自己创造自己的历史,"人们的社会历史始终只是他们的个体发展的历史"③。正是在这个意义上,历史唯物主义又认为,"人也生产社会"。

可见,既不存在离开社会的个人,也不存在离开个人的社会,个人是社会的个人,社会是个人的社会。社会生产人,人也生产社会。"人的存在是有机生命所经历的前一个过程的结果。只是在这个过程的一定阶段上,人才成为人。但是一旦人已经存在,人,作为人类历史的经常前提,也是人类历史的经常的产物和结果,而人只有作为自己本身的产物和结果才成为前提。"④正因为如此,马克思形象地指出,人既是历史的"剧中人",又是历史的"剧作者",并认为只有"把人们当成他们本身历史的剧中的人物和剧作者",才能达到历史的"真正的出发点"⑤。

个人与社会的相互生产、相互作用是在实践的基础上实现的。社会生活在本质上是实践的,实践构成了社会关系的发源地;同时,实践构成了人的存在方式,而在实践活动中生成的社会关系又决定着人的本质。

---

① 《马克思恩格斯全集》第 3 卷,第 28—29 页。
② 《马克思恩格斯选集》第 1 卷,第 141—142 页。
③ 《马克思恩格斯选集》第 4 卷,第 532 页。
④ 《马克思恩格斯全集》第 26 卷Ⅲ,人民出版社 1974 年版,第 545 页。
⑤ 《马克思恩格斯选集》第 1 卷,第 147 页。

随着实践的变化和发展,社会的本质和人的本质都处在变化之中。正是在不断变化发展的实践活动中,人们之间形成了越来越丰富的交往关系,创造着越来越全面的社会关系,个人由此将获得越来越多的社会规定性,成为全面发展的人。

第三章

社会的本质、结构和有机体的特征

人类思想史表明,人们在认识自然的过程中,也力求认识社会及其本质。然而,认识自然,难;认识社会,更难。在历史唯物主义产生之前,人们或者从神意,或者从"绝对理性"、人的意识,或者从自然环境来解释社会及其变迁,并没有真正把握社会的本质;在历史唯物主义产生之后,仍有一些人用自然环境来解释社会的本质以及社会制度的变迁,或者用社会的主体——人的有意识活动来否定社会发展的规律性或客观性,从而重归自然主义历史观或唯心主义历史观。从认识论的角度看,造成这种状况的根本原因,就在于没有真正理解和把握实践在社会生活中的特殊地位,忽视了从人的活动的视角理解和把握社会有机体。

一、实践:社会生活的本质

社会离不开自然,因为社会所需要的一切归根到底来自自然,自然环境构成了社会存在和发展的前提。但是,社会又不同于自然。在自然中,一切都处在无意识的相互作用之中,任何自然事件的发生都不是预期的、有目的的;而在社会中进行活动的,都是有意识的、经过思虑或凭激情行动的、追求某种目的的人,任何历史事件的发生都蕴含着人的意识、意志和目的。自然现象仅仅是现象,在它的背后没有思想和利益;历史现象不仅仅是现象,在它的背后还有思想和利益。一场地震可以毁灭许多城市和众多人口,但地震只是自然现象,其中并无思想动机和利益纷争;一场战争也可以毁灭许多城市和众多人口,但战争不仅仅是现象,它从头至尾贯穿着思想动机和利益纷争,是一种有目的的社会活动。

唯心主义历史观看到了历史事件所蕴含的人的思想,但它没有进一步探究思想动机背后的客观动因,因而把社会的本质归结于人的意识活动,或者认为社会历史是"绝对理性"在时间中的展开。唯心主义历史观夸大了社会的特殊性。社会的特殊性犹如横跨在自然与社会之间的"活动翻板",在马克思之前,即使是坚定的唯物主义者,当他们的视线由自然转向社会,开始探讨社会的本质时,几乎都被这块"活动翻板"翻向了唯心主义的深渊。

自然主义历史观看到了自然环境对社会的影响和制约作用,但又夸大了这种作用,把社会的本质还原为自然物质,从而夸大了社会与自然的同一性。正如恩格斯所说:"自然主义的历史观……是片面的,它认为只是自然界作用于人,只是自然条件到处决定人的历史发展,它忘记了人也反作用于自然界,改变自然界,为自己创造新的生存条件。"[①]唯物主义历史观确认社会的自然基础,认为"任何历史记载都应当从这些自然基础以及它们在历史进程中由于人们的活动而发生的变更出发"[②],但唯物主义历史观同时又确认人是社会的主体,认为社会历史不过是追求着自己目的的人的活动而已。按照唯物史观,人类社会对自然物质具有不可还原

[①] 《马克思恩格斯选集》第4卷,第329页。
[②] 《马克思恩格斯全集》第3卷,第23—24页。

性,相反,自然物质只有通过人的实践活动才能转化为社会的内在要素,从而对社会发生影响和作用;人类社会对人的意识也具有不可还原性,相反,"意识一开始就是社会的产物,而且只要人们还存在着,它就仍然是这种产物"①。起初,意识是社会实践的"直接产物",而后又成为社会实践的"必然升华物",思维的"格"不过是实践的"格"的内化和升华。正因为如此,历史唯物主义对人的实践活动及其与社会的关系进行了深入而全面的探讨,并得出了一个极为明确的结论:"全部社会生活在本质上是实践的。"②

实践之所以构成了社会生活的本质,是因为人与自然的关系和人与人的关系共生于实践活动中。如前所述,实践是人以自身的活动来引起、调整和控制人与自然之间物质变换的过程。在这个过程中,人以物的方式去活动并同自然发生关系,得到的却是自然以人的方式而存在,自然之物转化为社会之"物","自在之物"转化为"为我之物",人与自然的关系成为一种"为我而存在"的关系。为了实现人与自然之间的物质变换,人与人之间必须互换其活动,并必然结成一定的社会关系。"他们只有以一定的方式共同活动和互相交换其活动,才能进行生产。为了进行生产,人们相互之间便发生一定的联系和关系;只有在这些社会联系和社会关系的范围内,才会有他们对自然界的影响,才会有生产。"③

可见,人与自然的关系和人与人的关系相互制约,共生于实践活动中。这就是说,实践内在地包含着人与自然的关系和人与人的关系,是社会关系的发源地。正如马克思所说,"以一定的方式进行生产活动的一定的个人,发生一定的社会关系和政治关系。经验的观察在任何情况下都应当根据经验来揭示社会结构和政治结构同生产的联系"④。从根本上说,社会关系是实践活动的静态化,以社会关系为内容的社会结构是实践

---

① 《马克思恩格斯全集》第3卷,第34页。
② 《马克思恩格斯选集》第1卷,第56页。
③ 《马克思恩格斯选集》第1卷,第344页。
④ 《马克思恩格斯全集》第3卷,第28—29页。

活动的对象化。社会结构的演变绝不是一个"无主体的过程"。

实践之所以构成社会生活的本质,是因为实践决定社会生活。物质生活是人们社会生活的根本内容,而物质实践则创造着人们的物质生活。"人们为了能够'创造历史',必须能够生活。但是为了生活,首先就需要衣、食、住以及其他东西。因此第一个历史活动就是生产满足这些需要的资料,即生产物质生活本身","人们生产他们所必需的生活资料,同时也就间接地生产着他们的物质生活本身"。① 正是在这个意义上,马克思认为,生产方式也就是人们的生活方式。

物质实践不仅"生产物质生活本身",而且从根本上决定着整个社会生活。按照马克思的观点,经济结构决定政治结构,物质生产决定精神生产,"意识在任何时候都只能是被意识到了的存在,而人们的存在就是他们的实际生活过程"②。从根本上说,这个"现实生活过程"就是"物质生活的生产方式"。"物质生活的生产方式制约着整个社会生活、政治生活和精神生活的过程。"③实践之所以构成了社会的本质,是因为实践构成了社会发展的动力之源。人们自己创造自己的历史,从根本上说,社会发展是人的实践活动在时间中的展开,"整个所谓世界历史不外是人通过人的劳动而诞生的过程"④。因此,社会发展的动力不可能产生于人的实践活动之外,相反,它只能形成于人的实践活动之中。生产关系与生产力的矛盾运动是社会发展的根本动力,而生产关系与生产力就是在物质实践活动中形成的人与人的关系和人与自然的关系。正如马克思所说,生产关系与生产力的关系"就是交往形式与个人的行动或活动的关系"⑤,是"社会的个人"发展的两个方面。生产关系与生产力的矛盾运动形成于人的实践活动之中。

即使是社会发展的最终决定力量——生产力,也不是纯粹的外部自

---

① 《马克思恩格斯全集》第 3 卷,第 31、24 页。
② 《马克思恩格斯全集》第 3 卷,第 29 页。
③ 《马克思恩格斯选集》第 2 卷,人民出版社 1995 年版,第 32 页。
④ 《马克思恩格斯全集》第 42 卷,第 131 页。
⑤ 《马克思恩格斯全集》第 3 卷,第 80 页。

然力,而是人们的实践能力,是在人们的生产活动和交往活动中形成的社会力量。所以,"生产力的历史……也是个人本身力量发展的历史"①。"受分工制约的不同个人的共同活动产生了一种社会力量,即扩大了的生产力。"②生产力绝不是超历史的预成的实体,而是人们实践活动的产物,是在人们改造自然的过程,即人与自然之间物质变换过程中形成的物质力量。正是在这个意义上,马克思把生产力称为"物质生产力"。

确认社会生活的本质是实践,并不是否定社会的物质性。如前所述,实践首先是人与自然之间的物质变换过程,而人类社会就是建立在这种物质变换的基础上的。因此,当历史唯物主义确认社会的实践本质时,也就确认了社会的物质性及其特殊性。确认人与自然之间的物质变换构成了人类社会存在和发展的基础,这正是历史唯物主义的"唯物"之所在。

历史唯物主义高出一筹的地方就在于:不仅看到了人与自然之间的物质变换构成了人类社会存在和发展的基础,而且透视出"社会的物"所体现、承担的社会关系,如作为一种特定的社会关系,资本"体现在一个物上,并赋予这个物以特有的社会性质"③。这是其一。

其二,从直接呈现在人们面前的物与物的关系中透视出其中的人与自然的关系和人与人的社会关系,如资本本质上不是物与物之间的关系,而是人与人之间的关系。更重要的是,人与人的关系在这里"采取了一种物的形式,以致人和人在他们的劳动中的关系倒表现为物与物彼此之间的和物与人的关系"④。

其三,从人与自然的关系和人与人的社会关系中透视出实践,发现人与自然的关系和人与人的社会关系共生于实践活动中,如"以资本为基础的生产,一方面创造出一个普遍的劳动体系……另一方面也创造出一个普遍利用自然属性和人的属性的体系……创造出社会成员对自然界和社

---

① 《马克思恩格斯全集》第 3 卷,第 81 页。
② 《马克思恩格斯全集》第 3 卷,第 38 页。
③ 《马克思恩格斯全集》第 25 卷下,第 920 页。
④ 《马克思恩格斯全集》第 13 卷,人民出版社 1962 年版,第 23 页。

会联系本身的普遍占有"①。

二、社会结构：实践活动的对象化和交往活动的制度化

历史唯物主义不是结构主义,但从人的实践活动出发去剖析社会结构,或者说从结构的视角去分析社会,却是历史唯物主义的重要内容。马克思不仅提出了"社会结构"的概念,而且深入考察、全面分析了社会的结构,制定了社会结构理论。

"社会不是由个人构成,而是表示这些个人彼此发生的那些联系和关系的总和。"②问题在于,人们之间的社会关系并不是先于人的活动而预成的,而是生成于人们改造自然的生产活动中;人们改造自然的活动是在诸多个人共同活动的条件下进行的,而诸多个体之间的共同活动又是通过个人之间的交往而形成的;个体之间的交往,就是人与人之间的交互作用,正是在人与人之间的交互作用中形成了人与人之间的社会关系,即形成了社会。"社会——不管其形式如何——是什么呢？是人们交互活动的产物。"③从直接性上看,社会关系就是个人之间的交往关系。

人与自然之间的物质变换活动是和人与人之间的交往活动同时进行的。如果说人与自然的物质变换是主体与客体之间的关系,那么,人与人之间的交往则是主体间关系或人际关系。产生于生产活动的人与人的交往活动,需要借助于一定的规范才能进行。换言之,人们之间的交往活动产生于生产活动,而一定的生产活动只需要而且只允许某种特定的交往形式作为自己的社会形式。这就需要交往活动规范化、制度化。经济交往的规范化、制度化形成社会的经济结构;政治交往的规范化、制度化形成社会的政治结构;思想交往的规范化、制度化形成社会的观念结构。

---

① 《马克思恩格斯全集》第46卷上,第392—393页。
② 《马克思恩格斯全集》第46卷上,第220页。
③ 《马克思恩格斯选集》第4卷,第532页。

马克思不仅提出了"经济结构"的概念,而且提出了"政治结构"①"社会结构"②的概念,并认为以社会关系为内容的社会结构根源于物质生产活动。"以一定的方式进行生产活动的一定的个人,发生一定的社会关系和政治关系。经验的观察在任何情况下都应当根据经验来揭示社会结构和政治结构同生产的联系……社会结构和国家总是从一定的个人的生活过程中产生的"③,这就是说,社会结构是以社会关系为内容的,它产生于物质生产活动中,是人们实践活动的对象化。

社会结构根源于物质生产活动,直接形成于人们之间的交往活动之中。人们之间交往的规范化、制度化构成了交往的秩序和结构,构成了社会制度体系。人们之间经济交往、政治交往和文化交往及其规范化,构成了社会的经济制度、政治制度和文化制度。物质生活的生产方式制约着整个社会生活、政治生活和文化生活的过程。社会的制度体系是一个以物质生活的生产方式为基础逐层整合而成的总体协调体系。正是这种总体协调性把分散的个体组织起来,使个人的行动协调起来,从而使社会作为一个整体而存在和运行。可以说,人们之间的交往结构是社会的隐结构,而社会的制度结构则是社会的显结构。

"人们在自己生活的社会生产中发生一定的、必然的、不以他们的意志为转移的关系,即同他们的物质生产力的一定发展阶段相适合的生产关系。这些生产关系的总和构成社会的经济结构,即有法律的和政治的上层建筑竖立其上并有一定的社会意识形式与之相适应的现实基础。"④从根源上看,社会结构产生于人们的物质生产活动,是实践活动的对象化和交往活动的制度化;从内容上看,社会结构以人们之间的社会关系为内容;从形式上看,经济结构、政治结构和观念结构构成了社会的基本结构。由于整个社会结构犹如一座庞大的建筑,其中,政治结构和观念结构是建

---

① 《马克思恩格斯选集》第2卷,第32页。
② 《马克思恩格斯选集》第1卷,第71页。
③ 《马克思恩格斯全集》第3卷,第28—29页。
④ 《马克思恩格斯选集》第2卷,第32页。

立在经济结构基础上的,所以,马克思又把社会结构形象地描绘为经济基础和上层建筑的统一体。

三、社会的经济结构、政治结构和观念结构

经济结构就是同生产力发展的一定阶段相适应的生产关系的总和。生产关系是由生产、分配、交换和消费四个环节构成的统一体,贯穿于生产、分配、交换和消费的全过程,或者说,生产、分配、交换和消费构成了生产关系这个"总体的各个环节,一个统一体内部的差别"①。从根本上说,生产关系的性质是由生产力的状况决定的;从直接性上看,生产资料所有制的性质直接决定着经济结构的性质。

所谓生产资料所有制关系,是指人与物的关系,即人与生产资料结合的方式,它表明生产资料归谁所有,为谁支配。只有通过一定的生产资料所有制,人与物的要素才能结合起来,生产力才能由可能变为现实;只有生产资料所有制关系才能直接决定人与人之间的关系,包括分配、交换关系和消费关系;只有生产资料所有制的性质,才是区分社会经济结构或经济形态的根本标志。

生产资料所有制关系既是生产关系建立的前提,又是生产关系运动的结果。具体地说,生产资料所有制关系需要通过生产和再生产过程中人与人的关系来维持其存在,需要通过生产、分配、交换和消费这些环节的运转过程实现出来。否则,生产资料所有制就会落空。"资本也是一种社会生产关系。这是资产阶级的生产关系,是资产阶级社会的生产关系。构成资本的生活资料、劳动工具和原料,难道不是在一定的社会条件下,不是在一定的社会关系内生产出来和积累起来的吗?难道这一切不是在一定的社会条件下,在一定的社会关系内被用来进行新生产的吗?并且,

---

① 《马克思恩格斯选集》第 2 卷,第 17 页。

难道不正是这种一定的社会性质把那些用来进行新生产的产品变为资本的吗?"①正是在这个意义上,马克思指出:"给资产阶级的所有权下定义不外是把资产阶级生产的全部社会关系描述一番。"②从内容上看,社会的经济结构就是生产关系的总和。这里的"总和"是指多种生产关系的总和。但是,在社会经济结构中,各种生产关系并不是占有同样的地位,起着同样的作用。在多种生产关系的总和中必定有一种生产关系占据统治地位,起着主导作用。正是这种占统治地位的生产关系决定了社会经济结构的性质。正如马克思所说,"在一切社会形式中都有一种一定的生产决定其他一切生产的地位和影响,因而它的关系也决定其他一切关系的地位和影响。这是一种普照的光,它掩盖了一切其他色彩,改变着它们的特点。"③"生产关系总和起来就构成所谓社会关系,构成所谓社会,并且是构成一个处于一定历史发展阶段上的社会,具有独特的特征的社会。古典古代社会、封建社会和资产阶级社会都是这样的生产关系的总和,而其中每一个生产关系的总和同时又标志着人类历史发展中的一个特殊阶段。"④这是因为,生产关系是"基本的、原始的社会关系",作为生产关系的总和,社会的经济结构直接决定政治结构和观念结构,构成政治结构和观念结构的现实基础。

正是在这种意义上,马克思又把作为生产关系总和的经济结构称为社会的经济基础,并指出:"任何时候,我们总是要在生产条件的所有者同直接生产者的直接关系——这种关系的任何形式总是自然地同劳动方式和劳动社会生产力的一定的发展阶段相适应——当中,为整个社会结构,从而也为主权和依附关系的政治形式,总之,为任何当时的独特的国家形式,找出最深的秘密,找出隐蔽的基础。"⑤

---

① 《马克思恩格斯选集》第1卷,第345页。
② 《马克思恩格斯选集》第1卷,第177页。
③ 《马克思恩格斯选集》第2卷,第24页。
④ 《马克思恩格斯选集》第1卷,第345页。
⑤ 《马克思恩格斯全集》第25卷,第891—892页。

"国家是文明社会的概括。"①国家形式是政治结构的核心,而政治结构建立在经济结构的基础之上,反映的是阶级或阶层的经济利益。在任何一个社会中,以政治活动为职业的只是少数政治家,而与政治活动有这样或那样联系的却是社会的全体成员。这就是政治的社会阶级(阶层)性和政治的社会普遍性原理。在现实社会生活中,国家是人们的政治共同体,是"人的社会特质的存在和活动的方式"②。

国家的产生是社会阶级斗争的产物。当社会分裂为敌对的阶级而陷入原有的氏族组织无法解决的矛盾时,占人口少数的奴隶主阶级要迫使数量上远远超过自己的奴隶供其剥削,保护自己和社会不致在无休止的斗争中陷于毁灭,并且,要使对奴隶的剥削固定化,就必须凭借暴力的强制性机关,于是国家便应运而生。正如恩格斯所说,"国家是社会在一定发展阶段上的产物;国家是承认:这个社会陷入了不可解决的自我矛盾,分裂为不可调和的对立面而又无力摆脱这些对立面。而为了使这些对立面,这些经济利益互相冲突的阶级,不致在无谓的斗争中把自己和社会消灭,就需要有一种表面上凌驾于社会之上的力量,这种力量应当缓和冲突,把冲突保持在'秩序'的范围以内;这种从社会中产生但又自居于社会之上并且日益同社会相异化的力量,就是国家"③。国家本质上是一个阶级概念、政治范畴。

国家是社会中的私人利益与公共利益矛盾的产物,"正是由于私人利益和公共利益之间的这种矛盾,公共利益才以国家的姿态而采取一种和实际利益(不论是单个的还是共同的)脱离的独立形式"④。这种从社会中产生,但又凌驾于社会之上并统治社会的国家,本质上是统治阶级为保障自己的根本利益、整体利益而采取的一种社会组织形式,是阶级统治的政治形式,从本质上看,"国家是属于统治阶级的各个个人借以实现其共同利益

---

① 《马克思恩格斯选集》第 4 卷,第 176 页。
② 《马克思恩格斯全集》第 1 卷,第 270 页。
③ 《马克思恩格斯选集》第 4 卷,第 170 页。
④ 《马克思恩格斯全集》第 3 卷,第 37—38 页。

的形式"①。只不过为了掩盖其一个阶级统治着其他一切阶级的实质,国家同时采取一种"虚幻的共同体"的形式。

国家又是社会管理职能独立化的产物。从历史上看,国家的产生同社会管理职能的独立化密切相关。随着社会分工的出现,随着生产活动及其产品交换在规模上日益扩大且复杂化,社会需要一个权威的管理机构来保证生产和交换的顺利进行,而脑力劳动同体力劳动相分离并成为某些人的专门职业,使得建立一种权威的管理机构不仅具有了必要性,而且具有了现实的可能性。正如恩格斯所说:"社会产生它不能缺少的某些共同职能。被指定执行这种职能的人,形成社会内部分工的一个新部门。这样,他们也获得了同授权给他们的人相对立的特殊利益,他们同这些人相对立而独立起来,于是就出现了国家。"②这些社会"不能缺少的共同职能"包括维护社会公共利益、社会公共秩序,从事社会公共管理的社会职能,以及调节经济生活或直接组织经济建设的经济职能。

历史唯物主义揭示了国家的阶级本质,但并没有因国家的政治职能而否定国家的经济职能和社会职能,即社会"不可缺少的共同职能"。马克思明确指出,"亚洲的一切政府都不能不执行一种经济职能,即举办公共工程的职能"③。国家"既包括执行由一切社会的性质产生的各种公共事务,又包括由政府同人民大众相对立而产生的各种特殊职能"④。现代国家的发展表明,国家不仅具有政治职能,而且具有管理经济运行的经济职能和管理公共事务的社会职能,并且这种职能不断得以扩大和强化。正是通过履行这种经济职能、社会职能,统治阶级实现了自己的政治统治。"政治统治到处都是以执行某种社会职能为基础,而且政治统治只有在它执行了它的这种社会职能时才能持续下去。"⑤这就是说,国家在一定

---

① 《马克思恩格斯全集》第3卷,第70页。
② 《马克思恩格斯选集》第4卷,第700—701页。
③ 《马克思恩格斯选集》第1卷,第762页。
④ 《马克思恩格斯全集》第25卷,第432页。
⑤ 《马克思恩格斯选集》第3卷,第523页。

程度上代表社会的公共利益。

正因为如此,国家具有相对独立性和一定程度的政治自主性。这种独立性表现为对经济运动的反作用,"一方面是经济运动,另一方面是追求尽可能大的独立性并且一经确立也就有了自己的运动的新的政治权力。总的说来,经济运动会为自己开辟道路,但是它也必定要经受它自己所确立的并且具有相对独立性的政治运动的反作用,即国家权力的以及和它同时产生的反对派的运动的反作用"①。这种相对独立性和政治自主性表现为,调整统治阶级内部的矛盾,不惜牺牲统治阶级内部的个体、集团甚至阶层的利益,以维护统治阶级的根本利益和整体利益;调整阶级之间的矛盾,不惜牺牲统治阶级的局部利益,"对某些被统治阶级的经济利益在这个制度的限度内给予一定的保证"②,以维护社会公共秩序。

从历史上看,社会管理职能的独立化与社会的阶级分化是交织在一起的,社会分工同时造成了私有制的产生和阶级的形成。"分工不仅使物质活动和精神活动、享受和劳动、生产和消费由各种不同的人来分担这种情况成为可能,而且成为现实","与这种分工同时出现的还有分配,而且是劳动及其产品的不平等的分配(无论在数量上或质量上);因而也产生了所有制",正是在这个意义上,"分工和私有制是两个同义语,讲的是同一件事情,一个是就活动而言,另一个是就活动的产品而言"③。可见,当国家成为管理社会生活的机构时,它就不可避免地同时成为阶级压迫的机器。

从现实中看,尽管在资本主义社会存在着多元利益集团及其精英阶层,但这种多元利益集团及其精英阶层的存在,与在经济上占统治地位的阶级的存在并不矛盾,相反,正是"资本主义社会各个分离的精英构成一个占统治地位的经济阶级"④。更重要的是,这个在经济上占统治地位的

---

① 《马克思恩格斯选集》第4卷,第701页。
② [希腊]波朗查斯:《政治权力与社会阶级》,叶林、王宏图等译,中国社会科学出版社1982年版,第207页。
③ 《马克思恩格斯全集》第3卷,第36、37页。
④ [英]密里本德:《资本主义社会的国家》,沈汉等译,商务印书馆1997年版,第53页。

"经济阶级"拥有政治决策权或控制权。这表明,国家本质上仍是阶级统治的政治形式,"现代的国家政权不过是管理整个资产阶级的共同事务的委员会"①。

同样在经济结构的基础上产生,并与政治结构,即政治的上层建筑相对应的是由各种意识形态构成的观念结构,即"观念的上层建筑"。"观念的上层建筑"与"政治的上层建筑"一起,构成了"整个上层建筑"。"在不同的占有形式上,在社会生存条件上,耸立着由各种不同的、表现独特的情感、幻想、思想方式和人生观构成的整个上层建筑。整个阶级在它的物质条件和相应的社会关系的基础上创造和构成这一切。"②从历史上看,"意识形态"一词是法国哲学家德·特拉西在19世纪初首先使用的,其意是指揭示人们偏见和倾向根源的"关于观念的科学"。这表明,意识形态与观念文化密切相关甚至融为一体。意识形态犹如一种思想构架,正是通过意识形态,人们感知、阐释和生活于他们置身其中的现实社会,并形成了观念文化。观念文化是意识形态再现的载体,尽管文化的模式不同,但它们都是意识形态的再现。詹姆士·卡雷由此认为,"英国文化研究可以被非常容易地,可能是更为准确地描绘为意识形态研究,因为他们以各种复杂的方式,把文化归结为意识形态"③。

特拉西之后,意识形态这一概念在多种含义上被使用。在历史唯物主义中,意识形态是与经济形态、政治形态相对应的范畴,是指反映经济形态和政治形态,以及一定阶级或社会集团利益和要求的思想体系,在内容上包括政治法律思想、道德、宗教、艺术、哲学。经济形态(经济结构)、政治形态(政治结构)与意识形态(观念结构)一起构成了完整的社会形态。

与社会的经济结构中存在着多种性质的生产关系相适应,在社会的观念结构中存在着多种性质的意识形态。在这多种性质的意识形态中,

---

① 《马克思恩格斯选集》第1卷,第274页。
② 《马克思恩格斯选集》第1卷,第611页。
③ 罗钢、刘象愚编:《文化研究读本》,中国社会科学出版社2000年版,第10页。

统治阶级的意识形态总是占据着主导、支配、中心地位,从而成为国家的意识形态。"统治阶级的思想在每一时代都是占统治地位的思想。这就是说,一个阶级是社会上占统治地位的物质力量,同时也是社会上占统治地位的精神力量……占统治地位的思想不过是占统治地位的物质关系在观念上的表现,不过是表现为思想的占统治地位的物质关系;因而,这就是那些使某一个阶级成为统治阶级的各种关系的表现,因而这也就是这个阶级的统治的思想。"① 按照马克思的观点,支配着物质生产资料的阶级,同样也支配着精神生产资料,因此,"构成统治阶级的各个个人""还作为思维着的人,作为思想的生产者而进行统治,他们调节着自己时代的思想的生产和分配;而这就意味着他们的思想是一个时代的占统治地位的思想"②。这就是说,在观念结构中占统治地位的意识形态与经济权力、政治权力的关系是密切相关的。正如福柯所说,"在人文科学里,所有门类的知识的发展都与权力的实施密不可分",都是"伴随着权力的机制一道产生的"③。掌握经济权力和政治权力的阶级,也必然掌握着精神生产的主导权,从而建构着"时代的占统治地位的思想"。用福柯的话来说就是,国家将使自己能够发挥作用的全部权力关系符码化。在这个意义上,社会的观念结构是社会的权力结构的再现。

意识形态都是对社会生活的反映。"意识在任何时候都只能是被意识到了的存在,而人们的存在就是他们的实际生活过程。如果在全部意识形态中人们和他们的关系就像在照像机中一样是倒现着的,那末这种现象也是从人们生活的历史过程中产生的,正如物象在眼网膜上的倒影是直接从人们生活的物理过程中产生的一样。"④ 资本主义社会的意识形态之谜是"拜物教",即商品拜物教、货币拜物教和资本拜物教,这种"拜物教"正是对资本主义社会生活的反映。

---

① 《马克思恩格斯全集》第 3 卷,第 52 页。
② 《马克思恩格斯全集》第 3 卷,第 52 页。
③ 《权力的眼睛——福柯访谈录》,包亚明主编,严锋译,上海人民出版社 1997 年版,第 31 页。
④ 《马克思恩格斯全集》第 3 卷,第 29—30 页。

资本主义社会是商品生产的典型形式和完成形式,正是在资本主义社会中,人与人的关系"采取了物与物的关系的虚幻形式","劳动产品一旦作为商品来生产,就带上拜物教性质,因此拜物教是同商品生产分不开的"①。货币拜物教和资本拜物教都起源于商品拜物教,货币拜物教是商品拜物教的自然延伸,资本拜物教则是货币拜物教的必然归宿。在资本—利息、土地—地租、劳动—工资中,在这个表示价值和一般财富各个组成部分同财富各种源泉的联系的"三位一体"的经济关系中,资本主义生产方式的神秘化,社会关系的物化,所有制的永恒化直接融合在一起的现象已经完成:"这是一个着了魔的、颠倒的、倒立着的世界。"②同一性质的意识形态都为同一经济形态、政治形态服务,只不过反映和服务的侧面、重点、方式不同罢了。各种意识形态之间在内容上相互补充、相互渗透;在形式上相互交叉、相互为用;在发展过程中相互影响、相互制约,从而构成一个意识形态体系,并对经济形态以及政治形态产生能动的反作用。意识形态对经济形态和政治形态的反作用,是通过把不同阶级,尤其是统治阶级的利益要求内化为人们的思想、情感、意志,以支配人们的行动,从而影响社会的经济活动和政治活动来实现的。

政治形态、意识形态在社会生活和历史进程中具有重要作用,正如恩格斯所说,"经济状况是基础,但是对历史斗争的进程发生影响并且在许多情况下主要是决定着这一斗争的形式的,还有上层建筑的各种因素……这里表现出这一切因素间的相互作用"③。在这个意义上,阿尔都塞、普兰查斯的"多元决定论"都有其合理性。历史唯物主义不是"经济解剖学",而是"总体现象学"。

但是,在这种相互作用、"多元决定作用"中,物质生产、经济结构具有根本决定作用。"根据唯物史观,历史过程中的决定性因素归根到底是现

---

① 《马克思恩格斯全集》第23卷,第89页。
② 《马克思恩格斯全集》第25卷,第938页。
③ 《马克思恩格斯选集》第4卷,第696页。

实生活的生产和再生产。"①无论是阿尔都塞,还是普兰查斯,当他们提出"多元决定论"时,都没有否定经济结构的根本的决定作用。在阿尔都塞看来,"多元决定作用"归根到底决定于经济因素。按照波朗查斯的观点,"作为生产方式特征的统一型式乃是一套复杂的型式,其中占统治地位的归根到底是经济环节"②。历史唯物主义不是经济唯物主义,但它确认了经济生活决定社会生活,经济必然性构成了人类历史进程的"中轴线"。

四、社会有机体及其特征

从思想史的角度看,社会有机体理论并不是马克思的独创。依据历史资料,圣西门在19世纪初就初步提出了社会有机体思想。圣西门逝世后,他的门徒在《圣西门学说释义》中明确提出"社会是一种有机的整体",并要求分析"社会这个统一机体的各个器官"。孔德则在19世纪30年代创立了社会有机论理论。依据生物学中的"个体有机论",孔德把社会有机体分解成家庭、阶级或种族以及城市和社区,并认为家庭是社会真正的要素或细胞,阶级或种族是社会的组织,城市和社区是社会的器官。而后,斯宾塞又对社会有机体与生物有机体的相似之处与相异之点进行了比较,使社会有机体理论得以深化和系统化。自此以后,社会有机体理论便成为西方社会科学的基本理论和方法,这是一种用生物有机体的"细胞""组织""器官"等概念来分析社会的理论和方法。

马克思的社会有机体理论与孔德等人的社会有机体理论有相似之处,又有本质的不同。马克思最初是在《哲学的贫困》中提出"社会有机体"这一范畴的,即社会是"一切关系在其中同时存在而又互相依存的社会机体"③。马克思从人的实践出发来说明社会有机体运动,揭示出社会有机体不是按生物活动规律,而是按实践活动规律运行的;从物质生产、

---

① 《马克思恩格斯选集》第4卷,第695页。
② [希腊]波朗查斯:《政治权力与社会阶级》,第4页。
③ 《马克思恩格斯选集》第1卷,第143页。

精神生产和人本身生产以及社会关系生产出发说明社会有机体有着自身的特殊活动规律。马克思的社会有机体理论是一个以人的活动为内容，包括物质生产、精神生产和人自身生产在内的总体结构，是一个动态地展开各种社会关系如何运动，并最后凝聚于人本身发展的宏大的社会发展理论。

首先，历史唯物主义从结构的角度把社会有机体分解为生产力与生产关系（经济结构）、经济基础（经济结构）与上层建筑（包括政治结构和观念结构），认为经济基础是社会有机体的"骨骼"系统，上层建筑则是"血肉"系统，并以生产方式的发展为主线显示社会发展的五种形态。

在《〈政治经济学批判〉序言》中，马克思以经典的形式表述了这一发展图式："人们在自己生活的社会生产中发生一定的、必然的、不以他们的意志为转移的关系，即同他们的物质生产力的一定发展阶段相适合的生产关系。这些生产关系的总和构成社会的经济结构，即有法律的和政治的上层建筑竖立其上并有一定的社会意识形式与之相适应的现实基础……社会的物质生产力发展到一定阶段，便同它们一直在其中运动的现存生产关系或财产关系（这只是生产关系的法律用语）发生矛盾。于是这些关系便由生产力的发展形式变成生产力的桎梏。那时社会革命的时代就到来了。随着经济基础的变更，全部庞大的上层建筑也或慢或快地发生变革……大体说来，亚细亚的、古代的、封建的和现代资产阶级的生产方式可以看作是经济的社会形态演进的几个时代……在资产阶级社会的胎胞里发展的生产力，同时又创造着解决这种对抗的物质条件。因此，人类社会的史前时期就以这种社会形态而告终。"[①]这里，马克思暂时撇开主体，即人的发展，而主要是从客体的视角来考察社会发展。

其次，历史唯物主义强调经济形态是社会有机体运动的"唯物主义基础"，但它反对把社会与个人对立起来，同时强调"避免重新把'社会'当作抽象的东西同个人对立起来"。

---

① 《马克思恩格斯选集》第2卷，第32—33页。

在提出社会有机体理论的同时,马克思就批判了蒲鲁东的观点,即社会"有自己的特殊规律,这些规律与组成社会的人毫无关系",并从人的发展角度考察了社会发展,提出了社会发展的三种形态理论,即人的依赖性、"以物的依赖为基础的人的独立性"和自由个性。"人的依赖关系(起初完全是自然发生的),是最初的社会形态,在这种形态下,人的生产能力只是在狭窄的范围内和孤立的地点上发展着。以物的依赖性为基础的人的独立性,是第二大形态,在这种形态下,才形成普遍的物质变换,全面的关系,多方面的需求以及全面的能力的体系。建立在个人全面发展和他们共同的社会生产能力成为他们的社会财富这一基础上的自由个性,是第三个阶段。"①这里,马克思主要是从人的发展,即主体的视角考察社会发展的。

再次,历史唯物主义确立了从人的活动的角度来考察社会发展的维度。认为"分工发展的各个不同阶段,同时也就是所有制的各种不同形式",而"分工和私有制是两个同义语,讲的是同一件事情,一个是就活动而言,另一个是就活动的产品而言"②。在历史唯物主义中,人的活动的发展图式和社会形态更替的发展图式、人的发展图式是一致的。

按照马克思的观点,"生产力与交往形式的关系就是交往形式与个人的行动或活动的关系。(这种活动的基本形式当然是物质活动,它决定一切其他的活动,如脑力活动、政治活动、宗教活动……)",在共产主义社会,人的"自主活动才同物质生活一致起来,而这点又是同个人向完整的个人的发展以及一切自发性的消除相适应的"。③ 这里,马克思把生产力与生产关系视为社会的人发展的不同方面,并直接把生产力与生产关系的关系和人的活动与生产关系的关系等同起来,从而使社会发展、人的活动和个人的发展统一起来,说明三者具有"同构性"。这实际上是从主体与客体的双向视角考察了社会发展。

---

① 《马克思恩格斯全集》第 46 卷上,第 104 页。
② 《马克思恩格斯全集》第 3 卷,第 25、37 页。
③ 《马克思恩格斯全集》第 3 卷,第 80、77 页。

最后,历史唯物主义从社会再生产的角度考察了社会发展,认为物质生产、精神生产、人本身生产和社会关系生产构成社会再生产的模式,社会有机体再生和更新的内在机制就是物质生产、精神生产、人本身生产和社会关系生产的统一。

任何一种有机体要维持自己的存在,就必须同周围环境进行物质变换,社会有机体要存在下去也必须同自然进行物质变换。为此,就要不间断地进行物质生产。物质生产使人的需要得以不断地满足和扩大,使社会有机体得以不断地扩大和发展。

社会有机体还必须进行精神生产。与生物有机体不同,社会有机体的自组织、自调节过程在一定程度上是被自身意识到、以某种自觉的形式进行的。人是社会的主体。人与动物不同的地方在于,他的"意识代替了他的本能,或者说他的本能是被意识到了的本能"①。各种社会制度都是通过社会意识而形成的,实际上是意识到自己的交往活动的社会主体自觉建立起来的社会规范系统,从而使社会作为一个整体而存在和运行。社会有机体是一种具有自我意识的有机体。具有自我意识,这是社会有机体异于并优于生物有机体的地方。

社会有机体要维持自己的存在,还必须进行人本身的生产。马克思认为,一开始就纳入到社会发展过程的重要因素就是,"每日都在重新生产自己生活的人们开始生产另外一些人,即增殖"②。从历史上看,最初的社会关系就是在人本身生产的过程中形成的,"家庭起初是唯一的社会关系,后来,当需要的增长产生了新的社会关系,而人口的增多又产生了新的需要的时候,家庭便成为(德国除外)从属的关系了"③。人本身生产不仅是生物遗传过程,同时又是"社会遗传"过程。人本身生产受制于物质生产和精神生产,首先取决于物质生产及其创造的"生活资料、享受资料和发展资料"的性质和水平。

---

① 《马克思恩格斯全集》第3卷,第35页。
② 《马克思恩格斯全集》第3卷,第32页。
③ 《马克思恩格斯全集》第3卷,第32—33页。

物质生产、精神生产和人本身生产的过程同时就是社会关系生产的过程。"生活的生产——无论是自己生活的生产(通过劳动)或他人生活的生产(通过生育)——立即表现为双重关系:一方面是自然关系,另一方面是社会关系。"①社会的经济关系、政治关系、思想关系、伦理关系、血缘关系等正是在物质生产、精神生产和人本身生产的过程中形成的。

正是在物质生产、精神生产、人本身生产、社会关系生产和再生产过程中,社会成为"一切关系同时存在又互相依存的社会机体"。物质生产、精神生产、人本身生产和社会关系生产的不断进行,其水平的不断提高,使社会需要不断得到满足、变化、再满足……从而使社会有机体不断地复制和更新自己。

在历史唯物主义的社会有机体理论中,人的发展是主线。与社会经济形态理论以生产关系为主线、社会形态理论以生产方式为主线不同,社会有机体理论是以人的发展为主线的。既然社会发展从根本上说,是"生产力的历史,从而也是个人本身力量发展的历史"②,那么,社会有机体理论就是关于"个人本身力量发展的历史"理论;既然"生产力和社会关系——这二者是社会的个人发展的不同方面"③,那么,社会有机体理论就应把生产力和社会关系看作是对个人发展的抽象,二者应当也必然在个人的活动中统一起来。因此,当历史唯物主义强调"社会有机体"时,就已经转换了考察问题的视角,即从"个人发展的不同方面"来研究社会。

在历史唯物主义的社会有机体理论中,人的活动是内容。人是实践中的存在,人的本质是在实践中定型和发展的;社会的不同活动的独立化都是实践的不同要素分化的结果,社会的各种"器官"都是在实践活动中展现出来的,社会生活本质上是实践的;人对"对象、现实、感性"的把握是在实践中形成和发展的,人自身的发展和人类解放也只能在实践中才能

---

① 《马克思恩格斯全集》第3卷,第33页。
② 《马克思恩格斯全集》第3卷,第81页。
③ 《马克思恩格斯全集》第46卷下,第219页。

实际地达到。实践活动是全部社会活动的"原型",是一切社会关系的源泉和基础,是人本身的发展的"母体"。因此,当历史唯物主义强调"社会有机体"时,就已经转换了考察问题的视角,即从人的实践活动以及其他各种社会活动来研究社会。

第四章

社会发展的"自然历史过程"

"社会经济形态的发展是一种自然历史过程"的思想，是马克思在《资本论》第一卷第一版序言中提出的。在德文版《资本论》中，马克思的原话是：Mein Standpunkt, der die Entwicklung der Oekonomischhen Gesellschaftsformation als einen naturgeschichtlichen Prozess auffasst. 郭大力、王亚南的译本把这段话译为："我的观点，是把经济社会形态的发展，理解为一个自然史的过程。"① 中央编译局的译本把这段话译为："我的观点是：社会经济形态的发展是一种自然历史过程。"② 中央编译局根据马克思本人修订的法文版《资本论》（第一卷）翻译的译本把这段话译为："我的观点是：社会经济形态的发展同自然的进程和自然的历史是相似的。"③ 不难做出判断：马克思的本意是

---

① ［德］马克思：《资本论》第1卷，郭大力、王亚南译，人民出版社1963年版，第Ⅻ页。
② ［德］马克思：《资本论》第1卷，中共中央马克思恩格斯列宁斯大林著作编译局译，人民出版社1975年版，第12页。
③ ［德］马克思：《资本论》（根据作者修订的法文版第一卷翻译），中共中央马克思恩格斯列宁斯大林著作编译局译，中国社会科学出版社1983年版，第4页。

指,社会经济形态的发展可以从"自然的进程和自然的历史"两方面来理解,因为社会经济形态的发展同自然进程、自然历史有"相似"之处。但是,相似不等于相同。严肃的思考应该是,社会经济形态在何种意义上与自然历史过程"相似",又在何种意义上与自然历史过程不相似。

一、社会经济形态的发展在何种意义上与自然历史过程"相似"

"历史过程"简称历史,这一概念在马克思那里具有极其重要的意义。马克思赋予历史以内在变化和发展的含义,"联系不断采取新的形式,因而就呈现出'历史'"[①]。"没有发展",也就"没有历史"。马克思经常用"排除历史过程""没有历史要素"来批判那种"抽象"的观点,这种"抽象"的观点不仅包括唯心主义、形而上学的唯物主义、自然科学的唯物主义,而且包括费尔巴哈的直观唯物主义。

在马克思看来,历史就是变化,就是联系的新形式不断产生的过程,也就是发展过程。同一形式的重复,没有形式和内容的变化,尽管存在着也没有历史。例如,在谈到亚细亚生产方式的典型——印度时,马克思指出:"印度社会根本没有历史,至少是没有为人所知的历史"[②],并认为"没有历史"本质上是指"不发生变化""不变性"。亚细亚生产方式中的"自给自足的公社不断地按照同一形式把自己再生产出来,当它们偶然遭到破坏时,会在同一地点以同一名称再建立起来,这种公社的简单的生产机体"[③],为我们提供了一把理解亚洲社会"不发生变化"的钥匙。

马克思指出:"我们仅仅知道一门唯一的科学,即历史科学。历史可以从两方面来考察,可以把它划分为自然史和人类史"[④],即历史可以区分为自然历史过程与社会历史过程。依据马克思时代的科学条件,马克思

---

① 《马克思恩格斯全集》第 3 卷,第 34 页。
② 《马克思恩格斯选集》第 1 卷,第 767 页。
③ 《马克思恩格斯全集》第 23 卷,第 396—397 页。
④ 《马克思恩格斯全集》第 3 卷,第 20 页。

当时所理解的"自然历史过程",是指自然界联系形式多样化的过程,更重要的是,马克思是在达尔文进化论的含义上理解这一过程的,即把自然界联系形成多样化的过程理解为"生物进化过程":"达尔文注意到自然工艺史,即注意到在动植物的生活中作为生产工具的动植物器官是怎样形成的。"①因此,马克思所说的"自然历史过程"不是泛指一种"自然必然性",而是指动植物"器官"的"形成史""生成史"。

动植物"器官"的"形成史""生成史"具有三个特点:一是动植物在其生活中,在与周围环境相互作用的过程中自组织地生成的;二是这种生成的过程表现为动植物"器官"不断多样化的发生过程,其本质是动植物自身的发展史;三是这一过程又是动植物盲目地、无意识地进行的,然而,在这种盲目的运动过程中,一条发展的道路、形式多样化的过程却显现出来。

可见,马克思所说的"自然历史过程"与现行的马克思主义哲学教科书所说的"自然历史过程"具有较大的差异。在马克思看来,自然历史过程是客观的,不以人的意志为转移,具有内在的规律性,但这种规律性是在动植物的自组织活动中存在,并通过动植物本身"器官"的多样化体现出来的;自然规律性或必然性是指动植物自组织活动中多样化的必然趋势。

应当指出,马克思对"自然历史过程"的理解已深入到地质学中:"正像地质的形成一样,在这些历史的形成中,有一系列原生的、次生的、再次生的等等类型。"②但是,同样应当指出,马克思对"自然历史过程"的理解还没有、也不可能深入到自然界的机械、物理、化学过程中去。马克思那个时代的科学还没有发展到这一步。当时,以热力学第二定律为基础的自然界发展的"熵增加"原理,只是证明着自然界的物理过程自发地走向"无序"。为此,恩格斯批判了把"熵增加"原理推广到整个宇宙中去的

---

① 《马克思恩格斯全集》第 23 卷,第 409 页。
② 《马克思恩格斯全集》第 19 卷,第 432 页。

"热寂说"。

实际上,物理、化学过程是如何实现其"历史发展"的,这一问题在马克思、恩格斯的时代并没有被证明,至多只是哲学上的逻辑推导。直到20世纪70年代,普里戈金的"非平衡态热力学"以及哈肯的"协同学"才完成了对物理运动和化学运动的"历史过程"的证明。普里戈金在研究耗散结构演化时指出:"分岔在一定意义上把'历史'引进物理学中来了……这样我们就在物理学和化学中引入了历史因素,而这一点似乎向来是专属于研究生物、社会和文化现象的各门学科的。"[①]只是到了这个时候,我们才获得了"自然历史过程"全面含义的理解:"自然历史过程"无非指自然界运动是自然界自身运动的自组织过程,表现为自然界本身形式越来越多样化、复杂化的生成过程。自然界的整个运动过程符合马克思所说的"历史"概念,即联系不断采取新的形式。

把社会历史过程看作是与自然历史过程相同的过程,是以把社会经济规律看作和自然规律相同的观点为前提的。马克思确实在许多地方谈到社会经济规律是自然规律,如在《资本论》中,马克思一再提到"资本主义生产的自然规律",并认为"一个社会即使探索到了本身运动的自然规律,——本书的最终目的就是揭示现代社会的经济运动规律,它还是既不能跳过也不能用法令取消自然的发展阶段"[②]。列宁指出:"马克思谈到社会的经济运动规律,并把这个规律叫作 Naturgesetz——自然规律。"[③]然而,问题的关键在于,马克思在何种意义上认为社会经济规律是自然规律的。

社会经济规律是人们的经济活动规律,它是社会的根本规律,深刻地体现出人的活动的社会性、历史性。经济规律本质上不同于自然规律:经济规律是在人与自然的物质变换和人与人之间的活动互换双重转换中形

---

① [比]普里戈金:《时间、结构和涨落》,郝伯林等译,载《自然杂志》编辑部编:《1977年诺贝尔演讲集》,上海科学技术出版社1980年版,第42页。
② [德]马克思:《资本论》(根据作者修订的法文版第一卷翻译),第4页。
③ 《列宁全集》第1卷,人民出版社1984年版,第105页。

成的;经济规律是以人的方式、人的内在尺度来占有人与自然之间的物质变换的过程;经济规律本质上是一个实践问题,它是人的经济活动的规律,随着人们经济活动格局的变化而不断变化;经济规律能否实现也取决于人的实践活动。自然规律却是自然界的机械、物理、化学、生物运动的规律,这些规律以自在的、盲目的形式存在着,当人们没有认识它们时,它们就以与人对立的形式出现;当这些规律一经被发现,人们便可以利用它们,用科学来征服自然力。自然规律与社会规律是两种性质不同的规律。

实际上,马克思是在两重意义上把社会经济规律看作是自然规律的:一是资本主义社会经济规律的特殊性;二是整个经济规律基础的特殊性。

在马克思看来,资本主义的经济运动是一种典型的社会运动。"在土地所有制处于支配地位的一切社会形式中,自然联系还占优势。在资本处于支配地位的社会形式中,社会、历史所创造的因素占优势。"[1]资本主义是社会、历史因素占优势的社会形态,但它又是对抗性的社会形态。正是这种对抗性,使社会经济规律采取与人对立的"自然规律"的特殊形式出现。

这就是说,当生产者丧失了对自己的社会关系和自主活动的支配权时,"生产资料和产品的社会性反过来反对生产者本身,周期性地突破生产方式和交换方式,并且只是作为盲目起作用的自然规律强制性地和破坏性地为自己开辟道路"[2]。"我们应该怎样理解这个只有通过周期性的革命才能为自己开辟道路的规律呢?这是一个以当事人的盲目活动为基础的自然规律。"[3]可见,社会经济规律以与人对立的自然规律的形式出现,本质上是资本主义社会的"社会性"的体现,是资本主义及其以前社会形态中的对抗性的体现。换言之,人与人对抗的社会形态,使社会规律不得不以自然规律的形式出现。这是其一。

其二,在马克思看来,经济规律有它永恒的基础,这就是人与自然之

---

[1]《马克思恩格斯全集》第46卷上,第45页。
[2]《马克思恩格斯选集》第3卷,第753页。
[3]《马克思恩格斯全集》第23卷,第92页。

间的物质变换过程。"劳动作为使用价值的创造者,作为有用劳动,是不以一切社会形式为转移的人类生存条件,是人和自然之间的物质变换即人类生活得以实现的永恒的自然必然性。"① 只有在这个"一般"意义上,即"使用价值"的创造意义上,社会经济规律才是一种仅仅体现人与自然之间物质变换的自然规律。但是,人与自然之间的物质变换既然是一切社会运动的基础,那么,在特定的社会中,这种物质变换也就必然具有社会形式。

因此,社会经济规律不可能以纯粹的"自然规律"形式出现,社会经济规律的运动始终是以人与自然之间的物质变换为基础,同时贯穿着人与人之间的活动互换而展开的社会活动过程。在《资本论》第3卷中,马克思更加透彻地表达了这个思想。按照马克思的观点,人与自然之间的物质变换是自然必然性的王国,是"一切社会形态"的基础,未来的共产主义社会也只是"合理地调节他们和自然之间的物质变换","在最无愧于和最适合于他们的人类本性的条件下来进行这种物质变换"②。显然,马克思是在经济活动规律的基础——人与自然之间的物质变换过程,在抽象掉一切可能的生产方式的意义下,承认经济规律的自然过程的。

但是,只要一进入具体的社会形态,马克思立即用社会的眼光来看待经济规律,并坚决反对用自然规律来说明社会发展。在致库格曼的信中,马克思批判了朗格把社会规律自然化的方式,认为:"朗格先生有一个伟大的发现:全部历史可以纳入一个唯一的伟大的自然规律。这个自然规律就是《struggle for life》,即'生存斗争'这一句话(达尔文的说法这样应用就变成了一句空话),而这句话的内容就是马尔萨斯的人口律,或者更确切些说,人口过剩律。这样一来,就可以不去分析'生存斗争'如何在各种不同的社会形态中历史地表现出来,而只要把每一个具体的斗争都变成'生存斗争'这句话,并且把这句话变成马尔萨斯关于'人口的狂想'

---

① 《马克思恩格斯全集》第23卷,第56页。
② 《马克思恩格斯全集》第25卷下,第926、927页。

就行了。"①

　　这里,马克思关心的是"不同的社会形态中历史地表现出来"的东西,并始终用"历史"的方法来说明社会。更为重要的是,马克思认为,经济规律不是预成的,而是在人们的物质实践活动中生成的,是在历史中生成的;在人们面前绝没有一个现存的、一成不变的经济规律可供认识,经济规律同样具有历史性。认为在人们从事某种实践活动之前,有一个经济规律预先存在着,这不是历史唯物主义对历史规律的看法。

　　就经济规律制约人类历史行程而言,社会发展的确有一个大概趋势;就全部社会生活(包括经济生活)在本质上是实践的这个意义上来说,经济规律的实现的确是一个历史过程,是人的实践活动的过程。社会规律不同于自然规律,它是"人们自己的社会行动的规律"②。把经济规律等同于自然规律,其结果只能把经济规律抽象化、预成化,其实质是回归黑格尔的"绝对计划"。

　　如果说人与自然之间的物质变换是经济规律与自然规律一致的中介,那么,社会工艺学则是社会经济形态的发展与自然历史过程"相似"的中介。这里,存在着这样一种关系:经济规律——物质变换——自然规律;社会经济形态——社会工艺学——自然历史过程。同时,社会工艺学与物质变换之间又有着直接关系。

　　在《德意志意识形态》中,马克思已经把分工看作是生产力与所有制之间的中介关系,"分工和私有制是两个同义语,讲的是同一件事情,一个是就活动而言,另一个是就活动的产品而言"③。但是,社会经济形态概念当时还没有从"活动"中剥离出来,马克思当时对所有制的关系更感兴趣。因此,马克思当时把所有制作为划分历史阶段的标准,即"部落所有制""古代公社所有制或国家所有制""封建的或等级的所有制""资本主义所有制"。

---

① 《马克思恩格斯全集》第32卷,人民出版社1974年版,第671—672页。
② 《马克思恩格斯选集》第3卷,第634页。
③ 《马克思恩格斯全集》第3卷,第37页。

在《〈政治经济学批判〉序言》中，马克思第一次明确提出"社会经济形态"的概念，并做出两项推进：一是用"社会经济形态"取代"所有制"来划分历史，即"大体说来，亚细亚的、古代的、封建的和现代资产阶级的生产方式可以看作是经济的社会形态演进的几个时代"①，历史的坐标转换了；二是给社会经济形态下了一个定义，即"社会的经济结构"。

在《资本论》中，马克思深化了社会经济形态概念的内容。具体地说，马克思分析了社会经济运动中的工具发展史，并把人的生产工具同动植物的器官进行了比较，认为达尔文的进化论揭示了"自然工艺学"——动植物的器官作为动植物生活的生产工具如何形成的历史，而社会工艺学——"社会人的生产器官"如何形成的历史具有同样重要的意义。"工艺学揭示出人对自然的活动方式，人的物质生活的生产过程，从而揭示出社会关系以及由此产生的精神观念的起源。"②由此看来，社会经济形态概念应是以社会工艺为基础的社会经济结构。

因此，马克思所说的社会经济形态的发展与自然历史过程"相似"是指，如同自然界动植物的发展是立足于自身器官的形成和发展过程一样，社会经济形态的发展也是立足于"社会人的生产器官"的形成和发展过程。任何夸大这方面意思，把"自然历史过程"上升为社会发展的预成性、单线性，认为一切民族的发展都必须经过一条唯一的道路，都是不符合马克思本意的。

第一，马克思所说的社会经济形态的几个时代，即亚细亚的、古代的、封建的和现代资产阶级的，并不是所有民族的共同的发展道路。马克思所指出的这条发展道路是有特定坐标系统的，即以西欧资本主义的发展来考察这一问题的，换言之，这条道路是以西欧为坐标系的。马克思并没有认为所有民族都要走同样的发展道路，恰恰相反，他坚决反对这一点。在给俄国《祖国纪事》编辑部的信中，马克思指出："一定要把我关于西欧

---

① 《马克思恩格斯选集》第2卷，第33页。
② [德]马克思：《资本论》（根据作者修订的法文版第一卷翻译），第374页。

资本主义起源的历史概述彻底变成一般发展道路的历史哲学理论,一切民族,不管他们所处的历史环境如何,都注定要走这条道路……这样做,会给我过多的荣誉,同时也会给我过多的侮辱。"①在分析社会发展道路时,马克思多次指出,"这不适用于例如东方""这仅仅是从欧洲的观点来看的",等等。

这表明,马克思并没有把"自然历史过程"理解为亚细亚的、古代的、封建的、资本主义的、社会主义的这样一条发展道路,并没有把这样一条发展道路看成是预成的、所有民族都必然经历的唯一的发展道路。把"自然历史过程"理解为一种超历史的必然性,理解为所有民族的发展都必须经过原始的、奴隶的、封建的、资本主义的、社会主义的社会这样一条唯一的道路,不过是把西欧的发展道路强加给所有民族罢了,不过是把历史必然性抽象化、预成化罢了。

第二,马克思认为社会发展的具体道路是多样化的。马克思从来不以单线的方式考察历史,除了关心"典型的""原生的"生产关系外,马克思还经常向自己提问:"第二级的和第三级的东西,总之,派生的、转移来的、非原生的生产关系。国际关系在这里的影响。"②显然,这里有一个更宏大的社会发展道路问题。按照马克思的观点,资本主义形成的途径和道路就是多样的,"在现实的历史上,雇佣劳动是从奴隶制和农奴制的解体中产生的,或者像在东方和斯拉夫各民族中那样是从公有制的崩溃中产生的,而在其最恰当的、划时代的、囊括了劳动的全部社会存在的形式中,雇佣劳动是从行会制度、等级制度、劳役和实物收入、作为农村副业的工业、仍为封建的小农业等等的衰亡中产生的"。③ 这里,不存在固定的模式和一种超历史的必然性,也不存在一个所谓的"自然历史过程"。

第三,如果我们把目光专注于社会工艺过程,那么,在它们之中确实存在着一条由低级到高级的有序的发展过程。这一发展过程确实不以人

---

① 《马克思恩格斯全集》第19卷,第130页。
② 《马克思恩格斯全集》第46卷上,第47页。
③ 《马克思恩格斯全集》第46卷上,第14页。

的需要、意志、选择为转移,确实"可以用自然科学的精确性"表示出来,在这个意义上,社会经济形态以至整个社会形态的发展确实是同自然的进程和自然的历史"相似"的。

二、社会发展中的自然形态、派生形态和超越形态

在社会发展过程中,社会形态的更替有三种不同的情况,即自然形态、派生形态和超越形态。当各个民族或国家处于封闭状态时,每一个民族的历史都要重复"同一的历史必然性",社会发展的模式以自然形态为主。当交往的因素出现后,尤其是当交往步入世界性之后,"过去那种地方的和民族的自给自足和闭关自守状态,被各民族的各方面的互相往来和各方面的互相依赖所代替了"①,从而形成了每一民族同其他民族的变革都有依存关系的状态。从这个时候起,社会发展中以自然形态为主的发展模式被扬弃了,派生形态或超越形态开始出现,并逐渐成为社会发展中的普遍现象或常规现象,社会发展开始加速度化。

所谓自然形态,是指外部因素、外部关系对该社会的发展影响极小,可以忽略不计,发展主要是本民族或国家的内部因素、内部关系决定的。用当代社会发展理论话语来说就是,自然形态属于内源发展。古代文明圈,即中国、印度、两河流域、埃及、希腊等文明的发展几乎都是内源发展。中国封建社会和西欧资本主义社会的发展也属于内源发展。这些发展基本上是在彼此隔离、互不干扰的情况下完成的。从总体上看,在资本主义开创世界历史之前,自然形态是社会发展中的主导类型。

自然形态占主导地位的前提是,环境是孤立封闭的。按照马克思的观点,自然形态是该社会的各种要素和关系"自然发生"的过程,这一发展过程的各个阶段则是该社会"自然的发展阶段"。"自然发生"形成社会的"殊化",即不同的自然发生的类型之间有不同的遗传"密码"机制,从而使

---

① 《马克思恩格斯选集》第1卷,第276页。

不同的共同体具有不同的规定性;这一"殊化"的遗传"密码"又是形成社会发展多样性的源头。不同的社会共同体由于遗传"密码"的不同,而后发展的道路、生长点也有所不同。马克思十分重视对社会的"自然发生"分析。在马克思看来,"人的依赖关系(起初完全是自然发生的),是最初的社会形态"①,而远古时期的人们则是"通过自然发生的途径产生的"②。"自然发生"分析是马克思分析一切社会有机体的起点,即使社会发展到高级形式,它们仍然有着"自然发生"的痕迹。

即使在孤立封闭的环境中发展的社会,即社会发展中的自然形态,仍有其典型形态,如亚细亚或东方社会的典型,西欧资本主义的典型,等等。中国封建社会是东方社会的典型,是东方社会的"活的化石",因为它体现着"一切东方运动的共同特征"③。资本主义的发生有三条道路,即从原始公有制的"崩溃"中产生,从奴隶制的"解体"中产生,从封建制度的"衰亡"中产生。其中,从封建制度的衰亡中产生是资本主义制度自然发生的典型。不仅如此,资本主义的不同方面也有各自的典型。例如,马克思就认为,英国是资本主义经济发展的典型,法国则是资本主义政治发展的典型。

当交往超出了毗邻地区而成为各民族日常生活中不可或缺的因素时,社会发展便产生了派生形态。在考察社会发展时,马克思又提出一个极其重要的思想,即"第二级的和第三级的东西,总之,派生的、转移来的、非原生的生产关系。国际关系在这里的影响"④。按照马克思的观点,那些自然发生的社会关系是原生的关系,即第一级的关系,派生的、转移来的关系则是第二级、第三级的关系,它们是由民族、国家之间的交往所造成的。在第一级的关系与第二级、第三级的关系之间,第一级的关系是出发点,而后的发展从"原生的生产关系"发生偏离。马克思曾描述过这种

---

① 《马克思恩格斯全集》第46卷上,第104页。
② 《马克思恩格斯全集》第3卷,第50页。
③ 《马克思恩格斯全集》第15卷,人民出版社1963年版,第545页。
④ 《马克思恩格斯全集》第46卷上,第47页。

偏离:"这种所有制的原始形式本身就是直接的公有制(东方形式,这种形式在斯拉夫人那里有所变形;直到发展成对立物,但在古代的和日耳曼的所有制中仍然是隐蔽的——尽管是对立的——基础)。"①这就是说,在社会的原生形态或原始形式中存在着这样的运动:典型的东方形式,斯拉夫人的变形形式、日耳曼人隐蔽对立的形式,它们构成"原生生产关系"的差异。在民族之间交往的过程中,"原生的生产关系"的差异向第二级的东西转化。在这个过程中,由于原生态的不同而产生较大差异。"在奴隶制、农奴制等等之下,劳动者本身表现为服务于某一第三者个人或共同体的自然生产条件之一(这不适用于例如东方的普遍奴隶制;这仅仅是从欧洲的观点来看的)。"②这就是说,在派生的、第二级的关系中,已经发生了社会组织形式的不同。

到第三级关系,情况就更复杂了。这里,有三种基本形式:一是征服者带给处于较低发展阶段的被征服者的;二是征服者带给处于较高发展阶段的被征服者的;三是征服者与被征服者处于相同社会形态的不同发展阶段的。这三种情况对派生形态的发展有不同影响。马克思指出:"导入英国的封建主义,按其形式来说,要比在法兰西自然形成的封建主义较为完备。"③这是因为,"这种交往形式在自己的祖国还受到过去遗留下来的利益和关系的牵累,而它在新的地方就完全能够而且应当毫无阻碍地确立起来,尽管这是为了保证征服者的长期统治(英国和那不勒斯在被诺曼人征服之后,获得了最完善的封建组织形式)。"④反过来,也有大量的"古老文明被蛮族破坏,接着就重新形成另一种新的社会结构(罗马和野蛮人,封建主义和高卢人,东罗马帝国和土耳其人)"⑤,这些都构成了民族或国家发展中由其他民族"导入的和带去的派生形式"⑥。

---

① 《马克思恩格斯全集》第46卷上,第498页。
② 《马克思恩格斯全集》第46卷上,第496页。
③ 《马克思恩格斯全集》第46卷上,第489—490页。
④ 《马克思恩格斯全集》第3卷,第82页。
⑤ 《马克思恩格斯全集》第3卷,第26页。
⑥ 《马克思恩格斯全集》第46卷上,第489页。

资本主义生产方式的兴起开辟了"世界交往"的新时代。在世界交往的时代,各个民族、国家都自觉或不自觉地加入到交往序列之中,形成了交往主体的全面性,形成了"全面的生产""全面的依存关系"和"世界历史性的共同活动形式";任何一个民族或国家面对的都是以全球为单位的、由其他民族和国家组成的整体,形成了交往中介的普遍性。

在世界交往中,中介性涉及每一个民族、国家,因而形成了世界性的、全球性的中介形式及其相关性。在这种普遍中介性中,每一个民族、国家都可以进行普遍的比较,从各个方面吸取营养。随着交往成为世界交往,社会发展的特点发生了根本性的变化:以前各民族存在的片面性和局限性在交往中被充分揭示出来,正是通过交往,各民族的片面性发展为全面性的力量。

"各个相互影响的活动范围在这个发展过程中愈来愈扩大,各民族的原始闭关状态由于日益完善的生产方式、交往以及因此自发地发展起来的是民族之间的分工而消灭得愈来愈彻底,历史就在愈来愈大的程度上成为全世界的历史。"[①]随着交往成为世界交往,历史转变为"世界历史",社会发展中的"超越形态"现象成为一种普遍或常规现象。如果说社会发展中的"第二级、第三级关系"还属于区域交往的产物,那么,超越形态成为一种社会发展的普遍现象则是世界交往、世界历史的产物。

在世界交往以及由此形成的世界历史形成之前,社会发展也出现过超越形态,如日耳曼民族通过"战争交往"征服罗马帝国之后,越过奴隶制,从原始社会直接走向封建社会。然而,这在世界历史形成之前毕竟是一种特殊现象。世界历史形成之后,社会发展中的超越形态则成为一种普遍现象。

北美洲在欧洲移民到来之前仍处于原始社会,但随着欧洲移民的到来,北美洲迅速建立起资本主义制度,所以,在美国,"资产阶级社会不是

---

① 《马克思恩格斯全集》第3卷,第51页。

在封建制度的基础上发展起来的,而是从自身开始的"①,大洋洲也走着类似的道路;在非洲,有的民族从原始社会,有的从奴隶制,直接走上了资本主义道路;"在东方和斯拉夫各民族中",资本主义"从公有制的崩溃中产生";在亚洲,一些较为落后的国家超越了资本主义"卡夫丁峡谷",直接走上了社会主义道路。

在世界历史的背景中,奴隶社会、封建社会以及后来的资本主义社会在不同的时期、不同的地区都被不同的民族跨越过,因而"超越"本身是普遍存在的,具有重复性,是社会发展的常规现象。

"超越"本身之所以能够成为社会发展的常规现象,与世界交往密切相关,同时又以几种社会形态在空间上的并存为前提。社会形态的更替在不同的民族那里具有不同步性,当有的民族已经进入封建社会甚至资本主义社会时,有的民族还停留在奴隶社会甚至原始社会,从而在空间上呈现出几种社会形态同时并存的局面。同时,世界交往使不同的民族之间产生了全面的相关性,即进入到交往过程中的民族之间会相互影响、相互作用、相互渗透。当处于不同社会形态的民族进行交往时,就会产生三种超越形态:

一是落后的民族征服了较为先进的民族之后,就会自觉或不自觉地适应被征服民族较高的生产力水平,重新形成一种社会结构,从而自觉或不自觉地超越某种社会形态。例如,"封建主义决不是现成地从德国搬去的;它起源于蛮人在进行侵略时军事组织中,而且这种组织只是在征服之后,由于被征服国家内遇到的生产力的影响才发展为现在的封建主义的"。②

二是先进的民族征服了落后的民族之后,把自己较高的生产力、社会关系"导入"到落后的民族之中,从而促使落后的民族超越一定的社会形态而进入更高级的社会形态,例如,英国征服印度之后,"消灭旧的亚洲式

---

① 《马克思恩格斯全集》第46卷上,第4页。
② 《马克思恩格斯全集》第3卷,第83页。

的社会",同时"为西方式的社会奠定物质基础",从而"充当了历史的不自觉的工具"。①

三是当一个民族处在历史的转折点时,先进的社会形态对该民族具有更大的吸引力,在先进民族的"历史启示"下,较为落后的民族能够有意识地利用先进民族的经验和成果,并在先进的社会形态框架中选择和设计自己的发展形式,从而自觉地超越某种社会形态。例如,中国超越资本主义的历史阶段,直接走上社会主义道路。"一个民族本身的整个内部结构都取决于它的生产以及内部和外部的交往的发展程度。"②

由此可见,世界交往及其产生的相关性形成了社会发展的变异道路。尽管不同民族超越的对象及其途径都是特殊的,但是,只要在同一时代存在着不同的社会形态,只要存在着世界交往,那么,在相关性的作用下,超越形态就会不断发生、重复可见,成为社会发展的常规现象。这是社会发展加速度化的前提。

世界交往之所以能够改变社会发展的进程,使社会发展日益加速度化,是由于在人类社会中存在着交往活动的相加效应规律,即进入交往过程的民族往往用自己的新成果或富余的东西去交换自己短缺的东西,这就等于为自己增加了一种新的力量,获得发展的"爆发力"。这样,进入到交往序列中的民族就可以避免"一切从头开始"的时间耗费,从而以人类已经取得的新成果为起点,不断创造更新的成果。从根本上摆脱重复劳动,也就摆脱了社会停滞,使发展日益加速度化。

"只有在交往具有世界性质,并以大工业为基础的时候,只有在一切民族都卷入竞争斗争的时候,保存住已创造出来的生产力才有了保障。"③在各自闭关自守的状态下或交往只限于毗邻地区的时候则完全不同。"当交往只限于毗邻地区的时候,每一种发明在每一个地方都必须重新开始;一些纯粹偶然的事件,例如蛮族的入侵,甚至是通常的战争,都足以使

---

① 《马克思恩格斯选集》第1卷,第768、766页。
② 《马克思恩格斯全集》第3卷,第24页。
③ 《马克思恩格斯全集》第3卷,第61—62页。

一个具有发达生产力和有高度需求的国家处于一切都必须从头开始的境地。在历史发展的最初阶段,每天都在重新发明,而且每个地方都是单独进行的。"①这就造成了重复劳动,形成了封闭行为的重复效应规律,从而造成了社会的停滞。

"超越"成为社会发展中的普遍或常规现象,社会发展道路多样性的存在,与世界历史的整体性并不是"二律背反",也不是对唯物辩证法的"内因决定论"的否定。一切社会发展都根源于生产力与交往形式之间的矛盾,但由于交往,尤其是世界交往的存在,使得某一特定国家的变革没有必要等到这种矛盾在这个国家本身中发展到极端地步。"由于同工业比较发达的国家进行广泛的国际交往所引起的竞争,就足以使工业比较不发达的国家内产生类似的矛盾。"②正是这种"类似的矛盾",促使较为落后的民族或国家"能缩短和减轻分娩的痛苦",加快社会发展的进程。

超越形态的出现及其普遍化不是对人类总体历史发展顺序性的否定,不能由此认为社会形态的发展如瓶坠地,碎片四溅,没有确定的方向。按照马克思的观点,某些民族"超越"后达到的先进的社会关系并不是从它们之中自然发生的,而是从其他民族那里"转移来的",或由其他民族"导入的"。在几种不同社会形态同时存在的情况下,现实存在的先进的社会形态或时代发展所指向的更为先进的社会形态,对落后民族的"超越"具有导向作用;先进民族较为发达的生产方式及其"转移"或"导入"到落后民族的程度,从根本上决定着落后民族"超越"的限度。

三、人类总体历史的进程与具体民族历史的进程

超越形态的出现及其普遍化并不是对社会发展方向性的否定,社会

---

① 《马克思恩格斯全集》第3卷,第61页。
② 《马克思恩格斯全集》第3卷,第83页。

发展道路多样性的存在,也不是对人类历史整体性的否定。把人类历史作为一个整体来考察,可以发现,"五种社会形态"的确是依次更替的,具有不可超越性。"无论哪一个社会形态,在它所能容纳的全部生产力发挥出来以前,是决不会灭亡的;而新的更高的生产关系,在它的物质存在条件在旧社会的胎胞里成熟以前,是决不会出现的。"①

原始社会、奴隶社会、封建社会、资本主义社会、社会主义社会,是人类总体历史的发展道路,是人类总体历史的"自然的发展阶段"。从人类总体历史来看,社会主义制度的出现没有也不可能早于资本主义制度,资本主义社会的产生没有也不可能先于封建社会,封建社会的形成没有也不可能早于奴隶社会,奴隶社会的出现更不可能先于原始社会,原始社会是人类社会的"原生形态"和出发点,所有民族在"人猿相揖别"之后,首先进入的都是原始社会。

确认人类总体历史进程的不可超越性,并不是否定某一民族在一定历史条件下能够超越一定的社会形态而直接走向更高级的社会形态;确认人类总体历史发展道路的存在,并不是说,一切民族,不管他们所处的历史环境如何都注定要走五种社会形态依次更替的历史轨道。如前所述,西欧的日耳曼民族在征服罗马帝国之后,越过奴隶制,从原始社会直接走向封建社会,东欧的一些斯拉夫民族以及亚洲的蒙古族走着类似的道路;北美洲在欧洲移民到来之前仍处于原始社会,但随着欧洲移民的到来,北美洲迅速建立起资本主义制度,所以马克思认为,在美国,"资产阶级社会不是在封建制度的基础上发展起来的,而是从自身开始的"②,大洋洲也走着类似的道路;而在非洲,有的民族从奴隶制甚至从原始社会末期就直接走上了资本主义道路。

马克思在概括资本主义社会产生的途径时指出:"在现实的历史上,雇佣劳动是从奴隶制和农奴制的解体中产生的,或者像在东方和斯拉夫

① 《马克思恩格斯选集》第2卷,第33页。
② 《马克思恩格斯全集》第46卷上,第4页。

各民族中那样是从公有制的崩溃中产生的,而在其最恰当的、划时代的、囊括了劳动的全部社会存在的形式中,雇佣劳动是从行会制度、等级制度、劳役和实物收入、作为农村副业的工业、仍为封建的小农业等等的衰亡中产生的。"①这里,马克思实际上指出了资本主义制度产生的三条道路:一是从封建制度的"衰亡"中产生,这是西欧资本主义制度产生的道路,也是资本主义社会产生的典型道路;二是从奴隶制或农奴制的"解体"中产生;三是从原始公有制的"崩溃"中产生。

某一民族之所以能够超越一定的社会形态,超越形态的产生之所以能够成为社会发展的普遍现象,与民族之间的交往密切相关,以几种社会形态在空间上的并存为前提。

社会形态的更替在不同的民族那里具有不同步性,当有的民族已经进入封建社会甚至资本主义社会时,有的民族还停留在奴隶社会甚至原始社会,从而在空间上呈现出几种社会形态同时并存的局面。同时,从原始社会起,民族之间就有了一定的交往。随着生产力的发展,民族之间的交往经历了一个从毗邻地区交往到地域性交往,再到世界性交往的发展过程,这同时是一个交往层次、交往形式不断发展的过程。交往使不同的民族之间产生了相关性,即进入到交往过程中的民族之间相互影响、相互作用、相互渗透。如前所述,当处于不同社会形态的民族进行交往时,就会产生三种超越现象:

第一,落后的民族征服了先进的民族之后,就会自觉或不自觉地适应被征服民族较高的生产力水平,"重新形成一种社会结构",从而自觉或不自觉地超越某种社会形态。日耳曼民族征服了罗马帝国之后,越过奴隶制,直接建立封建制就是如此。对于日耳曼民族来说,封建社会属于超越形态。

第二,先进的民族征服了落后的民族之后,把自己较高的生产力、社会关系"导入"到落后的民族之中,从而促进落后的民族超越一定的社会

---

① 《马克思恩格斯全集》第46卷上,第14页。

形态,或超越一定社会形态发展过程中的一定历史阶段,而进入更高级的社会形态,如"导入"印度的资本主义制度,"导入"英国的封建制度。此时,先进的民族"充当了历史的不自觉的工具",而对于落后的民族来说,新的社会制度属于"导入的和带去的派生形式"或超越形态。

第三,当一个民族处在历史的转折点时,先进的社会形态对该民族具有更大的吸引力。在先进民族的"历史启示"下,落后的民族能够有意识地利用先进民族的经验和成果,并在先进的社会形态的框架中选择和设计自己的发展形式,从而自觉地超越某种社会形态,进入先进的社会形态,如中国超越资本主义历史阶段,直接进入社会主义历史阶段。对于这个民族而言,这种新的社会形态无疑属于超越形态。

因此,马克思认为,某些民族超越一定的社会关系而建立先进的社会关系并不是"自然发生"的,而是"非原生的生产关系",是从先进民族那里"转移来的",或先进民族"带来的""导入的"。这里,存在着国际关系的影响。

"不仅一个民族与其他民族的关系,而且一个民族本身的整个内部结构都取决于它的生产以及内部和外部的交往的发展程度。"①交往及其产生的相关性形成了社会发展中的超越现象。尽管不同民族超越的对象及其途径都是特殊的,但是,只要在同一时代存在着不同的社会形态,只要处于不同社会形态的民族之间进行交往,那么,在相关性的作用下,"超越"现象就会不断产生,重复可见,成为社会发展中的普遍现象。

某些民族超越某种社会形态而直接进入更高级的社会形态并不是对人类总体历史发展顺序的否定。某一民族可以超越一定的社会形态,但它们的历史运行线路不可能同人类历史总进程是逆向的,相反,超越的方向同人类总体历史及其规律运行的方向是一致的。实际上,民族历史发展的超越性是以人类历史总体进程的不可超越性为前提的。迄今为止,任何一个民族超越一定的社会形态,都是在世界上,尤其是在周围国家已

---

① 《马克思恩格斯全集》第3卷,第24页。

经存在着更先进的社会形态的条件下实现的。没有罗马帝国的存在,日耳曼民族就不可能超越奴隶制,从原始社会直接进入封建社会;没有资本主义制度的存在及其发展,一些民族就不可能超越封建制直接从奴隶社会走上资本主义道路,东方一些较为落后的民族也就不可能超越资本主义的历史阶段而直接走向社会主义。

  社会发展中的超越形态以及派生形态的形成,根源于生产关系与生产力的矛盾运动。马克思在分析古代某些民族的跨越现象时指出:"定居下来的征服者所采纳的社会制度形式,应当适应于他们面临的生产力发展水平,如果起初没有这种适应,那么社会制度形式就应当按照生产力而发生变化","封建主义决不是现成地从德国搬去的;它起源于蛮人在进行侵略时的军事组织中,而且这种组织只是在征服之后,由于被征服国家内遇到的生产力的影响才发展为现在的封建主义的"。① 这表明,跨越形态以及派生形态的形成并不是对生产关系一定要适应生产力状况规律的否定,相反,它本身就是生产关系一定要适合生产力状况这一社会发展根本规律的体现。

  所有民族或国家的发展都根源于生产力与交往形式之间的矛盾,但是,"由于同工业比较发达的国家进行广泛的国际交往所引起的竞争,就足以使工业比较不发达的国家内产生类似的矛盾"②。正是这种"类似的矛盾",促使较为落后的民族、经济较不发达的国家超越了一定的社会形态。这样一来,具体民族或国家的发展便呈现为各自的特殊性,使社会发展道路呈现出多样性。但是,这种多样性并不是多元性。社会发展在本质上是一元的,即物质生活条件是原始起因,经济必然性归根到底是决定性的。经济必然性,这是一条贯穿于全部人类历史进程,并能使我们从根本上理解这一进程,包括社会主义在东方国家首先实现的历史进程的红线。

---

① 《马克思恩格斯全集》第3卷,第83页。
② 《马克思恩格斯全集》第3卷,第83页。

四、社会历史过程与自然历史过程的区别

"客观过程的两个形式:自然界(机械的和化学的)和人的有目的的活动。"①列宁的这一论述实际上说明,自然历史过程与社会历史过程属于两个不同系列的发展形式:自然历史过程是一种自在形式,社会历史过程属于自为形式;自然历史过程,从机械运动、物理运动、化学运动到生物运动,都以一种自发的、盲目的方式存在着,发展的必然性通过一种自发的、盲目的活动为自己开辟道路,而社会历史过程的主体是人,人们总是按照自己设定的目标从事社会活动的,任何历史规律的实现都离不开人的有意识、有目的的活动,正如马克思所说,"历史不过是追求着自己目的的人的活动而已"②。

从发展规律的形成机制看,自然运动是自然界各种因素自发、盲目的交互作用的结果,而社会发展则是有意识、有目的的人的实践活动的结果;自然运动规律形成于自然界诸因素盲目的交互作用过程,而社会发展规律,即历史规律,形成于人的有目的的实践过程。实践不仅包含着人与自然之间的物质变换,而且包含着人与人之间的活动互换,以及人与自然之间物质和观念的转换,即通常所说的"物质变精神,精神变物质"。"物质变换"是人的活动和自然运动共同具有的,自然事物的相互作用过程就是物质变换过程,而"活动互换"以及物质和观念的转换仅仅为人的实践活动所具有。

实践活动包含"物质变换"表明,人的活动也必须遵循物质运动的共同规律;同时,这种"物质变换"又是同"活动互换"以及物质和观念之间的变换交织在一起的,所以,实践活动又体现出新的、为自然运动所不具有的特殊运动规律。这就是体现主体活动特点,包括物质运动在内的人的

---

① 《列宁全集》第 55 卷,第 158 页。
② 《马克思恩格斯全集》第 2 卷,第 118—119 页。

实践活动规律。全部社会生活在本质上是实践的。人的实践活动规律实际上就是社会发展规律。所以,恩格斯认为,历史规律是"人们自己的社会行动的规律"①。

从发展规律的表现形式看,自然规律更多地表现为动力学规律,而历史规律主要表现为统计学规律。动力学规律揭示的事物之间的规律性关系是一种一一对应的确定联系,它指明一种事物的存在必定导致另一种确定事物的发生,同时,在动力学规律作用下,偶然现象可以忽略不计;统计学规律揭示的不是事物之间的一一对应关系,而是一种必然性和多种随机现象之间的规律性关系,对于统计学规律来说,偶然现象不仅不能忽视,相反,正是在对大量的偶然现象的统计中才能发现其中的必然性、规律性。

历史事件的发生大多具有随机性。在社会活动中,事物、现象如果不是"大量"发生,它们之间就表现为一种非确定的联系;如果"大量"发生,它们之间就表现为一种确定的联系。这就像抛掷同一个质量均匀的硬币,出现正面或反面都是偶然的,但在大量抛掷的情况下,出现正面和反面的概率大体上是 1/2,体现出一种规律性。正因为自然规律更多地表现为动力学规律,历史规律主要表现为统计学规律,所以,自然科学可以准确地预见自然事件的发生,而社会科学只能预见社会发展的趋势,很难准确地预见历史事件的发生。

从发展规律起作用的方式看,自然规律发生作用的条件是在自然因素盲目的相互作用的过程中自发形成的,自然规律也是通过这种盲目的相互作用实现出来的,而历史规律得以存在并发生作用的条件则是有目的、有意识的社会活动,它只有通过人的有目的、有意识的活动才能实现出来。离开了人的实践活动以及个体之间的相互作用,历史规律就失去了赖以存在的载体和发挥作用的场所。

社会历史过程的自为性并不能否定社会历史过程的客观性,二者的

---

① 《马克思恩格斯选集》第 3 卷,第 634 页。

关系并非如同冰炭,难以相容。相反,它们是同一过程的两个方面。恩格斯指出:"历史是这样创造的:最终的结果总是从许多单个的意志的相互冲突中产生出来的,而其中每一个意志,又是由于许多特殊的生活条件,才成为它所成为的那样。这样就有无数互相交错的力量,有无数个力的平行四边形,由此就产生出一个合力,即历史结果,而这个结果又可以看作一个作为整体的、不自觉地和不自主地起着作用的力量的产物。因为任何一个人的愿望都会受到任何另一个人的妨碍,而最后出现的结果就是谁都没有希望过的事物。所以到目前为止的历史总是像一种自然过程一样地进行。"①个人愿望、个人行动的冲突之所以构成社会历史过程的"合力",使社会历史过程具有与自然历史过程的"相似"性,使社会发展呈现出客观性,是因为他人活动制约某人活动,他人活动就是制约某人活动的客观条件;前人活动制约后人活动,前人活动就是制约后人活动的客观条件;他人活动在某人活动之外,前人活动在后人活动之前,因而它们都具有非选择性,即不以某人、后人的主观意志为转移。他人活动对某人活动的制约就是生产关系对个人活动的制约,前人活动对后人活动的制约就是作为人们"以往活动产物"的生产力对后人活动的制约;在前人活动中,个人活动又是相互制约的。

　　社会发展客观性的特殊性就在于,它不是存在于人的活动之外,不可能脱离人的有意识、有目的的活动而独立自存,但社会发展的趋势和方向又不以人的意识、目的为转移。这的确是一个自相缠绕的哥德尔式的怪圈。在人类思想史上,只有历史唯物主义才打破了这一怪圈。其秘密就在于,历史唯物主义"把人们当成他们本身历史的剧中的人物和剧作者",从人的实践活动出发来理解社会历史及社会与个人的关系,从而达到了历史研究的"真正的出发点"。②

---

① 《马克思恩格斯选集》第4卷,第697页。
② 《马克思恩格斯选集》第1卷,第147页。

第五章

历史规律的形成与特征

自维科创立历史哲学以来,历史规律或历史必然性问题一直是西方历史哲学关注的中心问题,至今仍然是西方历史哲学争论的焦点;全面而科学地解决历史规律问题是历史唯物主义对人类思想史的巨大贡献,然而,历史唯物主义的历史规律观念在当代又受到种种的曲解、非难和挑战。因此,需要对历史唯物主义的历史规律观念作一新的考察和审视,以深化对历史规律的研究。

一、历史规律的实践性、总体性和重复性

历史不同于自然。自然界所发生的一切都是盲目作用的结果,"在社会历史领域内进行活动的,是具有意识的、经过思虑或凭激情行动的、追求某种目的的人;任何事情的发生都不是没有自觉的意图,没有预期的目的的"①,历史

---

① 《马克思恩格斯选集》第4卷,第247页。

本质上是追求着自己目的的人的活动。但是,历史又离不开自然。"整个所谓世界历史不外是人通过人的劳动而诞生的过程,是自然界对人说来的生成过程。"①离开了人与自然的关系,社会只能建立在虚无之上;把人与自然的关系从历史中排除出去,只能走向唯心主义历史观。正如马克思所说,"把人对自然界的关系从历史中排除出去了,因而造成了自然界和历史之间的对立,因此这种观点只能在历史上看到元首和国家的丰功伟绩,看到宗教的、一般理论的斗争,而且在每次描述某一历史时代的时候,它都不得不赞同这一时代的幻想"②。

从根本上说,历史不过是人的实践活动在时间中的展开。"只要描绘出这个能动的生活过程,历史就不再像那些本身还是抽象的经验论者所认为的那样,是一些僵死事实的搜集,也不再像唯心主义者所认为的那样,是想像的主体的想像活动。"③正是以此为前提,历史唯物主义确立了科学的历史规律观念。

按照马克思的观点,把历史与自然区别开来,同时又把二者联系起来的是人的实践活动。实践首先是人以自身的活动来引起、调整和控制人与自然之间物质变换的过程;在这个过程中,人与人之间必须互换其活动,并结成一定的社会关系;同时,实践活动结束时得到的结果,在这个过程开始时就已经在劳动者的头脑中作为目的以观念的形式存在着,并通过实践活动转化客观实在。这就是说,实践内在地包含着三种转换,即人与自然之间的物质转换、人与人之间的活动转换以及物质与观念的转换。

前一种转换是人的活动和自然运动共同具有的,后两种转换仅仅为人的活动所具有。实践活动包括"物质变换",表明人的活动也必须遵循物质运动的共同规律;其特殊的、并同"物质变换"交织在一起的人与人之间的活动互换和物质与观念的转换,又形成了新的、为其他自然物体所不具有的特殊运动规律。这就是体现主体活动的特点,包括物质运动在内

---

① 《马克思恩格斯全集》第42卷,第131页。
② 《马克思恩格斯全集》第3卷,第44页。
③ 《马克思恩格斯全集》第3卷,第30页。

的人的实践活动规律。社会生活在本质上是实践的,人类历史是人的实践活动在时间中的展开。因此,人的实践活动的规律实际上就是社会发展规律,即历史规律。

历史是人的实践活动在时间中的展开,历史规律或必然性就形成并实现于人的实践活动之中。这里,我们碰到了"自由是对必然的认识"这一命题。对于历史唯物主义来说,"自由是对必然的认识"这一命题绝不意味着,在人们从事某种历史活动之前有一个现成的历史规律可供认识,相反,"对人类生活形式的思索,从而对它的科学分析,总是采取同实际发展相反的道路。这种思索是从事后开始的,就是说,是从发展过程的完成的结果开始的"①。这是因为:

第一,不存在任何一种预成的、纯粹的、永恒不变的历史规律,任何一种具体的历史规律都形成于特定的历史活动和社会形态中;当这种特定的历史活动和社会形态结束时,这种特定的历史规律也就不复存在。

第二,以往的历史传统和既定的历史条件为新一代的历史活动提供了前提,并决定了新一代历史活动的大概方向,但这些历史条件又在新一代的历史活动中不断被改变。正是在这种改变以往条件的活动过程中,决定着新一代命运的新的历史规律才得以形成。

第三,只有当某种历史活动和社会关系达到充分发展、充分展示时,某种历史规律才能全面地形成;只有在此时,人们才能理解、把握这种历史规律。正是在这种意义上,马克思认为,在"从后思索"的过程中抽象出来的历史的一般规律,绝不提供可以适用于各个历史时代的药方或公式,相反,这些抽象离开了现实的历史就没有任何价值。一般地说,历史规律形成于人的实践活动中;具体地说,任何一种具体的历史规律都形成于具体的实践活动中。离开了人的实践活动而独立自存或预成的历史规律只能是"神话",只能是黑格尔的"绝对计划"。

这就是说,历史规律或必然性本质上是一个实践问题。

---

① 《马克思恩格斯全集》第23卷,第92页。

从根本上说,历史规律就是经济必然性对人类历史行程的制约性,生产力与生产关系的矛盾运动决定着历史运行的大概趋势,构成了历史运动的"中轴线"。但是,我们又不能把历史规律等同于经济必然性。在整个历史中,没有一个重大历史事件的起源不能用经济必然性来说明;同时,没有一个重大历史事件不为一定的政治因素和意识形态所引导、所伴同、所追随。历史演变在任何时候都不是在一种经济的平面上进行的。经济必然性既不可能脱离人的实践活动成为独立的实体,也不可能脱离政治、文化等社会要素而纯粹地发生作用。经济必然性本身就具有社会性、历史性,以经济必然性为基础的历史规律因此具有总体性,它是经济、政治、文化等社会要素交互作用的产物。

同时,历史规律同样具有重复性、常规性。只要具备一定条件,某种历史规律会反复发生作用,成为一种常规现象。以此为前提,历史唯物主义提出了"五种社会形态"理论,认为在不同的历史时期、不同的民族那里,可以产生相同的社会形态。但是,历史规律的重复性在表现形式上又不同于自然规律。如前所述,从规律的表现形式看,自然规律更多地表现为动力学规律,历史规律主要表现为统计学规律。在《资本论》中,马克思不仅称赞比利时统计学家凯德勒运用统计平均数的方法来研究社会现象,而且他本人也运用统计学方法揭示了资本主义经济运动的一系列规律,并指出:"规则只能作为没有规则性的盲目起作用的平均数规律来为自己开辟道路。"①马克思在这里所说的"平均数规律",实际上就是统计学规律。

统计学规律揭示的事物之间的规律性关系,是一种必然性与多种随机现象之间的规律性关系。在动力学规律作用下,偶然性可以忽略不计。然而,对于统计学规律来说,偶然性不仅不能忽略不计,相反,正是通过对大量偶然性、随机现象的统计才能发现其中的规律的。历史唯物主义不仅承认经济必然性在政治、文化等社会要素的反作用下会发生某种程度

---

① 《马克思恩格斯全集》第 23 卷,第 120 页。

的"变形",而且认为历史必然性要通过偶然性才能实现。马克思指出:"如果'偶然性'不起任何作用的话,那末世界历史就会带有非常神秘的性质。这些偶然性本身自然纳入总的发展过程中,并且为其他偶然性所补偿。"①

恩格斯认为,"历史事件似乎总的说来同样是由偶然性支配着的。但是,在表面上是偶然性在起作用的地方,这种偶然性始终是受内部的隐蔽着的规律支配的,而问题只是在于发现这些规律"②,而历史唯物主义就是要发现那些作为支配规律在人类社会的历史上起作用的一般运动规律。

历史规律的重复性不等于历史事件的重复性。历史不同于自然,历史事件都是独一无二的,法国大革命、明治维新、戊戌变法等都是非重复性的存在,但由此否定历史必然性确实是不能接受的。戊戌变法是"一",但改良、改革作为历史现象在古今中外并不罕见,是"多";法国大革命是"一",但资产阶级革命作为历史现象在近、现代历史上却重复可见,是"多"⋯⋯这表明,要把历史事件、历史现象和历史规律三个概念加以区分。历史事件是"一",历史现象是"多",在这"多"的背后存在着只要具备一定的条件就会重复起作用的历史规律。

实际上,任何一个历史事件的产生都是必然性和偶然性共同作用的结果,正是其中的偶然性使历史事件各具特色,不可重复,规律重复的只是同类历史事件中共同的本质的东西,不是也不可能是重复其中的偶然因素。实际上,历史规律的重复性正是在一个个不可重复的历史事件中体现出来的。1640年的英国革命、1789年的法国大革命、1911年的中国辛亥革命⋯⋯这一个个不可重复的历史事件的出现,体现的正是资产阶级革命的历史规律。

严格地说,任何事件,包括自然事件都是必然性和偶然性共同作用的结果。自然事件也是不可重复的,自然规律也是在一个个不可重复的自

---

① 《马克思恩格斯全集》第33卷,人民出版社1973年版,第210页。
② 《马克思恩格斯选集》第4卷,第247页。

然事件中体现出来的。"没有两片绝对一样的树叶",讲的正是自然事件的差异性。但是,自然事件的差异性却深藏在自然事件相似性的后面,历史规律的相同性则深藏在历史事件的相异性的后面。因此,在观察自然时,应从事件的相似中看到相异;在研究历史时,应从事件的相异中看到相同,从事件的单一性中透视出规律性。这样,才能走向历史的深处。

按照历史唯物主义的观点,分析经济形式和社会关系,把握历史规律及其重复性、常规性,既不能用显微镜,也不能用化学试剂,二者只能用抽象力来代替。同时,由于把社会关系归结于生产关系,把生产关系归结于生产力——人对自然的关系,历史唯物主义不仅发现了历史规律的重复性、常规性及其秘密,而且能够以"自然科学的精确性"指明"生产的经济条件方面所发生的物质的"变革①。这表明,历史唯物主义也在一定程度上包含着自然科学的实证性。正是在这个意义上,马克思、恩格斯把历史唯物主义称为"真正实证的科学"。"重复性""常规性"和"精确性",是科学之所以成为学的标志。"重复性""常规性"和"精确性"概念的形成,使历史唯物主义成为一门科学,一门成熟的科学。

二、生产力与生产关系的矛盾运动规律

在历史规律体系中,生产力与生产关系的矛盾运动规律,即生产关系一定要适合生产力状况的规律,从根本上决定着社会发展的方向和总体进程,是社会发展的根本规律。

生产力是人以自身的活动来引起、调整和控制人与自然之间物质变换的能力。在与自然进行物质变换的过程中,作为主体的人不仅要付出自身的体力和智力,还要借助于自然力;不仅改变外部自然,也改变着"自身的自然"。这是一个通过人的本质力量对象化而实现的"自然的人化"过程,同时,又是一个自然力被同化于人的体力、自然规律转化为人的智

---

① 《马克思恩格斯选集》第2卷,第33页。

力的过程,二者相互依存、相互制约,形成一种双向运动。正是在这种双向运动中形成了现实的生产力。"一边是人及其劳动,另一边是自然及其物质"①,二者的统一构成了生产力的本质内容,缺少其中任何一个方面,都不能构成现实的生产力。

生产力是在人与自然之间的物质变换过程中形成的物质力量,是"物质生产力";同时,生产力又是个人的劳动能力通过一定的社会结合方式,包括分工、协作等中介环节而形成的社会力量,是"社会生产力"。生产力不是超历史的预成的实体,而是人的实践活动的产物,是人们的实践能力,其本身就体现着人的本质力量,标志着人对自然的能动关系。

为了实现人与自然之间的物质变换,人与人之间必须实现活动互换并结成一定的社会关系,即生产关系。生产关系不是存在于人的实践活动之外的超历史的存在物,而是人们在物质生产活动中必然形成的、不以他们的意志为转移的社会关系。生产力的诸要素只有通过一定的社会形式结合起来,才能成为现实的生产力。生产关系就是生产力诸要素结合的社会形式,是人们物质生产活动以及个体活动借以实现的社会形式,标志着人与人之间的经济关系。

生产力是人们在物质生产活动中形成的、解决人的需要与自然之间矛盾的能力。问题在于,"已经得到满足的第一个需要本身、满足需要的活动和已经获得的为满足需要用的工具又引起新的需要"②。人的需要与自然之间的矛盾是人类社会的永恒的矛盾。正是这个矛盾,作为一种客观的、强制性的力量,推动着生产力处于不断发展之中。换言之,人的需要与自然之间的矛盾构成了生产力不断发展的根本原因。

不断发展的生产力与生产关系处在相互作用、矛盾运动的过程中,这种相互作用是通过分工这个中介实现的。按照马克思的观点,能够成为生产力与生产关系相互作用的中介的,必须具有双重属性,即既有生产力

---

① 《马克思恩格斯全集》第23卷,第209页。
② 《马克思恩格斯全集》第3卷,第32页。

的属性,又有生产关系的属性。分工就具有这种二重属性:就它是生产过程中人与"物"的结合方式来说,它属于生产力范畴;就它是生产过程中人与人的结合方式而言,它又属于生产关系范畴。正是这种二重性,使分工成为生产力与生产关系相互作用的中介。

分工同生产力的基本要素之一——生产工具直接相关,具有生产力的属性。

"生产工具的积聚和分工是彼此不可分割的"[1],即"工具积聚发展了,分工也随之发展,并且反过来也一样"[2]。这就是说,生产工具的性质和发展决定着分工的性质和发展,分工的发展又反过来影响、促进生产工具的发展。"正因为这样,机械方面的每一次重大发展都使分工加剧,而每一次分工的加剧也同样引起机械方面的新发明。"[3]分工就是以一定的生产工具为前提,把统一的生产分解为既相互独立又相互联结的部分,各种不同形式的社会分工不过是物质生产各个不同过程的组合方式。

因此,分工实际上是生产过程中生产者和生产工具的具体结合方式,标志着生产的技术构成。马克思指出:"劳动的组织和划分视其所拥有的工具而各有不同。"[4]同时,分工"造成了社会生产过程的质的划分和量的比例,从而创立了社会劳动的一定组织,这样就同时发展了新的、社会的劳动生产力"[5]。正因为如此,分工构成了生产力的一环,是生产工具水平和生产者水平的综合体现,因而是生产力水平的表现。"一个民族的生产力发展的水平,最明显地表现在该民族分工的发展程度上。"[6]分工又同所有制关系直接相关,具有生产关系的属性。

分工首先是生产过程中人与人的分离,但它同时又是一种人与人的

---

[1]《马克思恩格斯选集》第1卷,第165页。
[2]《马克思恩格斯选集》第1卷,第166页。
[3]《马克思恩格斯选集》第1卷,第166页。
[4]《马克思恩格斯选集》第1卷,第161页。
[5]《马克思恩格斯全集》第23卷,第403页。
[6]《马克思恩格斯全集》第3卷,第24页。

组合,"分工无非是并存劳动"①。分工不仅是生产过程中人与工具的结合方式,而且也是人与人的结合方式。"分工从最初起就包含着劳动条件、劳动工具和材料的分配,因而也包含着积累起来的资本在各个私有者之间的劈分,从而也包含着资本和劳动之间的分裂以及所有制本身的各种不同的形式。"②在《资本论》中,马克思正是以此为理论出发点,通过对平均利润的分析,揭示出各类资本家怎样在对生产资料的占有、支配、使用的结合中,不断达到利润平均化,从而在经济利益上形成一个阶级的。

这就是说,分工是生产的社会组织形式。正是在这个意义上,马克思认为,分工和所有制是"同义语","分工发展的各个不同阶段,同时也就是所有制的各种不同形式。这就是说,分工的每一个阶段还根据个人的与劳动的材料、工具和产品的关系决定他们相互之间的关系"③。显然,分工具有生产关系的属性。

分工的二重属性,使之成为生产力与生产关系相互作用的中介。分工状况以生产工具的性质为前提,本身就体现着生产的技术构成形式,同时,又形成了特定的经济活动方式。特定的分工体现着特定的生产技术构成,同时,又形成着特定的经济活动方式或经济组织形式,而经济活动方式的改变必然引起所有制形式的改变,直至所有制根本性质的变革。例如,资本主义所有制在根本性质未变的前提下,就先后经历了个体所有制、联合所有制和国家所有制几种形式的变化,这些变化都在一定程度和一定时期内适应由特定分工所形成的经济活动方式的要求,并通过生产、分配、交换等环节实现出来。离开了生产和再生产过程,以及由特定分工所形成的经济活动方式,就无法理解资本主义所有制形式的变化。

由此,我们可以看到这样一个相互作用的链条:生产力(生产工具)—生产的技术形式—分工与经济活动方式—所有制关系—生产关系。这一链条展示了生产力与生产关系相互作用的内在机制。生产力对生产

---

① 《马克思恩格斯全集》第 26 卷Ⅲ,第 295 页。
② 《马克思恩格斯全集》第 3 卷,第 74—75 页。
③ 《马克思恩格斯全集》第 3 卷,第 25 页。

关系的决定作用以及生产关系对生产力的反作用,就是通过分工这个中介实现的。这种通过分工而实现的生产力与生产关系的相互作用,形成了生产力与生产关系的矛盾运动,形成了生产关系一定要适合生产力状况的规律。

生产力与生产关系的矛盾运动在不同的时代具有不同的特点。在现代,生产力与生产关系矛盾运动的特征就是,在世界性发展的背景下以具有民族性特点的方式表现出来。

历史越往前追溯,生产力与生产关系矛盾运动的民族性就越突出。在古代,由于交通不便和信息传递的困难,生产力与生产关系的矛盾运动一般都是在民族的狭隘地域内"单另进行"的,其显著特点是,每一种生产方式的形成在各个民族那里都必须"从头开始"。正如马克思所说,"当交往只限于毗邻地区的时候,每一种发明在每一个地方都必须重新开始;一些纯粹偶然的事件,例如蛮族的入侵,甚至是通常的战争,都足以使一个具有发达生产力和有高度需求的国家处于一切都必须从头开始的境地。在历史发展的最初阶段,每天都在重新发明,而且每个地方都是单独进行的"[1]。在民族之间的交往有了一定发展的条件下,原来"单独进行"的各民族的生产方式之间便会产生相互影响、相互作用、相互渗透的关系。例如,日耳曼民族征服罗马帝国之后,被征服民族的较高生产力与征服者原来的生产关系产生交互作用,结果使日耳曼民族越过奴隶制而直接建立了封建制。这里,已经显露出生产力和生产关系矛盾运动的"世界性"的萌芽。

随着"世界市场""生产的国际关系"的形成,"过去那种地方的和民族的自给自足和闭关自守状态,被各民族的各方面的互相往来和各方面的互相依赖所代替了"[2]。由此,以往"自然形成"的各国的孤立状态被消除,世界形成一个统一的整体,历史向世界历史转变。随着世界历史的形

---

[1]《马克思恩格斯全集》第3卷,第61页。
[2]《马克思恩格斯选集》第1卷,第276页。

成,原来"单另进行"的生产力与生产关系的矛盾运动便真正越出了民族的疆域,进入了世界"运动场",具有了世界性,即进入全面相互影响、相互作用、相互渗透的历史阶段。

生产力与生产关系矛盾运动的世界性以其民族性为基础,但它又不是民族性的简单叠加。作为一种整合值,它具有相对独立性,并能够使民族性在某种程度上发生"变形"。一切历史冲突都根源于生产力与生产关系的矛盾,但是,"对于某一国家内冲突的发生来说,完全没有必要等这种矛盾在这个国家本身中发展到极端的地步。由于同工业比较发达的国家进行广泛的国际交往所引起的竞争,就足以使工业比较不发达的国家内产生类似的矛盾"①。正是在"类似的矛盾"的推动下,在发达国家的"历史启示"下,较为落后的民族或较不发达的国家可以缩短自身矛盾的解决过程,以跨越式的发展走向世界先进行列。换言之,某些民族或国家跨越一定的社会形态而走向更高级的社会形态,其本身就是生产力与生产关系矛盾运动的民族性和世界性相互作用的结果,是生产关系一定要适合生产力状况的规律的体现。

三、社会主义代替资本主义的历史必然性

社会发展有其内在规律,不以任何人的意志为转移。从历史上看,尽管每一代封建君主都被教导如何进行统治,被告诫"水能载舟,亦能覆舟",甚至有专门编撰的《资治通鉴》之类的书专供他们阅读,以希图封建王朝万世一系,可历史上照样发生农民起义,照样发生改朝换代,照样发生资产阶级革命。"随着新生产力的获得,人们改变自己的生产方式,随着生产方式即谋生的方式的改变,人们也就会改变自己的一切社会关系。手推磨产生的是封建主的社会,蒸汽磨产生的是工业资本家的社会。"②这

---

① 《马克思恩格斯全集》第3卷,第83页。
② 《马克思恩格斯选集》第1卷,第142页。

表明,某种社会形态的盛衰兴亡是一个规律性的现象。从封建社会的灭亡中产生出来的资本主义社会本身就是生产方式一系列变革的产物,具有历史必然性,所以,"资产阶级在历史上曾经起过非常革命的作用"①。但是,任何一种社会形态都不可能永恒存在,如同希图万世一系的封建王朝最终走向崩溃一样,在历史中产生的资本主义社会也必然历史地走向灭亡,为新的社会形态所代替。社会主义代替资本主义的必然性就根植于历史过程本身,根植于资本主义生产方式内在矛盾的本性之中。

资本主义生产方式的内在矛盾就是生产社会化与生产资料资本家私人占有制之间的矛盾。这一矛盾实际上是生产力与生产关系的矛盾在资本主义社会的特殊表现形式,它构成了资本主义社会一切矛盾中的基本矛盾,并造就了资本主义社会的基本经济规律,即剩余价值规律。"资产阶级生存和统治的根本条件,是财富在私人手里的积累,是资本的形成和增殖"②,而资本形成和增殖的过程实际上就是剩余价值的不断生产和实现的过程。对剩余价值无止境的追逐正是资本的本性。

因此,对剩余价值的追逐和贪婪构成了资本家——"人格化"的资本不断扩大再生产,无限发展生产力的内在动力。"劳动生产力的发展——首先是剩余劳动的创造——是资本的价值增加或资本的价值增殖的必要条件。因此,资本作为无限制地追求发财致富的欲望,力图无限制地提高劳动生产力并且使之成为现实。"③反过来说,在资本主义社会,发展生产力要受到资本的价值增殖这个规定性的限制。

具体地说,资本的价值增殖或剩余价值的实现依赖于生产过程向流通过程的转化,而资本离开生产过程重新进入流通过程时,立即就受到两种限制:

一是资本作为生产出来的产品受到现有消费量或消费能力的限制。资本的生产和积累本质上就是资本主义生产关系的生产和再生产,它必

---

① 《马克思恩格斯选集》第1卷,第274页。
② 《马克思恩格斯选集》第1卷,第284页。
③ 《马克思恩格斯全集》第46卷上,第306页。

然造成两极对立,即一边是为数较少的人不断积累财富,一边是为数众多的人不断陷入贫困;一边是工业比较发达的国家越来越发达,一边是工业比较不发达的国家越来越难以摆脱贫穷的状态。这就造成了极其有限的消费能力,造成了生产能力和消费能力之间的巨大反差,以及资产阶级与无产阶级、发达国家与发展中国家之间的深刻对立。

二是作为新的价值,资本生产出来的产品受到现有等价物的量的限制,首先是货币量的限制。剩余价值的实现需要"剩余等价物",正如产品作为使用价值受到的限制是他人的消费,产品作为价值受到的限制是他人的生产。由于资本主义的生产都是以追求剩余价值为目的的生产,表现为个别企业生产的组织性和整个社会生产、世界市场弱组织性的对立,因而在交换总体上,就没有实现所有剩余价值的等价物,这就必然导致使用价值的生产受交换价值的限制。所以,马克思指出,资本首先受到"货币量的限制","剩余等价物现在表现为[对于资本的]第二个限制"。① 从根本上说,这两个限制就是资本对生产力无限发展趋势的限制,而资本总是力图在不断发展生产力和不断变革生产关系的过程中突破这些限制。"资产阶级除非对生产工具,从而对生产关系,从而对全部社会关系不断地进行革命,否则就不能生存下去。"② 问题在于,这每一次"创造性破坏"都使资本陷入一次比一次更大的危机之中。资产阶级不理解或者说忘记了,无论是消费量的限制,还是"剩余等价物"的限制,归根到底是资本主义私有制对生产力无限发展趋势的限制,这是资产阶级无法突破也不愿意突破的"大限"。因此,资本主义的发展总是伴随着经济危机。

以1825年的经济危机为开端,尔后反复出现的周期性经济危机及其所造成的社会危机使资产阶级意识到,不变革生产关系、社会关系,不改变经济运行机制,不建立反危机和预防经济危机的社会机制,就不能生存下去。资本主义由此进入到国家垄断资本主义阶段,其特征在于,国家对

---

① 《马克思恩格斯全集》第46卷上,第388页。
② 《马克思恩格斯选集》第1卷,第275页。

经济活动进行干预与控制,国家干预与私有企业并存,垄断与竞争并存,生产资料占有方式出现某种社会化趋势,资本主义生产的计划性有所增强。恩格斯提出:"由股份公司经营的资本主义生产,已经不再是私人生产,而是由许多人联合负责的生产。如果我们从股份公司进而来看那支配着和垄断着整个工业生产的托拉斯,那么,那里不仅没有了私人生产,而且也没有了无计划性。"[1]问题在于,在资本主义社会,不管国家对经济是采取自由放任形式,还是采取计划干预形式,其基础都是私有企业制度,政府的经济活动主要是在私有企业活动的基础上安排的,国家干预经济是为了私有企业的经营活动能够在全社会范围内正常进行,是为了资本积累能够得到可靠的保证。无论采取什么样的垄断形式,资本主义都不可能改变资本对剩余价值的贪婪的本性,都不可能消除生产资料资本家私人占有制及其对生产力无限发展趋势的限制。正如马克思所说,"资本主义生产的真正限制是资本自身"[2]。当然,发达资本主义国家可以通过从发展中国家获得的高额利润来缓和社会矛盾,可以通过各种社会保障政策调节阶级关系,可以通过"体制改良和改善缓解""制度危机",并获得某种"延缓衰老之术"。但是,这种"缓解""调节"和"延缓"仍是在资本主义私有制的历史框架中进行的,仍受到"资本本身的限制",因而也就不可能根本消除资本主义生产方式的内在矛盾及其所造成的经济危机。20世纪70年代的石油危机,80年代的滞胀危机、结构危机,90年代的金融危机以及21世纪初的全球金融危机等一系列危机,一方面说明资本主义经济危机采取了新的表现形式,另一方面又体现出资本主义生产方式的内在矛盾在不断积累和加深。

这表明,社会主义代替资本主义的必然性理论是以资本主义生产方式的内在矛盾为客观依据的。当代西方著名学者海尔布隆纳公正地指出:"马克思对资本主义运动规律的分析指向的是惊天动地的变革","只

---

[1]《马克思恩格斯选集》第4卷,第408页。
[2]《马克思恩格斯全集》第25卷,第278页。

要资本主义存在,我认为我们就不能宣称他对这一制度内在性质的认定是错误的"。① 社会主义取代资本主义是一个相当长的历史过程,仅仅根据一定地区、一定时间内的资本主义状况而否定这种历史必然性,不是"近视",就是偏见。

四、社会主义必然代替资本主义的历史进程

随着社会关系、阶级矛盾的历史变化,社会主义必然代替资本主义的实现形式也在转换。随着西方资本主义生产方式内在矛盾对东方国家的冲击、渗透和影响,随着东方国家社会矛盾的激化,社会主义必然代替资本主义首先在东方国家开始了其实现的历史进程。造成这一历史"倒转"现象的根源仍是资本主义生产方式本身,是西方资本主义生产方式的内在矛盾对东方国家冲击、渗透和影响的结果。

资本主义生产方式首先是在西方国家开始它的历史进程的,但随着世界历史的形成,资本主义生产方式便以整个世界为舞台进一步展开其矛盾运动,并在这个过程中冲击、影响、渗透到东方国家。这里所说的"世界历史",不是通常的、历史学意义上的世界史,而是各民族、国家进入全面相互影响、相互制约、相互渗透、相互依存,使世界整体化以来的历史。世界历史在20世纪已是一个可经验到的事实了,但它却形成于19世纪。马克思以惊人的洞察力注意到这一历史趋势,并认为资产阶级通过大工业和开拓世界市场"首次开创了世界历史,因为它使每个文明国家以及这些国家中的每一个人的需要的满足都依赖于整个世界,因为它消灭了以往自然形成的各国的孤立状态"②。也正因为如此,它使"过去那种地方的和民族的自给自足和闭关自守状态,被各民族的各方面的互相往来和

---

① [美]海尔布隆纳:《马克思主义:赞成与反对》,马林梅译,东方出版社2016年版,第100、65页。
② 《马克思恩格斯全集》第3卷,第68页。

各方面的互相依赖所代替了"①。

世界历史形成之后,各民族、国家的相互作用表现在各个方面。其中,最重要的是,生产力与生产关系的矛盾运动越出了在各个民族或国家那里单独进行的境地,而成为民族性和世界性的辩证统一。所谓生产力与生产关系矛盾运动的民族性是指,生产方式的矛盾运动在不同民族或国家内具有不同的性质、结构和运行机制;生产力与生产关系矛盾运动的世界性是指,随着世界历史的形成,各民族或国家的生产方式矛盾运动便越出其狭隘地域,在世界的宏大背景中进行相互作用、相互制约、相互影响的整体运动。

在这样一个整体运动中,生产力与生产关系矛盾运动的民族性便会在某种程度上发生"变形",某些落后民族或国家内的生产力与生产关系的矛盾便会较快地达到激化状态,并产生同发达国家"类似的矛盾"。一切历史冲突都根源于生产力与生产关系的矛盾,但是,"对于某一国家内冲突的发生来说,完全没有必要等这种矛盾在这个国家本身中发展到极端的地步。由于同工业比较发达的国家进行广泛的国际交往所引起的竞争,就足以使工业比较不发达的国家内产生类似的矛盾"②。正是以此为依据,马克思提出了跨越资本主义"卡夫丁峡谷"的设想。社会主义代替资本主义的必然性之所以能够在俄国、中国等东方国家首先实现,其根源和秘密也正在于此。

在研究历史时,有的人总是不顾及历史的必然性而沉湎于"如果……就……"的假言判断中。在他们看来,如果"十月革命"失败了,俄国历史就会改写;如果戊戌变法成功了,中国历史就会改写;如果中国在20世纪50年代选择了资本主义,今天就如何如何……然而,历史发展有其内在规律,它并不以"如果……就……"的公式为转移。实际上,对于历史研究来说,"如果……就……"的判断是永远不能被验证的,因而是没有科学意

---

① 《马克思恩格斯选集》第1卷,第276页。
② 《马克思恩格斯全集》第3卷,第83页。

的。沉湎在这种研究方式中,我们得到的就不是真实的历史,而是虚幻的历史。这绝不是误认风车为妖魔的堂吉诃德式的战斗,而是实实在在的两种历史观,即唯心主义历史观与唯物主义历史观的对立。

社会主义革命在东方国家的首先实现,标志着社会主义代替资本主义的必然性开始由一种历史趋势转变为社会现实。然而,这只是起点,而不是终点。资本主义生产方式本质上"具有国际的性质",因而它将有世界性的活动场所。这就是说,社会主义代替资本主义的必然性可以首先在某一国家单独实现,但它的全面实现,即社会主义最终战胜资本主义却是世界性的,是一个长期的世界历史的发展过程。

马克思指出:"资产阶级社会的真实任务是建立世界市场(至少是一个轮廓)和以这种市场为基础的生产。"[1]的确如此,生产的商品化以及对剩余价值的无限追逐,驱使资产阶级奔走于全球各地,力图建立世界市场;大工业的建立,交通工具的发达,对印度和中国的入侵以及美洲、非洲的殖民化等,使世界市场以及"生产的国际关系"得以形成。"资产阶级,由于开拓了世界市场,使一切国家的生产和消费都成为世界性的了。"[2]正是在开拓世界市场的过程中,资产阶级力图使一切民族都"采用资产阶级的生产方式",同时又用暴力迫使"未开化和半开化的国家从属于文明的国家,使农民的民族从属于资产阶级的民族,使东方从属于西方"[3],从而创造出一个资本主义的世界体系。从本质上说,资本主义世界体系的形成和发展的过程就是世界资本主义的资本积累过程,而资本原始积累只是资本积累的开端。如同资本的原始积累一样,资本的世界积累同样是"用血和火的文字载入人类编年史的"。

从结构上看,资本主义世界体系是一个"中心—卫星"式的体系,即西方国家是"中心"国,东方国家是"卫星"国。恩格斯曾形象地指出:"英国是农业世界的大工业中心,是工业太阳,日益增多的生产谷物和棉花的卫

---

[1] 《马克思恩格斯全集》第29卷,人民出版社1972年版,第348页。
[2] 《马克思恩格斯选集》第1卷,第276页。
[3] 《马克思恩格斯选集》第1卷,第277页。

星都围着它运转。"①在这样一个"中心—卫星"式的资本主义世界体系中,西方国家通过种种手段,包括在东方国家直接投资,利用其廉价劳动力资源;债务盘剥,造成工业较不发达国家的债务危机;依靠其先进的科学技术和雄厚的经济实力,构成国际贸易中的双向垄断,即卖方垄断(垄断高价)和买方垄断(垄断低价),形成国际贸易中长期超越价值规律作用的不平等交换等,残酷地剥削、掠夺东方国家。

在这个过程中,资本流遍全球,利润流向西方。西方国家的资产阶级通过双重剥削——不仅剥削本国的工人,而且剥削东方国家的工人——得到双重好处,即既能在国外获得较高的利润率,又能在国内维持较高的剩余价值率。结果,一边是西方国家财富的不断积累,一边是东方国家贫困的不断加剧。资本主义没有也不可能消除阶级对立、贫富差距。相反,资产阶级在西方国家内剥削工人阶级的同时,又在世界范围内剥削工人阶级,并掠夺"农民的民族";在西方国家内不断制造贫富差距的同时,又在世界范围内不断制造贫富差距,并且日益拉大这个差距;不仅没有消除东方国家本来意义上的落后状态,反而使经济本来就落后的东方国家处于一种畸形发展的状态,并使东方国家处于严重的社会危机状态。正如马克思所说,西方资产阶级在东方国家所做的一切,"既不会使人民群众得到解放,也不会根本改善他们的社会状况",相反,它"在亚洲式专制的基础上建立起来的欧洲式专制……比萨尔赛达庙里任何狰狞的神像都更为可怕",它使东方国家"个人和整个民族遭受流血与污秽、蒙受苦难与屈辱"。②

这就是说,西方资本主义国家的发达是以东方非资本主义国家的不发达为代价的,或者说,东方非资本主义国家的"不发达"是由于在资本主义世界体系中被发达国家的剥削、掠夺和控制所造成的一种扭曲的发展形式。"不发达并不是由孤立于世界历史主流之外的那些地区中古

---

① 《马克思恩格斯选集》第4卷,第425页。
② 《马克思恩格斯选集》第1卷,第771、761、771页。

老体制的存在和缺乏资本的原因造成的。恰恰相反,不论过去或现在,造成不发达状态的正是造成经济发达(资本主义本身的发展)的同一历史进程。"①一句话,资本主义世界体系造成了发达和不发达这两种对立的状态。

这种发达与不发达的对立是同无产阶级与资产阶级两个阶级、社会主义与资本主义两种制度的矛盾交织在一起的。如前所述,西方国家内的资产阶级不仅剥削本国工人阶级,而且剥削东方国家的工人阶级,所以,发达国家与不发达国家之间的矛盾交织着无产阶级与资产阶级的矛盾。同时,东方社会主义国家的产生是资本主义生产方式的内在矛盾对东方国家冲击、渗透和影响的结果,而且东方社会主义国家在经济发展水平上属于不发达国家,所以,发达国家与发展中国家之间的矛盾又交织着资本主义制度与社会主义制度的矛盾。

这就是说,资本主义世界体系的内在矛盾表现为交织在一起的资产阶级与无产阶级、西方国家与东方国家或"农民的民族"与"资产阶级的民族"、资本主义与社会主义的矛盾。从根本上说,这些矛盾的出现并交织在一起正是资本主义生产方式及其内在矛盾世界化的结果。

从人类总体历史看,"无论哪一个社会形态,在它所能容纳的全部生产力发挥出来以前,是决不会灭亡的;而新的更高的生产关系,在它的物质存在条件在旧社会的胎胞里成熟以前,是决不会出现的"②。从现实看,资本主义所能容纳的全部生产力远未发挥穷尽,因而还未发展到它的极限。没有发展到极限并不等于没有极限。生产资料资本家占有制从根本上规定了资本主义发展的极限,而资本主义世界体系的内在矛盾,即资产阶级与无产阶级、西方国家与东方国家、资本主义与社会主义的矛盾规定了资本主义发展的空间。

由于资本本身的生存和发展建立在无限推动生产力发展和无限追逐剩

---

① [德]弗兰克:《不发达的发展》,载[美]威尔伯编:《发达与不发达问题的经济学》,高铦等译,商务印书馆2015年版,第168页。
② 《马克思恩格斯选集》第2卷,第33页。

余价值的矛盾之上,或者说,资本本身就是这一矛盾的生成和展开,所以,一旦生产力发展到一定阶段,一旦资本扩张在世界范围内达到"饱和"状态,资本主义的发展就到了它的极限。资本在空间扩张的极限就是作为一种"世界性的制度"的资本主义灭亡的时间。同时,社会主义要真正成为一种"世界性的制度"也只有在新的世界体系中才能确立。正如马克思所说:"无产阶级只有在世界历史意义上才能存在,就像它的事业——共产主义一般只有作为'世界历史性的'存在才有可能实现一样。"①这就是说,社会主义代替资本主义是一个世界历史进程,其全面实现是世界性的。

资本主义的寿命还有多长,这无法预料。马克思主义者不是算命先生,社会主义代替资本主义必然性的理论揭示的是历史发展的"路线图",而不是历史进程的"时间表"。问题的关键在于,不能把资本主义看成是社会发展的终极形态,变暂时的相对稳定为永恒的绝对形式;不能把社会主义暂时的挫折看成是永久的失败,变运动中的曲折为运动的终结。从人类总体历史进程看,社会主义代替资本主义的历史进程才刚刚开始,社会主义代替资本主义的必然性的实现这一威武雄壮的历史话剧仅仅是拉开序幕。把起点当作终点、序幕当作闭幕,这是历史的错觉。

五、历史规律的决定性与人的活动的选择性

人们一般都承认自然规律,因为人们在自然界中看到的是事物的重复性:日月运行、春去秋来、花开花落、生生死死……然而,人们往往怀疑甚至否定历史规律,因为人们在历史中看到的是事物的单一性:法国大革命、美国独立战争、中国辛亥革命等历史事件,罗伯斯庇尔、林肯、孙中山等历史人物,都是独一无二、不可重复的。可是,就在这种不可重复的单一性的历史事件、历史人物后面却存在着可重复的历史规律。作为历史事件,戊戌变法是"一",但作为历史现象,改良、改革在古今中外的历史上

---

① 《马克思恩格斯全集》第3卷,第40页。

并不罕见;作为历史事件,法国大革命是"一",但作为历史现象,资产阶级革命在近、现代历史上却重复出现;作为历史人物,罗伯斯庇尔、林肯、孙中山是"一",但作为历史现象,时势造英雄却不断重演。这表明,在历史中同样存在着只要具备一定条件就会重复起作用的客观规律。

历史规律的重复性不等于历史事件、历史人物的重复性。历史事件、历史人物的产生是必然性和偶然性共同作用的结果。正是其中的偶然性使历史事件、历史人物各具特色,不可重复。历史规律重复的只是同类历史现象中共同的本质的东西,不是也不可能重复其中的偶然因素。明治维新、戊戌变法、罗斯福新政……这一个个不可重复的历史事件的出现,体现的正是改良、改革的历史规律。1640年的英国革命、1789年法国革命、1911年的中国辛亥革命……这一个个不可重复的历史事件的出现,体现的正是资产阶级革命的历史规律。孙中山、毛泽东、邓小平……这一个个不可重复的历史人物的出现,体现的正是时势造英雄的历史规律。

人是历史的"剧作者"。人们自己创造着自己的历史,物质生产是历史的发源地。历史唯物主义首先把历史规律归结于人们的物质生产活动,认为历史规律不仅实现于人的活动中,而且形成于人的活动中。在这个意义上,历史规律就是人的活动的规律。

人又是历史的"剧中人"。人们不能随心所欲地创造历史,不能自由地选择自己的社会关系,也不能人为地消除历史规律。历史规律的特殊性就在于,它形成于人的活动中,但它一旦形成就不以人的意志为转移,并反过来制约着人的活动,决定着人的活动的大概趋势。"历史的每一阶段都遇到有一定的物质结果、一定数量的生产力总和,人和自然以及人与人之间在历史上形成的关系,都遇到有前一代传给后一代的大量生产力、资金和环境,尽管一方面这些生产力、资金和环境为新的一代所改变,但另一方面,它们也预先规定新的一代的生活条件,使它得到一定的发展和具有特殊的性质。"①

---

① 《马克思恩格斯全集》第3卷,第43页。

历史规律是在人的活动中形成的,但我们又不能把人的活动和在人的活动中形成的历史规律等同起来。人的活动可以符合规律,也可能违背规律。这里,关键是要把握历史规律的形成和实现机制。"历史不过是追求着自己目的的人的活动"①,而不同个人、不同阶级、不同民族又有自己不同的活动目的;这些不同活动的相互冲突构成了社会发展的"合力",历史规律正是在这种"合力"作用中形成的。

具体地说,他人活动制约某人活动,他人活动就是制约某人活动的客观条件;前人活动制约后人活动,前人活动就是制约后人活动的客观条件;他人活动在某人活动之外,前人活动在后人活动之前,因而它们都具有非选择性,即不以某人、后人的主观意志为转移。从根本上说,他人活动对某人活动的制约就是生产关系对个人活动的制约,前人活动对后人活动的制约就是作为人们"以往活动产物"的生产力对后人活动的制约。

"黑人就是黑人。只有在一定的关系下,他才成为奴隶。纺纱机是纺棉花的机器,只有在一定的关系下,它才成为资本。脱离了这种关系,它也就不是资本了。"②马克思的这一论断表明,使黑人成为奴隶的,不是所谓的黑人的本性,而是黑人生活其中的特定的社会关系。决定现实的人及其特征的,就是现实的社会关系。社会关系不是一成不变的。随着生产力的发展,人们就会改变自己的生产关系;随着生产关系的改变,人们就会改变自己的一切社会关系。这就是不以人的意志为转移的社会发展规律,即历史规律。只要我们把社会关系归结于生产关系,把生产关系归结于生产力的发展,就能从根本上把握历史规律,就能发现历史的秘密所在。

如前所述,人类的第一个历史活动,也是每日每时都必须进行的基本活动,就是物质生产活动。生产力就是在人们的物质生产活动中形成的物质力量、社会力量,标志着人类改造自然的实际程度和实际能力;生

---

① 《马克思恩格斯全集》第2卷,第118—119页。
② 《马克思恩格斯选集》第1卷,第344页。

关系就是人们在物质生产活动中形成的经济关系,这种经济关系以生产资料所有制为基础,体现在生产、交换、分配和消费这四个环节中。生产关系直接决定着人们之间的政治关系和思想关系,或者说,政治关系和思想关系是建立在生产关系这一基础之上的。所以,马克思把作为生产关系总和的经济结构称为经济基础,把人们之间的政治关系和思想关系称为上层建筑。

生产力、生产关系(经济基础)、上层建筑涵盖了社会生活的基本领域,即经济生活、政治生活和精神生活领域,构成了社会的基本结构,即经济结构、政治结构和文化结构;生产力与生产关系、经济基础与上层建筑的矛盾运动又形成了社会发展的基本规律,即生产关系一定要适合生产力状况的规律、上层建筑一定要适合经济基础状况的规律。因此,人们通常把生产力与生产关系、经济基础与上层建筑的矛盾称为社会基本矛盾。

马克思在《〈政治经济学批判〉序言》中对社会基本矛盾及其运动规律,即社会发展的基本规律做了极其精练、准确无误、清澈见底地阐述:"人们在自己生活的社会生产中发生一定的、必然的、不以他们的意志为转移的关系,即同他们的物质生产力的一定发展阶段相适合的生产关系。这些生产关系的总和构成社会的经济结构,即有法律的和政治的上层建筑竖立其上并有一定的社会意识形式与之相适应的现实基础。物质生活的生产方式制约着整个社会生活、政治生活和精神生活的过程。不是人们的意识决定人们的存在,相反,是人们的社会存在决定人们的意识。社会的物质生产力发展到一定阶段,便同它们一直在其中运动的现存生产关系或财产关系(这只是生产关系的法律用语)发生矛盾。于是这些关系便由生产力的发展形式变成生产力的桎梏。那时社会革命的时代就到来了。随着经济基础的变更,全部庞大的上层建筑也或慢或快地发生变革"①。

可以看出,社会基本矛盾是一个由生产力、生产关系(经济基础)和上

---

① 《马克思恩格斯选集》第2卷,第32—33页。

层建筑若干要素或子系统结合而成的特定系统。在这个特定的系统中，不仅生产力与生产关系、经济基础与上层建筑相互作用，而且生产力与上层建筑也相互作用；不仅生产力与生产关系形成一个新的子系统与上层建筑发生相互作用，而且生产力与上层建筑也形成一个新的子系统与生产关系发生相互作用，如此等等。生产力、生产关系和上层建筑之间关系并不是一种生产力→生产关系→上层建筑的线性因果链，而是一种立体的因果网络。正是这种非线性函数的因果网络形成系统的整合质。无论是生产力的决定作用，还是生产关系的反作用，无论是经济基础的决定作用，还是上层建筑的反作用，都只有通过这种网络联系，并协调于整体行为中，才能实现。因此，对社会基本矛盾，我们应该具有一个整体观念。

就具体民族历史而言，社会发展并不是严格地按照原始社会、奴隶社会、封建社会、资本主义社会、社会主义社会这五种社会形态的序列演进的。这里，人的活动的选择性表现出重要作用。具体地说，当一个民族的历史处在转折点时，其内部矛盾与外部矛盾往往交织在一起，相互制约、相互作用、相互影响，从而为该民族的发展提供了多种可能途径。在这多种可能性中，哪一种可能性能够实现，则取决于这个民族的选择，取决于这个民族内部不同阶级或集团的实践力量的对比。历史已经证明，在特定的历史条件下，选择可以使一个民族跨越一定的社会形态，通过不同的道路迈向更高级的社会形态。

但是，社会发展道路的多样性并不是对社会发展总体进程的否定，不能由此认为社会发展如瓶坠地，碎片四溅，没有确定的方向。社会基本矛盾决定着社会的基本面貌，社会发展的基本规律决定着社会形态的演变和更替。就人类总体历史而言，原始社会、奴隶社会、封建社会、资本主义社会和社会主义社会这五种社会形态的确定的依次更替，体现了社会发展的规律性。从人类总体历史看，社会主义制度的建立没有也不可能早于资本主义制度，资本主义社会的产生没有也不可能早于封建社会，封建社会的形成没有也不可能早于奴隶社会，而原始社会是所有民族的"原生的社会形态"。

某一民族通过自己的选择活动可以跨越一定的社会形态,但其跨越的方向同人类总体历史进程是一致的,实际存在的生产力状况规定着跨越的限度,较先进的社会形态对跨越具有导向作用。日耳曼民族跨越了奴隶社会,从原始社会末期直接走向封建社会,是日耳曼民族征服了罗马帝国后适应罗马帝国生产力状况的结果,是"由于被征服国家内遇到的生产力的影响才发展为现在的封建主义的"①。在这个意义上,社会发展是历史规律的决定性与人的活动的选择性的统一。

历史规律的决定性是指,社会活动的每一个结果,以及实际发生的历史事件都有其内在的原因,社会活动中的主要因果关系构成历史规律或必然性,正是在历史规律的制约下,社会发展呈现出一定的轨迹和趋势。

人的活动的选择性是指,具体的历史主体以一定的方式,在特定的可能性空间中有意识、有目的地指向确定对象的活动。当一个民族处在一个转折点时,社会发展往往显示出多种可能的途径。在这多种可能性中,哪一种可能性能够实现,则取决于这个民族的自觉选择,而一个民族之所以做出这种或那种选择,有其特定的原因。

一是取决于民族利益。不管人们是否意识到,其选择活动的思想动机都根植于利益,一切思想、观念、意识和目的,归根到底都反映了一定民族、阶级的利益尤其是物质利益。"人们奋斗所争取的一切,都同他们的利益有关。"②物质利益是推动不同民族进行不同选择的根本动因,规定着这个民族历史选择的方向。

二是取决于交往状况。一个民族的发展根源于这个民族内部的生产力与生产关系的矛盾运动。但是,任何一个民族都直接或间接地处于交往中。交往使一个民族内部的矛盾运动与外部的矛盾运动交织在一起,相互作用、相互影响。正是这种相互作用、相互影响为该民族的发展提供了由多种可能性构成的"可能性空间"。同时,当多种社会形态并存时,先

---

① 《马克思恩格斯全集》第3卷,第83页。
② 《马克思恩格斯全集》第1卷,第82页。

进的社会形态对处在转折点上的民族或国家具有较强的吸引力,并为它提供了"历史的启示"。

三是取决于对历史规律以及本民族特点把握的程度。历史的选择性并不是对历史进程决定性的否定,相反,历史选择的对象只能存在于可能性空间中,而这个可能性空间却是由人们不能自由选择的生产力所决定的。人们的选择活动有着既定的前提并受历史规律的制约。一般说来,一个民族对历史规律以及本民族特点把握的程度,直接制约着其历史选择的内容和方向。

历史规律的决定性与人的活动的选择性使社会发展呈现出统一性和多样性。

从纵向上看,社会发展的统一性就在于,在人类总体历史上,社会发展表现为原始社会—奴隶社会—封建社会—资本主义社会—社会主义社会这五种社会形态的依次更替;在具体民族的历史上,表现为在没有外来的影响、干涉的情况下,民族的历史也将依次经历上述五种社会形态。西欧绝大多数民族走的就是这样一条典型的发展道路,即已经依次经历了原始社会、奴隶社会、封建社会和资本主义社会。社会发展的多样性表现为,不同的民族在特定的历史条件下可以跨越一种甚至几种社会形态,直接走向更高级的社会形态。问题在于,某一民族可以跨越一定的历史阶段,但它的历史运行路线不可能是同人类总体历史进程的方向逆向的,相反,其跨越的方向同人类总体历史进程的方向是一致的。如前所述,现实的生产力状况规定着这种超越的限度,现实存在的先进的社会形态对超越具有导向作用。

从横向上看,社会发展的统一性表现为,同类社会形态在不同的民族或国家中具有共同的本质;社会形态的多样性表现为,同类社会形态在不同的民族或国家中具有特殊的表现形式。例如,任何一个封建社会都是以地主阶级占有生产资料和不完全占有劳动者为基础,其上层建筑都包括世袭制、等级制、天命论、血统论,以及宗教神权与世俗君权的结合,等等。但是,同类封建社会在不同的民族或国家中又有特殊的表现形式,如在经济方面,中国的封建制度主要采取土地国家所有制,西欧的封建制度则主要实行"采邑"制;在意识形态方面,中国的封建社会不像西欧的封建社会那样由宗教统治一切。实际上,每一种社会形态在不同的民族或国家中都有特殊的表现形式。

在人类总体历史上,社会形态的更替体现了人类解决自身矛盾的能力及其创造性;同类社会形态在不同的民族那里具有不同的表现形式,则体现了不同的民族解决其内在矛盾的能力及其独特的创造性。一般说来,不同的民族总是自觉或不自觉地依据本民族特点、历史传统以及"从外部发生作用的历史影响"来设计、创造自己的社会存在形式,从而使同类社会形态在不同的民族或国家中呈现出不同的形式,具有不同的特点。

第六章
价值尺度与历史尺度

当历史唯物主义用生产力与生产关系的矛盾运动来研究社会发展时,即强调历史必然性、确立历史尺度时,并没有否定伦理原则、价值尺度,而是把伦理原则、价值尺度置于历史尺度的基础之上。为了说明这一点,马克思提出了两个相互关联的观点或者评价尺度,即"从纯粹的人的感情上来说"和"从历史观点来看",以此表征价值观与历史观、伦理尺度与历史尺度的统一。历史唯物主义本身就是历史观与价值观的统一,体现着价值尺度的取向和历史尺度的坚守。

一、价值尺度的取向与历史尺度的坚守

研读历史唯物主义的文本可以看出,马克思深切地关注着东方社会所遭受的特殊的悲惨命运,痛斥西方资产阶级对东方社会海盗式的掠夺行为,揭露西方资产阶级的野蛮本性和极端虚伪性:"当我们把目光从资产阶级

文明的故乡转向殖民地的时候,资产阶级文明的极端伪善和它的野蛮本性就赤裸裸地呈现在我们面前,它在故乡还装出一副体面的样子,而在殖民地它就丝毫不加掩饰了。"①西方资产阶级使东方社会的"个人和整个民族遭受流血与污秽、穷苦与屈辱",过着一种"失掉尊严的、停滞的、苟安的生活",处于一种"消极被动的生存"状态中。"从人的感情上来说,亲眼看到这无数辛勤经营的宗法制的祥和无害的社会组织一个个土崩瓦解,被投入苦海,亲眼看到它们的每个成员既丧失自己的古老形式的文明又丧失祖传的谋生手段,是会感到难过的。"②

对东方社会来说,被强行纳入到资本主义世界体系不啻是一场灾难,而且这场灾难同过去所遭受的所有灾难相比,"在本质上属于另一种,在程度上也不知道要深重多少倍",具有一种"特殊的悲惨的色彩"。处在资本主义世界体系中的东方社会,如同19世纪之前的德国那样,"不仅苦于资本主义生产的发展,而且苦于资本主义生产的不发展"③。"除了现代的灾难而外",压迫东方社会的还有"许多遗留下来的灾难,这些灾难的产生,是由于古老的、陈旧的生产方式以及伴随着它们的过时的社会关系和政治关系还在苟延残喘"④。

马克思在探讨东方社会发展道路时无疑抱持着深切的人文关怀、价值取向。当马克思提出跨越资本主义"卡夫丁峡谷"的设想时,其出发点之一,就是想使俄国的未来发展避免资本主义制度所造成的"波折""痛苦"和"危机",避免"对抗""冲突"和"灾难",尽量减少社会发展的代价,同时,"吸取资本主义制度所取得的一切肯定成果"。如果俄国公社"在现在的形式下事先被引导到正常状态,那它就能直接变成现代社会所趋向的那种经济体系的出发点,不必自杀就能获得新的生命"⑤。

但是,马克思清醒地意识到西方资本主义社会在当时属于先进的社

---

① 《马克思恩格斯选集》第1卷,第772页。
② 《马克思恩格斯选集》第1卷,第765页。
③ 《马克思恩格斯全集》第23卷,第8页。
④ 《马克思恩格斯全集》第23卷,第11页。
⑤ 《马克思恩格斯全集》第19卷,第451页。

会形态,东方社会则是落后的社会形态,并明确指出:"我们不应该忘记,这些田园风味的农村公社不管看起来怎样祥和无害,却始终是东方专制制度的牢固基础,它们使人的头脑局限在极小的范围内,成为迷信的驯服工具,成为传统规则的奴隶,表现不出任何伟大的作为和历史首创精神","它们使人屈服于外界环境,而不是把人提高为环境的主宰;它们把自动发展的社会状态变成了一成不变的自然命运"。① 因此,"道德义愤"只是马克思"从人的感情上"来说的,只是马克思看待西方资产阶级侵略东方社会的一个视角。换言之,在历史唯物主义中,价值尺度只是一个视角,另一个视角仍然是"历史观点"。

生产力是社会发展的最终决定力量,集中体现着社会发展,是社会进步的最高尺度。存在于某种生产关系、社会形态中的生产力如果能以其应有的速度向前发展,就表明这种生产关系、社会形态存在的必要性、可能性和价值,换言之,只要这种生产关系、社会形态能够容纳生产力继续以其应有的速度向前发展,它就能继续存在和发展。在此,任何道德的愤恨都无济于事。道德尺度应该也必须服从历史尺度。所以,在研究东方社会的过程中,马克思多次提出"从纯粹的经济观点来看""从历史观点来看"东方社会问题,始终坚守历史尺度,并以此为基础评价东方社会的历史与现实,以及西方资产阶级对东方社会的侵略行为。

按照马克思的观点,西方资产阶级是在"极卑鄙的利益驱使"下入侵东方社会的,在主观上绝不是要使东方社会资本主义化,而是要使东方社会殖民化。但是,在这种殖民化的过程中,西方资产阶级给东方社会"带来""导入"了新式工业,打破了东方社会的自然经济结构,在客观上造就了有利于东方社会发展工业文明的条件,客观上"在亚洲造成了一场最大的,老实说也是亚洲历来仅有的一次社会革命",从而"充当了历史的不自觉的工具"。"问题在于,如果亚洲的社会状态没有一个根本的革命,人类能不能实现自己的命运?如果不能,那么,英国不管干了多少罪行,它造

---

① 《马克思恩格斯选集》第1卷,第765、766页。

成这个革命毕竟是充当了历史的不自觉的工具。"①正是在这个意义上,马克思指出:"无论一个古老世界崩溃的情景对我们个人的感情来说是怎样难过,但是从历史观点来看,我们有权同歌德一起高唱:'我们何必因这痛苦而伤心,既然它带给我们更多欢乐?难道不是有千千万万生灵/曾经被帖木儿的统治吞没?'。"②

正是从历史观点出发,东方社会的"崩溃",没有使马克思感到惋惜;对古老帝国的"死去",马克思的态度极为冷峻。按照马克思的观点,在东方社会与西方社会的冲突中,东方社会"激于道义","维护道德原则",西方社会"以发财的原则与之对抗",以"获得贱买贵卖的特权",结果,却是东方社会的"崩溃",古老的帝国"在这样一场殊死的决斗中死去"。这就是说,伦理原则或价值尺度与历史尺度在这里处于对立和离奇的冲突之中,社会进步以民族灾难为代价,古老的东方社会以其惨痛的代价换取了某种历史进步。"这的确是一种悲剧,甚至诗人的幻想也永远不敢创造出这种离奇的悲剧题材。"③

在我看来,悲剧不仅是一个美学范畴,一种戏剧艺术形式,而且是一种历史观,是对历史上的个人、民族的一种评价尺度。凡属品德超群而又不容于世,终以身殉或终归失败的,都是悲剧性人物或民族。马克思用"悲剧"这一范畴显示了东方社会在与西方社会进行"殊死决斗"的过程中难以避免的失败及其客观原因,从而说明伦理原则、价值尺度必须以历史尺度为基础。历史唯物主义的确具有价值尺度的取向,但它的理论基础是历史尺度,即建立在历史规律的基础之上。

"英国在印度要完成双重的使命:一个是破坏性的使命,即消灭旧的亚洲式的社会;另一个是重建的使命,即在亚洲为西方式的社会奠定物质基础。"④但是,马克思同时认为,这"双重的使命"都是不自觉的,西方资

---

① 《马克思恩格斯选集》第1卷,第766页。
② 《马克思恩格斯选集》第1卷,第766页。
③ 《马克思恩格斯全集》第12卷,人民出版社1962年版,第587页。
④ 《马克思恩格斯选集》第1卷,第768页。

产阶级主观上并没有任何重新改建东方社会的意思,西方资产阶级在东方社会所实行的一切,既不会给东方人民带来自由,也不会根本改善他们的社会状况,"因为这两者不仅仅决定于生产力的发展,而且还决定于生产力是否归人民所有"①。从本质上看,"生产力是否归人民所有"就是所有制问题,而"现存的所有制关系是一些国家剥削另一些国家的条件"②。正因为如此,马克思希望东方社会"有一个根本的革命",并且认为,"资产阶级历史时期负有为新世界创造物质基础的使命:一方面要造成以全人类互相依赖为基础的普遍交往,以及进行这种交往的工具,另一方面要发展人的生产力,把物质生产变成对自然力的科学统治。资产阶级的工业和商业正为新世界创造这些物质条件,正像地质变革创造了地球表层一样。只有在伟大的社会革命支配了资产阶级时代的成果,支配了世界市场和现代生产力,并且使这一切都服从于最先进的民族的共同监督的时候,人类的进步才会不再像可怕的异教神怪那样,只有用被杀害者的头颅做酒杯才能喝下甜美的酒浆"③。无疑,这是一种历史尺度和价值尺度相统一的方法,它表明,历史唯物主义是历史观和价值观的高度统一,体现着价值尺度的取向和历史尺度的坚守。

二、价值关系:人与物、人与人之间的利益关系

在《1844年经济学哲学手稿》中,马克思提出了三个著名的论断:一是"贩卖矿物的商人只看到矿物的商业价值,而看不到矿物的美和特性";二是"忧心忡忡的穷人甚至对最美丽的景色都没有什么感觉";三是"对于没有音乐感的耳朵说来,最美的音乐也毫无意义,不是对象"④。有的学者以此为依据,认为客体依存于主体,没有主体就没有客体。

---

① 《马克思恩格斯选集》第1卷,第771页。
② 《马克思恩格斯选集》第1卷,第308页。
③ 《马克思恩格斯选集》第1卷,第773页。
④ 《马克思恩格斯全集》第42卷,第126页。

实际上，这是误读，也是误解。这是因为，马克思的上述论断涉及的不是事实判断，即"是什么"，而是价值判断，即"应如何"。音乐，对于有没有音乐素养以及不同素养的人来说，领悟、诠释和评价显然是不一样的。对于没有音乐素养的人来说，音乐没有意义；对于有音乐素养的人来说，有意义；对于职业音乐家和爱乐者来说，意义又不一样，而有没有意义、有什么意义，属于价值范畴。这就是说，马克思的上述论断是关于客体对主体的意义和价值的判断。

从哲学的视角看，所谓价值，就是指主体与客体之间一种特定的关系，即主体与客体之间的意义关系。在实践活动和日常生活中，主体总是根据自己的需要掌握和占有客体，利用客体的属性满足自己的需要。因此，主体与客体之间存在着一种特定的关系，这就是，主体按照自己的需要对客体及其属性进行选择、利用和改造的关系，或者说，是客体属性对主体需要满足的关系。这种特定的关系就是价值关系，也就是人们通常所说的意义关系。某事、某物能够满足主体的需要，就是有意义、有价值的；不能满足主体的需要，就是没有意义、没有价值的。

我们不能仅仅从客体自身的属性来规定价值，认为价值是事物本身所固有的某种东西，与人无关；我们也不能仅仅从人自身出发来规定价值，认为价值就是人的兴趣、欲望、情感的表达，与事物无关。价值不是实体，既不能仅仅归结为客体，也不能仅仅归结为主体。价值是一种关系，一种主体与客体之间的特殊关系，即意义关系。

具体地说，物及其属性是价值关系形成的客体依据，价值离不开客体及其属性，价值总是客体对主体的价值，具有特定属性的事物是价值客体，没有客体，不可能形成价值关系；人及其需要是价值关系形成的主体依据，只有人才是价值的创造者、实现者和享有者，才是价值的主体。客观事物本身并没有好与坏、善与恶、有用与无用、有利与无利、有益与有害之分，好与坏、善与恶、有用与无用、有利与无利、有益与有害，都是相对于人、相对于主体而言的。所谓环境危机实际上是"人的危机"，所谓益虫与害虫、水利与水灾，都是相对于人而言的。

价值关系生成于人对自然的改造过程中。没有人与自然之间的实践关系和认识关系,也就没有价值关系,价值关系就存在于人的实践活动和认识活动之中,并与实践关系和认识关系交织在一起。价值观念的形成既离不开实践活动,也离不开认识活动,价值判断是直接建立在对对象认识的基础上的。这就是说,有了人和人的活动,才产生了自然界原本不具有的价值现象,才形成了物与人之间的价值关系。

客体及其属性是在人的活动中被发现、规定和改造的。人在需要的推动下从事实践活动,把自身之外的存在变成自己活动的对象,变成自己的价值客体。事物能否成为价值客体,不仅依赖于事物自身的属性,而且取决于人的实践水平。正如马克思所说的,"对象如何对他说来成为他的对象,这取决于对象的性质以及与之相适应的本质力量的性质",因为我的对象只能是我的一种本质力量的确证。[①]

同时,主体及其需要也是在人的活动中不断被改造,不断变化发展的。人的需要不是纯粹的动物性的需要,而是"从社会生产和交换中产生的需要",是随着实践活动的发展而不断变化的。"已经得到满足的第一个需要本身、满足需要的活动和已经获得的为满足需要用的工具又引起新的需要"[②]。正是在这个意义上,马克思认为,"人以其需要的无限性和广泛性区别于其他一切动物"[③]。

单纯的生理需要都是有限的,动物是这样,人也是如此。中国有句古话,那就是,日食三餐,夜眠八尺。但实际上,人的需要是无限的。这是因为,人的需要是在物质生产活动中不断被改造,不断变化发展的。生产越发展,需要也就越丰富;生产不仅满足需要,而且生产需要。所以,人的需要日益多样化、广泛化、无限化。

更重要的是,人与人的需要也不是同一的。在阶级社会,剥削者与被剥削者、统治者与被统治者的需要甚至迥然不同。马克思指出,在资本主

---

① 《马克思恩格斯全集》第42卷,第125、126页。
② 《马克思恩格斯全集》第3卷,第32页。
③ 《马克思恩格斯全集》第49卷,人民出版社1982年版,第130页。

义社会,"一方面所发生的需要和满足需要的资料的精致化,在另一方面产生着需要的牲畜般的野蛮化和最彻底的、粗糙的、抽象的简单化"。对于住在地下室的工人来说,光、空气,等等,"都不再成为人的需要了","人不仅失去了人的需要,甚至失去了动物的需要"①。

在马克思看来,问题在于两极分化不仅带来了工人需要的异化,而且导致了人的需要本身也发生了异化,这就是,人的需要分化为人的需要与非人的需要,即正常需要与非正常需要,后者导致奢侈、畸形消费。在资本主义社会,"每个人都千方百计在别人身上唤起某种新的需要,以便迫使他作出新的牺牲,使他处于一种新的依赖地位,诱使他追求新的享受方式"②。这表明,需要的内容和满足,就是利益。从根本上说,为利益而斗争就是为满足需要而斗争。价值关系的核心是利益,价值关系本质上是利益关系。问题在于,尽管人人都有需要,但并不是每个人的需要都能得到满足。需要的内容及其满足方式、满足程度,取决于个人在社会关系中的地位。我们不能仅仅把价值理解为人与物的关系,不能把价值与使用价值混为一谈。如果说使用价值只涉及人与物的自然属性的关系,那么,价值不仅涉及人与物的自然属性的关系,而且涉及人与物的社会属性的关系;不仅体现着人与物的关系,而且体现着人与人的关系。在我看来,大气污染实际上是以"天灾"的形式而表现出来的"人祸",生态危机实际上是"人的危机",它不仅反映着人与自然之间的"紧张"关系,而且体现着人与人之间利益的"紧张"关系。

价值关系本质上是利益关系,是需要与满足的关系。问题在于,尽管每个人都有需要,但并不是每个人的需要都能得到满足。需要的内容及其满足方式、满足程度,不是取决于个人本身,而是取决于个人在社会关系,尤其是生产关系中的地位。所以,"每一个社会的经济关系首先是作为利益表现出来"③。作为利益的主体,可以是个体,可以是集体,也可以

---

① 《马克思恩格斯全集》第42卷,第133、134页。
② 《马克思恩格斯全集》第42卷,第132页。
③ 《马克思恩格斯全集》第18卷,人民出版社1964年版,第307页。

是社会。实际上,任何一个现实的个人必然同时具有三层关系:既是个体,又属于某个集体包括阶级,是集体一员,同时还是社会成员。因此,利益是多层次的,既有个人利益,又有集体利益,还有社会利益,仅仅以个人利益作为价值评价的依据,显然失之片面。

三、价值观:价值关系应然状态的期盼与展示

在现实生活中,人们不断地追求和创造价值,同时,也在不断地认识和评价价值。在这个过程中,人们逐步形成了价值观。价值观就是人们基于生存和发展的需要,对事物的价值的根本看法,是关于如何区分好与坏、善与恶、符合意愿与违背意愿的总体观念,是关于应该做什么和不应该做什么的基本原则。

与世界观、人生观一样,价值观具有广泛性,涉及社会生活的各个领域:在人与自然的关系中,有对实践活动和认识活动成果的评价;在人与社会的关系中,有对社会关系、社会政策和社会制度的评价;在人与自我的关系中,有对自我发展、自我价值和社会价值的评价。如此等等。各种价值评价都有自己独特的标准和原则。

就内容而言,价值观的根本是价值原则。有什么样的价值原则,就会有什么样的价值规范和价值理想,价值原则规定价值观的性质。基督教价值观以上帝为价值原则,并将之作为衡量一切价值大小的标准。个人主义价值观以个人的利益为价值原则,并将之作为其他一切价值的根据。历史唯物主义价值观以个人与社会的辩证统一为价值原则,以人的自由全面发展为最高价值。

价值原则总是渗透在价值规范中。所谓规范,其本意就是规则、标准或尺度,明确规定人应该怎样,不应该怎样。价值规范包括风俗习惯、伦理道德、政治法律等,价值观需要通过价值规范,具体化为在具体情景中如何行动的规范,才能引导人们的活动。有什么样的价值原则,就有什么样的价值规范。

确定的价值原则、价值规范必然导致确定的价值理想。价值理想是人们所追求的、具有现实可能性和合乎自己愿望的目标,它以对未来应然状态的把握和规定为内容,具有强烈的感召力和凝聚力。价值理想和价值信念、价值信仰属于同一序列的范畴。价值信念是关于价值理想的信念,是人们对价值理想抱有深刻信任感的精神状态;价值信仰不仅表示人们对价值理想的认同和确信,而且意味着感情的皈依、真诚的信奉,表现了主体的最高价值追求。价值原则、价值规范、价值理想都是价值观的内容。

价值观与价值关系既有联系又有区别。价值关系是一种客观的社会关系,是人与物、人与人之间的实际的利益关系。利与害、好与坏、得与失等都不是单纯的主体的自我感受,而是实际的利益关系。例如,一个奴隶可以满足自己的奴隶地位,但并不能因此改变奴隶与奴隶主的价值关系,改变奴隶与奴隶制的价值关系。价值观则是在一定的历史条件和文化背景下,不同的人对价值关系的理解和把握。换句话说,价值观念不同于价值关系,价值关系是客观的社会关系,价值观念则是人们对客观的价值关系的观念把握。

价值关系之所以是客观的,关键在于这种关系依存的对象的客观性。比如,水对人的价值是不言而喻的,没有水,人就不可能生存,水资源的危机实际上是"人的危机"。这是因为,水具有满足人的需要的物理、化学特性,如果没有水,人就会以死亡为代价表明人与水之间价值关系的客观性。同时,只有对象的客观属性还不能构成价值关系,人与事物之间要构成价值关系,还必须有人的特定的需要。没有人对水的需要,人与水之间就不可能形成价值关系。没有资本对劳动力的需要,没有工人就业的需要,资本家与工人之间的价值关系同样不能成立。人们的价值观的形成恰恰依赖于对自身需要的把握。

人的需要是价值关系形成的主体依据。人们正是基于意识到的需要对各种价值关系进行判断、反思和整合,才形成了价值观。不同的人有不同的需要和自我意识,从而形成不同的价值观。人的需要的多层次性,决定了价值观的多层次性;人的需要的社会性,决定了价值观的社会性;人的需要的历史性,决定了价值观的历史性。不存在一个抽象的、永恒不变的、适应于任何时代、任何民族、任何阶级的价值观。不同的价值观,体现着不同的民族、阶级、社会集团对价值关系应然状态的期盼与展示。

价值观与价值评价密切相关。所谓评价,就是主体在对客体认识的基础上,把自身需要的内在尺度运用于客体,对主体与客体之间的价值关系进行评判。这种评判反映的是主体需要与客体属性之间的关系,表现为人们对客体能否满足主体的需要所作的肯定或否定的判断。现存事物既是人们认识的对象,又是人们评价的对象。人们通过认识现存事物而真实地面对现实,通过评价现存事物合目的地改变现实,从而不断创造属人的世界。

就属于主体对客体的观念把握而言,价值评价仍然是一种认识活动。但是,价值评价又不同于对客体"是什么"的认识,而是一种特殊的认识。特殊就"特殊"在,它是对某种事物能否满足人们需要的一种认识,是对客体"应当是什么"的认识,其着眼点是主体与客体之间的效用关系。所以,价值评价必须考虑主体的需要和利益,必须把主体的需要和利益作为内在尺度运用于评价的客体。如果说事实性认识追求的是对客体"是什么"或"是怎样"的认识,那么,评价性认识追求的则是对"应该怎样"和"不应该怎样"的认识,表达的是主体肯定或否定什么的价值要求。

这就是说,价值评价必然包含着主体的意向、愿望和要求。用现在时髦的话来说就是,价值评价体现的是主体的"愿景",而且不同主体有不同的"愿景"。任何一个个体、群体的评价方式都受到他们的需要和利益的制约,都受到反映这种需要、利益的立场和观点的制约,因此,价值评价必然具有多元性、多样化。中国有句古话,"人心有杆秤"。面对同一客体,不同的主体从不同的需要和利益、意向和愿望出发,必然会得出不同的价值评价。

我们应当明白,事实与评价不能等同,历史事实与历史评价也不能等同。事实属于客观进程,评价属于关于事实价值的主体判断;事实属于

"彼时彼地",评价属于"此时此地"。从来不存在一个没有立场和观点的价值评价,价值评价总是依据评价者的立场和观点的不同而不同,包括对历史事件、历史人物及其意义的评价。所有的历史学家都宣称自己是客观的、公正的,尤其是那些所谓的纯粹学者更是如此。除非是御用的历史学家,有意歪曲历史的历史学家是极少的。但是,这并不能保证对历史事件、历史人物的评价都是客观的、公正的。

对同一历史事件、历史人物的价值评价出现多样化甚至矛盾,的确有不同主体的学术水平问题,但在我看来,更多的是学术水平背后的利益问题。价值评价的主体总是自觉不自觉地代表着某种利益。"人们奋斗所争取的一切,都同他们的利益有关。"[①]"这种利益是如此强大有力,以至顺利地征服了马拉的笔、恐怖党的断头台、拿破仑的剑,以及教会的十字架和波旁王朝的纯血统。"[②]在历史研究以至整个社会科学研究中,现实的利益关系以及政治立场,犹如一只"看不见的手"牵引着研究的方向,从而使不同的主体对同一个历史事件、历史人物形成了不同的评价。例如,对秦皇汉武、唐宗宋祖、成吉思汗,毛泽东的评价显然不同于其他人的评价。在毛泽东看来,"惜秦皇汉武,略输文采。唐宗宋祖,稍逊风骚。一代天骄,成吉思汗,只识弯弓射大雕。"这是以词的形式评价历史人物。

实际上,只叙述而不解释的历史学是不存在的,只摆事实而不讲道理的"历史学"不是历史学,而是史料学,可问题在于,纯粹史料的编排也必然渗透着史料编排者的价值观。抛弃价值判断去追求历史的真相,去理解和解释历史事件、历史人物,这是不可能的。历史研究不可能排除价值观,而特定的价值观是传统文化、政治立场、阶级状况、现实利益长期浸润和濡染的结果。历史学家如何评价历史事件、历史人物,形式上是自主的,实际上是被他的价值观决定的。历史人物的实际作用是客观的,但是,对历史人物实际作用的评价并不是都能同客观历史相吻合。这种背

---

① 《马克思恩格斯全集》第1卷,第82页。
② 《马克思恩格斯全集》第2卷,第103页。

离实际上是价值评价的失衡或混乱。

对同一个客体,不同的主体会有不同的价值评价,但这并不是说,所有的价值评价都是合理的。要使价值评价具有合理性,一要正确认识主体的实际需要,二要正确认识客体的实际状况,三要正确认识和把握主体实际需要与客体实际状况的关系。合理的、真正具有价值并富有教育意义的价值评价,必须尊重事实,以事实为基础。任何建立在歪曲事实甚至伪造事实基础上的价值评价,实际上是没有价值的价值评价。在这种价值评价中,历史事实变成了漂浮不定的泡沫。在我看来,历史研究应该追求事实与价值的统一。事实必须求真,理解必须求理,在此基础上,使价值评价趋向合理,使价值评价真正具有价值。

价值观是人们在实际需要的驱动下,在自我意识的引导下,在实践活动的基础上形成的。每一个时代的价值观都是当时的物质生活方式、政治法律制度、观念文化传统等因素濡染、熏陶和塑造的结果。任何一个社会都是一方面通过法律、舆论和教育,有目的、有计划地把主导价值观或核心价值观灌输给每个社会成员;另一方面通过文化传统,将主导价值观或核心价值观在潜移默化中传递给每个社会成员,从而促使他们形成共同的价值观。个人接受社会主导价值观或核心价值观的过程,实际上就是通过自己的实践活动和人生经验对之加以选择和内化的过程。没有这种体会、理解、选择、接受、认同和内化,社会所提供的主导价值观或核心价值观就只能成为外在的规范,而不能成为人们自觉的价值意识。

价值观与日常生活的联系最为密切、最为直接。在日常生活中,人们每时每刻都在选择,都在评价,都在习惯性地按自己的行为标准进行活动;人们对事物这样看,而不是那样看,这样选择,而不是那样选择,实际上都包含着对事物的评价,都体现着这样或那样的价值观。在日常生活中,价值观构成了个人的心理定势。

正因为如此,社会总是通过主导价值观、核心价值观告诉人们能做什么,不能做什么,从而为人们的日常生活提供规则、标准和模式。通过主导价值观、核心价值观,特定的社会不仅为自身提供了价值理想和奋斗目标,引领社会发展方向,而且影响个人的价值取向,引导个体的价值选择和活动方向。所以,每一个社会都要确立自己独特的主导价值观、核心价值观,从而造就一种氛围,形成一种力量,并通过多种渠道使这种价值观转化成为社会成员的个人价值观,形成社会的共同价值观,形成共同的价值追求。

现实的价值观主要决定于不同人的社会地位,这种社会地位同时就是人们在价值关系中的地位。所以,任何一个社会都存在着多种价值观,它们反映了人们多样的生存条件、活动方式和利益关系。这种种不同的价值观之间存在着矛盾和冲突。价值观的冲突表现为个人与个人、个人与群体,以及群体与群体之间的价值观冲突,在效率与公平、自由与平等、利益与道义等一系列重要问题上,不同的民族、阶级、阶层以至个人往往有不同的乃至相反的看法。即使同一个民族、阶级、阶层以至个人在不同领域、不同方面的价值取向上也往往呈现出多变性和矛盾性。

但是,社会地位相同,价值观不一定就相同。同样是处于被剥削地位的工人,有起来反抗雇佣劳动制度的工人,有满足自己雇佣劳动地位的工人,也有赞美雇佣劳动的工人,他们的社会地位相同,但价值观念不一定相同。在阶级社会中,被剥削者接受剥削阶级的价值观念是普遍现象,在这种社会制度下利益受损的人反而赞美这种社会制度的现象也不罕见。之所以如此,是因为价值观与价值关系既有联系又有区别。价值观是人们对事物进行价值判断的尺度,属于主观的思想领域;价值关系是人们之间实际的利益关系,属于客观的社会关系。人们的价值观可能正确地反映了价值关系,也可能歪曲地反映了价值关系,二者并不是绝对一致的。实际上,价值观的形成是包括价值关系、经济关系、传统文化和社会教育积淀在内的复杂过程。

价值观的多样性及其冲突,往往带来价值失序的问题。因此,面对不同价值观之间的冲突,社会需要积极地进行核心价值观、主导价值观、共同价值观的建设。任何社会都有自己的核心价值观。一个存在着多种价值观的社会,必须建设一个同经济基础以及政治制度相适应,并能促成广泛社会共识的核心价值观,从而提供共同的思想道德基础,凝聚社会的意志和力量,引领社会发展的方向。一句话,核心价值观集中体现了特定社会的精神气质,构成了特定社会的精神支柱。

任何社会都要提倡共同的价值观,这个共同的价值观实际上就是统治阶级的价值观。正如马克思所说,"统治阶级的思想在每一时代都是占统治地位的思想。这就是说,一个阶级是社会上占统治地位的物质力量,同时也是在社会上占统治地位的精神力量。支配着物质生产资料的阶级,同时也支配着精神生产的资料,因此,那些没有精神生产资料的人的思想,一般地是受统治阶级支配的。占统治地位的思想不过是占统治地位的物质关系在观念上的表现,不过是表现为思想的占统治地位的物质关系"[1]。处于统治地位的阶级利用自己掌握的教育、舆论、宣传工具,进行日积月累、代代相传的有形和无形的思想灌输,从而使自己的价值观成为社会的主导价值观,并力图使之成为社会的共同价值观。儒家价值观在中国封建社会中长期处于主导地位,就与长期以来封建社会统治者的倡导,与整个封建社会的教育,尤其是与科举制度和官吏任用的标准密不可分。

任何社会都有自己的核心价值观,同时,任何社会的核心价值观体现的都是该社会的本质特征和根本利益。中国封建社会的核心价值观,就是儒家的忠孝仁爱、礼义廉耻。资本主义社会的核心价值观,就是私有财产神圣不可侵犯,以及以此为基础的个人本位。维护资本主义私有制既是资本主义国家机器、资本主义法律体系的核心任务,也是资本主义价值观的核心。社会形态的变化同时也就是核心价值的变化。由资本主义转变为社会主义是社会形态的根本变革,这一变革在价值观上的标志,就是核心价值的变化。

我们应当明白,社会主义社会的核心价值与以往社会的核心价值不存在继承的问题,因为社会主义对资本主义的变革同时也是对资本主义

---

[1] 《马克思恩格斯全集》第3卷,第52页。

以及封建主义核心价值的变革;我们应当注意,培育社会主义核心价值观,不能简单地移用西方资本主义社会、中国封建社会的核心价值观,因为它们不能体现社会主义的本质特征和根本利益。离开了社会主义的本质特征和根本利益,是无法培育社会主义核心价值观的。社会主义核心价值观应当也必须体现社会主义的本质特征和根本利益,应当也必须是社会主义社会价值关系应然状态的期盼与展示。

第七章

意识的发生与认识的本质

历史唯物主义不仅分析了人与自然的关系、人与人的关系,而且分析了人与意识的关系;不仅阐明了社会的本质、结构和整体性,阐明了社会历史过程与自然历史过程的相似性,阐明了历史规律的形成与特征,以及社会主义代替资本主义的历史必然性,而且阐明了人的意识的产生与本质,以及语言与意识的关系,阐明了对象意识与自我意识的关系,明确提出不是人们的意识决定人们的存在,而是人们的社会存在决定人们的意识。历史唯物主义始终从物质实践出发解释观念的形成,阐明意识的形式,并以此为基础进行意识形态批判。

一、人类意识的个体发生与种系发生

历史唯物主义所理解的意识的发生,既包括意识的种系发生,也包括意识的个体发生。前者是指,随着人类摆脱动物的心理反映形式、形成专属于人的社会反映形

式,人类意识得以发生的过程;后者是指,在人类社会中,每一个个体的人在其出生以后,随着生理、心理的发育成熟,所经历的从儿童的意识水平发展到成人的意识水平的过程。意识的个体发生与意识的种系发生在受实践活动所制约和决定这一点上是一致的。同时,意识的个体发生与意识的种系发生又是一种"重演"关系,即个体意识的发生过程以浓缩的形式再现了人类意识的发生过程。"重演"是意识的个体发生与意识的种系发生之间的本质关系。

所谓重演,是指生物机体的个体发育与生物机体的种系进化在过程上的一种相似性、相关性或同构性。生物个体的发育过程在其展开方式、先后次序、发展阶段和进化规律等方面,总是以一定方式、在一定程度上重演或再现着生物种系进化的历史过程,成为种系进化的重演或再现。所以,生物学家海克尔等把生物机体的个体发生对生物机体的种系发生的重演关系叫作"生物重演律"。重演律是生物机体生存、延续和发展过程中的普遍规律。

作为生命进化的最高形式,作为个体性与总体性、生物性与社会性、物质性与精神性相统一的运动过程,人类的个体发生与种系进化之间的重演关系格外突出,重演律的作用表现得尤为明显。更重要的是,这种重演关系、重演律不仅存在于和表现在人的机体发育方面,而且存在于和表现在人的智力发展、意识发生方面。正如恩格斯所说:"正如母体内的人的胚胎发展史,仅仅是我们的动物祖先以蠕虫为开端的几百万年的躯体发展史的一个缩影一样,孩童的精神发展则是我们的动物祖先、至少是比较晚些时候的动物祖先的智力发展的一个缩影,只不过更加压缩了。"[1]

从历史上看,人类认识的种系发生是在无数原始个体意识发生的过程中实现的。正是无数原始个体的心理、意识、思维的不断发生、发展和进化,构成了人类意识种系发生的过程,使人类意识超越了动物心理和动物感觉,从一种"动物式的意识"转变为"纯粹的意识",使人成为"有意识

---

[1]《马克思恩格斯选集》第4卷,第383页。

的类存在物"①。在这个过程中,每一个个体意识的发生,都以一定方式重演着在他之前的人类意识的发生和发展过程,二者之间存在着重演关系。

正是这种关系使人类已有的意识成果得以保存、延续和巩固,同时,个体的意识又会融入人类意识的总体结构之中,对人类意识的总体进化起着促进和推动作用。人类意识种系发生的历史过程,正是在无数原始个体意识发生和发展的过程中实现的。

从现实性看,每一个个体意识的发生和发展过程,都以缩影方式重演着人类意识种系发生和发展的过程。之所以有这种过程性的重演,从根本上说,就在于现实个体意识的每次发生都以人类意识种系发生所获得的结果为前提和基础。在这个过程中,生物遗传基因和社会遗传要素及其统一作为人类种系延续和保存的链条,预先规定了个体在机体结构和功能上所能达到的样式与水平,规定了个体达到这种样式和水平必然经过的途径。因此,个体意识的发生和发展过程,必然以一定方式重演人类的意识发展史。

但是,现实中的意识的个体发生对于人类意识的种系发生的重演,毕竟是在与原始发生过程不同的自然条件和社会条件下进行的,并且是以相对成熟和完善的结果作为前提的,这就使现实的个体意识的发生以"缩影"的形式"重演"人类意识种系发生的漫长过程。这里,"缩影"具有重要的认识论意义。

在空间结构上,缩影具有浓缩、缩小、聚拢、收敛之意,是指人类的种系起源和意识的种系发生,在个体机体的形成和意识的发生中得到集中的体现。相应地,通过对个体机体形成和意识发生过程的把握,并加以放大,就可以进一步了解人类的种系起源和意识的种系发生。

在时间结构上,缩影具有简化、加速、缩短之意,是指人类的种系起源和意识的种系发生所经历的漫长、渐进的历史过程,以简短的形式在个体机体的形成和意识的发生过程中得到重演或再现。这就使人们能够在对这个简短过程的延长、拓展的意义上,去理解、勾画人类种系起源和意识

---

① 《马克思恩格斯全集》第42卷,第96页。

种系发生的全过程。

在内容上,缩影具有概括、简略、精练之意,是指人类的种系起源和意识发生所经历的复杂过程、进化方式,以简洁的方式在个体机体的形成和意识的发生过程中得以再现。重演并不是说个体机体的形成和意识的发生再现了历史过程的一切细节和一切方面,而是以简化方式再现历史过程的主要方面、关键环节和基本阶段。这就使人们能够在对这个简化过程的把握上,去了解人类种系起源和意识种系发生过程的主要方面、关键环节和基本阶段。

实际上,人的意识是遗传因素与环境因素之间相互作用的产物。意识的发生既是内源性的,也是外源性的,人与环境的相互作用既改变了人的意识结构,促进了内部结构的组织化,也改变了外部材料,促进了外部材料的组织化。意识需要经由对外部材料的组织化,以及内部结构组织化才能实现。

据此,皮亚杰的发生认识论考察了儿童个体意识发生的过程,揭示出儿童意识的发生是一个由儿童的操作性活动内化为认识图式和由认识图式外化并同化外部刺激的双重建构过程。从活动的内化和外化两个方面说明意识的个体发生无疑有其合理性,但皮亚杰的发生认识论在很大程度上忽视了社会遗传在意识发生过程中的作用,不理解实践活动才是主体与客体分化以及意识发生的现实基础,不理解意识本质上是在实践基础上主体对客体的能动的反映,是社会的产物。

二、意识:社会的产物

人的意识的产生既有它的自然前提,又有它的神经生理基础。但是,人的意识不是单纯的生物进化的结果,而是社会的产物。正如马克思所说,"意识一开始就是社会的产物,而且只要人们还存在着,它就仍然是这种产物"[1]。

---

[1]《马克思恩格斯全集》第3卷,第34页。

人是由类人猿进化而来的,但人的活动能力并不是大自然自动馈赠的,而是在类人猿行为模式的基础上伴随着劳动的形成而形成的。正是在劳动形成的过程中,人的意识相应历史地形成了。在生物进化的基础上,作为人类祖先的类人猿的直立行走、手脚分工、发达的神经活动、高级的心理活动、初始的工具活动和生存的群居形式,为人的劳动的产生提供了生物学的前提。

人的劳动这种社会活动是从高级动物的本能活动演变而来的。较高级的猿类已经能够利用天然的棍棒和石块猎取食物、袭击猛兽,这种活动孕育着劳动的萌芽,但它不是真正的人的劳动,而是适应环境的本能活动。与动物不同,人类不是单纯地适应环境,而是在改变环境的过程中使环境适应自己的生存需要。劳动,即物质生产活动正是改变环境的活动,人及其意识就是在这种改造环境的劳动中形成的。"思想、观念、意识的生产最初是直接与人们的物质活动,与人们的物质交往,与现实生活的语言交织在一起的。观念、思维、人们的精神交往在这里还是人们物质关系的直接产物",尔后又成为"物质生活过程的必然升华物"[1]。从内容上看,"意识起初只是对周围的可感知的环境的一种意识,是对处于开始意识到自身的个人以外的其他人和其他物的狭隘联系的一种意识。同时,它也是对自然界的一种意识"[2]。

人的劳动从一开始就具有社会性。高等动物的群体性是人的社会性的自然史前提,但动物的群体不过是生物的血缘关系和生存的觅食关系的结合体,是受生物的本能行为盲目支配的,这并不是社会。社会是"随着完全形成的人的出现"[3]而产生的,是通过人与人之间的交往活动形成的,而人们的社会交往活动同动物的本能群体行为有着本质的区别。"意识到必须和周围的人们来往,也就是开始意识到人一般地是生活在社会中的。这个开始和这个阶段上的社会生活本身一样,带有同样的动物性

---

[1]《马克思恩格斯全集》第3卷,第29、30页。
[2]《马克思恩格斯全集》第3卷,第34—35页。
[3]《马克思恩格斯选集》第4卷,第378页。

质;这是纯粹畜群的意识,这里人和绵羊不同的地方只是在于:意识代替了他的本能,或者说他的本能是被意识到了的本能。"①人是名副其实的"社会动物"。离开社会交往和社会关系的孤立的人及其意识,是根本不存在的。

意识起初是人们的物质生产活动的"直接产物",尔后之所以成为人们的物质生活过程的"必然升华物",与人们的社会分工和语言的产生密切相关。

按照马克思的观点,社会分工不仅使精神活动和物质活动、享受和劳动、生产和消费由不同的个人来分担成为可能,而且使其成为现实。"从这时候起意识才能真实地这样想像:它是同对现存实践的意识不同的某种其他的东西;它不想像某种真实的东西而能够真实地想像某种东西。从这时候起,意识才能摆脱世界而去构造'纯粹的'理论、神学、哲学、道德等等。"②同时,意识又是"与现实生活的语言交织在一起的"。"语言和意识具有同样长久的历史;语言是一种实践的、既为别人存在并仅仅因此也为我自己存在的、现实的意识。语言也和意识一样,只是由于需要,由于和他人交往的迫切需要才产生的。"③没有语言,也就没有人的意识;没有语言,人的起初的"纯粹动物式的意识"也就不可能发展成为真正的人的意识,而语言本身也是在人与人之间的交往中产生的,语言本身就是社会的产物。

人的意识的产生和存在与语言的产生密切相关,意识是同"现实生活的语言交织在一起的",所以,"语言和意识具有同样长久的历史"。在这个意义上说,没有语言,也就没有意识。现代分析哲学所实现的哲学的"语言学转向",对语言、思想和世界三者的关系以及语言本身的研究,的确是一项极具价值的哲学研究。

历史唯物主义并不否认语言对意识的极端重要性,相反,历史唯物主

---

① 《马克思恩格斯全集》第3卷,第35页。
② 《马克思恩格斯全集》第3卷,第35页。
③ 《马克思恩格斯全集》第3卷,第29、34页。

义认为,"语言是思想的直接现实"①;历史唯物主义并不认为语言是意识的源泉,相反,历史唯物主义认为,语言是"现实生活的表现"②,语言和意识一样,都是适应人与人交往的需要才产生的,从根本上说,都是人们实践活动的产物。劳动、语言和分工一起,成为主要推动力,促进人的意识的产生和发展,并使人类意识成为一个相对独立的社会活动系统而存在和发展。

三、意识:被意识到的存在

人脑是意识的器官,但不是意识的源泉;意识是人脑的机能,但仅有人脑还不能产生意识。"意识是人脑的机能",涉及的是意识同它的生理基础的关系;"意识是存在的反映",涉及的是意识同它的实际内容的关系,涉及的是意识的本质。按照马克思的观点,物质生活的生产方式制约着整个社会生活、政治生活和精神生活的过程,"不是人们的意识决定人们的存在,相反,是人们的社会存在决定人们的意识";"观念的东西不外是移入人的头脑并在人的头脑中改造过的物质的东西而已"③;"意识[das Bewußtsein]在任何时候都只能是被意识到了的存在[das bewußte Sein],而人们的存在就是他们的实际生活过程。"④这是从意识与社会存在、观念与物质、意识与实际生活过程的关系上对意识的本质所做出的科学规定。

"反映"(Reflexion)概念最初是用来形容光的反射性质的。一般说来,人的意识活动也具有这种类似反射性的特征。当客体作用于主体的感觉和思维器官后,人就会相应地做出"反映",并能在思维着的头脑中"复制""再现"客体。因此,就意识的内容来看,人们的反映活动的确带有某种"反射"的特点。黑格尔指出:"反映或反思(Reflexion)这个词本来是

---

① 《马克思恩格斯全集》第3卷,第525页。
② 《马克思恩格斯全集》第3卷,第525页。
③ 《马克思恩格斯选集》第2卷,第32、112页。
④ 《马克思恩格斯选集》第3卷,第72页。

用来讲光的,当光直线式地射出,碰在一个镜面上时,又从这镜面上反射回来,便叫做反映。在这个现象里有两方面,第一方面是一个直接的存在,第二方面同一存在是作为一间接性的或设定起来的东西。当我们反映或(象大家通常说的)反思一个对象时,情形亦复如此。"①

但是,历史唯物主义绝不是简单的反射论。相反,历史唯物主义认为,人对客观对象的反映本质上不是一种"反射"现象,而是主体与客体在实践活动基础上形成的精神关系,是人对周围环境及自身的一种观念把握方式。人的反映不仅以心理活动为基础,而且以生产实践、社会交往、语言符号为基础,意识是人所特有的反映形式,是一种主体的、社会性的反映。

同时,人的反映不是消极被动的反映,也不是盲目直观的摹写,而是能动的反映。这主要表现在:人的反映是有目的、有选择的反映,不仅指向客体,而且还能指向主体自身;不仅能反映客体的表面现象,而且能反映客体的本质和规律,从而能够超前地反映客体未来的发展趋势;不仅能反映现存的客观事物,而且通过创造性的思维、自由的想象,能"虚构"出客观世界本身没有原型的"观念事物""理想客体"。因此,人的反映活动是能动的、创造性的反映,对物质客体的意识是经过思维着的头脑观念地"改造过"的。

被观念地"改造过"的"物质的东西"不同于外在的、未被人脑"改造过"的物质本身,主观形象也不同于客观原型本身。因此,意识具有主观性特征。但是,从根本上说,这种主观性不可能离开客观事物而独立存在,它有着不以主观意志为转移的客观内容。即使是虚幻的、歪曲的、颠倒的意识,归根到底,也是对存在的反映,如宗教虚构的上帝观念不过是把自然的力量神圣化,或者是使人间的力量具有超人间的威力罢了。在分析费尔巴哈的宗教观念时,马克思指出:"他做的工作是把宗教世界归结于它的世俗基础。但是,世俗基础使自己从自身中分离出去,并在云霄

---

① [德]黑格尔:《小逻辑》,贺麟译,商务印书馆1980年版,第242页。

中固定为一个独立王国,这只能用这个世俗基础的自我分裂和自我矛盾来说明。因此,对于这个世俗基础本身应当在自身中、从它的矛盾中去理解,并在实践中使之革命化。"①实际上,"宗教里的苦难既是现实的苦难的表现,又是对这种现实的苦难的抗议。"从根本上说,"宗教是还没有获得自身或已经再度丧失自身的人的自我意识和自我感觉"②。因此,"凡是把理论引向神秘主义的神秘东西,都能在人的实践中以及对这个实践的理解中得到合理的解决。"③

这就是说,意识不管具有多么浓厚的主观色彩,不管披上什么样的神秘外衣,归根到底,都有自己的客观"原型"。意识在任何时候都只能是人们的存在,即人们的实际生活过程的反映。"如果在全部意识形态中人们和他们的关系就像在照像机中一样是倒现着的,那末这种现象也是从人们生活的历史过程中产生的,正如物象在眼网膜上的倒影是直接从人们生活的物理过程中产生的一样。"④

就所反映的对象的具体形态而言,可以把意识划分为三大类型:一是人与自然之间的关系;二是人与人之间的关系;三是人同自身之间的关系。不管是哪一种类型的意识,归根到底,都是现实生活过程、社会存在的反映。人们"所产生的观念,是关于他们同自然界的关系,或者是关于他们之间的关系,或者是关于他们自己的肉体组织的观念。显然,在这几种情况下,这些观念都是他们的现实关系和活动、他们的生产、他们的交往、他们的社会政治组织的有意识的表现(不管这种表现是真实的还是虚幻的)"⑤。

意识的内容,归根到底,来自社会存在、实际生活过程,意识的变化,归根到底,也是由社会存在、实际生活过程决定的。

"成为希腊人的幻想的基础、从而成为希腊[艺术]的基础的那种对自

---

① 《马克思恩格斯选集》第1卷,第55页。
② 《马克思恩格斯选集》第1卷,第2、1页。
③ 《马克思恩格斯选集》第1卷,第56页。
④ 《马克思恩格斯全集》第3卷,第29—30页。
⑤ 《马克思恩格斯全集》第3卷,第29页。

然的观点和对社会关系的观点,能够同走锭精纺机、铁道、机车和电报并存吗?""阿基里斯能够同火药和铅弹并存吗?或者,《伊利亚特》能够同活字盘甚至印刷机并存吗?随着印刷机的出现,歌谣、传说和诗神缪斯岂不是必然要绝迹,因而史诗的必要条件岂不是要消失吗?"①这就是说,古希腊的自然观、社会观与自动纺织机、机车等不能"并存",歌谣、传说等和活字盘、印刷机不能"并存"。

之所以如此,是因为古希腊的自然观、社会观的基础是古代生产方式,而走锭精纺机、蒸汽机车体现的是近代生产方式;歌谣、传说是用口语传播,这种信息传播方式受到传播者声音所及范围的限制,而活字盘、印刷机形成的信息传播方式超越了这种时空的限制,显现为一个更大的时空结构。一句话,歌谣、传说这种信息传播方式所体现的和活字盘、印刷机所代表的,不是同一性质的生产方式,因而不能"并存"。"那些发展着自己的物质生产和物质交往的人们,在改变自己的这个现实的同时也改变着自己的思维和思维的产物。不是意识决定生活,而是生活决定意识。"②一言以蔽之,"人们的意识,随着人们的生活条件、人们的社会关系、人们的社会存在的改变而改变"③。

否定意识的反映性,就会陷入唯心主义的认识论之中;看不到意识的创造性,就会陷入旧唯物主义的直观反映论之中。意识是创造性的反映,而不是机械的、镜面式的摹写;创造是以反映为基础的创造,而不是脱离反映的随心所欲的创造。意识是反映、选择和建构的统一,既有客体性,又有主体性;既有客观性,又有主观性;既具有反映性,又具有创造性。概而言之,反映和创造的统一是意识的本质特征。这就是历史唯物主义的意识概念。

从意识的具体内容看,意识是知、情、意三者的统一。"知"就是知识,是人类对世界的一种真理性的追求,它与认识的内涵是统一的;"情"是指

---

① 《马克思恩格斯选集》第2卷,第28、29页。
② 《马克思恩格斯全集》第3卷,第30页。
③ 《马克思恩格斯选集》第1卷,第291页。

情感,是人类对客观事物的感受和评价,表现为热爱、仇恨、向往、遗憾以及喜怒哀乐等心理的体验活动;"意"是指意志,是人类追求某种目的和理想时表现出来的自我克制、毅力、信心和顽强不屈的精神状态。作为一种有意识的存在物,人类不仅追求着对世界的真理性的认识,而且也追求着人类自身的发展,追求着建立合理的人与世界的关系。

从意识的自觉程度看,意识可划分为潜意识与显意识。潜意识又叫无意识,它是未被主体自觉意识到的心理活动、思维活动,是一种不知不觉的意识活动,或者说,是一种没有被主体自觉意识到的意识;显意识是人们自觉认识到的,由一定目的控制,并用言辞表达的意识活动。显意识既可以表现为理性意识,也可以表现为非理性意识。人的意识总是潜意识与显意识的统一。在显意识控制下的那些反映,只是与有意行为有关的那些部分,而大量的随意行为则是由潜意识自发控制的。

从意识活动的指向性看,意识又可以区分为对象意识与自我意识。对象意识指向客观世界的事物、关系和过程,形成对客体的"物的尺度"的认识;自我意识则指向人类自身,形成对主体的"内在尺度"的认识。对象意识与自我意识的指向性和功能是不同的,二者的矛盾直接显示出人的意识尺度的特殊性,即物的尺度与人的尺度的矛盾、外部客观必然性尺度与人的内部需要尺度的矛盾。但是,对象意识与自我意识在意识活动中不可能截然分开,二者在人的意识活动中相互制约、相互渗透、相互转化,在实践活动中不断得到统一。

从意识的发展角度看,意识又可区分为传统意识、现实意识与未来意识。传统意识是人类从历史发展中继承下来的意识,它已经自然而然地渗透于人们业已习惯的行为方式、生活方式和情感方式之中,具有强大的惯性作用;现实意识是人们在现实的实践和交往活动中所形成的意识;未来意识则是人们依据社会和实践的发展趋势而形成的关于未来发展和状况意识。传统意识、现实意识与未来意识是每一代人在生活中必然具有的三种意识。

一切事情都是由人做的,"做就必须先有人根据客观事实,引出思想、道理、意见,提出计划、方针、政策、战略、战术,方能做得好。思想等等是主观的东西,做或行动是主观见之于客观的东西,都是人类特殊的能动性。这种能动性,我们名之曰'自觉的能动性',是人之所以区别于物的特点。"①作为物质世界的主观映象,意识具有其独特的功能,具有巨大的能动作用。

具体地说,意识活动具有目的性和计划性,人的活动的蓝图、目标、方式和步骤等,都体现着意识活动的目的性和计划性;意识活动具有能动性和创造性,意识不仅能够反映事物的外部现象,而且能够认识事物内部的本质和规律,不仅能够"复制"当前的对象,而且能够追溯过去,正如马克思所说,在认识现实的过程中,能够得出"一些原始的方程式,——就象例如自然科学的经验数据一样,——这些方程式会说明在这个制度以前存在的过去。这样,这些启示连同对现代的正确理解,也给我们提供了一把理解过去的钥匙"②。更重要的是,意识可以认识和把握事物的发展规律及其趋势,并通过思维的反思和建构,预见未来,实现对客观事物超前的、观念的改造,然后,通过实践把理想变成现实,从而改变世界、创造世界。这就是列宁所说的,"人的意识不仅反映客观世界,并且创造客观世界"③。

四、语言是思想的直接现实

人的意识活动是凭借语言进行的。意识是语言的内容,语言则是意识的载体。"'精神'从一开始就很倒霉,注定要受物质的'纠缠',物质在这里表现为震动着的空气层、声音,简言之,即语言。"④只有借助于语言,人们才能进行抽象、概括,从而反映事物的本质和规律。正如列宁所说,

---

① 《毛泽东选集》第二卷,人民出版社 1991 年版,第 477 页。
② 《马克思恩格斯全集》第 46 卷上,第 458 页。
③ 《列宁全集》第 55 卷,第 182 页。
④ 《马克思恩格斯全集》第 3 卷,第 34 页。

"任何词(言语)都已经是在概括"①;只有在语言的基础上,人们才能依据概念以及概念之间的关系,做出判断,进行推理,形成理论体系。语言是思维本身的要素,是意识活动本身的要素。"语言是思想的直接现实",人们在语言中把自己的意识、思想固定下来,并把它作为观念客体进行研究和反思,从而形成了对象意识与自我意识。

按照马克思的观点,劳动使人类的祖先越来越深入和广泛地接触到对象世界的属性和关系,形成以大脑为中心,以感觉器官为门户的统一的神经生理结构,这就为人摄取、加工、综合各种信息,实现主体对客体的相符性反映奠定了自然前提。同时,劳动一开始就是社会性的活动,劳动越发展,人们越需要交往,由此产生了语言。交往的扩大和语言的发展作为两个强大的推动力,使人的意识活动成为一种社会活动,使人的意识活动形成了不同于生物遗传方式的社会遗传方式。

这种社会认识结构和社会遗传方式是在人与对象的相互作用中,通过活动的"内化"逐步形成的。具体地说,人在运用工具实际改造对象的过程中,逐步使外部的实际动作方式发生向内的观念动作方式的转化,即内化,并使后者同前者保持一致。这就形成了人所特有的以逻辑形式固定和沉积下来的认识图式。在这个过程中,语言的产生具有重要作用。语言使认识超出了个人体验的狭隘范围,使人们的思想获得了共同的表达方式;语言的运用使人们能够在观念中对客体进行加工和改造,从而使人对物质世界的观念把握成为可能,即使人的意识发生成为可能。

语言一旦产生就具有了相对独立性,并对意识活动发生影响。尤其是随着书面语言的发展,形成了波普尔所说的"客观知识世界",即以各种形式表现出来的对象化、客观化的知识世界。"客观知识世界"的形成是人类文明得以保存、延续的根本保证。具体地说,人类的个体会死亡、消失,但个体所取得的意识成果则由于语言符号的记载而进入"客观知识世界",从而得以保存、延续和发展。这就使得个体认识的成果不会随着个

---

① 《列宁全集》第55卷,第233页。

体的死亡而消失。

无疑,世界在人的思想、语言之外存在。但是,人们只能通过语言去理解世界和表达对世界的理解。人们掌握语言的多与少,直接影响和制约着他们对世界理解的广度和深度,在这个意义上,语言的界限就是认识的界限;语言自始至终参与意识活动,语言符号是人们进行意识活动、表达认识成果、进行思维操作的感性工具。语言符号和意识活动具有同样长久的历史,具有共同的来源,并在相互作用中共同发展,成为不可分割的统一体。语言反映了思维与存在、主观与客观、主体与客体、人与世界之间的矛盾关系。在一定意义上说,正确理解和把握语言是打开人与世界关系之门的钥匙。

正因为如此,分析哲学高度重视语言问题,并在哲学史上实现了"语言学转向"。维特根斯坦断言:"全部哲学就是语言批判。"①罗素指出:"逻辑是哲学的本质。"②从本质上看,"语言学转向"所体现的就是现代西方哲学对人与世界联结点或中介环节的寻求,显示的是现代西方哲学对思想、语言和世界三者关系的总体理解。这种总体理解就是,世界在人的思想之外,但人只能在语言中表达对世界的理解,世界在人的语言中变成人的世界,所以,语言的界限就是世界的界限,我们只能谈论"我的世界"。

分析哲学的这一见解不无道理,尤其是维特根斯坦后期从生活形式、生活世界的观点去理解语言及其意义,揭示了语言的公共性、实践性,塞尔等人的语言行为理论具有分析了"以言行事"的语言功能,这些都深化了对语言、思想和世界关系的研究,并不自觉地为历史唯物主义提供了语言哲学的论证和说明。马克思指出:"语言是思想的直接现实",是"现实世界的语言"和"现实生活的表现"。人们关于世界的认识成果就积淀并表现在语言中,从语言出发去研究世界,实际上就是从对人的关系中去理解和把握世界。分析哲学实际上是从语言哲学的视角深化了世界关系的研究。

---

① Ludwig Wittgenstein, *Tractatus Logico-Philosophicus*, London, Routledge, p. 44.
② Bertrand Russell, *Our Knowledge of the External World*, London, Routledge, p. 33.

但是,分析哲学毕竟走得太远了。在分析哲学那里,语言最终成为一个独立的王国,这就从根本上颠倒了语言与实践、意识与存在的关系。马克思仿佛预见到这种"语言学转向",明确指出:"正像哲学家们把思维变成一种独立的力量那样,他们也一定要把语言变成某种独立的特殊的王国",并认为"哲学家们只要把自己的语言还原为它从中抽象出来的普通语言,就可以认清他们的语言是被歪曲了的现实世界的语言,就可以懂得,无论思想或语言都不能独自组成特殊的王国,它们只是现实生活的表现。"①在我看来,分析哲学实际上是以倒退的形式推进了人与世界关系的研究。

"语言是一种实践的、既为别人存在并仅仅因此也为我自己存在的、现实的意识。语言也和意识一样,只是由于需要,由于和他人交往的迫切需要才产生的。"②从根本上说,语言结构是实践结构在人脑中的内化与升华,语言不是人与世界之间的根本联结点,实践才是人与世界关系的根本联结点;不是语言决定实践,相反,是实践决定语言;不是思想通过语言具有了自己本身的内容,相反,"语言是思想的直接现实"③。只有从实践出发,我们才能从根本上理解语言的形成、演化和发展,才能说明蕴涵在语言中的思维与存在、主观与客观、主体与客体、人与世界的矛盾关系。

从语言与思维方式的关系看,语言影响思维方式,使用不同语言体系的民族往往具有不同的思维方式。当然,语言不是思维方式的决定性因素,但语言的确影响思维方式。词汇量的多少、语法的构造、句法的表示等,都以不同方式影响并制约着不同民族的思维方式;语言中的概念、范畴、指称的运用就是区分、整合和概括经验的过程,语言中的概念、范畴、指称排序的不同反映了不同民族对人与世界关系理解的不同。这种不同及其差异通过语言的频繁使用,又强化了意识结构的差异,从而使不同的民族形成了不同的思维方式、认识图式。

从语言与符号的关系看,语言本身就是一种符号形式。所谓符号,就

---

① 《马克思恩格斯全集》第3卷,第525页。
② 《马克思恩格斯全集》第3卷,第34页。
③ 《马克思恩格斯全集》第3卷,第525页。

是表示事物以及事物之间关系的抽象标志或标记,是一种关于对象的人工指称物。例如,史前原始部族的图腾标记、现代国家的国旗等,属于象征符号;古代社会烽火台上的篝火、现代社会电台发射的电波等,属于信号符号;等等。语言是基本的符号形式,是其他各种类型符号形式的基础。只有理解语言,我们才能理解其他各种类型的符号形式。

符号化的认识方式是来源于现实而又超越现实的认识方式。语言符号是一种意义符号,是各种抽象概念的物质载体,包括一系列的符号单元(符号元素),代表着客观事物的各种规定、各种关系。运用语言符号可以把具有许多规定的客观事物在思维中分解开来,以编码的方式对这些代表一定信息内容的语言符号进行思维操作,进而通过对符号单元的组合来实现对于客观事物的反映。进一步说,人们根据符号的意义,按照一定的逻辑规则,对符号单元进行组合和再组合,建立起一种具有严密逻辑结构的符号系统,从而形成关于客观事物的知识体系、理论体系。

由语言符号所表达的各种概念、范畴是对事物共性的概括和抽象,是人们进行逻辑思维的基本单元。就像人们运用数学上的科学符号抽象推演出现实世界的数量关系一样,人们运用语言符号进行逻辑推演,就会使认识从感性认识上升到理性认识,从抽象规定上升到思维具体,从理论理性上升到实践理性,从而揭示出人与世界的关系。

五、认识:主体对客体的能动反映

如何理解和把握认识的本质,这是认识论的关键问题,直接涉及认识的内容以及认识者(主体)与认识对象(客体)的关系。在对认识本质的理解上,马克思主义哲学坚持唯物主义的反映论原则,即把反映的特性看作人类认识的基本规定性。如前所述,所谓认识的反映性或摹写性,就是指人的认识必然以客观事物为原型,在人的认识中一定含有反映或摹写某种客观事物的内容。坚持人的认识具有反映性或摹写性,也就是坚持了认识的客观性。水中的月亮是天上的月亮,眼中的人是眼前的人。从根本上说,认识是主观对客观存在的反映。这是一切唯物主义认识论的共同原则,是马克思主义认识论的理论前提。

更重要的是,在坚持这个理论前提的同时,马克思主义哲学又以科学的实践观点为基础,唯物而又辩证地解答了认识的本质问题。

其一,认识的来源是实践。实践是认识的来源,主要是指认识的内容是在实践活动的基础上产生和发展的。人们是在实践活动中接触事物的现象,并通过思维活动透过现象发现本质、透过个别把握一般、透过偶然掌握必然,从而达到对事物的规律性认识的。就个人认识而言,其绝大部分认识来自间接经验,任何人都不必也不可能事事直接经验;就人类总体认识而言,认识归根到底来源于实践。在你为间接经验、间接认识,在他人则是直接经验、直接认识;反之亦然。人类的一切认识,归根到底,都是来自于实践。荀子所说的"不闻不若闻之,闻之不若见之,见之不若知之,知之不若行之。学至于行而止矣",强调的就是实践是认识的来源。

其二,认识具有能动性和创造性。人的认识活动不同于动物的反映活动,它是一种能动的、创造性的活动,是主体对于客体的能动的、创造性的复现。人们为了从事实践活动,不仅要反映事物的现象,还必须透过现象认识事物的本质和规律。为了认识事物的本质和规律,人们就必须在实践的基础上进行"思维操作",在观念中分解、加工和改造对象,运用一系列的科学抽象方法进行创造性的思维活动。正如列宁所说,"认识是人对自然界的反映。但是,这并不是简单的、直接的、完整的反映,而是一系列的抽象过程,即概念、规律等等的构成、形成过程"[1]。因此,认识活动的结果不再是同直观客体相对立的感性的形象,而是以抽象的概念、符号、公式、图形等形式出现的精神"建构"物。

其三,认识能够创造出符合主体需要的理想客体。人的认识的显著特点就在于,它不仅能反映出对象的"本来如此"的状态,而且能够创造出对象对于满足人的需要"应当如此"的形态。自在自然中只有山川、河流

---

[1]《列宁全集》第55卷,第152页。

等自然物质,并没有铁路、桥梁等符合人的需要的物质形态,铁路、桥梁等物质形态都是人们创造出来的,是人的实践活动的对象化。与动物不同,人在实际改变自然物质的现存形态之前,就已经在头脑中把自然界对于人来说所"应当如此"的面貌创造出来了。然后,又通过实践活动把这些观念形态转化为物质形态。没有这种超前性、创造性的思维活动及其成果,认识就不能引导实践活动,也就不成其为人的认识。

因此,在人的认识活动中,反映、摹写的方面与能动、创造的方面是不可分割的。反映与创造不是认识的两种不同的功能,而是同一功能的两个不同方面。反映离不开创造,反映是在创造过程中实现的;创造也离不开反映,创造是受反映对象的客观本性所制约的。只承认认识的反映、摹写的方面,否认认识的能动、创造的方面,就会成为消极直观的反映论;只承认认识的能动、创造的方面,否认认识的反映、摹写的方面,就会滑向唯心主义先验论。马克思主义认识论则以实践的观点为基础,把认识的反映、摹写的方面和认识的能动的方面有机结合起来了,并确认认识的本质是主体在实践的基础上对客体的能动的反映。马克思主义认识论因此是能动的、革命的反映论。

作为对客体的能动的反映,认识既是人们观念地把握世界的方式,也是实际地改造世界的前提。马克思主义哲学立足于实践的观点,全面而深刻地分析了人与世界的关系,认为人与世界的关系首先是改造与被改造的关系,在此基础上产生出认识与被认识的关系。人是在自觉地改造世界的过程中能动地反映世界的。正是在这双重的关系中,人们既改造着客观世界,也改造着自己的主观世界,人对世界的认识能力是随着实践的发展而发展的。正如恩格斯所说,"人的思维的最本质的和最切近的基础,正是人所引起的自然界的变化,而不仅仅是自然界本身;人在怎样的程度上学会改变自然界,人的智力就在怎样的程度上发展起来"①。

实践本身就是一种社会活动,以实践为基础的人的认识活动必然具

---

① 《马克思恩格斯选集》第4卷,第329页。

有社会(历史)性的内容。从总体上看,马克思以前的哲学家之所以没有揭示出认识是对客观事物的能动的反映,一方面是因为他们没有看到认识对象与改变对象的一致性,把认识等同于直观;另一方面是因为他们没有看到认识的社会性,把认识等同于生物个体的反映活动。认识确实发生在一个个认识个体的大脑中,但认识活动在本质上是社会性的,人的认识的本质是同人的社会的本质密切相关的。

作为认识主体的人是社会性的存在物,其认识活动具有社会(历史)性。认识的能动性首先体现为认识个体对未知事物、未知领域、未知世界的积极探索,这就是通常所说的"好奇心"。好奇心的确对认识的发展起着推动作用,但在一定的时期,为什么是这种事物而不是那种事物成为人们好奇心关注的焦点,在不同的历史时期为什么人们的好奇心是不一样的,则是由实践需要、社会需要决定的。古代人不可能对纳米技术或基因技术产生好奇心,现代人也不会再对钻木取火或打制石器产生好奇心。从根本上说,推动人们不断认识世界的原因就是实践需要、社会需要。"社会一旦有技术上的需要,这种需要就会比十所大学更能把科学推向前进。"[1]人是社会存在物,社会需要反映到个体的头脑中,才成为个人的好奇心,成为个体认识活动的动力。

作为认识对象的客体也是社会(历史)性的存在。人的社会需要和改造自然的能力不是一成不变的,而是随着社会实践、社会交往的发展而不断发展的。社会实践、社会交往把越来越多的事物纳入人们的生存和活动范围,变为人们认识的客体。马克思指出:人"没有看到,他周围的感性世界决不是某种开天辟地以来就已存在的、始终如一的东西,而是工业和社会状况的产物,是历史的产物,是世世代代活动的结果,其中每一代都在前一代所达到的基础上继续发展前一代的工业和交往方式,并随着需要的改变而改变它的社会制度。甚至连最简单的'可靠的感性'的对象也只是由于社会发展、由于工业和商业往来才提供给他的。大家知道,樱桃

---

[1] 《马克思恩格斯选集》第4卷,第732页。

树和几乎所有的果树一样,只是在数世纪以前依靠商业的结果才在我们这个地区出现。由此可见,樱桃树只是依靠一定的社会在一定时期的这种活动才为费尔巴哈的'可靠的感性'所感知"①。作为认识对象的客体,是社会地、历史地构成的。

作为认识的中介系统,即工具也是社会(历史)性的存在。人不仅仅是凭借肉体的感觉器官去认识客观事物的,更重要的,是凭借"社会人的生产器官",即工具去认识客观事物的。人眼只能接受380毫微米到770毫微米的电磁波(光波),人耳只能接受20赫兹到20 000赫兹频率范围内的振荡波(声波)等,但是,人们可以借助射电望远镜观察到100亿光年以外的天体,可以使用电子显微镜把物体放大百万倍以上,电子计算机每秒上亿次的运算速度使人们对事物的认识变得更快、更准确,互联网的发展扩展了人们的认识范围,极大地提高了人们的认识能力。

物质中介是社会的、历史性的存在,文化中介更是如此。以语言符号为载体的精神产品,特别是以概念、公理、法则为内容的科学知识以及科学方法,都是社会的产物。一个人如果不掌握和运用社会所提供的认识工具,就不可能从事认识世界的活动;而掌握和运用社会所提供的认识工具,个人的认识活动就不再是单纯个人的活动了,而是以社会一员的身份,和其他社会成员一起共同进行认识活动的。正如马克思所说,"甚至当我从事科学之类的活动,即从事一种我只是在很少情况下才能同别人直接交往的活动的时候,我也是社会的,因为我是作为人活动的。不仅我的活动所需的材料,甚至思想家用来进行活动的语言本身,都是作为社会的产品给予我的,而且我本身的存在就是社会的活动"②。

六、认识活动与实践活动的同构性

在人的认识活动中,不仅认识发生的前提是在实践活动中形成的,而

---

① 《马克思恩格斯全集》第3卷,第48—49页。
② 《马克思恩格斯全集》第42卷,第122页。

且认识的内容也是在实践活动的基础上产生和发展的,思维的"式"本质上是实践的"式"在人脑中的内化和升华,认识的结构与实践的结构具有同构性。

认识活动与实践活动的同构性表现为这两种活动在要素和运行方式上的相似性。在实践活动中,实践的主体、客体以及连接二者的中介——工具等,构成了实践活动的基本要素;认识活动中,认识的主体、客体以及联结二者的中介等,构成了认识活动的基本要素。主体、中介、客体既是实践活动的基本要素和基本框架,也是认识活动的基本要素和基本框架。同时,主体、中介、客体这三个实体要素的连接方式、运行方式也具有相似性、一致性。无论是认识活动,还是实践活动,都是主体运用一定的中介作用于客体,表现为主体与客体按一定的方式实现的相互作用。

认识活动与实践活动的同构性发生于这两种活动具有同源性。人类从其产生之日起就要解决人与世界的矛盾,正是在不断解决这一矛盾的过程中形成了实践与认识两种基本的活动方式。就直接的目的和功能而言,实践活动是以主体实际地改变、占有客体为目的的活动,认识活动是以主体观念地改变、占有客体为目的的活动,二者是两个不同的目的—功能系统。但是,认识主体不可能脱离实践主体,而且二者本来就是同一个主体。同时,认识客体与实践客体也是一致的,实践指向的对象也必然是认识指向的对象。不仅如此,认识的工具起初是和实践的工具合一的,只是随着认识的功能与实践的功能分化,认识的工具作为专门进行科学研究、科学探索的工具才逐步从实践工具中分离出来,有了相对独立的作用与意义。

认识的主体首先具有社会构成形式。同实践主体一样,认识主体既不是脱离社会的抽象的个人,也不是脱离个人的抽象的社会,而是个人与社会的统一;同实践主体一样,认识主体也有自己的构成形式,即社会主体、集团主体和个人主体。其中,每一种形式都按主体从事认识活动的组织方式而相互区别,同时,这三种形式的主体又相互依赖、相互联系,构成统一的主体认识活动系统。人类的认识活动是由无数个人的认识活动构成的,而任何个人的认识活动又不可能脱离社会的认识活动而单独进行,人的认识活动就是在个人与社会的交互作用中发展的。

在认识结构中,直接担负认识功能的是主体的理性结构。这种理性结构是在前人的社会活动和认识活动的基础上形成的,但它一旦形成就成为一种相对固定的框架或模式,构成后人从事认识活动的前提和准备状态,认识活动总是表现为把原有的认知模式延伸并运用于将要认识的客体。所以,主体的理性结构决定着主体从不同的层次、不同的角度加工、整理客体的信息,并对客体的含义、意义作出自己的解释。主体的理性结构不同,对客体的理解也就会出现差异。不同的主体从同一事物中领悟出不同的含义和意义,从认识论的视角看,主要是由理性结构的差异造成的。

在认识结构中,还有以情感、意志为主,包括冲动、欲望、习惯和本能在内的非理性因素。通常,人们还把认识活动中不能被逻辑思维的概念所包括的心理因素,如想象、直觉、顿悟、灵感等也包括在非理性因素之中。实际上,情感、意志、习惯等不属于人的认识能力,而是作为一种精神力量渗透到人的认识活动中,因而属于非理性因素;想象、直觉、顿悟等则属于人的认识能力,但同理性思维相比,想象、直觉、顿悟等具有非逻辑性、不自觉等特点,因而属于思维的非逻辑形式。在这个特定的意义上,想象、直觉、顿悟等属于非理性因素。情感、意志等非理性要素本身不属于认识能力,不具备观念地把握客体的功能。但是,它们对认识活动的发动或停止,对认识能力的发挥或抑制,往往起着导向、选择、激发和调节的作用。所以,黑格尔认为,"假如没有热情,世界上一切伟大的事业都不会成功"[1],马克思所说,人是"有激情的存在物。激情、热情是人强烈追求自己的对象的本质力量"[2]。

在认识结构中,客体是被主体认识活动所指向的客观对象。认识客

---

[1] [德]黑格尔:《历史哲学》,王造时译,生活·读书·新知三联书店1956年版,第62页。
[2]《马克思恩格斯全集》第42卷,第169页。

体与认识主体是相互规定的。纯粹的自在意义上的客观事物,当它没有同人发生认识与被认识的关系时,还不是认识客体。只有进入人的实践活动和认识活动范围内的客观事物,才能成为认识的客体。认识客体与实践客体具有同一性。实践的客体,即自然形式的客体、社会形式的客体和精神形式的客体也是认识的客体,它们构成了统一的、发展着的认识客体系统。认识客体以自己的多种属性、多层结构、多重关系制约着主体对它的认识,不仅决定了主体对它的认识不能一次完成,而且也决定了主体对它进行认识的"程序"和"规则"。因此,"认识是思维对客体的永远的、无止境的接近"[①],是一个由不知到知,由较肤浅的知到较深刻的知,由较片面的知到较全面的知的无限发展过程。

如果仅有认识主体与认识客体,还不能进行现实的认识活动,在认识的主体与客体之间还有一个把二者联系和沟通起来的中介,这就是以各种形式的认识工具为要素,包括运用这些工具的程序和方法在内的认识中介系统。认识的中介是人们的认识活动发展水平的客观标志,并决定着人们认识活动的基本方式。

从构成要素看,认识中介主要由物质性认识工具和知识性认识工具所组成。

物质性认识工具是,主体以观念方式把握客体时所凭借的物质手段或物质条件。物质性认识工具是逐步产生和发展起来的。原始人没有专门的认识工具,实践工具同时也执行着认识工具的功能。随着实践活动和认识活动的发展,从实践工具中逐渐分化出专门进行认识活动的工具,如作为感觉器官放大和延长的感知工具(望远镜、显微镜等),作为思维器官延伸的思维工具(手动的、机械的、电子的计算器等)。在当代,认识工具的发展越来越精密,越来越专门化,越来越自动化,如遥感技术、电子计算机、互联网的出现,使人的认识活动进入一个全新的时代。

知识性认识工具是以观念形态存在的观测框架和思维框架。前者是

[①]《列宁全集》第55卷,第165页。

指观测客体的时空构架,后者是指进行思维的概念体系、思维方式等。在知识性认识工具中,语言符号起着极其重要的作用。无论是感性认识,还是理性认识,认识活动都是主体从客体中获取信息、加工信息、传输信息的过程。但是,移入人脑中的客体信息必须取得一种适合主体需要,能为主体思维所把握和操作的恰当表现形式。这种恰当的表现形式就是语言符号。语言符号是人所特有的认识工具,它首先是指称一定的客体、表达一定客体的意义,是客体意义的"代码",即以符号的形式对客体的意义所作出的约定俗成的共同规定。

语言符号的运用使认识主体与客体之间的信息变换成为可能。在认识活动中,主体首先通过认识工具以及感官的作用,把客体的信息转化为被主体的感官所接受的信息。问题在于,如果客体向主体发出了某种信息,而主体没有相应的语词来表征这一信息,那么,主体就不能把客体的这一信息分离、提取和接收过来。可见,语词作为表达客体信息的基本单位,在主体与客体信息变换的过程中起着信息规范和信息约束的作用。一旦客体的信息被某一语言符号确定下来,客体的信息就转化为代码信息。此时,语言符号就代替了具体事物,人们由此可以对客观事物进行思维加工,从而达到对客观事物的观念把握。

语言符号是认识主体进行思维操作的有效形式。语言符号是抽象概念的物质载体,一系列的符号单元(符号元素)代表着客体的多种规定及其关系。运用语言符号可以把具有许多规定的客体在思维中分解开来,以编码的方式对这些代表一定信息内容的语言符号进行思维操作,并进而通过对符号单元的联系、组合来再现具有许多规定的具体客体。进一步说,人们根据符号的意义,按照一定的逻辑规则和逻辑程序,对符号单元进行组合、再组合,建立起一种具有严密逻辑结构的意义符号系统,就会形成关于客体的知识、理论。由语言符号所表达的概念、范畴是对事物共性的抽象和综合,它是人们进行逻辑思维的基本单元,人们利用表达概念的语言符号进行逻辑推演,就会使思维从抽象规定深化到思想总体,从而从理论上再现事物的内在联系。

语言符号是表达和交流认识成果的根本形式。认识不仅表现为主体对客体信息的编码、组合等逻辑推演的活动,而且人们通过语言符号使思想获得了共同的表达方式,从而使认识超出了个体经验的狭隘范围,通过语言符号的表达和交流取得了社会的、公共的形式。语言符号,尤其是书面语言,是人的认识的独特的物质表现形式,是人的知识的存在形式。随着语言符号,尤其是书面语言的发展,人类形成了一个特有的世界,这就是波普尔所说的"客观知识世界",即以各种形式表现出来的对象化、客观化的知识世界。具体地说,人类的个体会死亡和消失,但个体所取得的认识成果由于语言文字的记载而进入"客观知识世界",从而得以保存、延续和发展。这就是说,语言符号是人们表达认识成果和交流认识成果的基本手段,是人类认识成果得以保存、延续和发展的基本手段。

无论是物质性工具,还是包括语言符号在内的知识性工具,其共同特点是,它们既是主体活动的产物,又是主体进一步认识客体的手段。主体的活动越发展,这些工具就越发达,主体观念地把握客体的能力因此也就越强。所以,认识的中介是连接主体与客体,并在主体与客体之间往返流动的一个"变量"。认识的主体与客体通过认识的中介(工具)联系和整合在一起,构成了一个动态发展的认识活动系统,从而不断实现主体以观念方式把握客体,即能动地反映客体的职能。

认识以主体与客体为两极、以工具为中介这一基本结构,在任何时代都是共同的、不变的。但是,在不同的时代,认识结构的容量却有很大的差别。人类历史越是往前追溯,认识结构的容量就越狭小。随着人类实践活动、认识活动的发展,认识工具越来越发展,越来越专门化、精密化、多样化,认识客体也随之不断扩大,认识结构在容量上也就不断扩大。在当代,人类认识活动一方面指向宇观层次的类星体,另一方面又深入到微观层次的微观粒子;一方面"在地看天",看到百亿光年以上的遥远天际,另一方面又"从天观地",感知地球上人迹未到的角落……从而极大地拓展了人们的认识空间。

更重要的是,主体不仅不断地把外部的自在存在的事物纳入认识活动中,而且通过自己所特有的对象化的活动,使客体成为自己对象化活动的产物。这种"对象化的产物"既是前人活动的结果,又成为后人的认识活动的对象,即成为主体认识活动的客体。这就是说,主体通过对象化的活动不断地创造着认识客体,同时,不断地提高自身的本质力量,包括认识能力。在这种主体与客体相互作用的过程中,认识结构在量上不断扩大,在质上不断更新,相对独立性不断增强。

七、认识主体与客体的相互作用及其特征

在认识活动中,主体以观念方式把握客体,从而实现对客体的能动的反映。这就决定了认识活动中的主体与客体的相互作用和实践活动中的主体与客体的相互作用既有联系,又有区别。认识活动中主体与客体的相互作用具有自身特点。

其一,在认识活动中,主体与客体的相互作用以信息的相互作用为本质特征。

在认识活动中,主体以认识客体(对象)为目的,二者之间是认识关系。认识关系的特点在于:客体以信息的形式进入人的大脑取得了观念的形态,而主体则通过这种形式从客体中获得了观念的内容,即认识了对象。可见,在认识结构中,主体、客体、中介(工具)是围绕着信息相互作用的关系组成一个整体的。客体是信息源,是信息的发出者;主体是信息的收集和加工者;中介则是为了帮助主体促使客体释放信息,或帮助主体加工、操作信息。

在这种信息的相互作用中,认识主体与客体之间的作用是双向的:一方面,客体的属性和规律的信息进入主体的头脑,被主体的意识所反映,意味着客体对主体的意识产生了影响,是客体作用于主体的结果;另一方面,主体在反映客体的同时,也就在观念地改造着客体,这不仅表现为主体接受客体的信息,并把客体的信息改变为主体所特有的思维形式和内容,而且表现为主体在处理客体的信息过程中形成改造客体的目的、计

划、办法等实践观念。因此,主体与客体在认识活动中是通过中介的作用,以信息的形式相互作用的。

认识主体与客体之间信息的相互作用,不能脱离物质、能量的相互作用而单独进行,它总要受到物质的相互作用的制约。例如,认识主体运用一定的仪器作用于客体,其目的是从客体中获取有用的信息,而运用仪器作用客体的过程就是物质、能量和信息三者统一的过程。只不过此时运用认识工具"改造"客体并不是为了以物质的方式占有客体,满足主体的物质需要,而是为了激发客体释放信息,即为了以观念方式把握客体。因此,在认识活动中,主体与客体之间的相互作用包含着物质、能量和信息的相互作用,同时,这种相互作用是以信息的相互作用为本质特征的。认识主体的能动性在此就表现为尽可能地使用一切方法和手段,使这种信息的相互作用得以实现和完成,从而达到认识客体(对象)的目的。

其二,在认识主体与客体的相互作用中,主体既具有能动性,又具有受动性,是能动与受动的统一。

在认识活动中,主体与客体的关系是以认识为目的而发生的相互作用的关系,但这种相互作用的关系不是自然形成的,主体对这种关系的形成起着决定性作用。从一定的意义上说,客体是主体选择和设定的结果。主体只有通过能动的活动,把物质存在的某一部分、某一层次、某一要素纳入到认识范围内,同主体结成相互作用的关系,才能认识这种客观对象。这是认识主体的能动性的第一个表现。

主体通过认识工具对客体施加作用和影响,这是认识主体能动性的第二个表现。如同在实践活动中一样,在认识活动中,主体也不是仅仅凭借自身有限的自然力去作用于客体,而是利用工具作为自身自然器官的放大与延伸,极大地提高了与客体发生相互作用的广度和深度。正因为主体以工具为中介积极作用于客体,才使得认识主体与客体之间的信息的相互作用得以实现。

认识主体不仅要以一定的方式激发客体释放信息,而且还要在思维中加工、整理这些信息,通过思维操作形成客体的观念模型来认识客体。

主体通过思维操作对客体的这种建构或重构,是认识主体能动性的第三个体现。主体对客体信息的思维操作是认识形成的决定性条件。没有这一环节,主体观念把握客体的目的就不可能实现。

马克思主义哲学在确认认识主体在同客体相互作用中主导、能动的方面的同时,又确认认识主体在同客体相互作用中的受制约、受动的方面。认识主体的活动要受到客体的限制与约束。认识的客体是客观存在物,有其自身存在和发展的规律。当认识主体凭借认识工具作用于客体时,认识工具的选择与运用应当也必须适应客体的性质和状态,否则,就达不到激发客体释放信息的目的。同时,主体认识能力的发挥与运用,必须以认识和遵循客体自身的规律为前提。认识的目的就是要正确地反映客体的属性、状态、关系、本质和规律,主体对客体信息的能动加工、建构都是为了观念地再现客体,使主观思想正确反映客观存在,即形成按事物的本来面目反映事物的认识。恩格斯在谈到马克思主义哲学创立时指出:"同黑格尔哲学的分离在这里也是由于返回到唯物主义观点而发生的。这就是说,人们决心在理解现实世界(自然界和历史)时按照它本身在每一个不以先入为主的唯心主义怪想来对待它的人面前所呈现的那样来理解;他们决心毫不怜惜地抛弃一切同事实(从事实本身的联系而不是从幻想的联系来把握的事实)不相符合的唯心主义怪想。除此以外,唯物主义并没有别的意义。"[①]这表明了认识客体对主体的制约性,即表明认识主体的受动性。认识主体是能动性与受动性的矛盾统一体。

其三,在认识主体与客体的相互作用中渗透着实践关系、价值关系。

认识的主体是人,但不是纯粹的生物学意义上的人,而是处在一定社会关系中的社会的人,是从事改造世界活动的实践着的人。认识主体首先是实践主体,人的认识能力是在实践中形成发展起来的;认识客体同实践客体也紧密相关,绝大部分认识客体本身就是主体实践改造着的对象,一些认识客体(如天文观测的对象等)尽管目前还尚未纳入实践改造的范

[①]《马克思恩格斯选集》第4卷,第242页。

围,但其作为人类活动指向或探索的对象,总是这样或那样地同人类的总体实践活动相关联。因此,主体与客体之间的认识关系并不是外在于主体与客体之间的实践关系的,相反,认识关系形成于实践关系,并渗透着实践关系。

认识主体与客体之间的相互作用,除了受实践关系的制约以外,还渗透着主体与客体之间的价值关系。价值关系是主体与客体之间的利益关系,即主体对客体的需要与客体满足主体需要之间的关系。在主体与客体的价值关系中,客体是作为价值的承担者,即能够满足主体某种物质或精神需要的物质载体而出现的。但是,"物"只有在同主体的一定的关系中才能成为价值的客体,同时,主体也只有把从自己的某种需要出发,把一定的客体实际地设定为价值对象的时候,才能成为价值的主体。价值关系一旦形成,又反过来制约和影响人的认识活动,并渗透在认识关系中。作为主体活动的内在尺度,主体的价值观念对于主体认识活动的方向性、选择性及其过程具有调节、控制作用。

总之,在主体与客体之间的关系中,实践关系决定认识关系,但认识关系又具有相对独立性并反作用于实践关系;同时,认识关系又渗透着实践关系、价值关系,实践关系对认识关系起着决定作用,价值关系对认识关系起着制约作用。

八、认识:感性直观与理性思维的统一

把人的认识区分为感性直观与理性思维两种形式,既有主体的依据,也有客体的依据,主体认识结构与客体自身结构的一致性是感性直观与理性思维相统一的客观基础。

从认识的主体来说,人具有以感觉器官为"门户"、以大脑为中心的反映系统,其中,眼、耳、鼻、舌、身是心灵的"窗户",是大脑与外部世界相联系的"通道"。人要认识客观世界,首先必须通过感觉器官接触对象,接受对象的刺激,获取对象的信息。然后,大脑接受从感觉器官传递过来的关

于对象的信息,并以此为基础进行思维加工和操作。因此,人必须具有对外部世界感性直观的能力,必须先经过感性直观的形式才能认识对象。

但是,感性直观所获得的只是个别的、形象的认识,它不能给主体提供具有普遍性、必然性的认识,因而不能给主体的实践活动提供普遍性、必然性的尺度。因此,人们还必须凭借抽象的思维对生动的直观进行逻辑加工,这就产生了人们理性思维的认识形式。作为认识主体,人所具有的这种感官于"外"、大脑于"内"并相互联系的认识结构,不仅决定了人必须具有感性直观与理性思维这样两种相互联系的认识形式,而且决定了认识的程序也必然是先有对客体的感性直观,然后才有对客体的理性思维。感性直观与理性思维是认识主体的两种不可缺少的认识形式,认识既表现为感性直观与理性思维两种形式的分化与统一,又表现为先感性直观、后理性思维、从感性直观上升为理性思维的发展过程。

从认识的客体来说,任何一种客体都既有显露于外的形象和形态,也有深藏于内的本质和规律。其中,客体的外部形态直接和主体的感官相接,它刺激主体的感官并引起主体的感觉和知觉,这是人们认识外部对象的起点。换言之,人们反映对象的最初形式必然是感性直观。但是,感性直观不能揭示事物的本质和规律,人们只有以现象为先导并透过现象才能认识和把握这种本质和规律。"如果事物的表现形式和事物的本质会直接合而为一,一切科学就都成为多余的了。"①因此,对客体进行深层揭示和深刻把握的要求推动人的认识由感性直观上升到理性思维。客体的特性决定了人的反映方式必然是先现象、后本质,从感性直观到理性思维的认识程序。

感性直观与理性思维是统一的。这种统一,同认识主体系统的统一和认识客体系统的统一直接相关。主体是感觉器官和思维大脑的统一,客体是外在现象和内在本质的统一,这两个系统的对应及其统一,决定了人的认识必然是感性直观与理性思维的统一。

---

① 《马克思恩格斯全集》第25卷下,第923页。

人的感性不同于动物的感性,人的感性是有理性参与其中的感性,这不仅使人的感性直观成为人所特有的反映对象的方式,而且使这种感性直观产生了向理性思维发展的可能性。当人们感觉到一个对象的时候,这个感觉并不是动物式的纯粹的感觉,而是包含着理性的感觉,并始终受到理性思维的制约。同时,主体的知识结构、价值观念等无不渗透并影响着人的感性直观。荀子就认为,人的理性思维,即"心"对感觉器官的活动有支配的作用。在荀子看来,如果仅仅有感觉器官而"心不传焉",则"白黑在前而目不见,雷鼓在侧而耳不闻"。在现实生活中,有不同知识背景和思维能力的人,在对同一对象进行"感性直观"时,之所以得到不同的结果,一个重要的原因,就是理性思维对感性直观的制约作用。

同时,人的感性直观是有语言参与,并需要用语言来表达和交流的,而语言是理性思维的元素,具有概括的功能。当人们用语言来表达感性直观时,感性直观就已经不知不觉地和理性思维纠缠在一起了。当人说出"这朵玫瑰花是红色的"时候,他已经把对玫瑰花的感觉同一种具有普遍性特征的颜色(红色)结合起来,使个别的感觉具有了同一般相联系的含义。尽管此时的认识还停留在具体的、生动直观的水平上,但这种具体的、生动直观已经具有了潜在的共性、一般性。这表明,人的感性直观在任何时候都不是没有理性思维参与的纯粹的感觉,而是和理性思维密切联系,并渗透着理性思维因素的。

人的理性思维也不能脱离人的感性直观。如果说感觉无思维则"盲",那么,思维无感觉则"空"。人的理性思维不仅要以感性直观为基础,而且感性直观始终参与理性思维之中。理性思维以抽象普遍性的方式把握对象,但这种把握不可能通过大脑对对象的理性"直觉"而形成。如前所述,一方面,人只能以感官接触对象,而不能以理性直接接触对象;另一方面,对象暴露给认识主体的只是它外显的状态、现象,二者的对应决定了理性思维对对象的认识方式必须以感觉为中介,始终是间接的。感性直观是认识的起点,也是主体与客体直接联系的中介。不仅人的理性思维要以感性直观为基础,而且理性思维的运作过程也有感性直观的参与和渗透。理性思维是抽象的,但抽象的理性思维往往要借助直观的形象来进行概括和表达。在抽象的理性思维过程中,抽象与具象不可分割地联系在一起,如狭义相对论是高度抽象的物理学理论,可是,"爱因斯坦火车"的思想实验又有生动的感性具体性,它是思维抽象与感性具象的有机结合。

人的理性思维尽管表现为一种抽象和概括,即通过概念进行判断和推理,但这种抽象的思维活动也必须具有一定的感性的形式,需要借助于具有感性直观性的符号、语言才能进行。就本来的意义来说,符号和语言是一种抽象、概括;就形式来说,符号和语言又是一种具有感性的直观性。理性思维总要借助于一定的符号,这种符号无论是说出的声音,还是画出的图形,抑或写成的文字等,都具有感性直观的形式,这种感性直观的形式既是思维的载体,也是思维交流的工具。

可见,感性直观与理性思维是人以观念方式把握世界的两种基本的认识形式,二者作为不同水平的认识形式存在着低级和高级的区别,但二者又是统一的、不可分割的认识形式。在人的认识活动中,感性直观与理性思维密切联系、相互交织在一起,既没有纯粹的感性直观,也没有纯粹的理性思维,感性直观中包含着理性思维的因素,理性思维中也包含着感性直观的因素,二者的区分是相对的,不应当也不可能把它们截然分开。

认识主体通过感觉器官直接接触客体获取信息的能力,属于人的感性直观能力,由此而形成的认识成果是感性认识。从内容上看,这种认识成果属于主体对客体的外在现象的认识;从形式上看,属于感性直观的形式。感性直观本身包含着相互联系、依次发展的三种基本形式,即感觉、知觉、表象。感觉、知觉、表象这三种形式相互联系、依次发展,共同完成认识主体对客体的"生动的直观"。尽管感觉、知觉、表象有不同的特点,但它们都是以感性直观的方式反映对象,都具有形象性、具体性,因而又有很大的局限性。感性直观属于人的初级的认识形式,形成的只是关于对象的外部现象的认识,即感性认识。

尽管感性直观是一种初级的认识形式,但它同样具有社会(历史)性。

人的感觉器官是把外部世界的信息传输给人脑的信息通道,但这个通道传输什么、不传输什么则取决于人们在社会中形成的感知能力。人的感性直观并不是被动地接受对象的全部信息,而是能动地选择、接受对象的某些信息,同时,又能动地"忽视"对象的某些信息。正如马克思所说,"任何一个对象对我的意义(它只是对那个与它相适应的感觉说来才有意义)都以我的感觉所及的程度为限"①。因此,"对于没有音乐感的耳朵说来,最美的音乐也毫无意义";"忧心忡忡的穷人甚至对最美丽的景色都没有什么感觉;贩卖矿物的商人只看到矿物的商业价值,而看不到矿物的美和特性;他没有矿物学的感觉"。②

之所以如此,是因为人是社会存在物。作为社会存在物,人具有自己的认知定势,而这种认知定势是在既定的社会关系、以往的认识经验的基础上形成的。"所以社会的人的感觉不同于非社会的人的感觉。只是由于人的本质的客观地展开的丰富性,主体的、人的感性的丰富性,如有音乐感的耳朵、能感受形式美的眼睛,总之,那些能成为人的享受的感觉,即确证自己是人的本质力量的感觉,才一部分发展起来,一部分产生出来"③,而人的本质在其现实性上,是一切社会关系的总和。因此,只有"当对象对人说来成为社会的对象,人本身对自己说来成为社会的存在物"时,才能产生"具有丰富的、全面而深刻的感觉的人"④。"五官感觉的形成是以往全部世界历史的产物。"⑤

在既定的社会关系、以往的认识经验的基础上形成的认知定势表现为对当下知觉活动的一种预备或准备的状态。人与感知对象之间不断地、反复地相互作用,就会在人脑中形成一种对某类对象的感知模式。当人们再知觉某一新的对象时,就会把原有的感知模式"延伸"并运用到这个新的对象上,使人在一瞬间就能从整体上感知和把握这个新的对象。

---

① 《马克思恩格斯全集》第42卷,第126页。
② 《马克思恩格斯全集》第42卷,第126页。
③ 《马克思恩格斯全集》第42卷,第126页。
④ 《马克思恩格斯全集》第42卷,第125页。
⑤ 《马克思恩格斯全集》第42卷,第126页。

这就是说,感知模式对感觉材料的组织起着十分重要的作用,在一定意义上可以决定认识主体把客体感知成什么。这表明,人的感性直观并不是在一块"白板"上打上对象的烙印,而是一种社会性的认识活动。

理性思维摆脱了对象的感性具体性和形象性,是对事物本质和规律的认识,包括相互联系、依次发展的三种基本形式,即概念、判断、推理。

从总体上看,理性思维具有三个特征:

第一个特征是抽象性,这是理论思维的本质特征。

感性直观以具体性、生动性、形象性为其基本特征,在感性直观的过程中也有理性思维的参与,但感性直观不需要也不可能形成抽象的概念。与此不同,理性思维所面对的不是直接的感性客体,而是作为感性直观结果的具体。从表面上看,感性具体是生动而丰富的,它把对象的可感属性和形态直接呈现在认识主体面前。但是,由于在感性具体中,真象与假象相混杂,必然性隐匿于偶然性之中,所以,必须凭借理性思维进行抽象,才能分清真象与假象,并透过现象发现本质和必然性。

抽象具有矛盾的特点:一方面,它使认识离开了感性客体,在表面上发生了与客体越来越远的运动;另一方面,由于通过抽象提取和分离出客体的各个方面,由此可以深入而全面地把握客体,从而再现客体本身的隐蔽的、本质的、整体的联系,这又使认识发生了同客体越来越近的运动。正如列宁所说,"思维从具体的东西上升到抽象的东西时,不是离开——如果它是正确的……真理,而是接近真理。物质的抽象,自然规律的抽象,价值的抽象等等,一句话,一切科学的(正确的、郑重的、不是荒唐的)抽象,都更深刻、更正确、更完全地反映自然"[①]。

第二个特征是间接性。

在感性直观中发生的是认识主体与客体的直接的联系,从这个意义上说,感性直观无须通过任何中介。与此不同,理性思维不是直接面对客体,而是直接面对感性直观所形成的关于客体的表象等感性材料。这些

---

① 《列宁全集》第55卷,第142页。

感性材料本身已经是认识主体对客体进行能动加工的结果,理性思维则是对这些结果进行再加工,从而抽象出事物的内在联系,达到对事物本质和规律的认识。马克思指出:"研究必须充分地占有材料,分析它的各种发展形式,探寻这些形式的内在联系。只有这项工作完成以后,现实的运动才能适当地叙述出来。"①这表明,在理性思维中发生的是认识主体与客体的间接的联系。

理性思维的间接性特点,使人的认识获得了相对独立发展的可能性。由理性思维所获得的抽象概念,由概念所形成的判断,由判断所形成的推理,这些逻辑形式的连接、组合、推移就构成了概念的逻辑联系,即概念的辩证运动。"正如从简单范畴的辩证运动中产生出群一样,从群的辩证运动中产生出系列,从系列的辩证运动中又产生出整个体系。"②从根源上说,概念运动是客观世界运动的反映,但概念运动一旦按其固有的逻辑展开,就会成为一个相对独立的系列,形成自身的规律。因此,概念的运动不仅可以和客观世界的运动平行,而且可以走在客观世界的前面,预见客观世界的发展。理性思维基于抽象化而产生的间接性特点,极大地拓展了人的认识空间,使认识具有了自身发展的逻辑和对实践的指导作用。

第三个特征是"理解性"。

感性直观具有明显的信息变换的特征,即把认识客体发出的信息传输和转换为主体头脑中的观念映象,这种感性映象一般不能脱离客体的时间—空间特性。理性思维虽然也包含着信息变换,但它的主要任务是对信息的解读,即对客体的理解。"感觉到了的东西,我们不能立刻理解它,只有理解了的东西才更深刻地感觉它。感觉只解决现象问题,理论才解决本质问题。"③感性直观能把对象的信息传输给大脑,但它不能理解这些信息;理性思维的主要功能就在于理解,形象地说,是"破译"这些信息的含义,而这些含义是不可感知的。如果说认识客体是一本打开在我

---

① 《马克思恩格斯全集》第23卷,第23页。
② 《马克思恩格斯选集》第1卷,第140—141页。
③ 《毛泽东选集》第一卷,第286页。

们面前的书,它的现象是显现在我们面前的墨迹或符号,那么,它的本质就是这些符号所含有的内容。人们只有"破译"这些符号的内容,才能真正认识和把握客体,而"破译"这些符号正是理性思维的理解功能。

感性与理性既是人的认识活动的两种基本形式,又是认识过程的两个基本阶段,认识的发展过程表现为从感性具体到抽象规定,再到思维具体,即"思想总体、思想具体"的过程。

第八章

实践反思与"从后思索"

历史是已经过去的存在,因而在认识历史的活动中,认识主体不可能直接面对、接触认识客体。认识对象的这种特殊性造成了人们认识历史认识活动的特殊性,并使历史认识论的研究遇到了一系列特殊的困难。正因为如此,能否认识历史以及如何认识历史的问题似乎成了现代历史哲学中的"哥德巴赫猜想"。然而,历史唯物主义的实践反思理论与"从后思索法"为我们走出这一理论迷宫提供了一条切实可行的思路。

一、从黑格尔的思辨反思到马克思的实践反思

历史发展的形式总是由片面到全面。"历史发展总是建立在这样的基础上的:最后的形式总是把过去的形式看成是向着自己发展的各个阶段,并且因为它很少而且只是在特定条件下才能够进行自我批判,——这里当然不是指作为崩溃时期出现的那样的历史时期,——所

以总是对过去的形式作片面的理解。"①正是这种历史发展的片面性造成人们认识历史的片面性。

问题在于,适应历史发展片面形式的范畴体系往往成为一种思维定势,成为一种"客观的思维形式",统治着人的思维。于是,随着历史发展由"片面"到"全面",就要反思、批判并打破原有的范畴体系,建立新的适应历史的全面展开形式的范畴体系。从根本上说,新的范畴体系对旧的范畴体系的批判是实践活动不断发展的产物,因此,必须把反思置于实践发展基础之上来考察。

在哲学史上,黑格尔对反思作了深刻而全面的论述。按照黑格尔的观点,"反思以思想的本身为内容,力求思想自觉其为思想"②。这就是说,反思的对象是思想,反思是对思想本身进行认识,即以思维为对象的思维形式。反思的作用就在于,它不断使思维本身"过渡",形成"自己构成自己"的运动,因而构成了思维发展中的"绝对的积极的环节",即思维的辩证否定环节。

作为思维运动的"过渡"或中介,反思在不同层次上的运行有其不同的表现形式。黑格尔的《逻辑学》分为"存在论""本质论"和"概念论"。在这三个层次中,反思的运行都不一样。以"本质论"为例。在"本质论"中,不同范畴通过反思连成一体。换言之,"本质论"中的各种规定都是反思的规定。"本质的观点一般地讲来即是反思的观点。反映或反思(Reflexion)这个词本来是用来讲光的,当光直线式地射出,碰在一个镜面上时,又从这镜面上反射回来,便叫做反映。在这个现象里有两方面,第一方面是一个直接的存在,第二方面同一存在是作为一间接性的或设定起来的东西。"③只有当存在向本质发展、直接性向间接性发展时,反思才出现。因此,黑格尔认为,在"本质论"中,各种思维规定都是由反思发掘

---

① 《马克思恩格斯选集》第2卷,第23—24页。
② [德] 黑格尔:《小逻辑》,贺麟译,商务印书馆1980年版,第39页。
③ [德] 黑格尔:《小逻辑》,贺麟译,第242页。

出来,并且被反思固定下来的,"本质的观点一般地讲来即是反思的观点"①。可见,反思在不同层次上有不同的表现形式。

作为思维运动中的中介,反思本身也要被扬弃,从而形成思维的整体运动。以"概念论"为例。到了"概念论",反思本身又被扬弃。此时,本质经过反思的中介进入间接性。按照黑格尔的观点,概念是存在与本质的统一。因此,黑格尔又从两个方面来分析反思:"第一,反思规定是建立起来之有,即否定本身;第二,反思规定是自身反思。"②这里,产生双重关系,即作为"建立起来之有"的反思是否定;"作为自身反思,它又是这个建立起来之有的扬弃,是无限的自身关系"③。

这就是说,反思是对直接存在的否定,而思维自己无限的运动又是对这否定的否定,即对否定自身的反思。经过这样的运动,反思既包含了直接性,又包含了间接性;既包含反思他物,又包含反思自身;既是向外映现,又是向内映现。同时,这一过程又是作为中介环节的反思向"整体反思"发展的过程。

黑格尔对反思理论的贡献就在于:揭示了反思这一特定思维形式的对象,即以思维为对象;揭示了反思在思维发展中的中介环节作用,即辩证否定在思维中的具体体现;揭示了反思的不同形态,并按思维"自己构成自己"的历史线索,把它们由低级到高级联系起来。当然,黑格尔对思维的反思只是在纯思辨领域中进行的。

马克思的实践反思理论是对黑格尔的思辨反思理论进行唯物主义改造的产物。按照马克思的观点,思维的反思是由实践发展所决定的,它的活力主要来自实践,而方向是"与实际发展相反的",即"对人类生活形式的思索,从而对它的科学分析,总是采取同实际发展相反的道路。这种思索是从事后开始的,就是说,是从发展过程的完成的结果开始的"④。马克

---

① [德] 黑格尔:《小逻辑》,贺麟译,第 242 页。
② [德] 黑格尔:《逻辑学》下卷,杨一之译,商务印书馆 1982 年版,第 25 页。
③ [德] 黑格尔:《逻辑学》下卷,第 26 页。
④ 《马克思恩格斯全集》第 23 卷,第 92 页。

思对反思理论的最大贡献,就是打破了反思的神秘性,使其从抽象的思辨王国回到现实的人的实践活动,成为"当作实践去理解"的一个环节。

马克思实践反思理论中的反思又是在自我批判的基础上的批判。在马克思看来,真正的反思是在自我批判基础上的批判。"基督教只有在它的自我批判在一定程度上,可说是在可能范围内完成时,才有助于对早期神话作客观的理解。同样,资产阶级经济学只有在资产阶级社会的自我批判已经开始时,才能理解封建的、古代的和东方的经济。"① 这就是说,反思是实践和主体发展到一定程度后,在进行自我批判基础上形成的一种批判形式,只有这种反思才具有"客观的理解"的意义。使反思扎根于实践活动和主体发展,这是历史唯物主义的深刻之处。

思维是按一定的逻辑规则运行的,正是在这个过程中,形成了特定的"思维框架""思维定势""思维圈",这些"框架""势""圈"本身又产生了排他性,拒斥不符合自身思维要求的信息。但是,思维本身又只能从有限出发来把握无限,一旦形成了这些"框架""势""圈",思维自己就陷入单一化、直线化。更重要的是,思维在自己的"框架""势""圈"里无法打破自己,因而在面对新的信息时,就产生了"思维盲区""无知境界""悖论",陷入不可解决的矛盾之中。

马克思曾概括性地谈到过这一问题:"在人类历史上存在着和古生物学中一样的情形。由于某种判断的盲目,甚至最杰出的人物也会根本看不到眼前的事物。后来,到了一定的时候,人们就惊奇地发现,从前没有看到的东西现在到处都露出自己的痕迹。"② 这种"判断的盲目"就是由思维前提的局限性、推理的程式化造成的。这就是说,一旦陷入特定的"思维框架"内,就会产生"思维盲区",从而产生一定的"判断的盲目","根本看不到眼前的事物",即无法正确理解新的信息。

思维框架、思维定势、思维圈是一个相互联系的过程。"思维框架"概

---

① 《马克思恩格斯选集》第 2 卷,第 24 页。
② 《马克思恩格斯选集》第 4 卷,第 579 页。

念是由恩格斯首次提出的,其意是指思维运行的空间,它像脚手架一样,规定着思维的视野、思维的容量、思维的深度。任何思维都是在一定的框架中进行的,思维框架规定着思维的界限,这种思维的界限也就是我们现在所说的"思维圈";从思维框架到思维圈经过"思维定势"的中介。所谓思维定势,是指思维向着某种"完整性""稳定性"的运动,是在一定思维框架中产生的思维必然如此运动的过程。思维定势的形成标志着思维圈的形成和思维方式的定型化。

正是由于思维运行的这些特点,思维本身的发展必然要求反思思维。反思的重要性就在于,它沿着"问题"展开思维的批判性和创造性,否定原有的思维框架、思维定势、思维圈,并形成新的思维框架、思维定势、思维圈。这里,已经显示出反思在思维运动中的重要性。黑格尔把反思称为思维"自己运动和生命力的内部搏动的否定性",认为反思是思维的"绝对积极的环节",确实极其深刻。反思集批判性与创造性于一身,是思维中的辩证否定的具体体现。没有反思,就没有思维的自我运动。反思因此成为一项独立的思维形式。

马克思的实践反思理论是对黑格尔的思辨反思理论的扬弃,具有独特的理论特征。"如果这些个人的现实关系的有意识的表现是虚幻的,如果他们在自己的观念中把自己的现实颠倒过来,那末这还是由他们的物质活动方式的局限性以及由此而来的他们狭隘的社会关系所造成的。"① 这就是说,实践发展的实际形式决定反思的形式,反思的局限性导源于物质活动方式的"局限性"、社会关系的"狭隘性"。研读历史唯物主义的文本可以看出,马克思通过对"劳动"这一范畴历史理解形式的分析,说明了反思是实践基础上的反思。

首先,马克思通过对亚里士多德的"劳动"范畴的分析,说明了反思是实践基础上的反思。

亚里士多德是最早对价值形式做出分析的思想家,他正确地看到"五

---

① 《马克思恩格斯全集》第3卷,第29页。

张床＝一间屋"可以转化为"五张床＝若干货币"。然而,亚里士多德到此却止步不前了,认为"没有等同性,就不能交换;没有可通约性,就不能等同"。所以,亚里士多德一方面认识到"五张床＝一间屋"存在着"等同性",另一方面又认为,"实际上,这样不同种的物是不能通约的"。①

造成这一结果的直接原因,是因为亚里士多德缺乏"价值概念"。亚里士多德生活在以奴隶劳动为基础的古希腊社会,这种社会的片面形式使他不能形成相等的劳动概念,只能产生人类劳动不平等的观念。"他所处的社会的历史限制,使他不能发现这种等同关系'实际上'是什么。"②社会实践的片面形式产生片面的观念,即使亚里士多德这样的思想家也在所难免。

其次,马克思通过对劳动范畴的历史考察,说明了反思是实践基础上的反思。

按照马克思的观点,"劳动"本身是古老的,但真正把握"劳动"的意义的,却是现代社会。这一过程大致有五个阶段:(1)货币主义把财富看成是完全客观的东西,看成是存在于货币中的物;(2)重工主义和重商主义把财富的源泉从客体转到主体活动中,即工业劳动与商业劳动;(3)重农学派则把作为劳动的一定形式的农业看作是创造财富的唯一形式;(4)亚当·斯密做出进一步抽象,"干脆就是劳动,既不是工业劳动,又不是商业劳动,也不是农业劳动,而既是这种劳动,又是那种劳动"③,从而抽象出"劳动一般",确立了劳动价值论;(5)马克思在"劳动价值论"的基础上第一次对"劳动"与"劳动力"这两个概念做出区分,指出劳动是劳动力在生产过程中的使用,而劳动力是存在于人体中的智力与体力,从而揭示出资本的存在是以剥夺劳动者的生产资料,并使劳动力成为商品为前提的,从而创立了剩余价值理论。

就劳动与价值的关系而言,这里存在着抽象发展的五个层次:纯客体

---

① 《马克思恩格斯全集》第49卷,第160页。
② 《马克思恩格斯全集》第23卷,第75页。
③ 《马克思恩格斯选集》第2卷,第21页。

→主体活动→某种形式的劳动→劳动一般→劳动与劳动力的分离、剩余价值、资本。这五个层次又始终存在着两个方面:一是实践本身的发展;二是对前边的已经形成的抽象进行反思、批判,即重工主义、重商主义对货币主义的批判,重农主义对重工主义、重商主义的批判,亚当·斯密对重农主义的批判,马克思对亚当·斯密的批判。

其中,实践的发展始终是反思、批判的前提和基础。正如马克思所说:"最一般的抽象总只是产生在最丰富的具体发展的场合,在那里,一种东西为许多东西所共有,为一切所共有。这样一来,它就不再只是在特殊形式上才能加以思考了。"①这里,马克思实际上指出了实践反思的根本特征:一是"最一般的抽象"产生于被抽象的对象已经具有"最丰富的具体的发展"形式;二是"最一般的抽象"是从"特殊形式"上升到"普遍形式"的过程。

在马克思看来,只有在下列条件下才能做出"劳动一般"的抽象:其一,"对任何种类劳动的同样看待,以各种现实劳动组成的一个十分发达的总体为前提,在这些劳动中,任何一种劳动都不再是支配一切的劳动"②,其二,"对任何种类劳动的同样看待,适合于这样一种社会形式,在这种社会形式中,个人很容易从一种劳动转到另一种劳动,一定种类的劳动对他们说来是偶然的,因而是无差别的"③。

因此,劳动"这个被现代经济学提到首位的,表现出一种古老而适用于一切社会形式的关系的最简单的抽象,只有作为最现代的社会的范畴,才在这种抽象中表现为实际上真实的东西"④。这就是说,只有在劳动形式全面展开的现代资本主义社会,才能做出"劳动一般"的抽象。这就是问题的本质。

但是,马克思并不是直线地看待实践与思维之间关系的。在马克思

---

① 《马克思恩格斯选集》第2卷,第22页。
② 《马克思恩格斯选集》第2卷,第22页。
③ 《马克思恩格斯选集》第2卷,第22页。
④ 《马克思恩格斯选集》第2卷,第22页。

看来,思维随着实践的发展而发展,但由于思维运动有自身的特殊性,所以,又产生了一个思维的反向运动,即思维从高级阶段反过来认识低级阶段。只有立足于展开了的具体范畴,才能深刻地把握简单范畴,高级范畴形成的过程同时又是使低级范畴"变形"的过程。换言之,思维发展有自身的相对独立性,只有抓住"人体解剖对于猴体解剖是一把钥匙"这一问题的关键,才能更深刻理解反思的重要性。

范畴的发展是一个范围不断扩大、层次不断形成的过程。在马克思看来,这里的关系应该是这样的:"简单范畴是这样一些关系的表现,在这些关系中,较不发展的具体可以已经实现,而那些通过较具体的范畴在精神上表现出来的较多方面的联系或关系还没有产生,而比较发展的具体则把这个范畴当作一种从属关系保存下来","比较简单的范畴可以表现一个比较不发展的整体的处于支配地位的关系或者一个比较发展的整体的从属关系,这些关系在整体向着以一个比较具体的范畴表现出来的方面发展之前,在历史上已经存在"。① 这里,出现六个范畴:(1)简单范畴;(2)不发展的具体(整体);(3)比较简单的范畴;(4)比较不发展的具体(整体);(5)比较具体的范畴;(6)比较发展的整体。这六个范畴之间存在着横向对应关系,即简单范畴——不发展的整体;比较简单的范畴——比较不发展的整体;比较具体的范畴——比较发展的整体。同时,这六个范畴之间又存在着从纵向的独立到"从属"的关系,即简单范畴→比较简单的范畴→比较具体的范畴;不发展的整体→比较不发展的整体→比较发展的整体。马克思认为,"在这个限度内,从最简单上升到复杂这个抽象思维的进程符合现实的历史过程"②。换言之,逻辑与历史是一致的。

问题在于,仅仅停留在逻辑与历史一致的水平上,并不能完全说明逻辑本身发展的特殊性。更重要的是,在认识由低级向高级发展中存在着

---

① 《马克思恩格斯选集》第 2 卷,第 20 页。
② 《马克思恩格斯选集》第 2 卷,第 20 页。

"变形"和"反过来思"的过程。这就是,从简单范畴向比较简单的范畴,再向比较具体的范畴演化是一个特殊的结构变形过程。在这个过程中,简单范畴成为较具体范畴的从属因素,成为更高层次系统内的一个要素、构成部分;而较高层次的具体范畴又改变着原先较低层次的简单范畴的比重和结构。

如同实践的发展一样,在范畴发展中也存在着一种"普照的光",这种"普照的光"决定着概念的结构,这种概念结构支配着以前的概念结构。正如马克思所说:"这是一种普照的光,它掩盖了一切其他色彩,改变着它们的特点。这是一种特殊的以太,它决定着它里面显露出来的一切存在的比重。"[①]因此,在历史唯物主义的理论体系中,范畴的次序不是按它们在历史上起决定作用的先后次序来安排的,而是"倒过来"安排的。新的概念结构、"较具体的范畴"总是对原有概念结构进行批判,改变着原有概念结构各要素的比重、地位,使之从属化。

通过范畴发展中的这种正向与反向的运动,我们也就不难理解马克思为什么提出,关于人类生活形式的思索及科学分析,总是从"事后",从"发展过程的完成的结果"开始。之所以要从"事后",从"发展过程的完成的结果"开始,是因为"后面"已经不同于"前面","完成"已经不同于"开始",这里已经发生了结构、本质和整体上的飞跃。如果从"前面"和"开始"出发,就会局限于"前面"和"开始"所遵循的"简单范畴"和"不发展的整体"之内,思维在这一思维圈内无法使自身上升到"比较具体的范畴"和"比较发展的整体"。所以,思维的行程要倒过来,从"事后",从"完成的结果"出发进行反思。此时,思维就会形成一种批判功能,使原有的概念结构"变形"。

马克思实践反思理论,即历史唯物主义的实践反思理论的重要意义就在于:揭示出反思成为思维中"绝对的积极的环节"的真正原因,即反思是以实践活动的发展为前提和基础的;同时,又揭示出"反过来思"是从

[①]《马克思恩格斯选集》第2卷,第24页。

"发展的结果"出发逆向溯因的过程,是一个重建范畴体系或概念结构的过程,是通过建立新的范畴体系对原有的范畴体系进行批判的过程。历史唯物主义的实践反思理论揭示出思维的正向与反向两个方向的运动,为人们把握历史运动提供了科学的方法。

二、"从后思索"法:认识历史的根本方法

在历史认识论中,实践反思理论便具体化为"从后思索"法。"从后思索"法,是马克思在《资本论》中分析商品拜物教的性质及其秘密时提出来的。按照马克思的观点,商品早在古亚细亚和古希腊罗马社会中就已经存在了,并"取得了社会生活的自然形式的固定性",但是,人们对商品的科学认识却是在"后来",即资本主义社会中才获得的。究其原因,这是因为,商品生产在古亚细亚和古希腊罗马社会中"处于从属地位",而在资本主义社会中却占统治地位,并达到了"典型的形式"。

由此,马克思明确地提出了"从后思索"法,即"对人类生活形式的思索,从而对它的科学分析,总是采取同实际发展相反的道路。这种思索是从事后开始的,就是说,是从发展过程的完成的结果开始的"①。当《资本论》第一卷译成法文时,马克思又对这段话作了修订:"对社会生活形式的思索,从而对它的科学分析,遵循着一条同实际运动完全相反的道路。这种思索是从事后开始的,是从已经完全确定的材料、发展的结果开始的。"②这两段话没有本质的区别,只是法文版的论述更精确了,并在思索的出发点上增加了"已经完全确定的材料"这一内容。

马克思的"从后思索"法虽然是在分析商品拜物教的性质及其秘密时提出来的,但它却是马克思一贯主张的思维方法,是马克思的历史认识论的根本方法。

---

① 《马克思恩格斯全集》第23卷,第92页。
② [德]马克思:《资本论》(根据作者修订的法文版第一卷翻译),第55页。

在《博士论文》,即《德谟克利特的自然哲学与伊壁鸠鲁的自然哲学的差别》中,马克思就采取了"从后思索"法来分析古希腊哲学,即"从伊壁鸠鲁哲学追溯希腊哲学"。之所以如此,是因为自我意识哲学是古希腊哲学发展的最高形态,"在伊壁鸠鲁派、斯多葛派和怀疑派那里自我意识的一切环节都得到充分表述,不过每个环节都被表述为一个特殊的存在……这些体系合在一起形成自我意识的完备的结构",所以,"这些体系是理解希腊哲学的真正历史的钥匙"①。正因为如此,马克思在研究古希腊哲学时,不是把伊壁鸠鲁之前的这种或那种哲学放在"首位",而是相反,"从伊壁鸠鲁哲学追溯希腊哲学"②。

在《〈黑格尔法哲学批判〉导言》中,马克思认为,1843年的德国社会制度低于当时世界历史水平,这是因为,"在法国和英国行将完结的事物,在德国才刚刚开始","那里,正在解决问题;这里,矛盾才被提出"。③ 用马克思在《资本论》中的话来说就是,"在资本主义生产方式的对抗性质在法英两国通过历史斗争而明显地暴露出来以后,资本主义生产方式才在德国成熟起来"④。

因此,如果仅仅"从德国的现状本身出发"去否定当时的德国制度,依然要犯时代错误。为了正确而全面地把握德国的历史发展,必须从"在法国和英国行将完结的事物",即当时的先进实践出发反过来思索。这同样是一种"从后思索"的方法,即从时代的先进实践出发来理解较为落后民族或国家的发展。

在《1857—1858年经济学手稿》中,马克思明确指出,"作为生产过程的历史形式的资产阶级经济,包含着超越自己的、对早先的历史生产方式加以说明之点","这些启示连同对现代的正确理解,也给我们提供了一把理解过去的钥匙"。⑤ 现实的生产方式之所以包含着对历史的生产方式的

---

① 《马克思恩格斯全集》第40卷,人民出版社1982年版,第195、189页。
② 《马克思恩格斯全集》第40卷,第138页。
③ 《马克思恩格斯全集》第1卷,第457页。
④ 《马克思恩格斯全集》第23卷,第18页。
⑤ 《马克思恩格斯全集》第46卷上,第458页。

"说明之点",对现代的正确理解之所以提供了"理解过去的钥匙",是因为历史的生产方式、过去的社会关系往往以"萎缩"或发展的形式存在于现实社会中。资本主义社会是历史上最发达的生产组织,"社会、历史所创造的因素占优势",社会关系得到了充分发展、充分展现,它或者以"萎缩""残片"的形式,或者以"因素""发展"等形式包含着"早期形式的各种关系","总是在有本质区别的形式上,包含着这些社会形式"①。

"资产阶级社会是最发达的和最多样性的历史的生产组织。因此,那些表现它的各种关系的范畴以及对于它的结构的理解,同时也能使我们透视一切已经覆灭的社会形式的结构和生产关系。""人体解剖对于猴体解剖是一把钥匙。反过来说,低等动物身上表露的高等动物的征兆,只有在高等动物本身已被认识之后才能理解。因此,资产阶级经济为古代经济等等提供了钥匙。"②马克思的这一论述深刻而形象地说明了对历史的科学认识是从"事后"、从"完成的结果"开始的原因所在。

可见,马克思始终认为,只有从现实出发才能找到正确理解历史的"钥匙"。换言之,对于历史认识来说,"从后思索"法具有普遍的意义。所以,马克思指出:对于历史认识来说,"从后思索"是"更为重要"的方法,"也是我们希望做的一项独立的工作"③。这就是说,"从后思索"法是马克思主义的历史认识论的根本方法,或者说,是认识历史的根本方法。

三、"从后思索"法的基本原则

对于历史认识来说,"从后思索"之所以必要,是因为社会发展是从过去到现在,从低级到高级。然而,历史已经过去,在历史认识中,主体无法直接面对客体,人们也无法在实践室中模拟过去的历史,因而对历史的认识也就不可能从过去到现在,从低级到高级。相反,只能采取"同实际运

---

① 《马克思恩格斯选集》第2卷,第23页。
② 《马克思恩格斯选集》第2卷,第23页。
③ 《马克思恩格斯全集》第46卷上,第458页。

动完全相反的道路",反过来思索,即从高级到低级,从现在到过去,逆向溯因。这是认识历史的根本方法。

对于历史认识来说,"从后思索"之所以必要,还因为历史中的各种因素和关系,只有在其充分发展、充分展现后才能被充分认识,而其充分展现后又已经否定了自身,转化为高级的东西了,所以,考察过去的、低级的社会因素和关系反而要以现实的、高级的社会因素和关系为出发点和参照系。例如,对"劳动""劳动一般"范畴的理解就是如此。"对任何种类劳动的同样看待,以各种现实劳动组成一个十分发达的总体为前提。"①马克思的时代,"这个十分发达的总体"的典型,就是美国。"在资产阶级社会的最现代的存在形式——美国,这种情况最为发达。"②"这里,劳动不仅在范畴上,而且在现实中都成了创造财富一般的手段,它不再是同具有某种特殊性的个人结合在一起的规定了。"所以,"劳动""劳动一般""这个被现代经济学提到首位的,表现出一种古老而适用于一切社会形式的关系的最简单的抽象,只有作为最现代的社会的范畴,才在这种抽象中表现为实际上真实的东西"③。

"人体解剖对于猴体解剖是一把钥匙"。低等动物身上表露的高等动物的征兆,反而只有在高等动物本身已经被认识之后才能理解。"在人类历史上存在着和古生物学中一样的情形。由于某种判断的盲目,甚至最杰出的人物也会根本看不到眼前的事物。后来,到了一定的时候,人们就惊奇地发现,从前没有看到的东西现在到处都露出自己的痕迹。"④对于历史认识来说,"从后思索"之所以可能,其客观依据在于:历史虽已过去,但它并没有消失,化为无,而是或者以"残片""因素"的形式,或者以"萎缩""发展"的形式,或者以"变形""遗物"的形式,存在于现实社会中。现实是历史的延伸,历史往往平铺在一个社会截面上。所以,透过现实社

---

① 《马克思恩格斯选集》第2卷,第22页。
② 《马克思恩格斯选集》第2卷,第22页。
③ 《马克思恩格斯选集》第2卷,第22页。
④ 《马克思恩格斯选集》第4卷,第579页。

会,我们便可以看到过去的历史。正如马克思所说,资本主义社会在过去"社会形式的残片和因素建立起来,其中一部分是还未克服的遗物,继续在这里存留着,一部分原来只是征兆的东西,发展到具有充分意义,等等"①。因此,通过资本主义社会的结构和关系,我们能够"透视一切已经覆灭的社会形式的结构和生产关系"。对于历史认识来说,"从后思索"也就是从现实社会"透视"以往的历史。

"比较简单的范畴,虽然在历史上可以在比较具体的范畴之前存在,但是,它在深度和广度上的充分发展恰恰只能属于一个复杂的社会形式,而比较具体的范畴在一个比较不发展的社会形式中有过比较充分的发展。"②在马克思看来,通过发达的社会状态,我们能够认识历史上和现实中的不发达的社会状态。"资产阶级社会是最发达的和最多样性的历史的生产组织",因此,通过表现资本主义社会各种关系的范畴,我们可以认识一切已经覆灭的社会关系。例如,就内容而言,以货币形式为完成形态的价值形态是极其简单的,然而,"两千多年来人类智慧在这方面进行探讨的努力,并未得到什么结果,而对更有内容和更复杂的形式的分析,却至少已接近于成功。为什么会这样呢?因为已经发育的身体比身体的细胞容易研究些"③。

"从后思索"就是从"发展过程的完成的结果"出发,通过对历史的"透视"和由结果到原因的反归来把握历史运动的内在逻辑。这里,必须注意从生产方式出发、"客观的理解",以及逻辑方法和历史方法相统一这三个基本原则。

其一,从现实生产方式出发。

物质生活的生产方式制约着整个社会生活、政治生活和精神生活的过程。生产力发展到一定阶段,便同它们一直在其中运动的生产关系,即经济结构发生矛盾;随着经济结构的变革,政治结构和观念结构也或慢或

---

① 《马克思恩格斯选集》第 2 卷,第 23 页。
② 《马克思恩格斯选集》第 2 卷,第 21 页。
③ 《马克思恩格斯全集》第 23 卷,第 7—8 页。

快地发生变革。生产方式的内在结构是整个社会的"母结构",只有从生产方式出发,我们才能理解历史何以沿着这一方向而不沿着那一方向发展,才能理解重大历史事件的性质和秘密,才能理解各种观念的兴衰盛亡。现实生产方式包含着"对早先的历史生产方式加以说明之点"。因此,从现实生产方式出发为我们"透视"历史、理解历史和解释历史提供了一种客观尺度。这是"从后思索"法的唯物主义精神之所在。

其二,通过自我批判达到"客观的理解"。

"从后思索"是从现实社会"透视"以往历史。这种"透视"自始至终受着历史进程的制约,受到认识主体的知识结构和价值观念的制约,具有较大的相对性。但是,我们绝不能放弃客观性原则,放弃对历史的"客观的理解"。

要达到对历史的"客观的理解",需要通过现实社会的"自我批判"。"历史发展总是建立在这样的基础上:最后的形式总是把过去的形式看成是向着自己发展的各个阶段,并且因为它很少而且只是在特定条件下才能够进行自我批判……所以总是对过去的形式作片面的理解。基督教只有在它的自我批判在一定程度上,可说是在可能范围内完成时,才有助于对早期神话作客观的理解。同样,资产阶级经济学只有在资产阶级社会的自我批判已经开始时,才能理解封建的、古代的和东方的经济。"[1]

要达到对历史的"客观的理解",还需要以"已经完全确定的材料"为基础,从对现实社会的考察中得出"一些原始的方程式,——就像例如自然科学的经验数据一样,——这些方程式会说明在这个制度以前存在的过去。这样,这些启示连同对现代的正确理解,也给我们提供了一把理解过去的钥匙"[2]。

其三,运用逻辑和历史相统一的方法。

从现实社会去"透视"、反思过去的社会形式,绝不意味着"抹杀一切

---

[1] 《马克思恩格斯选集》第2卷,第23—24页。
[2] 《马克思恩格斯全集》第46卷上,第458页。

历史差别",把现在的各种关系等同于"早期形式的各种关系"。例如,"人们认识了地租,就能理解代役租、什一税等等。但是不应当把它们等同起来"①。之所以如此,是因为"早期形式的各种关系"在现实社会中"常常只以十分萎缩的或者完全歪曲的形式出现"。因此,"如果说资产阶级经济的范畴适用于一切其他社会形式这种说法是对的,那么,这也只能在一定意义上来理解。这些范畴可以在发展了的、萎缩了的、漫画式的种种形式上,总是在有本质区别的形式上,包含着这些社会形式"②。

正因为如此,马克思认为,"从后思索"法本身就包含着历史考察之点。"比较简单的范畴可以表现一个比较不发展的整体的处于支配地位的关系或者一个比较发展的整体的从属关系,这些关系在整体向着以一个比较具体的范畴表现出来的方面发展之前,在历史上已经存在。在这个限度内,从最简单上升到复杂这个抽象思维的进程符合现实的历史过程。"③"从后思索"法不仅是逻辑的,也是历史的,是逻辑方法和历史方法的统一。

四、"从后思索"法的基本要求

"从后思索"法包含着丰富而具体的内容,它本身就是一个方法系统。按照马克思的观点,"从后思索"首先就要确定思索的出发点,这一出发点应当是某种社会形态、社会关系的典型。"从后思索"法的第一个要求,就是选择某种社会关系的"典型"作为研究对象。

"物理学家是在自然过程表现得最确实、最少受干扰的地方考察自然过程的,或者,如有可能,是在保证过程以其纯粹形态进行的条件下从事实验的。"④这种"以其纯粹形态进行的条件下"所从事的实验室方法,就

---

① 《马克思恩格斯选集》第2卷,第23页。
② 《马克思恩格斯选集》第2卷,第23页。
③ 《马克思恩格斯选集》第2卷,第20页。
④ 《马克思恩格斯全集》第23卷,第8页。

是自然科学的基本方法。问题在于,这种实验室方法在历史科学中无法实现,因为不存在一种"纯粹形态"的社会,哲学家、历史学家不可能在"以其纯粹形态进行的条件下从事实验"。但是,历史中的各种社会形态、社会关系都有其"典型"形态,因而哲学家、历史学家可以在某种社会关系表现得最充分,某些经验事实全面展开的社会单位——"典型"中考察历史过程。这就是历史唯物主义的典型分析法。

《共产党宣言》在考察资本主义发展的历史过程时,就是以资本主义经济发展的典型——英国,和资本主义政治发展的典型——法国为考察对象的。正如恩格斯所说,"这里是把英国当作资产阶级经济发展的典型国家,而把法国当作资产阶级政治发展的典型国家"①。

《资本论》在研究资本主义生产方式时,是以资本主义生产方式的典型——英国的生产方式为研究对象的。正如马克思所说,"我要在本书研究的,是资本主义生产方式以及和它相适应的生产关系和交换关系。到现在为止,这种生产方式的典型地点是英国。因此,我在理论阐述上主要用英国作为例证"②。

在分析"劳动不仅在范畴上,而且在现实中都成了创造财富一般的手段"时,马克思是以资本主义社会的现代典型——美国为分析对象的。这是因为,"在资产阶级社会的最现代的存在形式——美国,这种情况最为发达。所以,在这里,'劳动'、'劳动一般'、直截了当的劳动这个范畴的抽象,这个现代经济学的起点,才成为实际上真实的东西"③。在研究东方社会时,马克思是以东方的社会的典型——印度和中国为研究对象的。在马克思看来,"从遥远的古代直到19世纪最初10年,无论印度过去在政治上变化多么巨大,它的社会状况却始终没有改变"④。中国是东方社会的"活的化石",体现着"一切东方运动的共同特征"⑤。

---

① 《马克思恩格斯选集》第1卷,第274页。
② 《马克思恩格斯全集》第23卷,第8页。
③ 《马克思恩格斯选集》第2卷,第22页。
④ 《马克思恩格斯选集》第1卷,第763页。
⑤ 《马克思恩格斯全集》第15卷,第545页。

在研究家庭、私有制和国家的起源时,恩格斯是以"原始共产主义社会的内部组织的典型"——氏族为研究对象的。恩格斯指出:"摩尔根发现了氏族的真正本质及其对部落的关系,这一卓绝发现把这种原始共产主义社会的内部组织的典型形式揭示出来了。随着这种原始公社的解体,社会开始分裂为各个独特的、终于彼此对立的阶级。关于这个解体过程,我曾经试图在《家庭、私有制和国家的起源》(1886年斯图加特第2版)中加以探讨"①。

可以说,典型分析实际上就是历史科学中的"实验室方法"。正如自然科学的实验室方法不断深化人们对自然过程的认识一样,历史科学中的典型分析方法也不断地深化着人们对历史过程的认识。

"从后思索"法的第二个要求,是对所要认识的社会关系进行总体分析。

社会运动是以物质生产方式为基础和中轴的总体运动,其中,占主导地位的生产方式使各种社会要素、社会关系从属于自己,并决定着各种社会要素之间的比例和社会关系的整体结构。在马克思看来,这种占主导地位的生产方式就是该社会的"普照的光"。"在一切社会形式中都有一种一定的生产决定其他一切生产的地位和影响,因而它的关系也决定其他一切关系的地位和影响。这是一种普照的光,它掩盖了一切其他色彩,改变着它们的特点。这是一种特殊的以太,它决定着它里面显露出来的一切存在的比重。"②

这是历史唯物主义的独特的总体分析法。这种分析法要求人们在"从后思索"时,要捕捉社会的"普照的光",即占主导地位的生产方式,从而把握该社会的总体结构,理解在现实社会已经成为"残片""遗物"的社会要素,在现实社会中存在的"发展"或"萎缩"的社会关系。社会中的"普照的光"本身是变化的。随着生产方式的变迁,新的"普照的光"又会

---

① 《马克思恩格斯选集》第1卷,第272页。
② 《马克思恩格斯选集》第2卷,第24页。

在社会运动中产生出来,并会形成新的社会关系及其总体结构,这同时又是过去的社会关系"发展"起来或"萎缩"下去的过程。因此,历史唯物主义的总体分析法内在地包含着历史性,捕捉现实以及过去社会形式的"普照的光",就能使我们从根本上和总体上把握社会历史。

"从后思索"法的第三个要求,是逆向溯因,发现和把握历史规律。

历史研究的一个重要特征,就是它把发现历史过程、历史事件的原因看作是自己始终不懈的任务。研究历史就是要解释历史,而解释历史首先要发现历史事件的原因。"探赜索隐"是古代历史学家的共同要求,也是现代历史学家、哲学家的共识。"研究历史就是研究原因。""每一有关历史的争论都是围绕着什么是主要原因这一问题来进行的。"[1]现代著名历史哲学家卡尔的这句话很有见地,它道出了历史研究的一个重要特征。历史唯物主义就是要发现历史运动以及"一切重要历史事件的终极原因和伟大动力"[2],其任务"归根到底,就是要发现那些作为支配规律在人类社会的历史上起作用的一般运动规律"[3]。"从后思索"的目标就是要发现历史运动的规律以及历史事件的原因。但是,人们在实际认识历史时,却不可能从原因推出结果。这是因为:历史已经过去,产生历史事件的原因已经不复存在;人们也无法像自然科学那样,在实验室中重新模拟这些原因。因此,要真正认识历史事件、历史运动的原因,发现和把握历史规律,只能走一条"同实际运动完全相反的道路",即从"发展的结果开始",逆向溯因。

逆向溯因并不是按照今天——昨天——前天的严格逆向次序进行的,而是首先对现实社会进行分析,在"完全确定的材料"的基础上,寻找"一些原始的方程式,——就像例如自然科学的经验数据一样,——这些方程式会说明在这个制度以前存在的过去"[4];然后,从现实社会出发,飞

---

[1] [英]卡尔:《历史是什么?》,吴柱存译,商务印书馆1981年版,第93、97页。
[2] 《马克思恩格斯选集》第3卷,第704—705页。
[3] 《马克思恩格斯选集》第4卷,第247页。
[4] 《马克思恩格斯全集》第46卷上,第458页。

跃到被考察的对象上,运用逻辑与历史相统一的方法分析对象,"把可以看见的、仅仅是表面的运动归结为内部的现实的运动"①,并在这个过程中考察现实的社会关系同过去的社会关系的相互关系。这样,就能发现历史事件的原因和动力,发现和把握历史运动的规律。

在"从后思索"的过程中,无论是典型分析、总体分析,还是逆向溯因,都必须使用科学抽象法。只有借助于"抽象力",我们才能在现实社会中找到理解过去的"原始的方程式",才能"指出历史资料各个层次间的连贯性",从而"复活死去的东西",使过去的历史资料重新"开口说话",使"材料的生命""观念地反映出来"。这样,才能深刻而准确地从理论上"再现"客观历史。历史唯物主义的"从后思索"法为我们正确认识扑朔迷离的历史运动提供了一把金钥匙。

五、"从后思索"法与批判的历史哲学

从历史哲学史上看,批判的历史哲学的产生,标志着西方历史哲学从思辨形态转向分析形态,从近代形态转向现代形态。从总体上看,现代历史哲学注意的中心已不是历史本体论问题,而是历史认识论问题。柯林武德认为,历史哲学就是对历史思维的前提和含义的一种批判性的探讨,其本质就是"反思历史思维",从而确定历史学努力的界限和特有价值。克罗齐断言:历史哲学就是"有关历史认识论的研究"②。研究重心的这一转移完全符合人类认识规律:认识外部世界的任何一种努力一旦持续下去,就会在某一时刻转变为对这种认识活动本身的反思与批判。

因此,批判历史哲学的产生以及历史哲学研究重心的转换,即从历史本体论转移到历史认识论,绝不意味着西方历史哲学的没落,相反,却表明它的成熟,它促使人们自觉地意识到认识能力的相对性,并在这种自我

---

① 《马克思恩格斯全集》第25卷上,第349—350页。
② [意]克罗齐:《历史学的理论和实际》,傅任敢译,商务印书馆1982年版,第61页。

批判的基础上更审慎、更清醒地去认识客观历史。历史本体论如果脱离了历史认识论,其结论必然是独断的、不可靠的,历史本体论的真正确立和发展有赖于历史认识论的探讨和发展。但是,批判的历史哲学是在脱离历史本体论、否定客观历史存在的基础上考察历史认识的内容和结果的。在探讨历史认识论时,批判的历史哲学竟把其前提——客观历史一笔勾销了,结果是犯了一场"演丹麦王子而没有哈姆雷特"的错误。

在批判的历史哲学中,克罗齐的"一切历史都是当代史"的观点引人注目。按照克罗齐的观点,人们都是从当代出发,并依据当代的知识结构和价值观念认识历史的,所以,一切历史都是当代史。这里,有一个很难回避的问题,即如何看待马克思的"从后思索"法和克罗齐的"一切历史都是当代史"的关系。

马克思的"从后思索"法和克罗齐的"一切历史都是当代史"的观点,都是对历史认识特殊性反思的产物。如前所述,历史是已经过去的存在,因而在认识历史的活动中,认识主体不可能直接接触认识客体。认识对象的这种特殊性造成了历史认识的特殊性,并使历史认识论的研究遇到了一系列特殊的困难。马克思的"从后思索"法和克罗齐的"一切历史都是当代史"就是对这一特殊困难的不同解答,二者都属于现代哲学的观念。但是,马克思的"从后思索"法和克罗齐的"一切历史都是当代史"观念又有本质的区别。这一区别表现在三个方面:

首先,马克思认为,历史虽已过去,但它并没有化为无,而是以萎缩、因素、发展等形式存在现实社会中,"从后思索"就是从现实社会"透视"以往的客观历史;克罗齐则认为,历史研究仅仅是活着的人,而且是为了活着的人的利益去重建死者的生活,不存在"客观历史"。

其次,马克思认为,实践是过去历史向现实社会过渡的"转换器"和"显示尺度","从后思索"的广度和深度取决于实践的"格",以及由实践的"格"内化和升华的思维的"格";克罗齐则认为,过去历史同当代生活的"对流"只是以历史学家或哲学家的主观精神为媒介。

再次,马克思认为,"从后思索"是通过由结果到原因的反归来把握历史规律；克罗齐则认为,在打上了"当代性"烙印的有限的、特定的历史中寻找"普遍史",永远不会成功,历史"无任何规律可循"。

克罗齐看到了历史认识的特殊性,并提出了建构历史认识论的问题,但他却无力科学地解决历史认识论问题。马克思的"从后思索"法确认历史认识的特殊性,认为在历史认识活动中,既不存在一个抽象的"反映"或"摹写"过程,也不存在一个纯粹的"自我意识"建构的过程,人们认识历史是以实践为中介的。

马克思"从后思索"法高出一筹的地方就在于：它把认识活动归结于实践活动,把现实社会看作是过去历史的延伸和拓展,把实践看作是过去历史向现实社会过渡的"转换尺度"和"显示尺度",从而以实践为出发点去探讨过去的历史以及人们认识历史的过程和规律。这就为建构科学的历史认识论奠定了可靠的基础。在我看来,历史唯物主义的"从后思索"法深刻地体现着历史本体论和历史认识论的内在统一,它以"超前的意识"预示了20世纪历史哲学"合流"的趋势——在"复活"历史本体论的基础上深化历史认识论的研究。

从形式上看,"从后思索"是从结果向原因的回溯,从现实向历史的"透视",仿佛是面向过去,但它的目的和意义却在相反的方面,即面向未来。这是因为,历史唯物主义的"从后思索"法既"包含着超越自己的、对早先的历史生产方式加以说明之点",又包含着"预示着未来的先兆"之点,从而用"未来"引导现实社会运动。正如马克思所说,"如果说资产阶级前的阶段表现为仅仅是历史的,即已经被扬弃的前提,那么,现代的生产条件就表现为正在扬弃自身,从而正在为新社会制度创造历史前提的生产条件"。[①] 因此,从现实社会出发去考察过去历史,"这种正确的考察同样会得出预示着生产关系的现代形式被扬弃之点,从而预示着未来的先兆,变易的运动"[②]。正是以资本主义社会为中介,马克思"透视"出"一

---

① 《马克思恩格斯全集》第46卷上,第458页。
② 《马克思恩格斯全集》第46卷上,第458页。

切已经覆灭的社会形式的结构和生产关系",同时,发现"工业较发达的国家向工业较不发达的国家所显示的,只是后者未来的景象"①。这就是说,历史唯物主义具有三重功能,即说明历史、阐释现实和预见未来。

在批判的历史哲学中,波普尔的"历史不可预见"的观点同样引人注目。在波普尔看来,历史进程受到人类知识进步的强烈影响,而知识增长本身无规律可言,因而在历史领域,预见是不可能的;历史决定论必然要作预言,然而,预言本身就参与并影响着历史进程,以其自身对历史的作用取消了历史规律的客观性。波普尔不理解历史并非只是知识的运行,而是以生产方式为基础的总体运动;不理解现实既是过去的延伸和拓展,又是未来的起点,它以浓缩的形式包含着过去,又以萌芽或胚胎的形式包含着未来。因此,对现实的正确理解不仅能合理地说明过去,而且能够科学地预见未来。

从认识论的角度看,波普尔之所以不理解说明过去与预见未来的关系,是因为他混淆了预报与预见。所谓预报,是指对某一事物在确定时空范围必然或可能出现的判断;预见则是指以规律为依据的关于发展趋势的规律性的判断。自然科学发现和把握的自然规律是动力学规律,所以,自然科学既能预见,又能预报;社会科学(历史科学)发现和把握的历史规律是统计学规律,所以,社会科学只能预见,不能预报。社会生活的特殊性、复杂性使得历史事件发生的时间及其参与者不可能被预报,但人们可以预见历史发展趋势。这种预见正是以发现和把握历史规律为前提的。实际上,任何一门科学都以发现和把握某种规律为己任。正是以资本主义社会为中介,在"从后思索"的过程中,历史唯物主义发现了"以铁的必然性发生作用并且正在实现的趋势",从而对社会的未来发展做出了科学的预见。

六、历史认识论:历史唯物主义的理论生长点

历史唯物主义的创立使"历史"真正成为一门科学,"不仅对于经济

---

① 《马克思恩格斯全集》第23卷,第8页。

学,而且对于一切历史科学(凡不是自然科学的科学都是历史科学)都是一个具有革命意义的发现"①。从其内容上看,历史唯物主义不仅研究历史规律,而且研究能否认识、如何认识历史规律的问题。历史研究中所遇到的一切问题,只有同意识与社会存在、认识与客观历史的关系问题联系起来加以阐述时,才能得到哲学的规定。正因为如此,历史唯物主义"始终站在现实历史的基础上,不是从观念出发来解释实践,而是从物质实践出发来解释观念"②,并认为"不是人们的意识决定人们的存在,相反,是人们的社会存在决定人们的意识"③。

意识与社会存在的关系,在历史认识活动中表现为历史认识的主观形式与客观内容的关系。现代认识论关注的重点和力图解决的基本问题就是历史认识的主观形式与客观内容的关系问题。历史唯物主义也必须解决历史认识的主观形式与客观内容的关系这一历史认识论的基本问题。在我看来,历史认识论是历史唯物主义的理论生长点。

历史唯物主义的理论生长点包含三重含义:一是马克思有所论述,但又未具体展开、详加探讨的问题,或者说,是以胚胎、萌芽形式包含在历史唯物主义中的问题;二是这一问题又是现代实践、科学以及哲学本身发展所突出的问题,即"热点"问题;三是现代实践、科学以及哲学本身的发展又为解决这一问题提供了普遍的必要性和现实的可能性。正是在这三重意义上,历史认识论构成了历史唯物主义的理论生长点。

探讨人们创造历史活动的内在结构和运行机制是马克思那个时代首先要解决的主要课题。按照马克思的观点,自在自为运动着的是人们的物质实践活动,人们在改造、认识自然界的同时,也改造、创造和认识着自己本身——他的肉体组织、社会关系和思维结构等。从根本上说,历史就是人对自然和社会的改造活动在时间中的展开。同时,人类创造历史的活动又是实际改造活动和观念认识活动共同作用的结果,其中,认识历史

---

① 《马克思恩格斯选集》第2卷,第38页。
② 《马克思恩格斯全集》第3卷,第43页。
③ 《马克思恩格斯选集》第2卷,第32页。

的活动也是人们创造历史活动的组成部分。如同自然是人们认识活动的客体一样,历史也是人们认识活动的客体,并同样转化为认识的内容而被观念地加以把握。

历史唯物主义不仅探讨了历史本身如何运动,而且也分析了人们如何认识历史运动。例如,马克思提出了顺向与逆向相统一的历史研究原则,具体地说,不仅要作从古至今的考察,即按照历史在时间上的发展顺序进行考察,而且要作从今返古的分析,即"从后思索"。"人体解剖对于猴体解剖是一把钥匙"。低等动物身上表露的高等动物的征兆,只有在高等动物本身已被认识之后才能理解。在马克思看来,在人类历史上存在着和古生物学上一样的情形,所以,分析资本主义社会的结构和关系,能使我们透视一切已经覆灭的社会结构和社会关系。

然而,历史唯物主义毕竟是19世纪中叶的产物,它创立之时所面临的首要理论问题,就是批判"历史思辨",确立历史观的唯物主义基础;它着重研究的是历史本身的过程及其规律,是一种关于历史过程的观点。无论是在马克思的《德意志意识形态》和《资本论》中,还是在恩格斯的《反杜林论》和《费尔巴哈论》中,历史唯物主义探讨的主要问题都是历史本身的规律,重心都放在从作为基础的社会存在中探索思想观念的形成,以及由这些观念所制约的行动。对于人们认识历史活动的特殊结构、机制以及规律,马克思、恩格斯都有所论述,但没有详加探讨和具体展开。因此,历史唯物主义带有浓重的历史本体论色彩,历史认识论只是以胚胎、萌芽的形式包含于其中。

现代实践犹如一个巨大的引力场,吸引着哲学家、历史学家把自己的理论聚焦点从历史本体论转向历史认识论,而现代科学,尤其是量子力学、考古学、人类学、思维科学以及哲学本身的发展,又为探讨历史认识论问题提供了普遍的必要性和现实的可能性。对历史认识论的深入探讨,已经成为人类认识活动发展的趋势。如果说近代历史哲学研究的重点是人类历史本身的运动规律,那么,现代历史哲学注意的中心则是如何认识历史本身的运动。

按照现代历史哲学的观点,要理解历史事实,首先就要分析和理解历史知识的性质,因为人们是通过历史知识去认识客观历史的。然而,历史知识并不是客观的,而是历史学家的价值观念的产物,这些观念又来源于历史学家所面临的需要和环境。"这种过去的事实只要和现在生活的一种兴趣打成一片,它就不是针对一种过去的兴趣而是针对一种现在的兴趣。"①因此,"一切历史都是当代史"。

历史知识的这种特殊性造成了历史认识论的必要性。克罗齐断言,历史哲学研究的不是历史本身,而是"史学史",历史哲学就是有关历史认识论的研究。柯林武德认为,哲学的本质是反思,历史哲学就是"反思历史思维",是"对历史思维的前提和含义的一种批判性的探讨",从而"发现历史思维在整个人类经验中的位置、它与其它经验形式的关系、它的起源及其有效性"。② 因此,历史哲学是从哲学的角度来分析历史认识的性质,或者说是对历史知识进行哲学的批判,从而确定历史学努力的界限和特有价值,即发现历史认识在整个人类认识结构中的位置,发现历史认识与其他认识形式的关系及其有效性。

不难看出,现代历史哲学已把历史哲学的重心转移到对理性自身能力的批判上来了,即从历史本体论转换到了历史认识论。研究重心的这一转换完全符合人类认识规律。这是因为,人们认识客体的活动发展到一定阶段,就会转变为对这种认识活动本身的批判。现代著名历史学家路易斯·明克指出:20世纪40—50年代以后,对历史认识的性质、特点和方法进行分析,逐渐成了西方历史哲学的内容,"然而历史学家和哲学家几乎异口同声地赞同 R.G.科林伍德的名言:哲学是'思维的思想',因此历史哲学就是反映历史思想的性质和结构的第二层思维活动。当然,由于逻辑和概念的分析,这样的思想从一开始就是说明性和批判性的"③。

任何一门学科的理论内容和研究重心,都要经历一个从不确定到确

---

① [意]克罗齐:《历史学的理论和实际》,第2页。
② 张文杰等编译:《现代西方历史哲学译文集》,上海译文出版社1984年版,第159页。
③ [美]伊格尔斯编:《历史研究国际手册——当代史学研究和理论》,陈海宏、刘文涛等译,华夏出版社1989年版,第20页。

定,确定以后还要进行不断调整的过程。因此,历史唯物主义应自觉地适应人类认识活动发展的趋势,及时地调整自己的理论内容,转换自己的研究重心,即从历史本体论转换到历史认识论。

对于历史认识论的探讨,历史唯物主义同样以实践为出发点范畴。历史唯物主义的高明之处就在于,它从人的现实实践是对客观历史反映的"转换尺度""显示尺度"出发,来探讨历史认识过程及其规律,并把历史认识看作是人们的由现实实践所激发的对客观历史的认识。认识是人们实践活动的内化与升华,对历史认识的广度和深度取决于实践的"格",以及由实践的格所内化和升华的思维的"格"。人们认识历史是以现实实践这一特定的存在为中介的,因此,不存在一个抽象的反映以及从感性认识到理性认识的过程。反映只是认识的一个特点,仅仅从反映论角度来探讨历史认识论问题,显然是不够的。

对于历史认识活动,历史唯物主义不仅要从宏观上揭示,而且要从微观上探讨,即探讨历史认识是如何通过个体对历史的认识转化为社会意识而实现的;不仅要探讨历史认识的"形式"问题,而且要探讨现代认识论面临的最突出的问题——作为认识主体的历史研究者与作为认识客体的客观历史过程之间关系的问题,以及与此相关的历史认识是否具有或怎样才能具有真理性的问题。我们应适应现代实践、科学以及历史学和哲学的发展要求,使原先以胚胎、萌芽形式包含在历史唯物主义中的历史认识论问题突出出来,并予以深入、系统的研究,使其成为"成熟"的理论。

在《德意志意识形态》中,马克思奠定了建构历史认识论的理论前提,这就是,"从直接生活的物质生产出发来考察现实的生产过程,并把与该生产方式相联系的、它所产生的交往形式,即各个不同阶段上的市民社会,理解为整个历史的基础;然后必须在国家生活的范围内描述市民社会的活动,同时从市民社会出发来阐明各种不同的理论产物和意识形式,如宗教、哲学、道德等等,并在这个基础上追溯它们产生的过程"[①]。这里,马

[①]《马克思恩格斯全集》第3卷,第42—43页。

克思从哲学的理论抽象走向了具体的历史解释,实际上揭示了认识的历史形成,揭示了认识在社会生活中,尤其在"直接生活的物质生产"中是如何建构起来的。

历史总是人的历史,人们自己创造了自己的历史,这个创造又是以特定的社会生产力为前提的,这就决定了在历史中认识历史的人既受到历史的制约,又通过实践活动将自己的认识对象化。历史认识论中的人既是历史的"剧中人",又是历史的"剧作者"。这表明,进行历史认识活动的人并不是一个抽象的存在,而是一个生存在特定历史情境中的人。"这里所说的个人不是他们自己或别人想像中的那种个人,而是现实中的个人,也就是说,这些个人是从事活动的,进行物质生产的,因而是在一定的物质的、不受他们任意支配的界限、前提和条件下能动地表现自己的。"①

海德格尔认为,人是"此在"。的确,在现实生活中,人总是一个在"此"的人,但问题在于,将人从特定的"此"中抽象出来,并不能揭示人的现实的存在状态。作为在"此"的人,总是寓于特定的历史时空中,这个历史时空不是抽离出具体存在特征的自然科学中的时空,而是同特定的社会实践相契合的时空。在这个意义上,进行历史认识活动的人处于历史性生存之中,历史性构成了人的存在规定。

处于历史性生存的人也就是处于特定社会关系中的个人。在《关于费尔巴哈的提纲》中,马克思断言,"人的本质不是单个人所固有的抽象物,在其现实性上,它是一切社会关系的总和"②。在《德意志意识形态》中,马克思指出,个人是怎样的,取决于他们进行的物质生产的条件,"而生产本身又是以个人之间的交往为前提的"③。因此,人的历史性生存与社会关系的历史性存在是一致的。这就是说,对历史的认识总是受历史性制约,这个制约并不只是受制于人的思维水平的历史性局限,更重要的,是受制于社会关系的历史性规定。

---

① 《马克思恩格斯全集》第3卷,第29页。
② 《马克思恩格斯选集》第1卷,第56页。
③ 《马克思恩格斯全集》第3卷,第24页。

"哲学家们只是用不同的方式解释世界,问题在于改变世界。"①历史唯物主义的目的并不只是解释资本主义社会,而是批判和改变资本主义社会。这就确立了历史认识论的批判维度。这样一种批判的历史认识论何以可能,这是马克思在《资本论》及其手稿中解决的问题。

当人们面对资本主义社会时,首先呈现给人们的是一个无所不包、无所不在的市场经济,商品、货币、资本直接发挥着作用,规定着人们日常生活的基本领域,并由此产生了拜物教意识,即商品拜物教、货币拜物教和资本拜物教。在资本主义社会,表面上看是商品、货币、资本这些物在发挥作用,但如果剥离这些直接性的物象,就会发现,在这些物象背后发生作用的恰恰是人与人的关系,即在社会生产过程中资本对劳动的奴役。资本本质上不是物与物之间的关系,而是人与物和人与人之间的关系,更重要的是,人与人的关系"采取了一种物的形式,以致人和人在他们的劳动中的关系倒表现为物与物彼此之间的和物与人的关系"②。

按照马克思的观点,资本不是物本身,而是一种社会关系,但资本又是通过物并在物中而存在的。同时,作为一种特定的社会关系,资本又赋予物以特有的社会性质。在资本主义社会,资本是最基本和最高的社会存在物,它不仅改变了人与自然的关系,而且改变了人与人的关系,资本家不过是资本的人格化,雇佣工人只是资本自我增值的工具;它不仅改变了与人相关的自然界的存在属性,而且改变了人类社会的存在形态,创造了"社会、历史所创造的因素占优势"的资本主义社会。"这种有机体制本身作为一个总体有自己的各种前提,而它向总体的发展过程就在于:使社会的一切要素从属于自己,或者把自己还缺乏的器官从社会中创造出来。"③这就是说,正是资本使资本主义社会总体化了。由此可见,在资本主义社会,资本具有支配一切的权力,而且资本本身就是一种独特的社会存在,是现代社会的根本规定、存在形式和建构原则,因而构成了资本主

---

① 《马克思恩格斯选集》第1卷,第117页。
② 《马克思恩格斯全集》第13卷,第23页。
③ 《马克思恩格斯全集》第46卷上,第235—236页。

义社会的基本建制。

历史已经过去,在人们认识历史的活动中,认识主体无法直接面对认识客体;同时,历史中的各种关系或者以"残片""因素"的形式,或者以"萎缩""发展"的形式,存在于现实社会中。所以,认识历史应该也只能"从事后开始",即"从发展过程的完成的结果开始"。在马克思的时代,这种"发展过程的完成的结果"就是资本主义社会。问题的关键就在于,"资产阶级社会是最发达的和最多样性的历史的生产组织。因此,那些表现它的各种关系的范畴以及对于它的结构的理解,同时也能使我们透视一切已经覆灭的社会形式的结构和生产关系"①。因此,要真正认识历史,把握历史规律,就必须对资本主义的生产方式进行批判,即对资本展开批判。

正是在资本批判的过程中,马克思不仅揭示出资本主义意识形态的拜物教特征,而且揭示出这种拜物教意识产生的过程,并发现了人类历史运动的一般规律。马克思主义的历史认识论不是纯粹的描述,而是历史的批判。这是马克思主义的历史认识论与实证主义的历史认识论、批判历史哲学的历史认识论的原则性区别。

马克思主义的历史认识论是以其历史本体论为基础的。所谓历史本体论,就是指探讨历史过程本身的性质和特点的理论,也就是恩格斯所说的"关于历史过程的观点";历史认识论则是指关于历史认识的性质和特点的理论。具体地说,历史认识论就是研究作为认识主体的人对于以人为主体的历史的认识过程及其规律的理论,如历史认识中的主观性与客观性的关系、相对性与绝对性的关系、阶级性与科学性的关系,历史认识的社会功能,历史认识的检验标准等,都属于历史认识论的问题。

如果说,从18世纪末到19世纪中叶是历史本体论的时代,那么,从19世纪末到20世纪中叶则是历史认识论的时代。当今,这两种系统在某种程度上出现了"合流"的趋势——人们在历史本体论"复活"的基础上深

---

① 《马克思恩格斯选集》第2卷,第23页。

化历史认识论的研究。在我看来,之所以出现这种合流的趋势,是因为历史本体论与历史认识论具有内在的联系,只是由于不同时代认识结构的不同、认识水平的差别和不同的需要,人们才把研究重心或者放在历史本体论上,或者放在历史认识论上。

实际上,任何历史认识论总是或隐或显地以某种历史本体论为其立论的前提和依据。现代西方历史哲学蔑视历史本体论并把后者称为思辨的历史哲学,然而,它本身信奉的仍是一种本体论,即思想本体论、历史过程无规律论或多元论。例如,柯林武德之所以反对把自然科学的方法和概念引入历史学,强调历史认识的"设身处地的领悟方法",即历史认识就是在自己的心灵中对历史行动者的思想进行设身处地地"重演",其立论的依据正是一种历史本体论——历史是思想史:"一个自然过程是各种事件的过程,一个历史过程则是各种思想的过程。"①可见,历史哲学企图避开历史本体论去探讨历史认识论,实际上是不可能的。既然历史认识论必须要以历史本体论为立论的前提和依据,那么,历史本体论就必然要对历史认识论起导向作用。这是一方面。

另一方面,历史本体论的真正确立又有赖于对人们认识历史能力的分析,而历史认识论就是对人们认识历史能力的考察。康德之所以能在哲学史上造成一场"哥白尼式的革命",其实质就在于他提出了一个振聋发聩的思想:本体论的确立有赖于认识论的研究,对存在本身认识的是非曲直有赖于对理性认识能力的考察。正因为这一点,康德才把近代哲学家从形而上学"独断论"的迷梦中"唤醒",从而成为德国古典哲学的创始人。康德的这一观点同样适合于历史领域。现代历史哲学所提出的"历史科学如何可能"这一问题,实际上是康德的批判学在历史领域中的"回声"。可见,历史本体论如果脱离了历史认识论,其结论必然是独断的、不可靠的。历史本体论的真正确立及其发展有赖于历史认识论的探讨及其发展。

---

① [英]柯林武德:《历史的观念》,何兆武等译,商务印书馆1997年版,第304页。

从现代知识结构看,历史本体论主要揭示历史现象的本原和派生的关系。在这里,意识与社会存在都是作为历史观的最高范畴出现的,而历史认识论正是要揭示意识与社会存在、认识与客观历史如何达到一致的辩证逻辑。因此,历史唯物主义的全部范畴都应既是历史本体论的范畴,同时又是历史认识论的范畴,从而解答意识与社会存在、认识与客观历史的关系问题。历史唯物主义不仅要回答"历史是什么"的本体论问题,而且要回答"人们如何认识历史"的认识论问题;不仅要回答研究对象是什么的真理论问题,而且要回答研究对象对人的生存与发展的意义是什么的价值观问题。一句话,历史唯物主义同时实现着历史本体论和历史认识论、真理观和价值观的双重职能,并在这个过程中解答"人类解放何以可能"这一历史性课题。

第九章

科学抽象与思维建构

历史唯物主义确认人类历史与自然历史有"相似"的一面,因此,历史科学与自然科学的方法也有其相通的一面;同时,历史唯物主义又确认人类历史的独特性,即人类历史是追求着自己目的的人的活动、历史事件具有不可重复性,历史规律主要体现为统计学规律……包括哲学、历史学在内的社会科学无法应用实验室方法,用自然科学的实验室方法来规范或否定社会科学的科学性,这是一种形而上学的思维方式。"分析经济形式,既不能用显微镜,也不能用化学试剂;抽象是唯一可以当作分析工具的力量。"[1]的确如此,倍数再高的显微镜也看不出商品的交换价值,最好的望远镜也看不到商品的交换价值,亿万次计算机也算不出商品的交换价值,"直到现在,还没有一个化学家在珍珠或金刚石中发现交换价值"[2]。然

---

[1] [德]马克思:《资本论》(根据作者修订的法文版第一卷翻译),第2页。
[2] [德]马克思:《资本论》(根据作者修订的法文版第一卷翻译),第63页。

而,马克思却用科学抽象法真正解答了"商品之谜"。实际上,不仅是"分析经济形式",而且对于整个社会科学来说,科学抽象法具有普遍的意义,只有科学抽象法才能深刻地揭示,并从理论上再现社会的本质、历史的规律和人与世界的总体关系。

一、感性具体、抽象规定、思维具体、实践理念

从认识的过程看,人的认识要经历两个阶段,即从感性认识上升到理性认识。从感性认识到理性认识的过程具有内在的逻辑,这就是从感性具体经过思维抽象而达到思维具体。正如马克思所说,认识有两条道路:第一条道路是"完整的表象蒸发为抽象的规定";第二条道路是"抽象的规定在思维行程中导致具体的再现"。① 这两条道路首尾相接,构成"感性具体—思维抽象—思维具体"的否定之否定过程。

感性认识属于对事物的表象、外部联系的认识。问题在于,人的感性认识不同于动物的感觉活动,它始终同人所特有的认识图式相联系。人的感觉在任何时候都不可能是没有理性参与的纯粹的感觉,它始终受既定的认识图式的制约,而且主体的价值观念和社会关系也无不渗透并影响着感性认识的形成。正如马克思所说:"五官感觉的形成是以往全部世界历史的产物……忧心忡忡的穷人甚至对最美丽的景色都没有什么感觉;贩卖矿物的商人只看到矿物的商业价值,而看不到矿物的美和特性;他没有矿物学的感觉。"②

理性认识是人们借助于抽象思维对感性认识进行加工、整理、概括而形成的对事物的本质、内部联系的认识。理性认识包括抽象规定和思维具体,不仅表现为概念、判断和推理的形式,而且还包括由概念、判断和推理所组成的理论体系。理论体系是思维反映存在的系统形式,其任务就

---

① 《马克思恩格斯选集》第 2 卷,第 18 页。
② 《马克思恩格斯全集》第 42 卷,第 126 页。

是把事物的本质和规律在思维中从总体上具体地再现出来。

在感性认识中形成的感性具体使置于人的感官面前、具有感性规定性的具体事物,通过人的感觉和知觉在人脑中形成一个"完整的表象""直观的整体",即形成了对事物外部联系的整体印象。从感性具体到思维具体,即思想具体、理性具体需要经过抽象这一中介。所谓抽象规定,是指思维通过对感性具体的分析所抽取出来的一个个单一的规定性,尤其是本质规定;思维具体则是指在抽象规定的基础上复制、建构出来的理性具体,"是许多规定的综合,因而是多样性的统一"①。

思维具体不同于感性具体。感性具体只是一种混沌的表象,未深入到对象的本质层次,而思维具体经过抽象规定这一中介过程,不仅进入到事物的本质层次,而且把事物的各种规定性加以综合,构成一个统一的整体,这是经过理性分析后重新达到的对事物的整体认识。换言之,思维具体是关于某一对象的多种抽象规定的有机综合,在理性层面达到了对事物本质、规律和整体的认识。

思维具体不同于抽象规定。抽象规定已经包含着对事物本质规定的认识,但仅仅依靠一个个单个的抽象规定还不能把握事物规律和整体的联系。只有借助于综合的方法,把反映事物的抽象规定联系起来,形成关于事物整体的统一认识,才能真正从根本上和整体上把握客观事物,才能真正达到主观与客观相符合。

包括思维具体在内的理性认识反映的是客观事物的本质和规律,具有抽象性、普遍性,但实践活动总是具体的,理性认识的成果因此无法直接应用于实践活动。换言之,要实现通常所说的理性认识向实践活动的飞跃,就必须结合具体的实践活动使理性认识具体化,形成和建立实践理性,即实践理念。

所谓实践理念,是指人们在从事实践活动之前建立起来的关于实践的观念模型、理想客体。马克思指出:"蜘蛛的活动与织工的活动相似,蜜

---

① 《马克思恩格斯选集》第2卷,第18页。

蜂建筑蜂房的本领使人间的许多建筑师感到惭愧。但是,最蹩脚的建筑师从一开始就比最灵巧的蜜蜂高明的地方,是他在用蜂蜡建筑蜂房以前,已经在自己的头脑中把它建成了。劳动过程结束时得到的结果,在这个过程开始时就已经在劳动者的表象中存在着,即已经观念地存在着。"①这种观念地存在着的实践结果就是实践理念。换言之,实践理念是实践活动所创造的实在客体的观念原型,而作为这种实在客体的实践结果就是实践理念的对象化、物化。

实践理念与理论理性都属于意识范畴,但二者又有较大区别。如果说理论理性是关于对象本身的本质和规律的认识,那么,实践理念则是人们为了满足自身的需要而制定的关于改造对象的目标、规划、方案等。从内容上看,除了包含理论理性所揭示的关于对象,即客体的存在状况、内部结构、本质属性、运动规律等知识外,实践理念还凝结着关于主体本身的需要、目的和活动的认识;除了包含关于客体"是什么"和"怎么样"的知识外,实践理念还加上了主体为了达到自身目的而做出的关于客体以及主体与客体关系"应如何"和"能如何"的判断,包含着对客体意义的评价。因此,就认识过程来说,实践理念是比理论理性更高的阶段。

实践理念的建立离不开理论理性,但它并不是理论理性的逻辑推演。实践理性形成和建立的根据,是物的外在尺度和人的内在尺度的统一。一方面,实践理念的建立只有在人们认识、把握客体的本质和规律时才是可能的,没有理论理性,没有对物的外在尺度的把握,也就无所谓实践理念;另一方面,实践理念的建立又是以认识人本身的需要和本质力量为前提的。人们改造世界并不是简单地重复和模仿客观事物的现存形式,而是为了改变客观事物的现存形式,创造出能够满足自身需要、适合自己发展的"为我之物"。"动物只是按照它所属的那个种的尺度和需要来建造,而人却懂得按照任何一个种的尺度来进行生产,并且懂得怎样处处都把

---

① 《马克思恩格斯全集》第 23 卷,第 202 页。

内在的尺度运用到对象上去。"①实践理念的形成过程,就是主体在观念中按照一定的方式将其内在尺度运用到物的外在尺度上去,形成"理想的意图",创造出理想客体的过程。这里,始终贯彻着科学抽象法。实践理念不仅包含着关于客体的本质和规律的普遍性认识,而且包含着关于主体本身的需要,结合了实践活动的具体要求,并将三者统一起来了。因此,实践理念既是认识过程的最高环节,又是由理性认识向实践活动转化的中介环节,成为具有强烈现实感的实践意识。

二、科学抽象与理论体系的形成

按照马克思的观点,科学抽象法要求对社会的研究从感性具体出发,经过分析上升到抽象规定,然后,在抽象的基础上,经过综合,形成理性具体。这是一条有序的理论研究过程,它沿着两条道路运行着:"在第一条道路上,完整的表象蒸发为抽象的规定;在第二条道路上,抽象的规定在思维行程中导致具体的再现。"②这就是从感性具体到抽象规定,从抽象规定到理性具体的两条道路。

这里,存在着两个问题:从认识的过程来说,认识从感性具体出发,但是,感性具体只是理论认识的来源,不是理论体系的出发点;就理论体系的形成而言,认识是从抽象开始的,换言之,理论不是以感性具体作为要素,而是以各种"抽象的规定"作为要素。只有借助于"抽象的规定",理论思维才能运动起来。

正是在理论体系形成的意义上,马克思认为,"从实在和具体开始,从现实的前提开始,因而,例如在经济学上从作为全部社会生产行为的基础和主体的人口开始,似乎是正确的。但是,更仔细地考察起来,这是错误的",这是因为,"抛开构成人口的阶级,人口就是一个抽象。如果我不知

---

① 《马克思恩格斯全集》第42卷,第97页。
② 《马克思恩格斯选集》第2卷,第18页。

道这些阶级所依据的因素,如雇佣劳动、资本等等,阶级又是一句空话。而这些因素是以交换、分工、价格等等为前提的。比如资本,如果没有雇佣劳动、价值、货币、价格等等,它就什么也不是"①。因此,必须从抽象的规定出发,才能从理论上再现"具有许多规定和关系的丰富的总体",才能达到理论研究的入口处。

一般说来,"抽象"具有三重含义:一是本体论意义,即抽象是客观事物的一个方面,如马克思就把劳动分解为"具体劳动"和"抽象劳动";二是认识论意义,即抽象是认识的成果,如"具体概念"和"抽象概念"、"抽象的同一性"和"具体的同一性";三是方法论意义,即把事物的某一属性、关系、方面单独抽取出来的方法。

科学抽象法中的"抽象",是就其中的认识论和方法论意义而言的,它首先是指一种认识方法和思维方法,是在思维中把对象的某一属性、关系、方面抽取出来,而暂时舍弃其他属性、关系、方面的逻辑方法;其次是指认识成果和思维成果,是思维经过分析,从感性具体"蒸发为抽象的规定"。

从具体到抽象首先是从感性具体出发,对"混沌的表象""完整的表象""生动的整体"进行分析,形成抽象的规定。对感性具体某一本质方面的认识,就是一个抽象的规定。马克思认为,18世纪以前的社会科学家对社会的研究走的就是从感性具体到抽象规定的道路。"17世纪的经济学家总是从生动的整体,从人口、民族、国家、若干国家等等开始,但是他们最后总是从分析中找出一些有决定意义的抽象的一般的关系,如分工、货币、价值等等。"②这里,人口、民族、国家就是感性具体,分工、货币、价值就是抽象规定。这是认识社会的第一条道路,是从社会现象中剥离出社会的抽象规定的道路。

然而,在马克思看来,这只是建构理论体系,再现"具有许多规定和关

---

① 《马克思恩格斯选集》第2卷,第18页。
② 《马克思恩格斯选集》第2卷,第18页。

系的丰富的总体"的前提。只有从抽象规定再上升到理性具体的时候,理论体系才能真正形成。按照马克思的观点,"从抽象上升到具体的方法,只是思维用来掌握具体、把它当作一个精神上的具体再现出来的方式"①,而"具体之所以具体,因为它是许多规定的综合,因而是多样性的统一。因此它在思维中表现为综合的过程,表现为结果"②。这个"综合的过程"就是概念、判断、推理的展开过程,是概念运动的过程,是理论体系形成的过程,从而也就是"思维用来掌握具体、把它当作一个精神上的具体再现出来"的过程。例如,分工、货币、价值"这些个别要素一旦多少确定下来和抽象出来,从劳动、分工、需要、交换价值等等这些简单的东西上升到国家、国际交换和世界市场的各种经济学体系就开始出现了"③。而历史唯物主义理论体系就是"从对人类历史发展的观察中抽象出来的最一般的结果的综合"④。

因此,从抽象到具体的方法是以第一条认识道路的结果,即"抽象的规定"为出发点,通过综合的方法,把反映事物各方面本质的抽象规定联系起来,形成关于事物统一体的认识,形成理论体系。此时再现出来的具体就不是感性具体,而是"思想总体""思想具体""理性具体",即思维中的具体了。尽管是思维中的具体,但它只要是科学的,它就会使"材料的生命""观念地反映出来"⑤。

三、从"抽象的规定"到"思维的具体"的基本环节

从总体上看,从抽象规定到思维具体的方法包括确定起点范畴、展开中介范畴和走向终点范畴三个环节。

所谓起点范畴,是指从抽象到具体运行中作为逻辑起点的抽象规定,

---

① 《马克思恩格斯选集》第2卷,第19页。
② 《马克思恩格斯选集》第2卷,第18页。
③ 《马克思恩格斯选集》第2卷,第18页。
④ 《马克思恩格斯全集》第3卷,第31页。
⑤ 《马克思恩格斯全集》第23卷,第23页。

如黑格尔哲学中的"纯有",笛卡尔哲学中的"我思",马克思政治经济学中的"商品",帕森斯社会理论中的"行动",汤因比历史理论中的"文明",等等。起点范畴是整个理论体系的出发点,规定着理论体系的运行及其内在的无矛盾性。

作为起点范畴的抽象是事物的本质规定,从中可以揭示出该领域的一切矛盾或矛盾的"胚芽"。例如,全部社会生活在本质上是实践的,作为历史唯物主义起点范畴的实践,就以缩影的形式包含着人与自然和人与社会,即人与世界的矛盾,全部历史唯物主义的范畴都是实践这一范畴的延伸、展开和深化的产物,都可以在实践这一范畴中找到它的"胚芽"。

作为起点范畴的抽象是高度的抽象。所谓高度抽象,是指在其研究的领域内不需要用事物的其他方面和属性来解释它,而它却能解释和说明事物的其他方面和属性。高度的抽象是包含着演绎法在内的抽象,即由这一抽象出发说明并演绎出其他规定来。

作为起点范畴的抽象又是适度的抽象。高度的抽象也是有限度的,它必须符合适度原则。抽象不及,不能确定真正的逻辑起点;抽象过度,也就失去了对象的质。例如,实证主义的抽象未超出经验,只在两种或几种变量关系中进行抽象,缺乏指导意义,这是抽象不及;而费尔巴哈对"人"的抽象则超出了度,即把人的社会性抽象掉了,仅剩下生物学的"类"。正是从这种抽象的人出发,唯物主义者费尔巴哈在历史领域重新陷入唯心主义。

起点范畴实质上是各个理论体系的"元概念",而抽象中的本质的、高度的、适度的原则,乃是确立某个概念何以为"元"的原则。理论体系的"元概念"也是不断变化的,它表现着理论研究的层次、侧重点和建构方法的历史发展。但是,不管如何变,"元概念"有两点是不变的:一是元概念反映的必须是构成具体对象的基本单位,它本身是实际的存在,如"商品""行为""细胞""物质"都是这样的单位;二是元概念作为逻辑起点必须蕴含着整个理论体系各种矛盾的"胚芽",往后的矛盾运动都是从中生长、发展、演化而来,仿佛是演绎出来一样。

中介范畴是潜在于起点范畴中的尚未展开的"胚芽",随着起点范畴运动的不断展开,中介范畴就会显现出来。例如,从商品引申出使用价值和价值,在一定条件下从价值又引申出货币,货币在一定条件下又会转化为资本。起点经过中介的"铁的逻辑"形成一环扣一环的逻辑整体。只有通过中介范畴,以"细胞"形式存在的抽象规定,才能逐渐展开自身的矛盾,显示出自身的丰富性,从而向思维中的具体逼近。

《资本论》至今仍是运用这种方法的典范。《资本论》第一卷第一篇,即"商品和货币"揭示的是资本的存在,它是《资本论》全部结构的"胚芽",接着,第一卷的其他部分考察资本主义生产的直接过程,揭示了资本的本质;第二卷考察资本流通,揭示资本的现象;第三卷"揭示和说明资本运动过程作为整体考察时所产生的各种具体形式。资本在自己的现实运动中就是以这些具体形式互相对立的,对这些具体形式来说,资本在直接生产过程中采取的形态和在流通过程中采取的形态,只是表现为特殊的要素。因此,我们在本卷中将要阐明的资本的各种形式,同资本在社会表面上,在各种资本的互相作用中,在竞争中,以及在生产当事人自己的通常意识中所表现出来的形式,是一步一步地接近了"[1]。可见,《资本论》通过"存在"—"本质"—"现象"—"现实"这些环节,把资本的内在矛盾充分展现出来了。

终点范畴是抽象到具体的逻辑终点,它以思维具体的形式展现出来,是一个具有许多规定性的总体。如果说作为逻辑起点的抽象规定,只是抽象的普遍性,那么,在终点范畴中已经是包含着个别、特殊在内的具体普遍性了。

终点也就是向起点回溯。黑格尔指出:"必须承认以下这一点是很重要的观察,——它在逻辑本身以内将更明确地显出来,——即:前进就是回溯到根据,回溯到原始的和真正的东西;被用作开端的东西就依靠这种

---

[1]《马克思恩格斯全集》第25卷,第29—30页。

根据,并且实际上将是由根据产生的。"①从起点范畴到终点范畴的运动不过是起点的内在矛盾全面的展示,因而每前进一步,实际上都是向原始起点的回溯。在这个意义上,终点一步也没有离开起点。

同时,终点也是对起点和中介过程的证明。科学抽象法中的证明,是命题和论据之间的相互支持、相互论证。这当然不是"循环论证法",而是一种辩证的"圆圈"运动。这里,说明这一点是必要的,即《资本论》的反对者批评马克思没有用专门一章对"价值"做出最后的定义,因而是不科学的,而在马克思看来,价值的定义是不断变动的,它的证明只有在运动的终点,在考察了所有方面的总和后才能得到,因而对价值的证明也就是整个理论体系展开的全过程。否则,只能得到对价值的片面认识。

马克思的从抽象上升到具体的方法源于黑格尔的《逻辑学》方法,但二者具有本质的不同。按照马克思的观点,从抽象到具体的运动,表面看来是一种纯概念的运动,实际上,这种概念运动是现实社会运动的反映。"具体总体作为思想总体、作为思想具体,事实上是思维的、理解的产物;但是,决不是处于直观和表象之外或驾于其上而思维着的、自我产生着的概念的产物,而是把直观和表象加工成概念这一过程的产物。整体,当它在头脑中作为思想整体而出现时,是思维着的头脑的产物,这个头脑用它所专有的方式掌握世界,而这种方式是不同于对于世界的艺术精神的,宗教精神的,实践精神的掌握的。实在主体仍然是在头脑之外保持着它的独立性;只要这个头脑还仅仅是思辨地、理论地活动着。因此,就是在理论方法上,主体,即社会,也必须始终作为前提浮现在表象面前"②。在马克思看来,这是一个"在研究任何历史科学、社会科学时",都"必须把握住",而且"应当时刻把握住"的前提③。

---

① [德]黑格尔:《逻辑学》上卷,杨一之译,商务印书馆1982年版,第55页。
② 《马克思恩格斯选集》第2卷,第19页。
③ 《马克思恩格斯选集》第2卷,第24页。

四、从"抽象的规定"到"思维的具体"的根本原则

科学抽象法的进行和理论体系的建构贯彻着历史—逻辑的方法原则。历史—逻辑的方法实际上是正确处理现实的逻辑与理论的逻辑、客观辩证法与主观辩证法之间关系的方法。把握了这一科学方法,就能进一步说明抽象何以这样或那样进行,理论体系何以这样或那样建构的内在秘密。

这里,首先要把握"历史"这一概念。一般说来,历史是指按时间箭头从过去到现在、再到将来的不可逆过程。然而,在马克思看来,历史是与发展联系在一起的,"联系不断采取新的形式,因而就呈现出'历史'"①;反过来说,没有发展也就没有历史,如同一形式的重复,没有内容的变化,尽管存在着也没有历史。正是在这个意义上,马克思认为,"印度社会根本没有历史,至少是没有为人所知的历史"②。马克思所理解的历史与通常意义上的时间上的历史有着较大区别。

在历史唯物主义中,历史的方法就是依据社会发展进程来研究社会因素和社会关系如何生成、展开、成熟,一个阶段如何发展到另一个阶段的方法。从总体上看,历史唯物主义的历史方法具有两个特征:

一是发生学方法。按照发生学的观点,任何一个历史现象都有一个起源、形成、独立的过程,有其存在的社会条件形成的过程,这一过程就是其发生的过程。例如,马克思的《路易·波拿巴的雾月十八日》实际上就是关于"雾月十八日事变"的发生学,叙述了二月事变"以来法国历史的全部进程的内在联系,揭示了12月2日的奇迹……就是这种联系的自然和必然的结果……这幅图画描绘得如此高明,以致后来每一次新的揭露,都只是提供出新的证据,证明这幅图画是多么忠实地反映了实际"③。恩格

---

① 《马克思恩格斯全集》第3卷,第34页。
② 《马克思恩格斯选集》第1卷,第767页。
③ 《马克思恩格斯选集》第1卷,第582页。

斯的《家庭、私有制和国家的起源》就是关于家庭、私有制和国家的发生学,它详尽具体、清澈见底、明白无误地向我们展示了家庭、私有制和国家起源的历史。任何历史现象,只有弄清它的发生,才能科学地研究它。

二是过程论的方法,即按时间顺序描述其发展过程、发展的各个阶段的方法。历史方法的特点之一就是要求描述历史进程中的曲折性、偶然性,描述一个个历史事件、一个个历史人物的活动以及具体的历史进程。例如,"马克思不仅特别偏好地研究了法国过去的历史,而且还考察了法国时事的一切细节"①。再如,马克思把民族的早期发展比喻为儿童,并认为有"粗野的儿童""早熟的儿童""正常的儿童"。如果对民族发展作典型解剖,那么,只需选择"正常的儿童"就可以了,但历史的方法则要全面地描述各种"儿童"的发展,越全面、越详尽则越符合历史方法的要求。

历史方法的优点在于,它反映了历史发生、发展的具体过程。但是,纯粹的历史方法往往成为历史现象的堆积、具体细节的展示。而且"历史常常是跳跃式地和曲折地前进的,如果必须处处跟随着它,那就势必不仅会注意许多无关紧要的材料,而且也会常常打断思想进程"②。因此,要把历史的内在本质显现出来,必须从历史的方法上升到逻辑的方法。

所谓逻辑的方法,就是通过一系列概念来揭示历史的本质和规律,从而建立理论体系的方法。对于揭示社会的本质和历史的规律来说,"逻辑的方式是唯一适用的方式"③。任何一种社会研究方法,无论是实证主义的,还是人文主义的,无论是社会唯名论的,还是社会唯实论的,本质上都是逻辑的方法。这些方法的区别仅仅在于如何组织概念体系,即概念运动的规则不同。

逻辑的方法之所以是揭示社会的本质和历史的规律的"唯一适用的方式",是因为社会发展往往是跳跃式的和曲折前进的,其中,充满着无穷无尽的偶然因素。如果想把这些偶然因素都弄清,是做不到的;如果处处

---

① 《马克思恩格斯选集》第1卷,第583页。
② 《马克思恩格斯选集》第2卷,第43页。
③ 《马克思恩格斯选集》第2卷,第43页。

跟随历史,思维实际上无法进行,更无法发现和把握其中的规律。这样一来,唯一可行的方法便是逻辑的方法。

逻辑的方法有一个独立的范畴运行系统,这就是"正如从简单范畴的辩证运动中产生出群一样,从群的辩证运动中产生出系列,从系列的辩证运动中又产生出整个体系"①。这是一个沿简单范畴——范畴群——范畴系列——范畴体系运动的过程。

这一过程仿佛是逻辑的自我运动,自己构成自己,实际上是"修正过"的历史过程。正如恩格斯所说,"实际上这种方式无非是历史的方式,不过摆脱了历史的形式以及起扰乱作用的偶然性而已。历史从哪里开始,思想进程也应当从哪里开始,而思想进程的进一步发展不过是历史过程在抽象的、理论上前后一贯的形式上的反映;这种反映是经过修正的"②。更重要的是,这种"修正""是按照现实的历史过程本身的规律修正的,这时,每一个要素可以在它完全成熟而具有典型性的发展点上加以考察"③。正因为如此,逻辑方法比自然主义的历史描述更深刻地反映了历史。这是其一。

其二,逻辑本身又是由历史来"校正"的。在每一时代,何种范畴和逻辑关系占主导地位,从根本上说,由那个时代占主导地位的社会关系来决定。例如,"世界交往"作为一个范畴抽象出来,在古代是不可能的,因为那时只有部落交往、地域交往的经验,"世界"概念还没有产生。只有在现代,"世界"对人说来才成为一种经验的事实,"世界交往"的概念才能形成,以此为基础又形成着世界市场、世界经济、世界文学、世界历史等范畴,这些范畴的产生又改变着原有的范畴结构,产生着新的逻辑。

正因为逻辑方法不过是"修正过"的历史方法,并且不断地被历史所"校正",所以,逻辑方法与历史方法具有内在的一致性。按照马克思、恩格斯的观点,在历史研究中,逻辑与历史相一致的方法主要体现在从"完

---

① 《马克思恩格斯选集》第 1 卷,第 140—141 页。
② 《马克思恩格斯选集》第 2 卷,第 43 页。
③ 《马克思恩格斯选集》第 2 卷,第 43 页。

全成熟而具有典范形式的发展点上"来研究对象,因为这种"发展点"既是历史发展的充分形式,又为逻辑关系充分展开自身的形式奠定了现实基础。

在《资本论》中,马克思对运用历史—逻辑方法作了精辟的概述:"对人类生活形式的思索,从而对它的科学分析,总是采取同实际发展相反的道路。这种思索是从事后开始的,就是说,是从发展过程的完成的结果开始的。""物理学家是在自然过程表现得最确实、最少受干扰的地方考察自然过程的,或者,如有可能,是在保证过程以其纯粹形态进行的条件下从事实验的。我要在本书研究的,是资本主义生产方式以及和它相适应的生产关系和交换关系。到现在为止,这种生产方式的典型地点是英国。因此,我在理论阐述上主要用英国作为例证。"①这种"从事后开始""从发展的结果开始"、从"典型地点"开始研究历史的方法,就是逻辑与历史相一致的方法。

正是在这种方法的引导下,马克思不仅发现了"现代的灾难",而且发现了"许多遗留下来的灾难";不仅发现了"活人使我们受苦",而且发现了"死人也使我们受苦","死人抓住活人";他不仅发现了资本主义生产方式的运动规律,而且发现了人类历史的发展规律,并明确指出:"问题在于这些规律本身,在于这些以铁的必然性发生作用并且正在实现的趋势。工业较发达的国家向工业较不发达的国家所显示的,只是后者未来的景象。"②

五、从"抽象的规定"到"思维的具体"的实质:思维的建构

从哲学史上看,思维的建构性问题最初是由康德以"先天形式""图式""统觉"等观点提出来的。在"知识何以可能"的问题上,康德主张构

---

① 《马克思恩格斯全集》第23卷,第92、8页。
② 《马克思恩格斯选集》第23卷,第8页。

造论。按照康德的观点,构造一个概念,意即先天地提供出来与概念相应的直观,如构造等腰三角形,既不能"只追踪他在图形中已见到的东西",也不能"死盯着这个图形的单纯概念"。换言之,构造既不能只从经验出发,因为经验不能提供普遍有效性,也不能只从单纯概念出发,因为单纯概念不能提供扩充的知识,从根本上说,构造是"通过他自己按照概念先天地设想进去并予以展现的那种东西(通过作图),把图形的种种特性提取出来"。[1]

因此,"构造"是理性的创造物,它"按照概念先天地设想并予以展现":一是构造要从理性出发,但它又不能离开经验、概念;二是构造是按概念来设想直观;三是这个直观既是理智预定的,又是有程序的;四是这个预定的直观的展开过程也就把内涵于经验中的特性"提取出来"。

康德的"构造"概念是对科学认识的历史概括,实际上就是思维的建构问题。在康德哲学中,思维的建构就是思维在头脑中预先把规律设定出来,然后让自然来回答。用康德自己的话来说,就是"理性必须一只手拿着唯一能使种种符合一致的现象结合成为规律的那些原则,另一只手拿着它按上述原则设计出来的那种实验,走向自然,向自然请教"[2]。

不难发现,这一思维构造论就是康德的"人为自然立法"和"图型"观点,它是"先天综合判断"思想的推广。按照康德的观点,大陆唯理论主张的先天分析判断是宾词内涵于主词中的判断,其缺点在于不能扩大知识;英国经验论主张后天综合判断,宾词超出了主词,扩大了知识,但它又不能说明知识的普遍有效性。从知觉中求必然性,无异于石中取水,客观有效性"不可能从对于对象的直接认识中取得"。

在康德看来,感觉从外界获得的杂乱无章的感性材料本身不构成知识,它首先要由感性的先验形式(时间、空间)整理,形成有时空确定性的表象,然后,由先验知性形式(范畴)综合,才具有普遍有效性。因此,"对

---

[1] 姜丕之等:《康德黑格尔研究》第2辑,上海人民出版社1986年版,第411页。
[2] 姜丕之等:《康德黑格尔研究》第2辑,第412页。

象就是被给予的直观杂多在其概念中被联结起来的东西",即先天综合判断是思维通过先天形式(范畴)对感性杂多联结起来的过程——思维建构过程。

问题在于,康德的前提错了,即所谓的"先天形式"——范畴并不是先天的,而是人类后天实践活动和认识活动的结晶。实际上,康德的先验时间和空间只是客观时间和空间相对独立性的表现,而他关于欧几里得的几何是先天给予主体的这一观点早已为罗巴切夫斯基、波利亚和黎曼几何所否定。但是,我们应该看到,康德的思维建构论实际上提出了一个富有解放意义的思想,这就是,理论、本质、规律不能单独以归纳经验的重复而得到,这在以"我不作假设"为名言的牛顿经典力学占统治地位的近代,确实打响了通向现代科学的第一枪,并为现代心理学发展所证明。

所谓思维的建构性,是指人对现实世界的反映过程是人以主体的方式对世界的观念的把握过程。除了种族、文化、知识背景等因素外,这一过程主要是指:经验、直观、日常意识与理论、知识、科学意识之间有着质的区别,它们之间存在着一系列抽象化的中介过程;现实的人总是以自己的概念结构来把握现实社会,并把现实社会纳入自己的理解和解释系统之中;主体是一个特殊的转化机构,一切感性、知性、理性的东西都在其中"变形",并被建构起来。

思维的建构性表明,认识是主体借助于各种中介系统(工具操作系统、概念逻辑系统)与客体相互作用的过程,反映是双重决定的。没有自在客体当然不会有观念客体,这是认识的客观前提;没有主体的理解、创造过程,没有概念结构对自在客体的分解过程,也不会有观念客体,观念客体总是主体对自在客体特殊地理解和把握的产物,是思维构造的产物。

这里,产生了认识运动对立的两个方面:一方面,自在客体决定着观念客体;另一方面,主体特有的生理的、经验的、知识的、实践的方式又决定着自在客体向观念客体转化的广度和深度,主体拥有对客体特定的选择、理解和解释方式。同时,由于自在客体并不会把自己的纯粹本质表现出来,相反,假象、层次、交错的相互作用会把本质这样或那样地掩盖起来。因此，认识从直接到间接，从外在到内在，从现象到本质，从初级本质到深刻本质的运动，并不能仅仅依靠归纳法直接从现象、经验中得到，而要通过概念的中介、抽象化的过程才能实现。这就形成了更高层次的思维建构的能动作用。

思维的建构也就是人在实践基础上以主体的方式对客体的能动反映过程，究其实质，是把"对象、现实、感性""当作感性的人的活动，当作实践去理解""从主体方面去理解"。按照马克思的观点，现实的人对现实世界的反映通过思维对观念客体的建构表现出来，人们是通过概念、范畴、逻辑观念来反映人与自然的关系和人与社会，即人与世界的关系的。"认识是人对自然界的反映。但是，这并不是简单的、直接的、完整的反映，而是一系列的抽象过程，即概念、规律等等的构成、形成过程。"[①]"在人面前是自然现象之网。本能的人，即野蛮人，没有把自己同自然界区分开来。自觉的人则区分开来了，范畴是区分过程中的梯级，即认识世界的过程中的梯级，是帮助我们认识和掌握自然现象之网的网上纽结。"[②]因此，范畴的产生和运用是认识的升华，它标志着主体与客体的分化。

同时，主体与客体的分化是通过自在客体与观念客体分化的形式表现的。所谓观念客体，就是指主体在观念中通过逻辑形式所把握的客体。人一旦把范畴关系置于主体与客体之间，思维就具有了建构的特点。思维的建构就是思维通过范畴关系或概念结构把自在客体转化为观念客体的过程。自在客体的分化过程是在观念中进行的，也就是逻辑观念、概念结构对其分解和理解的过程，是概念结构对感性材料有序化的过程。这一过程表现为这样的关系：自在客体→逻辑结构→观念客体。

正因为观念客体是经过逻辑结构的中介由自在客体转化而来，因而逻辑结构就成为二者的转化器。逻辑结构不同，对自在客体的反映也就不同，具体表现为对信息输入的选择不同，加工角度和程度不同，信息被

---

① 《列宁全集》第55卷，第152页。
② 《列宁全集》第55卷，第78页。

规范、被建构的方式不同,从而观念客体也就不同。以石块下落为例,自古代到现代,同样是石头从高空落下的事实,亚里士多德把它看作是石块在寻找自己的天然位置,伽利略看到的是石头与天体一样做圆周运动,牛顿则领悟出地心引力,爱因斯坦则看到石块在引力场中沿黎曼空间走最短的路程。这里,概念结构起到的是把自在客体转化为观念客体的建构作用。

从信息论的观点来看,思维的建构作用就是特定的概念结构对信息的加工、转换作用。概念结构类似某种信息转换器,它把外界输入的信息转化为主体的思维要素,同时,又在一定程度上反映着外界的结构、属性、规律。这种转换过程固定下来就形成了某种思维模式。一定的概念结构仅仅是对客体的一定程度的把握和转换,它不可能穷尽客体的一切信息、结构、属性。所以,主体及其思维的选择性既是能动性的体现,又是受动性的体现。主体只能在一定限度内,在它可选择、可理解的限度内活动,因此,主体是受到外在的自在客体与内在的概念结构的双重制约的。

思维的建构体现了主体与客体以概念结构为中介的双向运动,主体以概念结构去分解自在客体,而自在客体也就在一定程度上转化为观念客体,这就使人的认识过程也就表现为思维的建构过程,表现为"从主体方面去理解"的过程。

思维的建构是思维通过从抽象到具体,形成"先验的结构"的方式去把握人与世界的过程的。马克思明确而深刻地揭示了思维建构的特殊道路。按照马克思的观点,思维的具体是通过思维的综合而实现,"具体之所以具体,因为它是许多规定的综合,因而是多样性的统一。"[1]在这一过程中,规定的抽象、多样化的形成以及规定的综合,都要靠思维的建构作用。思维的建构,把混沌的具体稀薄为各种抽象的规定,然后,再把各种规定综合起来,这些工作一旦做完,"材料的生命一旦观念地反映出来,呈现在我们面前的就好象是一个先验的结构了"[2]。因此,思维的建构形成

---

[1]《马克思恩格斯选集》第 2 卷,第 18 页。
[2]《马克思恩格斯全集》第 23 卷,第 23 页。

的仿佛是"先验的结构"。

思维一开始就不同于经验,它要对自在客体形成某种"规定"。所谓规定,也就是把某一方面纯化,这种抽象过程只能在思维中进行,在实际生活中是不存在的。最简单的规定,如欧氏几何中没有面积的点,没有宽度的线,没有厚度的面,以及由点的运动构成线,由线的运动构成面,由面的运动构成立体,都是思维建构的产物,是一种极度纯化了的思维抽象物。在这些极度抽象基础上形成的整体,也只是一种纯化了的整体,一种仿佛是"先验的结构"。这种"先验的结构"一旦被社会认同并成为一种传统,那么,它就会转化为一种定型化了的"客观的思维形式"。

思维的建构不仅在思维中进行,而且总是以某种"客观的思维形式"表现出来。当某一思维的建构形式,即特定的概念结构被社会认同之后,它也就仿佛具有了某种客观的效力,形成了某种固定的模式。马克思认为,相对于资本主义的生产关系来说,资产阶级经济学范畴"是有社会效力的、因而是客观的思维形式"[1]。范畴及其关系会转化为"客观的思维形式",这也就是思维的建构定型化、模式化、客观化的过程。本来,范畴结构只是特定实践结构、社会结构的产物,但它一旦客观化了,也就形成了某种"惯性运动",形成一种仿佛是"范畴结构"决定思维的现象,并产生了"神秘性"和"魔法妖术"。

"从抽象上升到具体的方法,只是思维用来掌握具体、把它当作一个精神上的具体再现出来的方式。"[2]实际上,这一过程就是思维的建构过程,而且思维只能通过这一从抽象到具体的方式才能主观地再现客体。这是人所特有的"反映"方式。

六、研究方法与叙述方法

在人们的认识活动中,研究方法是对对象以及资料进行分析和综合

---

[1]《马克思恩格斯全集》第23卷,第93页。
[2]《马克思恩格斯选集》第2卷,第19页。

的方法,是从现象深入到本质中的方法;叙述方法则是理论和理论结构如何表述的方法,或者说是理论体系如何展现的方法。

在形式上,叙述方法与研究方法不同。马克思认为,研究必须充分地占有材料,分析它的各种发展形式,从具体到抽象,再从抽象到具体,探寻这些形式的内在联系,并一再强调,研究"必然包含着历史考察"。"对我们来说更为重要的是,我们的方法表明必然包含着历史考察之点,也就是说,表明仅仅作为生产过程的历史形式的资产阶级经济,包含着超越自己的、对早先的历史生产方式加以说明之点","这种正确的考察同样会得出预示着生产关系的现代形式被扬弃之点,从而预示着未来的先兆,变易的运动"。① 研究是从现象到本质,从外在联系到内在联系,它必须立足于对各种社会形式的起源以及发展阶段的分析之上。"只有这项工作完成以后,现实的运动才能适当地叙述出来。"② 叙述方法并不是再现研究方法以及如何研究的过程,而是一种使"材料的生命""观念地反映出来"的方法。叙述展开自身的同时也在论证着自身,它用论据与命题、概念与概念群相互论证,当终点范畴在更高的层次上回归到起点范畴时,就形成一个"艺术整体"。因此,叙述方法并不仅仅是一个语言、文字表述的问题,而且是一个逻辑结构展现的方法,是从理论上再现现实运动的方法,并深刻地体现着科学抽象法。

叙述不能仅仅按"历史的先后次序"进行,对于叙述"直接具有决定的意义"的,是现实社会的内部结构。例如,叙述资本主义经济运动,从地租开始,从土地所有制开始,似乎再自然不过了,因为它是"社会的最初的生产形式"。但是,在马克思看来,"这是最错误不过的了"。这是因为,在资本主义社会中,农业完全受资本支配,"不懂资本便不能懂地租。不懂地租却完全可以懂资本。资本是资产阶级社会的支配一切的经济权力。它必须成为起点又成为终点,必须放在土地所有制之前来说明。"③ 正是在

---

① 《马克思恩格斯全集》第46卷上,第458页。
② 《马克思恩格斯全集》第23卷,第23页。
③ 《马克思恩格斯选集》第2卷,第25页。

这个意义上,马克思认为:"把经济范畴按它们在历史上起决定作用的先后次序来排列是不行的,错误的。它们的次序倒是由它们在现代资产阶级社会中的相互关系决定的,这种关系同表现出来的它们的自然次序或者符合历史发展的次序恰好相反。问题不在于各种经济关系在不同社会形式的相继更替的序列中在历史上占有什么地位,更不在于它们在'观念上'……的顺序。而在于它们在现代资产阶级社会内部的结构。"①

要"适当地叙述"现实运动,就要科学地确定"抽象的规定"。按照马克思的观点,作为叙述的起点范畴应当是"简单的范畴"或"最抽象的范畴",内容上应当是"最一般的抽象"。问题在于,"简单的范畴,在历史上只有在最发达的社会状态下才表现出它的充分的力量",而"最一般的抽象总只是产生在最丰富的具体发展的场合,在那里,一种东西为许多东西所共有,为一切所共有。这样一来,它就不再只是在特殊形式上才能加以思考了"。②

因此,"最发达的社会状态""最丰富的具体发展场合"才能产生"最抽象的范畴"。以"劳动"为例。"劳动"或"劳动一般"之所以成为现代经济学的起点,是因为在资本主义社会这个最发达、最复杂的社会形式中,任何种类的劳动都被同样看待,"在这些劳动中,任何一种劳动都不再是支配一切的劳动","个人很容易从一种劳动转到另一种劳动"③。所以,"最抽象的范畴,虽然正是由于它们的抽象而适用于一切时代,但是就这个抽象的规定性本身来说,同样是历史条件的产物,而且只有对于这些条件并在这些条件之内才具有充分的适用性"④。

以资本主义社会的"最现代的存在形式"——美国为研究对象,马克思发现:"劳动不仅在范畴上,而且在现实中都成了创造财富一般的手段,它不再是同具有某种特殊性的个人结合在一起的规定了",或者说,"在这

---

① 《马克思恩格斯选集》第2卷,第25页。
② 《马克思恩格斯选集》第2卷,第21、22页。
③ 《马克思恩格斯选集》第2卷,第22页。
④ 《马克思恩格斯选集》第2卷,第23页。

种社会形式中,个人很容易从一种劳动转到另一种劳动,一定种类的劳动对他们说来是偶然的,因而是无差别的"①。在马克思看来,正是在"这里,'劳动'、'劳动一般'、直截了当的劳动这个范畴的抽象,这个现代经济学的起点,才成为实际上真实的东西。所以,这个被现代经济学提到首位的,表现出一种古老而适用于一切社会形式的关系的最简单的抽象,只有作为最现代的社会的范畴,才在这种抽象中表现为实际上真实的东西。"②从理论发展的进程看,对劳动的理解和把握经历了五个阶段才达到科学形态。这五个阶段依次表现为:货币主义;重工主义、重商主义对货币主义的批判;重农主义、重工主义对重商主义的批判;亚当·斯密对重农主义的批判;马克思对亚当·斯密的批判。这种种批判都是由现实的实践活动所激发的对原有的理论前提的批判。没有这种批判就既不可能否定原有的理论体系,也不可能形成新的理论体系。在历史唯物主义中,抽象方法同批判方法是密切相关甚至融为一体的。《德意志意识形态》的副标题就是"对费尔巴哈、布·鲍威尔和施蒂纳所代表的现代德国哲学以及各式各样先知所代表的德国社会主义的批判",《资本论》的副标题就是"政治经济学批判"。在马克思看来,历史唯物主义既是"真正实证的科学",又是"真正批判的世界观"③,是"对当代的斗争和愿望作出当代的自我阐明"的"批判的哲学"④。

---

① 《马克思恩格斯选集》第 2 卷,第 22 页。
② 《马克思恩格斯选集》第 2 卷,第 22 页。
③ 《马克思恩格斯全集》第 3 卷,第 31、261 页。
④ 《马克思恩格斯全集》第 1 卷,第 418 页。

第十章

自由王国与自由个性

社会的发展过程同时也是人的发展过程。从主体角度看,自由与必然构成了人的活动的两极,二者的矛盾构成了人类活动的本原性矛盾。人类社会的发展过程就是不断解决这个矛盾,从必然王国走向自由王国的过程。在这个过程中,人的发展在经历了以"人的依赖性"、以"对物的依赖性"为基础的人的独立性的社会形态后,终将走向人的"自由个性"这一新的社会形态。共产主义就是实现人的自由个性的社会形态。"代替那存在着阶级和阶级对立的资产阶级旧社会的,将是这样一个联合体,在那里,每个人的自由发展是一切人的自由发展的条件。"①

一、自由与必然:人类活动的本原性矛盾

恩格斯对自由与必然的关系作过深刻的论述:"自由

---

① 《马克思恩格斯选集》第1卷,第294页。

不在于幻想中摆脱自然规律而独立,而在于认识这些规律,从而能够有计划地使自然规律为一定的目的服务。这无论对外部自然的规律,或对支配人本身的肉体存在和精神存在的规律来说,都是一样的。这两类规律,我们最多只能在观念中而不能在现实中把它们互相分开。因此,意志自由只是借助于对事物的认识来作出决定的能力。因此,人对一定问题的判断越是自由,这个判断的内容所具有的必然性就越大;而犹豫不决是以不知为基础的,它看来好像是在许多不同的和相互矛盾的可能的决定中任意进行选择,但恰好由此证明它的不自由,证明它被正好应该由它支配的对象所支配。因此,自由就在于根据对自然界的必然性的认识来支配我们自己和外部自然。"①

这就是说,一方面,规律或必然性对人的存在和活动具有强制性,人的活动不可能摆脱必然性所规定的范围,必然性是人的自由的限度;另一方面,在必然性所规定的范围内存在着多种可能性,人们能够认识必然性及其所规定的范围,能够把握由这种必然性的规定、由多种可能性构成的可能性空间,能够根据自身的需要和对必然性的认识,在多种可能性中做出选择,并通过实践活动把这种可能变为现实,从而"支配我们自己和外部自然",达到自由。这就是说,有了人的认识活动、选择活动、实践活动,便有了与必然相对立的自由。

人既是自然存在物、社会存在物,又是"有意识的类存在物"。作为自然存在物,人来源于自然界,本身就具有自然属性,其活动必须遵循自然必然性,自然必然性不仅支配着自然界,而且也制约着人的存在;作为社会存在物,人的本质在其现实性上是一切社会关系的总和,其活动必须遵循历史必然性,社会关系、历史必然性不仅制约着人的自然属性,而且决定着人的社会属性;作为"有意识的类存在物",人能够认识和把握必然性,能够以此为前提为自己建构起一个属人的理想世界,并通过自己的实践活动把这种理想世界变为现实存在,从而达到自由。

---

① 《马克思恩格斯选集》第 3 卷,第 455—456 页。

人是实践中的存在,实践构成了人的独特的生命活动。按照马克思的观点,人只有把自己的生命活动作为"自己的意志和意识的对象",形成对象意识和自我意识,把握物的外在尺度和人的内在尺度时,人的活动才有自由可言。在这个意义上,自由是对必然的认识和对世界的改造。换言之,只有从实践这一人的独特的生命活动出发,才能真正理解自由及其与必然的关系。

一方面,实践是人以自身的活动引起、调整和控制人与自然之间物质变换的过程,同时,这种物质变换又是在一定的社会关系中进行的,是在人与人的活动互换中实现的。因此,人的实践活动要受到自然必然性的制约和历史必然性的支配。

另一方面,实践是人们按照自己的需要和愿望改变世界的活动,而且这种需要和愿望是被人们意识到的,并作为实践活动的目的,以人的意志的形式来支配人们的活动。正如马克思所说,劳动结束时得到的结果,在这个过程开始时就已经在劳动者的头脑中作为目的以观念的形式存在着,"这个目的是他所知道的,是作为规律决定着他的活动的方式和方法的,他必须使他的意志服从这个目的"[1]。因此,实践是人们有意识、有目的的活动。

这就是说,人的活动既是自然的,又是超自然的;既是合规律的,又是合目的的;既是必然的,又是自由的。在人的活动中,合目的性必须以合规律性为基础,并包含着规律性的内容,单纯的合目的性只能导致幻想中的自由;同时,合规律性必须结合着合目的性,并在合规律性中渗透目的性的内容,单纯的合规律性只能导致无主体性的自然必然性,同样达不到自由。必然与自由构成了人的活动的两极,二者统一于人的活动中,作为实践活动不可分割的两个方面构成了人类活动的本原性矛盾。

从这个意义上说,人类发展就是不断解决自由与必然之间矛盾的过程,是不断从自然和社会的束缚下解放出来的过程。马克思在谈到资本

---

[1]《马克思恩格斯全集》第23卷,第202页。

主义社会中的人的异化以及主体与客体关系颠倒的状态时指出:"这种颠倒的过程不过是历史的必然性,不过是从一定的历史出发点或基础出发的生产力发展的必然性,但决不是生产的某种绝对必然性,倒是一种暂时的必然性,而这一过程的结果和目的(内在的)是扬弃这个基础本身以及过程的这种形式。"①在恩格斯看来,这一扬弃的结果,就是"人终于成为自己的社会结合的主人,从而也就成为自然界的主人,成为自身的主人——自由的人"②。

二、从必然王国向自由王国的转变

按照马克思的观点,自然界对人类具有"优先地位",自然必然性对人的实践活动具有强制性;物质生产的直接目的是满足人的物质需求,以维持和再生产人的生命存在,这同样是一种自然必然性,同样对人的实践活动具有强制性。"劳动作为使用价值的创造者,作为有用劳动,是不以一切社会形式为转移的人类生存条件,是人和自然之间的物质变换即人类生活得以实现的永恒的自然必然性。"③"像野蛮人为了满足自己的需要,为了维持和再生产自己的生命,必须与自然进行斗争一样,文明人也必须这样做;而且在一切社会形态中,在一切可能的生产方式中,他都必须这样做。这个自然必然性的王国会随着人的发展而扩大,因为需要会扩大;但是,满足这种需要的生产力同时也会扩大。"④正是在这个意义上,马克思在《资本论》中把物质生产领域叫作人的"必然王国",并认为人们在物质生产领域内所能实现的自由只能是:"社会化的人,联合起来的生产者,将合理地调节他们和自然之间的物质变换,把它置于他们的共同控制之下,而不让它作为盲目的力量来统治自己;靠消耗最小的力量,在最无愧于和最适合

---

① 《马克思恩格斯全集》第 46 卷下,第 361 页。
② 《马克思恩格斯选集》第 3 卷,第 760 页。
③ 《马克思恩格斯全集》第 23 卷,第 56 页。
④ 《马克思恩格斯全集》第 25 卷,第 926 页。

于他们的人类本性的条件下来进行这种物质变换。但是不管怎么样,这个领域始终是一个必然王国"。"自由王国只是在由必需和外在目的规定要做的劳动终止的地方才开始;因而按照事物的本性来说,它存在于真正物质生产领域的彼岸……在这个必然王国的彼岸,作为目的本身的人类能力的发展,真正的自由王国,就开始了"。"但是,这个自由王国只有建立在必然王国的基础上,才能繁荣起来。"①马克思在这里所说的物质生产领域的"此岸"和"彼岸",不是一个单纯的空间概念,而是一个具有时间意义的历史范畴,实质上是指劳动时间和自由时间的关系。

按照马克思的观点,劳动时间是人类为了维持和再生产自身的生命所进行的生产物质资料的时间;自由时间则是可以自由支配的时间,即可以用于从事科学、艺术、哲学等非物质生产活动的时间。当社会生产力有了一定的发展,劳动者能够超出自身的需要而为社会提供剩余劳动时,即劳动者的劳动时间可以区分为必要劳动时间和剩余劳动时间两个部分时,人类就无须把全部时间都花费在物质资料的生产上,而是可以腾出一部分时间去从事科学、艺术、哲学等非物质生产活动,即有了自由时间。

这种以剩余劳动为基础的自由时间的出现,对于人类发展具有决定性意义。正如马克思所说:"整个人类的发展,就其超出对人的自然存在直接需要的发展来说,无非是对这种自由时间的运用,并且整个人类发展的前提就是把这种自由时间的运用作为必要的基础。"②有了自由时间,才有整个人类的发展。自由王国就是依靠自由时间建筑起来的。这就是说,必然王国与自由王国是反映人类社会发展过程的历史性范畴,是揭示不同社会状态本质特征的范畴。在马克思看来,必然王国是指人类受维持生存的自然必然性所支配,从而也受物化的社会关系所统治的社会状态,即物支配人的社会状态;自由王国则是指人类共同控制了物质生产活动,从而自觉支配了社会关系以及人与自然关系的社会状态,即人支配物

---

① 《马克思恩格斯全集》第25卷,第926—927页。
② 《马克思恩格斯全集》第47卷,人民出版社1980年版,第216页。

的社会状态。

在原始社会,为了生存,人们要用全部时间从事物质生产活动,整个人类生活在必然王国之中。在阶级社会,"作为过去取得的一切自由的基础的是有限的生产力;受这种生产力所制约的、不能满足整个社会的生产,使得人们的发展只能具有这样的形式:一些人靠另一些人来满足自己的需要,因而一些人(少数)得到了发展的垄断权;而另一些人(多数)经常地为满足最迫切的需要而进行斗争,因而暂时(即在新的革命的生产力产生以前)失去了任何发展的可能性。由此可见,到现在为止,社会一直是在对立的范围内发展的,在古代是自由民和奴隶之间的对立,在中世纪是贵族和农奴之间的对立,近代是资产阶级和无产阶级之间的对立"①。

这就是说,在阶级社会中,少数人通过侵占多数人的剩余劳动而从物质生产领域中摆脱出来,即侵占了社会的自由时间;另外的多数人则被迫承担起整个社会的劳动重负,终生从事物质生产活动。换言之,占人口大多数的劳动者创造了自由时间却不能享有自由时间,可供他们支配的时间都变成了劳动时间,成为"人格化的劳动时间"②。"历史的发展、政治的发展、艺术、科学等等是在这些人之上的上层社会内实现的。"③"上层社会"独霸了自由时间,把持了人类能力发展的垄断权,"下层社会"由于可供自己支配的时间都变成了劳动时间,因而也就"丧失了精神发展所必需的空间,因为时间就是这种空间"④。在资本主义社会,劳动时间与自由时间的对立达到了典型的形式。"资本的不变趋势一方面是创造可以自由支配的时间,另一方面是把这些可以自由支配的时间变为剩余劳动。"⑤

可见,在阶级社会中,劳动时间与自由时间的对立深刻地体现着剥削阶级与劳动阶级的阶级对立:剥削阶级的发展以劳动阶级丧失发展为前提,一般人类能力的发展以牺牲占人口多数的劳动者的发展为条件。除

---

① 《马克思恩格斯全集》第3卷,第507页。
② 《马克思恩格斯全集》第23卷,第271页。
③ 《马克思恩格斯全集》第46卷下,第88页。
④ 《马克思恩格斯全集》第47卷,第344页。
⑤ 《马克思恩格斯全集》第46卷下,第221页。

原始社会外，社会就是在这种对抗的形式中发展的，到目前为止，人类在整体上生活在必然王国之中。

只有在生产力达到巨大增长和高度发展，并消除了私有制，人们成为自己的社会关系以及人与自然关系的自觉的和真正的主人，社会提供足以让全体成员达到全面发展的物质手段和自由时间时，人类才能真正达到自由王国。"一旦社会占有了生产资料，商品生产就将被消除，而产品对生产者的统治也将随之消除。社会生产内部的无政府状态将为有计划的自觉的组织所代替。个体生存斗争停止了。于是，人在一定意义上才最终地脱离了动物界，从动物的生存条件进入真正人的生存条件。人们周围的、至今统治着人们的生活条件，现在受人们的支配和控制，人们第一次成为自然界的自觉的和真正的主人，因为他们已经成为自身的社会结合的主人了。人们自己的社会行动的规律，这些一直作为异己的、支配着人们的自然规律而同人们相对立的规律，那时就将被人们熟练地运用，因而将听从人们的支配。人们自身的社会结合一直是作为自然界和历史强加于他们的东西而同他们相对立的，现在则变成他们自己的自由行动了。至今一直统治着历史的客观的异己的力量，现在处于人们自己的控制之下了。只是从这时起，人们才完全自觉地自己创造自己的历史；只是从这时起，由人们使之起作用的社会原因才大部分并且越来越多地达到他们所预期的结果。这是人类从必然王国进入自由王国的飞跃。"①

从必然王国向自由王国的转变标志着人类生存方式发生了根本性转变。在必然王国，人类的生存方式同动物的生存方式已经有了质的区别：动物依靠本能活动生存，人类依靠实践活动生存。但是，人的实践活动又是彼此冲突的，个体成员之间还存在着生存斗争，最终的结果总是从许多单个意志的相互冲突中产生出来的，而这个结果又可以看作是一个作为整体的、不自觉地和不自主地起着作用的力量的产物。换言之，人类在个别、局部的领域有意识、有目的地自觉活动着，但在整体上却是盲目地、自

---

① 《马克思恩格斯选集》第3卷，第633—634页。

发地生存着。在这个意义上,人类的生存方式同动物的生存方式具有相似性。从必然王国向自由王国转变之后,人才从动物的生存条件进入真正的人的生存条件。

从必然王国向自由王国的转变意味着社会发展的目标发生了根本性转变。在必然王国,人们必须把物质财富的增长作为社会发展的最高目标,物质生产成了人类活动的中心领域。这是由人的物质需求决定的,换言之,是由整个生物界通行的"生存斗争"的自然法则决定的。所以,在这个历史阶段上,"生产表现为人的目的,而财富则表现为生产的目的"。① 同生产工具一样,人的活动被当作增加物质财富的手段。只有进入自由王国,社会发展的价值坐标才会发生根本性的转变,由以物质财富的增长为目标转向以人本身的全面发展为目标,真正做到以人为本。那时,物质生产就会从仅仅作为人的谋生手段转化为人的自我发展的内在需要。

从必然王国向自由王国的转变意味着人类将获得彻底的解放,每一个人都能得到全面而自由的发展。在必然王国,绝大多数社会成员承担着维持人类生存的物质生产活动,只有极少数社会成员才能得到全面发展的机会,换言之,极少数人的发展是以绝大部分人的不发展为代价的,社会要靠牺牲多数的个人才能得到发展;在自由王国,"每个人的自由发展是一切人的自由发展的条件"②,每个人都获得了全面而自由发展的机会,从而使人类获得彻底解放。促进人的全面发展是社会主义社会的本质要求,共产主义社会则是"以每个人的全面而自由的发展为基本原则的社会形式"③。

三、从单面的人到全面而自由发展的人

人类从必然王国向自由王国的转变过程,也就是从人的依赖关系、以

---

① 《马克思恩格斯全集》第46卷上,第486页。
② 《马克思恩格斯选集》第1卷,第294页。
③ 《马克思恩格斯全集》第23卷,第649页。

物的依赖性为基础的人的独立性达到人的自由个性的过程。马克思指出:"人的依赖关系(起初完全是自然发生的),是最初的社会形态,在这种形态下,人的生产能力只是在狭窄的范围内和孤立的地点上发展着。以物的依赖性为基础的人的独立性,是第二大形态,在这种形态下,才形成普遍的社会物质变换,全面的关系,多方面的需求以及全面的能力体系。建立在个人全面发展和他们共同的社会生产能力成为他们的社会财富这一基础上的自由个性,是第三个阶段。"[1]

"人的依赖关系"占统治地位的历史阶段,是同社会发展中的自然经济形态相适应的。在这种社会形态中,个人不是作为独立的个人,而是作为一定自然共同体的成员,直接依附于这个自然共同体。"我们越往前追溯历史,个人,从而也是进行生产的个人,就越表现为不独立,从属于一个较大的整体。"[2]个人对自然共同体的依赖关系,具体体现在个人对自然共同体代表人物的从属关系中,而自然共同体内部依靠宗法等级制度建立起来的社会关系,则造成了普遍的人身依附关系。个人在这种社会关系中既不独立,也没有自由。在马克思看来,在这个历史阶段中生存的个人是"必然的个人",即生下来就终生从属于某个群体的人。

"以物的依赖性为基础的人的独立性"的历史阶段,是同社会发展中的商品经济(市场经济)形态相适应的。在这种社会形态中,个人摆脱了人身依附关系,获得了独立性。正因为如此,马克思认为,在这个历史阶段生存的个人是"偶然的个人",即在市场经济的条件下通过竞争来确定自己的地位和身份的人。但是,个人获得的这种独立性是建立在对物的依赖性基础上的,人与人之间的社会关系以"物化"的、异己的形式同个人相对立,个人只有掌握资本才能获得独立性。正是在这个意义上,马克思认为,在这种社会形态中,"资本具有独立性和个性,而活动着的个人却没有独立性和个性"[3]。

---

[1]《马克思恩格斯全集》第46卷上,第104页。
[2]《马克思恩格斯全集》第46卷上,第21页。
[3]《马克思恩格斯选集》第1卷,第287页。

在资本主义社会,"活动着的个人"都被看成是"独立的个人""孤立个人"。资本主义生产是社会化大生产,资本主义社会是人们在经济上联系最紧密的社会,可又是把个人看成是"独立的个人""孤立个人"的个人主义最盛行的社会。马克思指出:"产生这种孤立个人的观点的时代,正是具有迄今为止最发达的社会关系(从这种观点看来是一般关系)的时代"①。这种与人的依赖关系相对立的"物的依赖关系无非是与外表上独立的个人相对立的独立的社会关系,也就是与这些个人本身相对立而独立化的、他们互相间的生产关系"②。这表明,无论是人的依赖性,还是人的独立性,无论是"必然的个人",还是"偶然的个人",其背后都是特定的生产关系、社会关系。

按照马克思的观点,生产力发展到一定阶段,一方面出现了剩余产品,另一方面产生了社会分工。分工使物质活动与精神活动、劳动与享受、生产与消费由不同的人来分担成为可能,而剩余产品的出现使这种可能成为现实。同时,"只要私人利益和公共利益之间还有分裂,也就是说,只要分工还不是出于自愿,而是自然形成的,那末人本身的活动对人说来就成为一种异己的、与他对立的力量,这种力量驱使着人,而不是人驾驭着这种力量"③。人的活动所形成的社会力量反过来成为一种"在他们之外的强制力量","同他对立的力量",反过来压迫人、支配人,这就是人的异化。

人的异化在人类进入文明社会后就已经出现了。在"人的依赖关系"的社会形态,个人没有独立性,劳动者仅仅被当作劳动的自然条件。正如马克思所说,"在奴隶制关系和农奴制依附关系中,没有这种分离;而是社会的一部分被社会的另一部分简单地当作自身再生产的无机自然条件来对待。奴隶同自身劳动的客观条件没有任何关系;而劳动本身,无论采取的是奴隶的形态,还是农奴的形态,都是作为生产的无机条件与其他自然

---

① 《马克思恩格斯全集》第46卷上,第21页。
② 《马克思恩格斯全集》第46卷上,第111页。
③ 《马克思恩格斯全集》第3卷,第37页。

物同属一类的,是与牲畜并列的,或者是土地的附属物"①。这就使一部分人与另一部分人的关系异化为人与物的关系,即劳动者被当作物(劳动的自然条件),被不劳动的剥削者所占有和支配,对劳动和劳动者来说,这就是异化。但是,这种异化仅仅是社会部分成员的异化,还不是社会每个成员的异化。

在"以物的依赖性为基础的人的独立性"的历史阶段,人与人之间的社会关系变成了商品关系,货币成为人与人之间进行商品交换的媒介,人与人的社会关系被物化为货币关系。换言之,个人劳动的直接目的是得到货币,个人的需求必须依靠货币购买商品才能得到满足,人与人之间的社会依赖性转化为对货币的依赖性,货币、资本成为人与人之间社会关系的物化形态,并由此产生了"商品拜物教""货币拜物教""资本拜物教"。

这种物化的社会关系本来是人们交往的产物,但它出现之后,对于每个人来说,则成为一种外在的关系,并作为一种"外在的强制力量"支配着个人的命运,使个人成为受"物"这种外在因素摆布的人。从阶级的角度来看,工人阶级不仅受货币这种物化的社会关系的统治,而且还受资本这种物化的社会关系的剥削;从个人的角度来看,每个人都受货币这种物化的社会关系的统治,都受到资本这种社会关系的支配。"资本是集体的产物,它只有通过社会许多成员的共同活动,而且归根到底只有通过社会全体成员的共同活动,才能运动起来。"②这是人的普遍异化的历史阶段。

在人的普遍异化的状态下,人的发展也出现了普遍的片面化,每个人都成为"片面的人""单向度的人"。

首先,私有制和强制性分工使每个人的活动范围都固定化了,个人能力的发展因此也片面化了。"当分工一出现之后,每个人就有了自己一定的特殊的活动范围,这个范围是强加于他的,他不能超出这个范围:他是

---

① 《马克思恩格斯全集》第46卷上,第488页。
② 《马克思恩格斯选集》第1卷,第287页。

一个猎人、渔夫或牧人,或者是一个批判的批判者,只要他不想失去生活资料,他就始终应该是这样的人"①。因此,在这个历史阶段上,"一部分人变为受局限的城市动物","另一部分人则变为受局限的乡村动物";一部分人成为头脑发达的脑力劳动者,另一部分人则成为四肢发达的体力劳动者,而且机器的使用使人的片面发展更为畸形化,人成了"单面的人"。

其次,在大工业和竞争中,人的一切生存条件、一切片面性都融合为两种最简单的形式——私有制和劳动,人被分化为有产者与无产者、资本家与雇佣劳动者,不仅工人不可能全面发展,而且资本家也不例外。"精神空虚的资产者为他自己的资本和利润欲所奴役;律师为他的僵化的法律观念所奴役……一切'有教养的等级'都为各式各样的地方局限性和片面性所奴役,为他们自己的肉体上和精神上的近视所奴役,为他们的由于受专门教育和终身束缚于这一专门技能本身而造成的畸形发展所奴役"②。私有制使个人只关心自己与社会的区别,而不顾自己与社会的联系,个人片面发展了自己的自我性,而忽视了自己的社会性。

再次,物化的社会关系使人与人之间的社会关系片面化为纯粹的金钱关系,使人的活动目的片面化为单纯地追求金钱。"钱是一切事物的普遍价值,是一种独立的东西。因此它剥夺了整个世界——人类世界和自然界——本身的价值。钱是从人异化出来的人的劳动和存在的本质;这个外在本质却统治了人,人却向它膜拜。"③由此,人的需求片面化了,人的全部感觉变成了单纯占有物的感觉,人成了"单面的人"。

"建立在个人全面发展和他们共同的社会生产能力成为他们的社会财富这一基础上的自由个性"的历史阶段,是同社会发展中的时间经济或产品经济相适应的。在这种社会形态中,社会是"自由人的联合体",这种联合体对个人来说不再是"虚幻的集体",而是"真实的集体";人们成为

---

① 《马克思恩格斯全集》第3卷,第37页。
② 《马克思恩格斯全集》第20卷,第317页。
③ 《马克思恩格斯全集》第1卷,第448页。

"自己的社会结合的主人",社会关系不再作为异己的力量支配人,而是置于人们的共同控制之下,成为实现"自由个性"的形式。"只有在集体中,个人才能获得全面发展其才能的手段,也就是说,只有在集体中才可能有个人自由。在过去的种种冒充的集体中,如在国家等等中,个人自由只是对那些在统治阶级范围内发展的个人来说是存在的……在真实的集体的条件下,各个个人在自己的联合中并通过这种联合获得自己的自由。"①这就是说,只有在"真实的集体"这种社会共同体中,才能产生"自由的个人"。在这种社会共同体中,"人终于成为自己的社会结合的主人,从而也就成为自然界的主人,成为自身的主人——自由的人"②。

扬弃人的异化,使每个人得到全面而自由的发展,从单面的人转向全面的人,从异化的人转向自由的人,以物的依赖性为基础的"人的独立性"转向人的"自由个性",一方面需要高度发达的生产力,另一方面需要通过"联合起来的个人"占有生产力的总和,消除私有制,从而把社会生产力置于人们的共同控制之下,而不让它作为盲目的力量来统治自己。"联合起来的个人对全部生产力的占有,消灭着私有制。"③只有这样,才能扬弃人的异化,实现每个人的全面而自由发展,实现人的"自由个性",从而确立"有个性的个人"④。

实践是人的存在方式,人的本质在其现实性上是一切社会关系的总和。个人的发展的全面性,归根到底取决于实践发展的全面性和社会关系的全面性。正如马克思所说:"个人的全面性不是想象的或设想的全面性,而是他的现实关系和观念关系的全面性。"⑤我们明白,人的异化不是人向非人的转化,而是人们还没有创造出高度发达的社会生产力和全面的社会关系,并将这种生产力和社会关系置于自己的自觉控制之下造成的;人向全面性方向的发展,也不是什么人性的"复归",不是什么人的全

---

① 《马克思恩格斯全集》第3卷,第84页。
② 《马克思恩格斯选集》第3卷,第760页。
③ 《马克思恩格斯全集》第3卷,第77页。
④ 《马克思恩格斯全集》第3卷,第87页。
⑤ 《马克思恩格斯全集》第46卷下,第36页。

面本质的失而复得,而是通过创造高度发达的社会生产力和全面的社会关系全面创造并占有自己的全面本质,通过社会全体成员合理运用自由时间实现自己的"自由个性"。

四、时间是人的发展的空间

与近代科学、近代哲学以及古代哲学都不同,马克思从现实的人及其活动出发去理解时间,强调"时间是人的积极存在",即时间对人的存在的意义和价值,明确提出时间是人的生命尺度和发展空间:"时间实际上是人的积极存在,它不仅是人的生命的尺度,而且是人的发展的空间"①。时间之所以能够成为人的生命尺度和发展空间,是因为时间能够体现人的生命特点和生命价值。具体地说,人能够按照自身的标准来减少不能体现自己生命本性和发展要求的活动时间,增加能够体现自己生命本性和发展要求的活动时间,从而为实现自己的生命意义创造条件。

时间是人的生命尺度表现为人类生命价值的生成。在生物学中,人与动物往往被作为"同类"的生命现象进行考察,但实际上,人的生命现象与动物的生命现象有着本质的不同。"动物和它的生命活动是直接同一的。动物不把自己同自己的生命活动区别开来。它就是这种生命活动。人则使自己的生命活动本身变成自己的意志和意识的对象。他的生命活动是有意识的。""有意识的生命活动把人同动物的生命活动直接区别开来。"②

具体地说,动物的生命活动体现的是"种"的本质,人的生命活动体现的是"类"的本质。动物的本质与它的生命活动是直接同一的,它们在获得了生命的同时就具备了它们的本质。动物的种的特性是自然赋予的先天规定性,同动物个体的后天活动没有直接关系。人"是这样一种存在

① 《马克思恩格斯全集》第47卷,第532页。
② 《马克思恩格斯全集》第42卷,第96页。

物,它把类看作自己的本质,或者说把自身看作类存在物"①。"类"作为人的存在特性,是人之为人的本质所在,凸显的是人的本质的后天生成性。"通过实践创造对象世界,即改造无机界,证明了人是有意识的类存在物"②。

"有意识的类存在物"使人能够把自己的生命活动"变成自己意志和意识的对象",能够按照"物种尺度"和"人的尺度"的统一去改造、创造世界。正如马克思所说,"动物只是按照它所属的那个种的尺度和需要来建造,而人却懂得按照任何一个种的尺度来进行生产,并且懂得怎样处处都把内在的尺度运用到对象上去"③。因此,人是自己生命活动的支配者,并在时间中超越了自然生命的尺度,成为一种"积极存在"。

人的生命活动不是动物式的"生存"活动,而是人所独有的"生活"活动,是人"把自己的生命活动本身变成自己的意志和意识的对象"的活动。正是在这种活动中,产生了生命尺度的问题,即人的生命活动是有价值,还是无价值的问题。马克思之所以强调,"动物只是按照它所属的那个种的尺度和需要来进行建造",而人"却懂得按照任何一个种的尺度来进行生产",并且随时随地用自身的内在尺度来衡量对象,"按照美的规律来建造"④,就是为了说明,人只有获得"价值生命",超越自然生命,才能称其为"人"。

时间是人的生命"尺度"并不等于时间是人的生命"长度"。把时间理解为人的生命"长度",这一观点的根本缺陷就在于,没有意识到人的生命与一般生命的本质区别,只是从物的本性去理解人,从前定的、给予的、绝对不变的方面去理解人,实际上是把人理解为动物。

"劳动时间本身只是作为主体存在着,只是以活动的形式存在着。"⑤

---

① 《马克思恩格斯全集》第 42 卷,第 96 页。
② 《马克思恩格斯全集》第 42 卷,第 96 页。
③ 《马克思恩格斯全集》第 42 卷,第 97 页。
④ 《马克思恩格斯全集》第 42 卷,第 97 页。
⑤ 《马克思恩格斯全集》第 46 卷上,第 118 页。

时间之所以能够成为人的生命尺度和积极存在,根源就在于人的实践活动,首先是劳动。正是劳动构成了人的生命价值的本体,使时间成为人的积极存在。作为人的生命尺度和积极存在,时间是在实践活动中获得对人的现实性,成为人的活动形式的。

正因为时间以人的活动的形式存在着,所以,伴随着实践活动的发展和分化,必然是人的活动空间的扩大。随着生产力的发展,人的活动逐渐产生分化,从生产活动中分化出交往活动,从物质生产中分化出精神生产,从精神生产中分化出科学和意识形态,从科学活动中又分化出自然科学和社会科学……每一种活动不断分化出新的活动领域;这种活动的不断分化和活动的领域不断扩大又必然造成人的活动空间和发展空间的不断扩展;每一次活动的分化和交往的扩大又意味着人与自然之间新的关系的形成,人与人之间新的社会关系的建立。一句话,标志着人的新的活动和发展空间的建立。

按照马克思的观点,自由时间的多少直接决定着人的发展空间的大小,而自由时间在量上又直接取决于剩余劳动时间,"剩余劳动一方面是社会的自由时间的基础,从而另一方面是整个社会发展和全部文化的物质基础。"[①]发展生产力,提高劳动生产率,实际上就是缩短必要劳动时间,增加自由时间,扩大人的活动和发展空间。对个人来说,自由时间的扩大实际上是提供了一个新的活动舞台,舞台越大,发展的可能性也就越大;就人类而言,整个人类的发展无非是对自由时间的运用,有了更多的自由时间,才有整个社会的更大进步,才有人类能力的更大发展。

"正像单个人的情况一样,社会发展、社会享用和社会活动的全面性,都取决于时间的节省。一切节约归根到底都是时间的节约。"[②]因此,时间节约的规律便成为调节社会生活的"首要的经济规律"。这个规律不会因为社会制度的改变而被消除,能够改变的只是这一规律实现的社会形式。

---

① 《马克思恩格斯全集》第47卷,第257页。
② 《马克思恩格斯全集》第46卷上,第120页。

"时间的节约,以及劳动时间在不同的生产部门之间有计划的分配,在共同生产的基础上仍然是首要的经济规律。"①时间因素在人的发展中的首要意义,正是由这种规律的首要性决定的。换言之,时间节约的规律也是人的发展的首要规律。通过提高劳动生产率而节约劳动时间,实际上就是创造了人的发展的空间。

在阶级社会中,自由时间的创造与占有并不是统一的,相反,二者却是背离的。"社会的自由时间的产生是靠非自由时间的产生,是靠工人超出维持他们本身的生存所需要的劳动时间的产生。同一方的自由时间相应的是另一方的被奴役的时间。"②私有制和旧式分工使劳动者被迫承担整个社会的劳动重负,他们创造了自由时间,却不能占有和支配自由时间,没有获得相应的发展空间;而不从事劳动的社会成员却凭借占有生产资料的地位,通过侵占剩余劳动而占有和支配着自由时间,由此获得了相应的发展空间。

这就是说,在阶级社会中,少数人的发展是以剥夺众多劳动者的剩余劳动时间、自由时间为基础的,少数人的发展是以多数人的不发展或畸形发展为代价的。这种自由时间创造与占有上的分离,在资本主义社会达到了极端程度。按照马克思的观点,劳动是价值的唯一源泉,工人的剩余劳动生产出剩余劳动时间、自由时间,然而,在资本主义社会,这种自由时间却为不劳动阶级所占有和支配。"在资本方面表现为剩余价值的东西,正好在工人方面表现为超过他作为工人的需要,即超过他维持生命力的直接需要而形成的剩余劳动。"③"剩余产品把时间游离出来,给不劳动阶级提供了发展其他能力的自由支配的时间。因此,在一方产生剩余劳动时间,同时在另一方产生自由时间。整个人类的发展,就其超出对人的自然存在直接需要的发展来说,无非是对这种自由时间的运用,并且整个人

---

① 《马克思恩格斯全集》第46卷上,第120页。
② 《马克思恩格斯全集》第47卷,第216—217页。
③ 《马克思恩格斯全集》第46卷上,第287页。

类发展的前提就是把这种自由时间的运用作为必要的基础。"①

人类解放的实质和目标就是实现人的全面而自由发展,"确立有个性的个人",而要实现人的全面而自由发展,"确立有个性的个人",就必须使联合起来的个人占有和支配自由时间,从而使所有自由时间都成为供所有个人自由发展的时间。这种为所有个人提供自由时间、支撑自由发展的自由的活动,不再是维持"单纯生存"、体现人的生存"自然的必然性"的自发的活动,而是人为了发展自身的能力、占有自己全面本质的自觉的活动。

在马克思看来,要从这种维持"单纯生存"的自发的活动转向"自由的自觉的活动",即"自主活动","工作日的缩短是根本条件"②。"工作日的缩短"所提供的充裕的自由时间,联合起来的个人对这种自由时间的占有和支配,最终使劳动由人的谋生的手段转变为生活的目的,从而实现劳动意义的革命性变化。这一革命性变化将消除异化劳动,实现无产阶级和人类解放,实现以每个人自由发展为条件的一切人的自由发展。"一方面,任何个人都不能把自己在生产劳动这个人类生存的自然条件中所应参加的部分推到别人身上;另一方面,生产劳动给每一个人提供全面发展和表现自己全部的即体力和脑力的能力的机会,这样,生产劳动就不再是奴役人的手段,而成了解放人的手段。"③

由此可见,时间是人的发展的空间,是历史唯物主义的基本观点。这就是说,在历史唯物主义中,"时间"和"空间"不是一对与现实的人及其活动无关的抽象的范畴,而是一个直接关涉人的自由发展、自由个性的理论。1894年,意大利社会党人卡内伯请恩格斯找一段能表述共产主义社会根本特征的话,作为《新纪元》杂志题词。为此,恩格斯从《共产党宣言》中找出这样一段话,即"代替那存在着阶级和阶级对立的资产阶级旧社会的,将是这样一个联合体,在那里,每个人的自由发展是一切人的自由发

---

① 《马克思恩格斯全集》第47卷,第216页。
② 《马克思恩格斯全集》第25卷,第927页。
③ 《马克思恩格斯全集》第20卷,第318页。

展的条件",并认为除了这段话外,"再也找不到合适的了"①。恩格斯的观点与马克思的观点完全一致。马克思明确指出:共产主义社会就是"以每个人的全面而自由的发展为基本原则的社会形式"②。如果说无产阶级和人类解放是历史唯物主义的理论命题,那么,人的全面而自由发展就是历史唯物主义的最高命题。因此,在历史唯物主义中,"时间"和"空间"是同无产阶级和人类解放这一理论主题,与人的全面而自由发展这一最高命题密切相关的。历史唯物主义就是"关于现实的人及其历史发展的科学"③,其终极目标就是改变世界,确立有"个性的个人"④。

---

① 《马克思恩格斯选集》第 4 卷,第 730—731 页。
② 《马克思恩格斯全集》第 23 卷,第 649 页。
③ 《马克思恩格斯选集》第 4 卷,第 241 页。
④ 《马克思恩格斯全集》第 3 卷,第 87 页。

附录一

历史唯物主义研究：问题、观点与思路

历史唯物主义的创立使哲学以至整个社会科学发生了革命变革，它像一个巨大的引力场，吸引着一代又一代学者进行不懈地研究，各种论著可谓汗牛充栋。然而，历史唯物主义研究又是一个问题的王国，各种观点不很一致甚至很不一致，学者们可谓仁者见仁，智者见智。这里，拟就国内历史唯物主义研究中的几个重要问题及其主要观点作一考察和审视，以期深化对历史唯物主义的研究。

一、关于社会的本质和存在方式

关于社会的本质问题，是历史唯物主义首先要解决的问题，社会的存在方式问题则是社会本质问题的深化和展开。

物质性是社会的本质，这是我国哲学界长期以来的共识。的确，社会是物质的，唯心主义历史观的重大缺陷之一,就是否定社会的物质性。但是,由此认为物质性是社会的本质,却未必正确。这是因为:(1)自然界也是物质的,物质性实际上是人类社会和自然界的共性,物质性是社会本质的观点没有揭示出人类社会的本质特征;(2)否定社会的物质性当然是唯心主义历史观,但承认社会的物质性却未必就是唯物主义历史观,自然主义历史观就承认社会的物质性,而且从客观的自然规律导出所谓客观的历史规律。

20世纪80年代以来,我国哲学界重新认识并进一步探讨了社会的本质问题,取得了较大的进展和突破。这种进展和突破集中体现在确认社会本质上是实践的。实际上,确认实践是社会的本质,这并不是发现"新大陆",而是"重归"马克思。不是别人,正是马克思在《关于费尔巴哈的提纲》中,明确提出"全部社会生活在本质上是实践的。"马克思的这一论断准确而深刻地提示了社会的本质,表明实践的观点是历史唯物主义首要的和基本的观点。

第一,从人类社会的起源来看,社会本质上是实践的。劳动是人"使自己和动物区别开来的第一个历史行动",也是人类的"第一个历史活动"。[①] 这就是说,劳动是使人类社会从自然界独立出来的基础,又是人类社会区别于自然界的特殊本质的标志。正如马克思所说,"一当人们自己开始生产他们所必需的生活资料的时候……就开始把自己和动物区别开来"[②]。

第二,从人类社会的内容来看,社会本质上是实践的。无疑,人是社会的主体,有生命的个人的存在是社会存在的第一个前提。但是,社会并不是个人的简单相加,而是人们之间各种关系的综合,其中,人们之间的经济关系、政治关系和思想关系构成了社会的基本内容。问题的关键在于,实践是社会关系得以形成的基础。

实践首先是人类为了满足自身的需要而占有自然物的活动,是人以

[①]《马克思恩格斯全集》第3卷,第23、31页。
[②]《马克思恩格斯全集》第3卷,第24页。

自身的活动来引起、调整和控制人与自然之间物质变换的过程;在这个过程中,人和人之间也要进行活动互换,并必然结成一定的社会关系。实践不仅生产人们生存和生活所必需的物质产品,而且同时也生产着人和人之间的社会关系;不仅建立了人与自然界之间的现实关系,而且建立了同这种关系相适应的人与人之间的社会关系。"生活的生产——无论是自己生活的生产(通过劳动)或他人生活的生产(通过生育)——立即表现为双重关系:一方面是自然关系,另一方面是社会关系。"①

同时,实践还是人们有目的、有意识的自觉活动。正如马克思所说:"劳动过程结束时得到的结果,在这个过程开始时就已经在劳动者的表象中存在着,即已经观念地存在着。他不仅使自然物发生形式变化,同时他还在自然物中实现自己的目的,这个目的是他所知道的,是作为规律决定着他的活动的方式和方法的。"②这就是说,实践不仅包括人与自然、人与人的关系,而且体现着人与其意识的关系,实际上是以萌芽的形式蕴含着社会关系,以浓缩的形式包含着社会关系。一言以蔽之,实践是社会关系的发源地。

第三,从人类社会发展的基础来看,社会在本质上是实践的。社会发展规律不是存在于人的实践活动之外或凌驾于人的实践活动之上,而是形成、存在并实现于人的实践活动之中。在实践活动中,人不仅同自然界进行物质变换,人与人之间进行活动互换,而且人们还同自然界进行观念与物质的转换,即物质存在反映到人的头脑中转换成观念存在和由观念转变为现实的客观存在。正是这种"物质变换""活动互换"以及"物质与观念转换"的交织运动,构成了人类实践活动的规律,表现为一种最终决定人类行为结局的力量,即历史规律。从本质上看,历史规律就是人类实践活动的内在规律,或者用恩格斯的话来说,就是人们社会行动的规律。

肯定社会的本质是实践并不是对社会物质性的否定。这是因为,实

---

① 《马克思恩格斯全集》第 3 卷,第 33 页。
② 《马克思恩格斯全集》第 23 卷,第 202 页。

践本身就是一种客观的、物质的活动,是人以自身的活动来引起、调整和控制人与自然之间的物质变换过程。肯定社会本质是实践的,实际上是在肯定物质性是自然和社会的共性的基础上,深入到社会领域的特殊矛盾,找出其特殊本质或根本性质,从而揭示出自然界与人类社会的本质区别,是对社会认识的深化。

从直接形态来看,社会就是由相互联系的人们所构成的总体,但是,把社会仅仅归结为人与人之间的关系又是不全面的,这只是对社会的"狭义"理解。实际上,人与人之间的关系,只是社会主体内部的关系,而完全意义上的社会,不仅包括社会活动的主体,而且包括社会活动的客体,即人类每天都面对并对之进行改造的自然界。因此,对社会的"广义"的理解,应把社会看作人与自然之间和人与人之间双重关系的统一。历史唯物主义正是从人与自然和人与人之间双重关系的统一中去把握人类社会,并把实践规定为社会的本质。

人与自然和人与人的双重关系是在人类实践活动中形成和发展的。历史唯物主义首先从静态的角度把社会理解为人与自然之间和人与人之间双重关系的统一,然后,着眼于动态,进一步把这双重关系理解为实践活动的产物,从实践的角度去观察社会现象、关系和过程,确认实践是人类社会的本质。

人类社会同人的实践具有直接的同一性,对社会中的存在物和关系,只有从实践的角度才能得到正确的理解,社会的改变和人本身发展的一致,只能被合理地理解为革命的实践;对于社会的发展,也只有从实践的角度才能得到正确的理解,社会发展根源于生产力与生产关系的矛盾运动,而生产力与生产关系不过是物质生产实践的两个方面。生产力是人们的实践能力,而生产关系则"是他们的物质的和个体的活动所借以实现的必然形式"[1]。实践是人类社会的本质,同时,又是人类社会的存在方式。

---

[1] 《马克思恩格斯选集》第4卷,第532页。

二、关于历史的主体和创造者

社会的主体性或历史的主体性问题是当代哲学争论的中心问题之一。为了全面而准确地把握历史唯物主义,近年来,我国哲学界对历史的主体性问题的探讨不断深入,并由此引发出关于历史创造者的讨论。

什么是历史主体?在批判唯心主义和旧唯物主义的过程中,马克思提出了现实的人是历史主体的科学命题。

在《1844年经济学哲学手稿》中,马克思指出:"整个所谓世界历史不外是人通过人的劳动而诞生的过程。"①作为历史创造者的人,既"是生活在社会、世界和自然界生活的有眼睛、耳朵等等的属人和自然的主体",也是可以"被思考和被感知的社会的主体的自为存在"②。

在1845年的《神圣家族》中,马克思认为,"人是全部人类活动和全部人类关系的本质、基础"③,离开了这个基础就不可能理解现实的历史。正像人是历史的人一样,历史是人的历史,离开了人及其活动,我们无法理解历史,并可能走向唯心主义历史观。

在1845年《关于费尔巴哈的提纲》中,马克思进一步指出,包括费尔巴哈的唯物主义在内的"从前的一切旧唯物主义"陷入唯心主义历史观的主要原因就是,"只是从客体"的形式,而"不是从主体方面",即"感性的人的活动"去理解"对象、现实、感性"④。

在1845—1846年的《德意志意识形态》中,马克思认为,从事活动的、进行物质生产的人是人类历史的前提,"只要描绘出这个能动的生活过程,历史就不再像那些本身还是抽象的经验论者所认为的那样,是一些僵死事实的搜集,也不再像唯心主义者所认为的那样,是想像的主体的想像

---

① 《马克思恩格斯全集》第42卷,第131页。
② 《马克思恩格斯全集》第42卷,第123页。
③ 《马克思恩格斯全集》第2卷,第178、118页。
④ 《马克思恩格斯选集》第1卷,第54页。

的活动。"①在1847年的《哲学的贫困》中,马克思批判了"无人身的人类理性",并提出人们是在一定的生产关系中进行生产活动的,同时,这些一定的社会关系又是人们生产出来的,"人们按照自己的物质生产率建立相应的社会关系,正是这些人又按照自己的社会关系创造了相应的原理、观念和范畴",人既是历史的"剧中人",又是历史的"剧作者"②。

在《1857—1858年经济学手稿》中,马克思再次指出,"主体是人","社会本身,即处于社会关系中的人本身……而作为它的主体出现的只是个人,不过是处于相互关系中的个人"③,人是"劳动的主体",从而也是"社会联系的主体"。正像社会历史创造着作为人的人一样,人也创造着社会历史。

可见,肯定现实的人是历史的主体,确认历史无非是人类实践活动在时间中的展开,这是马克思的一贯思想。从《1844年经济学哲学手稿》到《资本论》,反映了马克思关于历史主体理论的前后一致性和一贯性。

"回到马克思",确认从事实践活动的现实的人是历史的主体,这已成为我国哲学界的共识。与此相关的是如何理解历史过程的主体性或历史唯物主义的主体性原则。在历史唯物主义中,主体性的本质特征就是实践性,主体性是历史主体在改造客体的对象性活动中体现出来的特性,表现为人总是从自己出发,即从自己的内在需要出发;主体性的实现形式却是客观的,表现为占有和把握"物的形式",以满足自己的需要。

与此相应,主体性原则的特定含义是指人类是主体性存在物,而主体存在物把一切都当作人类的有用物,总是从自己的内在尺度出发来把握物的尺度,并以此改造和占有物。把这一特点贯穿一切领域、一切方面,就是主体性原则。这一原则对于历史观乃至世界观的重大意义就在于:不再把历史看作某种脱离人、外在于人的运动过程,而是把它看作人的实践活动在时间中的展开。历史唯物主义的主体性原则也就是实践原则,

---

① 《马克思恩格斯全集》第3卷,第30页。
② 《马克思恩格斯选集》第1卷,第142、147页。
③ 《马克思恩格斯全集》第46卷下,第226页。

在其展开形式上,实践原则集中地体现了主体性原则。

但是,在对历史主体性的理解上仍存在着较大的分歧,主要有以下四种观点:

第一种观点认为,主体性原则就是主观能动性原则,在历史唯物主义中,客观性原则是首要原则,人的内在尺度有其客观物质根据并受外在尺度的制约。马克思既批评了只从客体出发把握事物的旧唯物主义,同时也批评了只从主体角度把握事物,否定客体对主体的制约性的唯心主义。历史唯物主义的实践原则既不是片面的主体性,也不是片面的客体性,而是以扬弃的形式包括了主体性原则和客体性原则。

第二种观点认为,历史的主体性表现在四个方面:(1)历史运动的合目的性,即在实践中,目的这一主观的环节插入了客观的因果链条,作为客观运动的现实原因发挥着作用,构成了主体运动特有的合目的性联系,合目的性是历史的主体性的主要表现;(2)作为历史主体的人对历史发展多种可能的选择性,以及由这种能动选择所带来的满足人类生存和发展需要的合理性;(3)主体在实践活动中对现实社会的改造和对未来理想社会的追求而造成的对历史的超越性;(4)历史规律具有自为性,是主体运动的规律,这就是说,历史规律具有主体性。

第三种观点认为,人的主体性是人作为历史活动主体的本质属性,它包括三个方面:(1)能动性,这种能动性实质上是对现实的选择;(2)创造性,这种创造性实质上是对现实的超越;(3)自主性,即自己支配自己的权力和可能。

第四种观点认为,历史的主体是人,人的主体性不同于主观性,也并非与客观性离异,其真正坐标位于自然性和神性之间。自然性,即自在性、给定性,绝对必然性和偶然性是其存在的基本形式;神性,即绝对自由、创造性和目的性的化身,它是理想化人性的对外投射,是人对永恒、完善的内在渴望的外化。从自然性角度看,人的历史活动是自由的,具有目的性和创造性,类似神的特征;从神性角度看,人在历史中永远受外物的束缚,这就决定人的悲剧命运,即人是有限的、不完善的,却渴求无限和完善,从而处于一种自我分裂中。这种双重导向,在具体历史过程中显示了主体性的双重内涵:一方面是人对自然的控制增强,人与自然分化,人的本质力量不断拓展;另一方面是人的自我分裂,人的社会活动与社会关系的固定化、异己化,人的本质力量的弱化、丧失。

与历史主体问题密切相关的是历史创造者问题。我国所有的马克思主义哲学教科书都坚持人民群众是历史创造者的提法,并认为只有人民群众才是历史的创造者或动力,其论据是:(1)人民群众是社会物质财富的创造者;(2)人民群众是社会精神财富的创造者;(3)人民群众是社会制度变革的决定力量。同时,现行的马克思主义哲学教科书又认为,伟大人物或历史人物是历史事件的当事人,是历史任务的发起者,是历史活动的组织者,是历史进程的影响者。

由此产生一个无法回避的问题,这就是,作为历史事件的"当事人"、历史任务的"发起者"、历史活动的"组织者"和历史进程的"影响者"的伟大人物是否是历史的创造者?如果是,那就不能说"只有"人民群众"才是"历史的创造者;如果不是,那么,"当事人""发起者""组织者""影响者"与创造历史是什么关系?这是一个需要深入探讨和深刻阐明的重大理论问题。

正因为如此,有的学者开始对"人民群众是历史的创造者"的命题提出质疑;有的学者明确指出:"'人民群众是历史的主人',这种提法在马克思主义的经典著作里是没有根据的";有的学者开始全面考察"人民群众是历史的创造者"和"人民群众是历史的主人"这两个命题的来龙去脉,认为这两个命题都具有一定的片面性,既缺乏马克思主义经典著作的依据,也不符合历史事实。

一是人民群众创造历史的说法,起源于苏联哲学家对《联共(布)党史简明教程》某些观点的引申和附会,在马克思主义经典著作中找不到这样的观点,它是苏联哲学家尤金的首创。"人民群众是历史创造者"的观点值得怀疑。历史不是哪一部分人创造的,而是一切参与历史活动的人创造的。所有的人都参与了历史的创造活动,每一个人既是历史的"剧中人",又是历史的"剧作者"。只讲英雄创造历史固然不对,只讲人民群众创造历史也是片面的。

二是尤金的这种提法传到我国,表述为"人民群众是历史的主人",这一命题是在历史学著作中首次提出和使用的。问题在于,并不是所有的历史都由人民群众唱主角,因而这种提法与历史事实不符,容易引起误解,似乎自古以来劳动人民就是主人了,就能够主宰自己的历史命运。在历史上,人民群众是作为被剥削者和被压迫者而从事活动的,他们的历史作用经常以曲折的、不显著的、有时甚至是以被动的形式表现出来的,只有在大规模地反对阶级剥削和压迫的斗争高涨时,人民群众才可能成为历史舞台上的主角。

这一观点如巨石投水,在国内哲学界、历史学界引起了激烈的争论和广泛的讨论。在讨论中大致形成了四种观点:

第一种观点认为,人民群众是历史创造者的观点,不仅有"转述"中产生的错误,而且这个命题本身的逻辑推论也是错误的。这种错误表现在三方面:

其一,把物质条件创造者和历史创造者完全等同起来。如果把创造社会物质条件的人民群众当作历史的唯一创造者,历史的许多现象就令人难解。

其二,"人民群众是历史创造者"是与"英雄是历史创造者"相对立而产生的命题,二者各执一端,都有片面性。如果把人民群众当作历史的唯一创造者,实际上否定了英雄,即伟大人物的历史作用,与历史事实不符合。

其三,"人民群众是历史创造者"不符合历史事实,不能正确说明长期的历史发展中,人民群众在黑暗中徘徊,无法认识社会发展规律和道路,不知道怎么去创造历史,他们的许多活动往往以失败告终。

第二种观点认为,创造历史的"人民群众"不是一个历史的或政治的范畴。马克思主义经典著作谈到历史创造者的问题时,没有用"人民"一词,而是用"人们""人们自己"等概念,此外,还提出过"每一个人"这一概念。历史是社会的所有成员自己创造的,应该把"人民群众"这个概念作为"全社会全体成员"来解释,而不能理解为历史范畴和政治概念。无论在阶级社会中,还是无阶级社会中,都应该以社会全体成员来解释历史创造者问题。

在阶级社会中,如果说一部分人,即人民是历史创造者,另一部分人,即非人民不是历史创造者,那么,历史的许多现象将无法得到解释,与历史事实不符合;如果把许多相互冲突的意志进行归类,就可以分出统治者、剥削者的意志和被统治者、被剥削者的意志,只承认人民群众是历史的创造者,实际上就只肯定人民的意志共同汇集成"合力"推动历史发展,而把统治阶级的意志排除了。问题在于,统治阶级的意志也不等于零,也包含在总的历史"合力"之中,对创造历史起一定的作用。

第三种观点认为,"人民群众是历史的创造者"和"人民群众是历史的主人"仍是应该坚持的正确命题,问题在于,要对此作马克思主义的理解。这种观点认为,群众始终构成"人们"的大多数,马克思、恩格斯所说的"人们自己创造自己的历史"主要是指群众,不应把"人们"与群众对立起来,更不能由此断言"人民群众是历史创造者"的提法不符合经典作家的原意。历史唯物主义讲人民群众创造历史,并不排斥个人作用,无论是伟大人物,还是普通个人,都不能抹杀其创造历史的事实。在这个意义上,所有的人,包括伟大人物,都是历史的创造者。

但是,历史唯物主义所说的"创造者"主要是指历史进步的推动者,那些妨碍或延缓历史客观进程的阶级、集团和个人,尽管他们也参加历史活动,甚至活动得很积极,给历史留下了很深的印记,但只要他们对历史进步没有起到推动作用,就不能赋予他们"历史的创造者""历史的主人"的美名。从总体上看,只有作为生产力的承担者的人民群众始终对历史起推动作用。在这个意义上,我们只能说人民群众是历史的创造者,而不能说所有的人都是历史的创造者。

第四种观点认为,"人民群众是历史的创造者"和"人们自己创造自己的历史"这两种提法是针对不同的问题,从不同的理论层次上回答人类

"创造历史"的问题,在逻辑上并不存在矛盾。"人民群众是历史创造者"这一命题,不仅是在承认"人们自己创造自己的历史"这个总命题的前提下,从另一个角度,即"谁是历史的真正决定性力量"来回答人类创造历史的问题,而且"人民群众是历史的创造者"的命题是比"人们自己创造自己的历史"的命题更高的理论层次。

这两种有关"创造历史"的提法,在含义上是存在差别的:"人们自己创造自己的历史"中的"历史",讲的是具体的历史,如中华民族的历史,而其中的"人们"也是具体的,既有伟大人物,也包含着人民群众,这种具体的历史离开"人们"中的任何一部分都不可能构成完整的历史;"人民群众是历史的创造者"讲的"历史",是社会发展史意义上的历史,它是抽象的,只反映人类社会发展的一般规律,并没有包括历史的全部内容。"人民群众是历史创造者"肯定了人民群众决定历史发展的大趋势、大方向,是站在哲学的高度,即在理论的最高层次上肯定人民群众的历史作用的。

三、关于历史发展的规律及其实现机制

历史唯物主义是关于人类历史发展一般规律的科学,历史规律问题因此成为历史唯物主义研究的重点。20世纪90年代以后,对历史规律的研究获得了较大的进展和突破,这集中体现在以下共识上,即历史规律并不是存在于人的活动之外或凌驾于人的活动之上的"绝对计划",历史规律就形成、存在并实现于人的活动之中,表现为最终决定人类行为结局的力量。历史规律制约着人的活动,决定着历史发展的趋势,从而使人的活动具有历史性,同时,人在其实践活动中能够认识、运用和驾驭历史规律。历史规律形成并存在于人的活动之中,这是本体论意义的统一;人在实践活动中对历史规律的认知,这是认识论意义的统一。当然,在研究和讨论过程中还存在着较大的分歧,主要集中在关于历史规律的客观性、历史规律的实现机制以及历史发展的决定性与选择性关系这三个问题上。

一种观点认为,历史规律既有客观性,又有主观性或主体性。其主要

论据是：历史规律是主体与客体、主观与客观辩证统一的规律，由人的需要、目的、意志和活动构成的历史规律内在地包含着主体的目的、意志和自觉性因素。从认识论的角度看，历史规律的客观性的含义只能是：相对于构成历史规律的条件来说，历史规律是在人之外的客观存在，如果这些条件不发生任何变化，历史规律就不以人的意志为转移。

但是，没有人们的需要及反映需要的意识、目的，就没有历史规律，历史规律的变化决定于社会条件的变化，而人类的需要、目的和意志就是重要的"主观"社会条件，它通过实践发挥作用必然导致客观社会条件的变化。因此，在一定程度上，历史规律的变化性取决于人的需要、目的、意志和活动的变化。同时，由于社会因素及其相互作用的复杂性，历史规律也有多种可能性，人们对于历史规律不仅有认识和遵循的义务，而且有选择、设计的权利。因此，应放弃"凡规律都不依人的意志为转移"的观点。

另一种观点认为，历史规律是主体运动的规律，这是因为：（1）历史主体与客体的相互作用形成历史规律，主观与客观的关系因此成为历史规律的本质和核心，即全部历史规律都渗透着主观与客观关系；（2）历史规律既不是机械的因果规律，也不能归结为统计规律，而是一种自为的规律，正是这种自为性，表明历史规律是主体的自由运动的规律，是主体的组织规律，或者说，自为性是历史规律的集中体现。

这两种观点有其合理性，即看到了历史规律的形成和实现都离不开人的活动，人是社会历史的主体，社会生活的确具有主体性，但我们不能由此认为历史规律具有主体性或主观性。这是因为：历史规律的形成和实现离不开人类的活动，不等于说人类活动就是历史规律，人的活动可能符合规律，也可能违背规律。历史规律是社会结构和各要素之间的本质的、必然的联系，并以社会结构及其要素为载体。例如，价值规律产生于人的经济活动之中，但其载体却不是人，而是"物"，即商品，只要有商品生产就存在价值规律，这不以任何个人或集团的意志为转移。我们应把活动本身和活动的规律区别开来，不能把构成活动的要素当成构成规律的要素。这是其一。

其二,应当正确把握历史规律的主观性与人的活动的自觉性的关系。历史规律是主观的,还是客观的,是不是由人的意志决定的,在这一层意义上,历史规律与自然规律没有区别,都不以人的意志,包括自觉性为转移;历史规律是本身自发的实现,还是在人的自觉活动中实现,在这一层意义上,历史规律是否以人的意志或自觉性为转移,是由人们的实践水平决定的。

这就涉及历史规律实现机制的问题。有的学者认为,历史规律实现机制就是历史活动的主体、客体、目的、手段、环境、结果等各种要素之间的相互制约、相互作用的关系,具体表现为两种形式:一是客观机制,即历史规律通过社会环境对主体的影响,以及主体为追求自身利益和发展自己而进行的适应环境的行为方式;二是主观机制,即主体依据其对社会关系及其发展规律的认识和价值选择,主观地设计出来的一套关于社会发展目标和道路、社会成员的地位和利益关系等的规范化的法律、规章、政策、条例、惯例以及为制定、实施具体法规而设立的机构、采用的控制手段等相互制约的、具有特定功能的制度体系。两种机制在社会运行中各有其不可替代的功能。

探讨历史规律的实现机制必然涉及历史发展中的决定性与选择性的关系。所谓历史发展的决定性,是指历史运动具有规律性、必然性和因果制约性。具体地说,历史领域中具有普遍的因果关系,历史活动的每一个结果以及实际发生的历史事件都有其内在原因,历史中的主要因果关系形成历史必然性的序列,并使历史运动过程呈现出一定的轨迹、趋势。历史唯物主义确认历史运动的规律性、必然性和因果关系的普遍性,并认为历史发展具有"终极原因",即人与自然的相互作用以及生产力和生产关系的矛盾运动,因而是一种历史决定论。

就人类总体历史而言,历史唯物主义确认社会发展是一个决定过程,表现为"五种社会形态"依次更替;就具体民族历史而论,历史运行并不是严格地按照"五种社会形态"的序列演进的。这里,历史选择性表现出重要作用。所谓历史选择,是指历史主体以一定的方式在可能性空间中,有意识、有目的地指向确定对象的活动。当一个民族的历史处在一个转折点时,历史发展往往显示出多种可能的途径,这多种可能性中的哪一种能够实现,则取决于这个民族的选择,取决于这个民族内部不同阶级或集团力量的对比。

历史选择可以使一个民族跨越一种甚至几种社会形态,通过不同的道路走向较高级的形态。一个民族之所以做出这种或那种选择,有其特定的原因:一是民族利益,民族的利益是一个民族进行历史选择的直接动机,从根本上规定着该民族历史选择的方向;二是国际交往,国际交往常常为一个民族的历史选择提供"历史的启示",正如马克思所说,"一个民族本身的整个内部结构都取决于它的生产以及内部和外部的交往的发展程度"①;三是对历史必然性以及本民族特点把握的程度。一般来说,一个民族对历史必然性以及本民族特点的把握程度,直接制约着该民族历史选择的内容和方向。

历史的选择性并不是对历史决定性的否定。相反,二者具有内在的统一性。这是因为,历史选择的前提或对象——可能性空间是由人们不能自由选择的生产力所决定的。更重要的是,人们通过历史选择而实现的"跨越"是有限度的,这个"限度"归根到底是由生产力决定的。例如,日耳曼人在征服了罗马帝国之后越过了奴隶制而直接走向封建制,但这种"跨越"归根到底是由生产力决定的。正如马克思所说,"封建主义决不是现成地从德国搬去的;它起源于蛮人在进行侵略时军事组织中,而且这种组织只是在征服之后,由于被征服国家内遇到的生产力的影响才发展为现在的封建主义的"②。

在关于历史发展的决定性与选择性关系的讨论中,还有以下三种主要观点值得注意:

一是历史唯物主义既是历史决定论,又是历史选择论。历史唯物主

---

① 《马克思恩格斯全集》第3卷,第24页。
② 《马克思恩格斯全集》第3卷,第83页。

义的历史决定论,是基于实践的自我决定论或曰实践决定论。从实践观点出发,既可以引发出历史决定论,又可以推导出历史选择论,二者在历史唯物主义中达到有机统一。社会物质条件和物质的社会关系,虽然不是人们随心所欲的产物,却是人们实践活动的结果;人们的能动性受着社会的物质条件和物质的社会关系的制约,但并不是它们从属的、附带的产品。

生产力与生产关系的矛盾、冲突和解决,归根到底,是人们之间的利益的矛盾、冲突和解决。整个人类历史是合乎规律的过程,也是人类为了自身的生存和发展进行选择、创造的过程。奴隶制、封建制、资本主义、社会主义都是人们根据自己的能力和利益对社会关系进行选择的结果。如果仅仅停留在生产力和生产关系、经济基础和上层建筑之间抽象的"决定作用"和"反作用"的层次上,把社会的物质条件、物质关系当作"主词",把人类自身活动当作"宾词",那么,就在根本上没有超出机械决定论的范围,实际上是类似自然决定论的东西。

二是历史主体的任何活动都是选择性与非选择性的统一。这是因为:选择性普遍存在于一切生命活动中,其特点在于自觉性,它是主观能动性的体现;非选择性表明主体活动具有不以主体的主观意志为转移的性质,即客观必然性,表明主体活动受到种种客观条件的制约。选择性与必然性虽为一对现实矛盾,但主体活动却是二者的统一,这种统一体现在人类能动活动的自我制约上,其客观依据是事物的根本性质和发展趋势,其主观根据则是主体自身的状况。

三是历史唯物主义的历史决定论是以人的主体活动为基础的能动决定论。对历史规律的认识和揭示,正是为了使人们能以日益合乎规律的活动,自觉地创造自己的历史。按照这种观点,历史规律不一定是单值对应的线性因果关系,而往往是多值的非线性因果关系。因此,历史规律给人的活动所提供的并不是唯一一种现实可能性,而往往是多种现实可能性;这多种可能性中哪一种能够实现,则决定于人的历史选择,人们活动的历史环境以及认识或意识上的差异,又使这种可能性的实现具有多样的具体形式。历史规律是非直接的、统计性的,只是作为一般趋势、一种平均数而存在,其表现形式、实现形式是多样的。

四、关于物质生产、人自身生产、精神生产的关系

物质生产、人自身生产、精神生产的关系及其历史地位的问题,本来与历史发展的规律问题密切相关,但由于这一问题在我国哲学界引起了较长时间的讨论,而且在讨论过程中出现了大起大落的现象,因此,我把这一问题单独加以介绍。

从总体上看,我国哲学界对物质生产、人自身生产、精神生产的关系及其历史地位的研究与讨论,大体经历了三个阶段:

第一个阶段是20世纪50—60年代,这一阶段的研究和讨论受到苏联哲学界的影响,基本上否定了"两种生产"理论,即物质生产和人自身生产是历史发展中的决定性因素的观点,并认为把物质生产和人自身生产同等看待,是犯了"二元论"的错误。

第二个阶段是20世纪70年代末到80年代初,这一阶段的研究和讨论则基本上肯定了"两种生产"理论,认为人类历史就是物质资料生产和人自身生产的历史,因而"两种生产"理论不是"二元论",而是唯物主义的一元论,直接生活的生产和再生产是历史中的决定性因素。

第三个阶段是20世纪80年代至今,这一阶段的研究和讨论充分肯定并深化了"两种生产"理论,同时,提出了精神生产问题,并在此基础上全面展开了对"三种生产"——物质生产、人自身生产和精神生产之间关系的研究。问题的探讨仍在不断地深入。

从历史上看,关于"两种生产"理论的争论始自对恩格斯的一个著名论断的不同理解。在《家庭、私有制和国家的起源》第一版序言中,恩格斯指出:"根据唯物主义观点,历史中的决定性因素,归根结蒂是直接生活的生产和再生产。但是,生产本身又有两种。一方面是生活资料即食物、衣服、住房以及为此所必需的工具的生产;另一方面是人自身的生产,即种

的蕃衍。一定历史时代和一定地区内的人们生活于其下的社会制度,受着两种生产的制约:一方面受劳动的发展阶段的制约,另一方面受家庭的发展阶段的制约。"①

首先指责恩格斯这一观点的是"第二国际"的理论家亨利希·库诺夫。库诺夫认为,恩格斯仅仅根据生产资料的生产和人本身的生产这两个用语中都有"生产"一词,而"把'生产资料的生产'和'人的生产'相提并论",否定了人本身的生产"是由历史存在的社会制度决定的,而这种社会制度又取决于经济发展的水平"的唯物主义一元论,"完全打破了唯物主义历史观的统一性"②。继而非难恩格斯这一观点的是俄国社会学家米海洛夫斯基。在米海洛夫斯基看来,恩格斯"改变了最初的观点",不得不承认在物质资料生产之旁还有"同等意义"的因素。之后,在较长的一段时间内,苏联哲学界否定了"两种生产"理论,认为"两种生产"理论是不准确的提法,犯了"二元论"的错误。

深入考察马克思主义哲学史可以看出,"两种生产"理论从形成的第一天起,就并非恩格斯个人的"独创",而是马克思和恩格斯共同的思想结晶,是历史唯物主义的一贯的和基本的思想。具体地说,历史唯物主义的"两种生产"理论的制定经历了三个阶段:

第一阶段是《德意志意识形态》时期,马克思和恩格斯首次提出"两种生产"理论,即通过劳动而达到的"自己生命的生产"和通过生育而达到的"他人生命的生产",这两种生产贯穿于人类历史的始终,决定着人类一切"自然关系"和"社会关系"。

第二阶段是《资本论》时期,马克思从社会有机体再生产的角度探讨了"两种生产"的相互作用和历史地位,研究了人类自身再生产和社会机体再生产的关系,从而使"两种生产"理论获得了丰富性和具体性。

第三阶段是《家庭、私有制和国家的起源》时期,恩格斯根据马克思的

---

① 《马克思恩格斯选集》第4卷,第2页。
② [德]亨利希·库诺:《马克思的历史、社会和国家学说——马克思的社会学的基本要点》第二卷,袁志英译,商务印书馆1988年版,第521、522页。

人类史研究新成果和摩尔根的古代社会研究新成果,从总体上对"两种生产"作了高度的理论概括。

可见,恩格斯的"两种生产"理论固然凝结着恩格斯个人的智慧,但绝不是对马克思思想的背离或改变了自己最初的观点。相反,恩格斯的《家庭、私有制和国家的起源》是马克思和恩格斯共同创立的"两种生产"理论在原始社会研究中的具体化,是马克思多年研究成果的理论概括和再现,用恩格斯自己的话来说,是对马克思"遗言"的完成。库诺夫、米海洛夫斯基以及苏联哲学家对恩格斯的非难,充分显示出他们对马克思主义哲学史惊人的无知。

按照马克思的观点,"生产物质生活本身",需要的满足和"新的需要的产生",人自身的生产,即"每日都在重新生产自己生命的人们开始生产另外一些人",这三者是不可分割的统一体,贯穿于人类历史的始终,并构成了人类的基本的历史活动。马克思特别指出:"不应该把社会活动的这三个方面看做是三个不同的阶段,而只应该看做是三个方面,或者……把它们看做是三个'因素'。从历史的最初时期起,从第一批人出现时,三者就同时存在着,而且就是现在也还在历史上起着作用。"[①]

人类自身再生产,无论是自己生命的生产,还是他人生命的生产,首先取决于物质生产的性质和水平,取决于物质生产所创造的"生活资料、享受资料和发展资料"的性质和水平。这是一方面。另一方面,离开了人类自身再生产,物质生产也就失去了主体。从历史上看,人类最初的物质生产就是由人类自身生产的需要引起的,"这一步是由他们的肉体组织所决定的"[②],而且人们社会结合的最初动因也与人类自身再生产有关。

物质生产和人自身生产不仅紧密相关,而且在不同的历史时期具有不同的地位和功能。物质生产对社会制度的形成和发展起主要的决定作用;这主要是指文明史形成之后。在原始社会,社会制度的性质主要不是

---
① 《马克思恩格斯全集》第3卷,第33页。
② 《马克思恩格斯全集》第3卷,第24页。

直接取决于物质生产,而是取决于人类自身再生产,因为当时物质生产刚刚萌芽,还不能完全地支配整个社会生活。正如马克思所说,家庭首先是人类自身再生产的组织形式,"家庭起初是唯一的社会关系,后来,当需要的增长产生了新的社会关系,而人口的增多又产生了新的需要的时候,家庭便成为(德国除外)从属的关系了"①。

实际上,"劳动越不发展,劳动产品的数量、从而社会的财富越受限制,社会制度就越在较大程度上受血族关系的支配",恩格斯因此断言:"亲属关系在一切蒙昧民族和野蛮民族的社会制度中起着决定作用"。②换言之,随着文明史的诞生,亲属制度才退居次要地位,物质生产才成为社会发展的主要决定因素。

当然,有的学者不同意这种观点,认为不能否定原始社会同样以物质生产为基础,理由是恩格斯在《家庭、私有制和国家的起源》中用"生活资料生产的进步"划分了"史前各文化阶段",阐明了"家庭的发展是与此并行的";恩格斯不仅阐明了亲属关系对氏族制度的决定作用,而且同时研究了它的"经济基础"。恩格斯的"两种生产"理论,反映的是人类历史发展的普遍规律,而不是某一历史阶段的特殊现象。

社会机体的发展是多种生产运动的结果。在人类历史的野蛮时期,可以把这多种生产归结为两种生产,即物质生产和人本身生产;在人类历史的文明时期,可以把这多种生产归结为三种生产,即物质生产、人自身生产和精神生产。物质生产、人自身生产和精神生产相互适应、协调发展,社会才能得到正常发展,这是社会发展的基本规律。正因为如此,近年来,国内哲学界从"两种生产"的研究又上升到并展开为"三种生产"及其相互关系的探讨。

严格意义上的精神生产始自奴隶社会,始自脑力劳动和体力劳动的分工。从起源上看,精神生产是物质生产和人自身生产的产物;从历史过

---

① 《马克思恩格斯全集》第3卷,第32页。
② 《马克思恩格斯选集》第4卷,第2、25页。

程来看,精神生产又是物质生产的水平和人本身生产的质量不断提高的前提。

从物质生产与精神生产的关系来看,物质生产是精神生产的基础,精神生产起初是物质生产的"直接产物",继而是其"必然升华物","精神生产随着物质生产的改造而改造",并受物质生产规律的支配,精神生产的发展过程在总体上是同物质生产的历史过程相适应的。同时,精神生产一旦从物质生活生产中分化出来,便具有相对独立性,有其自身独特的发展规律,它并不是在任何情况下都与物质生产保持同步,而是表现出某种不平衡。

马克思指出:艺术等意识形态的发展的"一定的繁盛时期决不是同社会的一般发展成比例的,因而也决不是同仿佛是社会组织的骨骼的物质基础的一般发展成比例的"①。这是因为,艺术等意识形态的发展一般与社会矛盾的激化程度有关。社会矛盾越激化,社会生活越动荡,社会心理越起伏,对社会意识变革的要求也就越强烈,社会意识的发展速度因而也就越快。许多震撼人心、影响历史的精神产品正是在此时脱颖而出,并出现了"经济上落后的国家在哲学上仍然能够演奏第一提琴"的情况。

从精神生产与人自身生产的关系来看,人自身生产是精神生产的自然前提,没有具有一定文化水平的人,也就没有精神生产及其主体;自精神生产相对独立化以后,人自身生产也就直接或间接处在精神生产的影响之下,人自身生产的实质,一代又一代新人的产生,不仅是肉体结构的再生产,而且是知识结构和价值观念的再生产。人自身再生产的性质和水平不仅取决于当时的物质生产状况,而且取决于当时的精神生产的性质和水平,离开了精神生产的一定发展,也就不可能有较高水平的人类自身生产。

关于"三种生产"的关系,有的学者认为,在人类社会中,人自身生产是前提,物质生产是基础,精神生产是条件,三者相互适应构成社会生产

---

① 《马克思恩格斯选集》第2卷,第28页。

发展的基本规律。有的学者指出,在原始社会,人自身生产占主导地位;在阶级社会,物质生产占主导地位;在未来社会,精神生产将成为社会发展的主导因素。还有的学者指出,从宏观上说,精神生产在整个社会生产中处于枢纽的地位,它受制于物质生产和人自身生产,同时,又影响和驾驭物质生产和人自身生产,其功能具有全面性和辐射性,从而成为整个社会生活和社会机体再生产的控制系统。

总之,人类的生产是全面的生产,除了物质生产之外,还包括人自身生产和精神生产,这三种生产构成了社会生产和社会本身的整体活动。只有理解与把握这种整体活动的内在结构及其运动规律,即把握"三种生产"的内在的、本质的关系,才能全面把握历史发展的一般规律。

五、关于历史发展的进程

在《资本论》第一卷第一版序言中,马克思指出:"我的观点是:社会经济形态的发展是一种自然历史过程。"长期以来,国内哲学界一直认为,这一观点是历史唯物主义的基石和总纲,并把这一观点理解为:(1)社会有机体尽管有其特殊性,但它和自然界一样,本质上是客观的物质体系;(2)人类社会由其内部固有的矛盾所推动,同自然历史一样,是一个合乎规律的发展过程;(3)人们有可能像自然科学那样,用精确性的眼光来考察、研究人类社会。"自然历史过程"集中体现了人类历史的本质——物质性。现在看来,这种理解显然有其片面性。

就物质生产方式是社会发展的决定力量而言,社会发展无疑具有物质性。近代唯物主义和现代历史哲学的重大缺陷之一,就是制造"物质的自然"与"精神的历史"对立的神话,把自然历史过程和社会历史过程绝对对立起来。针对这种情况,强调社会发展的物质性以及社会历史过程和自然历史过程的共同性,本身无可非议。

但是,仅仅看到或片面强调社会发展的自然历史过程,并把它看作人类历史的本质,看作历史唯物主义的总纲与基石,却失之偏颇。这是因为,这种理解只看到人类历史和自然历史的共性,而没有真正理解人类历史的本质和特殊性,即全部社会历史在本质上是实践的,人既是历史的"剧中人",又是历史的"剧作者"。就实践是社会生活的本质而言,历史规律具有特殊性,渗透着主体的作用,社会发展是人们的创造过程,"历史不过是追求着自己目的的人的活动而已"①。

为了进一步理解问题,需要深入而全面考察"社会发展是自然历史过程"这一命题的来龙去脉及真正含义。

其一,根据马克思本人修订的法文版《资本论》可以看出,马克思并没有在等同的含义上用"自然历史过程"表述社会发展。马克思的本意是:社会经济形态的发展同自然的进程和自然的历史具有"相似性"②。然而,相似不等于相同,社会经济形态也不等于社会形态。

其二,马克思当时是在达尔文进化论的含义上理解"自然历史过程"的,强调的是"自然界联系形式多样化的过程",而不是泛指自然必然性。在马克思看来,自然历史过程是客观的、不以人的意志为转移的,具有内在规律性,但这种规律性是在动植物自组织活动中存在,并通过动植物本身"器官"的多样化发展体现出来的。换言之,马克思当时所理解的自然规律性或必然性是指动植物自组织活动中多样化的趋势。

其三,马克思把社会经济规律看作自然规律有其特定的含义,即主要是指资本主义社会(包括一切阶级社会)使经济规律采取与人对立的特殊形式出现,即当生产者丧失了对他们自己的社会关系和社会活动的支配权时,"生产资料和产品的社会性反过来反对生产者本身,周期性地突破生产方式和交换方式,并且只是作为盲目起作用的自然规律强制性地和破坏性地为自己开辟道路"③。

其四,马克思所说的社会经济形态的发展同自然历史过程"相似",是指社会经济形态的发展是立足于"社会人的生产器官"的形成和发展过程

---

① 《马克思恩格斯全集》第2卷,第118—119页。
② [德]马克思:《资本论》(根据作者本人修订的法文版第一卷翻译),第9页。
③ 《马克思恩格斯选集》第3卷,第629页。

的,正如动植物的发展是立足于其自然器官的形成和发展一样。马克思并没有把社会发展的自然历史过程理解为超历史的必然性,理解为全人类都走同样的道路。然而,当我们把目光专注于"社会人的生产器官"的形成和发展过程时,就可以看出,社会经济形态的发展过程确实不以人的意志为转移。在这一意义上,社会历史过程同自然历史过程具有"相似"性。

由此可见,马克思所说的"社会经济形态的发展同自然的进程和自然的历史是相似的"与现行的马克思主义哲学教科书所说的"社会发展是一种自然历史过程",存在着较大的差异。

如果从所有制性质,进而从生产方式的角度来划分人类历史的总体进程,那么,可把人类历史分为五个基本阶段,即原始社会、奴隶社会、封建社会、资本主义社会和共产主义社会(社会主义社会是其低级阶段);如果从历史活动的主体——人的发展的角度来划分人类历史的总体进程,那么,可把人类历史分为三个基本阶段,即以人对人的直接依赖关系为特征的社会形态,以人对物的依赖性为基础的人的独立性的社会形态和以每个人的全面发展为特征并实现人的自由个性的社会形态。马克思指出:"人的依赖关系(起初完全是自然发生的),是最初的社会形态,在这种形态下,人的生产能力只是在狭窄的范围内和孤立的地点上发展着。以物的依赖性为基础的人的独立性,是第二大形态,在这种形态下,才形成普遍的社会物质变换,全面的关系,多方面的需求以及全面的能力的体系。建立在个人全面发展和他们共同的社会生产能力成为他们的社会财富这一基础上的自由个性,是第三个阶段。第二个阶段为第三个阶段创造条件。"①

马克思的"三大社会形态"理论及其意义已得到国内哲学界的认同,但对于"三形态"与"五形态"之间关系的理解,却存在着很大的分歧。

第一种观点认为,"五种社会形态"或"五种生产方式"理论不是马克

---

① 《马克思恩格斯全集》第46卷上,第104页。

思的观点,而是斯大林对历史唯物主义的曲解和附加,这一理论是从斯大林开始正式形成,并作为人类历史进程的模式固定化的。实际上,"五种社会形态"并不是人类历史的一般进程。纵观人类历史,看不到任何一个民族像上楼梯那样依次经历"五种社会形态",西方的奴隶社会、农奴社会、资本主义社会,是因民族流动、战争征服形成的,而不是由生产力的发展水平决定的。"三大社会形态"才是人类历史的一般进程。

持这种观点的学者还对"三大社会形态"理论的依据和"三大社会形态"演变的制约因素作了论证。按照他们的观点,生产劳动的二重性形成生产关系的二重结构:在各个经济单位内部参与具体劳动过程的人们所发生的生产关系;在全社会范围内从事不同具体劳动的人们建立的生产关系。正是后者构成了划分"三大社会形态"的依据。正是因为"三大社会形态"是由生产力的发展水平决定的,因而具有客观必然性,构成了人类历史的一般进程。

有的学者提出,"五种社会形态"依次演进的思想只是揭示了西欧的特殊发展道路,马克思研究人类历史发展一般进程的最后成就或最高成果就是在致查苏利奇的信中所做出的概括,即人类历史发展是从古代公社所有制的"原生"形态,到以私有制为基础的"次生"形态,再到仿佛回归"古代"类型的以公有制为基础的"再生"形态。这一理论才真正地揭示了人类历史发展的一般进程或普遍规律。

有的学者认为,"五种生产方式"理论有三大失误:一是忽视了各民族或国家的横向的联系、影响对人类历史发展所起的巨大推动作用,人类历史既是在各个民族或国家纵向的生产力与生产关系的矛盾运动中发展起来的,也是在各个民族、国家横向的联系、影响中发展起来的;二是忽视了在生产力基本相同的状况下可以形成不同的生产关系和社会制度,如果说随着生产力的发展,生产关系也"与此相适应而变更和发展",并由此产生五种生产方式,那么,就应存在着五种不同的生产力,然而,在人类历史上不存在这样五种不同的生产力;三是忽视了在一定条件下自然条件或地理环境对社会发展可以起决定作用,斯大林对自然条件或地理环境对社会发展影响的解释是片面的。

第二种观点认为,"五种社会形态"理论的确是马克思提出的,但马克思到了晚年却对这一理论感到"困惑"并产生了"动摇"。其依据是：

按照马克思早期的世界历史思想,一切民族和国家都将突破封闭状态,不同程度地卷入到世界历史之中,这就形成了一元化的历史观；马克思晚年的东方社会理论却认为,人类世界从古至今就分为东方和西方两个世界,二者的具体历史特点不同,向新社会过渡的根据和途径也不同,东方社会自"原生"以来,就没有明显的奴隶制度和封建制度的区别,还可能跳过资本主义阶段。在晚年马克思的心目中,"五种社会形态"只对西方才适用。这样,一元化的历史观被突破,多元化的历史观被提出来了。

按照马克思早期的"五种社会形态"理论,社会发展的根本规律是生产力与生产关系的矛盾运动,这是衡量历史的根本尺度。然而,当马克思晚年断言东方社会可能超越资本主义的"卡夫丁峡谷"时,人道主义却成了规划历史的根本尺度和出发点。这样,历史尺度由一元变成了多元。同时,社会主义是资本主义的延伸,它的性质和使命是被资本主义内在矛盾严格规定了的。可是,在马克思晚年的东方社会理论中,社会主义却不是发端于资本主义固有的矛盾,而是出于人道主义考虑而提出的。

第三种观点认为,"三形态"理论与"五形态"理论并不矛盾,相反,二者具有内在的一致性。

有的学者认为,"三大社会形态"理论是在"五种社会经济形态"理论的基础上提出的,或者说,前者是对后者进一步的抽象。这是因为：(1)"三大社会形态"中第一阶段包括原始社会、奴隶社会和封建社会；第二阶段主要指资本主义社会；第三阶段则是指严格意义上的未来共产主义社会；(2)"社会经济形态"与"社会形态"不是同一概念,"五种社会经济形态"是从生产资料所有制性质,进而从经济结构或生产方式的角度划分的,而"三大社会形态"理论则趋向综合指标——人的发展,从整体以及更高的层次、更广的视角来划分的,它包含着经济形态理论,又不等于经济形态理论,是对"五种社会经济形态"的进一步抽象。

有的学者指出,马克思是从"生产的国际关系"的角度,把各个民族和国家的生产力与生产关系的关系作为一个完整的单位来加以考察,并由此把人类历史的一般进程划分为"五种社会形态"。按照这种观点,"五种社会形态"所揭示的是人类社会发展方向具有不可逆性,一是其总方向的不可逆性,二是其阶段性方向的不可逆性。

同时,世界上绝大多数民族和国家都未依次经历过独立的奴隶社会、封建社会和资本主义社会。但是从"生产的国际关系"的角度看,这一事实不能作为推翻"五种社会形态"的证明论据。这是因为,在人类总体历史过程中并不存在"跨越","五种社会形态"的划分单位是人类总体历史,而不是具体民族历史。从"生产的国际关系"的角度看,人类总体历史中不存在什么"跨越",但却存在着不同民族、国家及其生产方式之间的相互作用,正是这种相互作用导致具体民族历史中"跨越"现象的产生。

有的学者认为,马克思晚年有关东方社会可以跨越资本主义历史阶段的理论与他早期的"五种社会形态"理论之间存在着尖锐的冲突,反映了马克思的某些"理论困惑"。但是,这里所说的"困惑"与上述第二种观点所说"困惑"在内涵上有所不同:后者倾向于肯定马克思晚年的东方社会理论,前者则倾向于否定马克思晚年的东方社会理论。

按照前者的观点,"五种社会形态"理论是马克思对西方社会的"冷静解剖"的结果,而东方社会理论则是马克思的"主观情绪的直接产物"。马克思在19世纪50年代就研究过东方社会,提出了东方社会的出路在于西方文明的输入,在于资本主义所有制的建构的理论设想。到了晚年,由于在某种程度上受到迫切的历史使命感的牵累,马克思放弃了早期的"五种社会形态"理论,而对东方社会的所谓原始生命力产生了兴趣,试图找到一条迥异于西方而又能将人类引向光明未来的大道,提出了跨越资本主义"卡夫丁峡谷"的设想。历史已经证明,这一理论设想是不完善的。

上述见解的确深化了马克思的历史进程理论,但"三大社会形态"与

"五种社会形态"的关系却有待于进一步探讨。更重要的是,不能以"三大社会形态"理论否定"五种社会形态"理论。实际上,马克思的"五种社会形态"理论是难以否定的。

第一,尽管可以发现某种社会形态的"变种",或两种社会形态扭曲的结合,但到目前为止,还没有任何一种社会形态超出"五种社会形态"。半殖民地半封建社会也不过是资本主义与封建主义这两种社会形态的扭曲的结合,如此等等。

第二,尽管不是每一个民族或国家都严格按照"五种社会形态"依次演进,但这些民族或国家的发展方向同人类总体历史总的顺序是一致的。从人类总体历史看,社会主义社会的产生晚于资本主义社会,资本主义制度的确立没有也不可能早于封建制度,而封建制度是在奴隶制度的基础上形成的,原始社会则是所有民族在"人猿揖别"之后首先进入的"原生"社会形态。从奴隶社会"发展"到原始社会,或封建社会在资本主义社会"母胎"中孕育成熟,这类事情既不可设想,也从来没有发生过。历史发展是曲折的,甚至会出现暂时的倒退,但发展的进程是定向的,一个民族或国家可以超越某种社会形态,但其历史运行的线路,不可能是同人类总体历史相反的逆向运动。

第三,"五种社会形态"理论的核心内容是揭示了生产力对生产关系的决定作用,以及由于生产力的发展导致一种社会形态过渡到另一种社会形态,某一民族或国家在特殊的历史条件下跨越某一社会形态,实际上是以一种特殊方式实现生产关系一定要适合生产状况这一规律。如前所述,日耳曼民族在征服了罗马帝国之后,之所以能够跨越奴隶制度,直接建立封建制度,是因为"在被征服的国家内遇到的生产力的影响"。中国之所以跨越了资本主义历史阶段,从半殖民地半封建社会直接跨入社会主义社会,是因为西方资本主义生产方式对中国冲击、影响、渗透的结果,而要发展、巩固社会主义制度,首先就要发展生产力。正如马克思所说,生产力的"巨大增长和高度发展"是社会主义社会"绝对必需的实际前提",没有生产力的"巨大增长和高度发展","那就只会有贫穷的普遍化;

而在极端贫困的情况下,就必须重新开始争取必需品的斗争,也就是说,全部陈腐的东西又要死灰复燃"①。社会主义的实践已完全证明了马克思这一观点的真理性及其巨大的超前性。

(载汪永祥、杨耕:《历史唯物主义研究备要》,天津教育出版社1992年版)

---

① 《马克思恩格斯全集》第3卷,第39页。

附录二

重新审视唯物主义的历史形态和历史唯物主义的理论空间
——重读《神圣家族》

历史常常出现这样一种奇特的现象,即一个伟大思想家的某部著作乃至全部著作,往往在其身后,在经历了较长时间的历史运动之后,才真正显示出它的内在价值,重新引起人们的关注。马克思的《神圣家族》的命运就是如此。出版于1845年的《神圣家族》,在当时并未引起人们的关注。20世纪的哲学运动及其困境,马克思主义哲学的发展及其自我反思,使哲学家们开始关注并重读《神圣家族》这一著作,重估这一著作的理论价值。在重读《神圣家族》的过程中,马克思关于法国唯物主义两个派别、近代唯物主义发展史以及唯物主义与"形而上学"关系的论述,引起了我的极大的理论兴趣。在我看来,这是一个新的思想地平线,启示我们重新审视唯物主义的历史形态、历史唯物主义的理论空间以及马克思主义哲学与"形而上学"的关系。

一、重新审视法国唯物主义及其派别

在西方哲学史研究中,18世纪法国唯物主义一直被看作机械唯物主义或形而上学唯物主义。实际上,在法国唯物主义中存在着两个派别,即机械唯物主义和人本唯物主义,而且二者具有不同的理论来源、理论特征和理论归宿。正如马克思在《神圣家族》所说,"法国唯物主义有两个派别:一派起源于笛卡尔,一派起源于洛克。后一派主要是法国有教养的分子,它直接导向社会主义。前一派是机械唯物主义,它成为真正的法国自然科学的财产"[①]。

机械唯物主义派的代表人物是拉美特利,其哲学来源是本土的笛卡尔哲学。在笛卡尔哲学中,物质的本性是广延,运动的特征是位移。笛卡尔正是依靠这种抽象的物质和抽象的运动"构造出整个物理世界",并一直主张用机械论去解释自然现象。实际上,笛卡尔是以力学运动规律为基础,把由地上获得的力学原则应用于天体现象以至整个世界,从而把自然科学中的机械论观念移植到哲学中,并造就了机械论的时代精神。拉美特利极为崇拜笛卡尔,认为"如果哲学的领域里没有笛卡儿,那就和科学的领域里没有牛顿一样,也许还是一片荒原"[②]。马克思在《神圣家族》中认为,"拉美特利利用了笛卡儿的物理学,甚至利用了它的每一个细节。他的'人是机器'一书是模仿笛卡儿的动物是机器写成的"[③]。的确,笛卡尔的"世界是机器""动物是机器"的观念引导着拉美特利走进了一个唯物的同时又是机械论的世界图景之中。拉美特利沿着笛卡尔的"动物是机器"的思路提出了"人是机器"的思想,同时,又深化了笛卡尔的观点。拉美特利认为,物质也有感觉能力,并把感觉同广延和运动相提并论,一并作为物质的基本属性。由此出发,拉美特利指出,人和动物的基本单位都

---

① 《马克思恩格斯全集》第2卷,第160页。
② 北京大学哲学系外国哲学史教研室编译:《十八世纪法国哲学》,第271页。
③ 《马克思恩格斯全集》第2卷,第166页。

是原子,二者的结构和发生作用的方式相仿,只有量的差异,没有质的区别。在《论幸福》一书中,拉美特利明确指出:"原子的结构组成了人,原子的运动推动人前进,不依赖于人的条件决定他的性质并指引他的命运。"因此,"人是机器"。

拉美特利实际上是把笛卡尔的动物结构学运用到人体上,并完全是从机械论的观点来考察人和人的本质的。这激起了新康德主义者朗格的异常愤怒,一度恶语相加,指责拉美特利是法国唯物主义者中最恶劣的一个。实际上,朗格缺乏历史主义意识,未能领会拉美特利观点的全部内涵。

在我看来,"人是机器"的观点具有双重内涵:其背后是世界的物质统一性思想,同时,又具有反宗教神学的意义。从根本上说,"人是机器"这一观点强调的是自然的人,这是对人的一种自然科学的研究,同时,这又是一种意识形态,它要求承认人的尊严、价值和天赋权力。借助自然的人,拉美特利把人从宗教神学的纠缠中解放出来,使人获得了自然的独立性;同时,由于机械论的束缚,刚从神权的重压下解放出来的人,在拉美特利这里又变成了一架机器,人和人的主体性都不见了。

当然,我注意到,起源于笛卡尔的机械唯物主义派对当时的自然科学发展起到了促进作用,其理论归宿是自然科学。这是因为,笛卡尔借助于自然科学的"清楚明白的概念"来研究自然,发现了一些自然规律,"为后来的发明和校正奠定了基础"[1],并"提供了自然科学的骨架和基础"[2]。正是在这个意义上,马克思在《神圣家族》认为,笛卡尔的唯物主义以及以此为基础形成的机械唯物主义"成为真正的自然科学的财产"[3]。

法国唯物主义的另一派是"现实的人道主义"[4],即人本唯物主义。从理论上看,人本唯物主义起源于英国的洛克哲学,其代表人物是爱尔维修。

---

[1] [德]费尔巴哈:《费尔巴哈哲学史著作选》第1卷,涂纪亮译,商务印书馆1984年版,第202页。
[2] [德]费尔巴哈:《费尔巴哈哲学史著作选》第3卷,第123页。
[3] 《马克思恩格斯全集》第2卷,第166页。
[4] 《马克思恩格斯全集》第2卷,第167—168页。

如前所述,机械唯物主义派起源于本土的笛卡尔哲学。笛卡尔哲学有明显的局限性,这种局限性不仅体现在二元论的体系中,更重要的,是表现为笛卡尔把反封建的斗争限制在思想范围内。笛卡尔明确指出:他"始终只求克服自己,不求克服命运,只求改变自己的欲望,不求改变世界的秩序"①。显然,这种观点和作为法国政治变革先导的唯物主义哲学是很难相容的。

因此,另一部分法国哲学家希望找到一个能够作为法国革命哲学依据的学说。于是,他们便把视线转向海峡彼岸的英国。这是因为,当时的英国走在欧洲大陆的前面,新的时代精神总是首先在英国抛头露面。而此时,英国的哲学微风也飘过英吉利海峡吹到了法国上空,洛克哲学被引进到法国。法国资产阶级像迎接一位"久盼的客人"一样热烈欢迎洛克哲学这一舶来品。在法国哲学家看来,从洛克哲学出发可以得出改造环境、变革社会的结论,洛克的唯物主义经验论因此可以作为法国革命的哲学基础。

按照洛克的观点,社会不是天然的,而是人们自己创造的;人的趋乐避苦的自然倾向指向人的利益,而人的利益的实现需要社会,以及作为维系社会纽带的道德原则。因此,人是根据利益需要创造社会和道德原则的。可以看出,反宗教神学,肯定人的感性,这是洛克对"天赋观念论"批判的意义所在。它表明,洛克的唯物主义经验论具有双重含义:既有重要的认识论意义,又有重要的政治内涵。洛克唯物主义经验论的双重含义深深触动了爱尔维修的心灵,直接成为爱尔维修唯物主义的出发点和先导。正如马克思在《神圣家族》中所说,"爱尔维修也是以洛克的学说为出发点的",并把"唯物主义运用到社会生活方面"②。

爱尔维修以洛克哲学为出发点,首先是从洛克的唯物主义经验论中提取"感觉"这一概念,并把感觉看作是人的存在方式,即"我感觉,所以我

---

① 北京大学哲学系外国哲学史教研室编译:《十六—十八世纪西欧各国哲学》,第146页。
② 《马克思恩格斯全集》第2卷,第165页。

存在"。依据洛克的观点,爱尔维修认为,感觉是连接意识与客观外界的桥梁,通过感觉,人一方面不断地认识外在世界,形成、发展自己的认识;另一方面,又把存在于内心的自由的欲望变为外在的争取自由的活动。根据第一方面,爱尔维修得出了"人是环境的产物"的命题;根据第二方面,爱尔维修提出了"意见支配环境"的命题。

爱尔维修提出这两个命题的宗旨在于证明这样一个道理,即人的智力天然平等,人的性格受制于外在环境,所以,要改造人,首先要改造外在的社会环境。正如马克思在《神圣家族》中所说,"既然人的性格是由环境造成的,那就必须使环境成为合乎人性的环境。"①这样,经过爱尔维修的改造,洛克的唯物主义经验论这个从英国吹来的哲学微风又夹杂着政治雨丝,而爱尔维修的人本唯物主义本身简直是风雨交织,在法国引起了巨大风暴,因为它为法国革命找到了哲学依据。

通常认为,爱尔维修同时提出这两个命题,即"人是环境的产物"和"意见支配环境"是一种逻辑矛盾、循环论证,陷入"二律背反"之中。实际上,这是一种误解。人和环境的确处在一种相互作用之中,"人创造环境,同样环境也创造人"②。爱尔维修同时提出"人是环境的产物"和"意见支配世界"这两个命题,实际上揭示了人与环境之间的相互作用,是一种朴素的相互作用观点。

相互作用存在于社会生活的一切方面。"只有从这种普遍的相互作用出发,我们才能达到现实的因果关系。"③历史唯物主义决不排除相互作用,而是要求对相互作用作出合理的解释;决不取消相互作用,而是要求寻找相互作用的基础。在我看来,爱尔维修的失误并不在于同时提出了"人是环境的产物"和"意见支配环境"这两个命题,而是在于,他停留在人与环境的相互作用上,没有去进一步探寻既决定环境,又决定意见,从而引起人与环境相互作用的现实基础。这个现实基础就是人的实践活动。

---

① 《马克思恩格斯全集》第 2 卷,第 167 页。
② 《马克思恩格斯全集》第 3 卷,第 43 页。
③ 《马克思恩格斯选集》第 4 卷,第 328 页。

就理论归宿而言,以爱尔维修为代表的"现实的人道主义",即人本唯物主义"直接导向社会主义","直接成为社会主义和共产主义的财产"①。之所以如此,是因为进一步发展爱尔维修的学说,必然为社会主义和共产主义提供"逻辑基础"。马克思在《神圣家族》中指出:"既然人是从感性世界和感性世界中的经验中汲取自己的一切知识、感觉等等,那就必须这样安排周围的世界,使人在其中能认识和领会真正合乎人性的东西,使他能认识到自己是人",所以,"并不需要多大的聪明就可以看出,关于人性本善和人们智力平等,关于经验、习惯、教育的万能,关于外部环境对人的影响,关于工业的重大意义,关于享乐的合理性等等的唯物主义学说,同共产主义和社会主义之间有着必然的联系"。②

这里所说的共产主义和社会主义主要是指19世纪"批判的空想的社会主义"。但是,科学社会主义也同以爱尔维修为代表的"现实的人道主义"有着一定的理论联系。正如恩格斯所说,就理论形式来说,现代社会主义"起初表现为18世纪法国伟大的启蒙学者们所提出的各种原则的进一步的、似乎更彻底的发展"③。

在唯物主义发展史上,爱尔修维是一个转折点,以其"现实的人道主义"为标志,自然唯物主义开始衰落,人本唯物主义开始兴起。由此启示我们应重新考察唯物主义的历史形态。

二、重新审视唯物主义的历史形态及其特征

按照传统的观点,朴素或自发唯物主义、机械或形而上学唯物主义及辩证唯物主义是唯物主义发展的三种历史形态。这三种历史形态在研究主题或观察世界的理论视角上并没有什么根本性的变化,即三者都以"整个世界"为研究对象,只不过朴素唯物主义把世界看成是一个混沌的整

---

① 《马克思恩格斯全集》第2卷,第167—168、160、166页。
② 《马克思恩格斯全集》第2卷,第166—167、166页。
③ 《马克思恩格斯选集》第3卷,第719页。

体;形而上学唯物主义把世界理解为一个个静止、孤立、不变的事物;辩证唯物主义则把世界理解为普遍联系和永恒发展的物质体系,历史唯物主义不过是辩证唯物主义在历史领域中的"推广"和"应用"。这种观点有其合理因素,但它又把这种合理因素溶解于不合理的理解之中。在这里,唯物主义发展进程中的主题转换不见了,历史唯物主义的划时代贡献在相当大的程度上被抛弃了。

恩格斯说过,随着自然科学划时代的发现,唯物主义必然要改变自己的形式。实际上,随着自然科学的重大发展和社会生活的重大变化,唯物主义不但要改变自己的形式,而且要转换自己的理论主题,并因此改变自己的理论内容。从理论主题的历史转换这一根本点上看,唯物主义的发展经历了三个历史阶段,形成了三种历史形态,即自然唯物主义、人本唯物主义和历史唯物主义。

自然唯物主义始自古希腊哲学,后在霍布斯那里达到系统化的程度,并一直延伸到法国唯物主义中的机械唯物主义派。自然唯物主义或者在直接断言世界本身的意义上去寻求"万物的统一性",把万物的本原归结为自然物质的某种形态,或者以经验科学对自然现象的实证研究为基础,在"认识论转向"过程中去探讨人与自然的统一性,并把世界以及人本身归结为自然物质的某一层次。

从总体上看,自然唯物主义根据"时间在先"的原则,把整个世界还原为自然物质,人则成了自然物质的一种表现形态。在自然唯物主义那里,"物质是一切变化的主体","人和自然都服从于同样的规律","人的一切情欲都是正在结束或正在开始的机械运动"。自然唯物主义确认了世界的物质统一性,却一笔抹杀了人的主体性。换言之,在自然唯物主义体系中,存在着"人学空场"。正是在这个意义上,马克思在《神圣家族》中认为,"唯物主义在以后的发展中变得片面了",而到了霍布斯那里,"唯物主义变得敌视人了"。①

---

① 《马克思恩格斯全集》第 2 卷,第 163、164 页。

人本唯物主义起源于法国唯物主义中的另一派,即"现实的人道主义",并在费尔巴哈那里达到了典型的形态。费尔巴哈哲学"将人连同作为人的基础的"自然作为其"唯一的、最高的对象",它"借助人,把一切超自然的东西归结为自然,又借助自然,把一切超人的东西归结为人"①,并力图通过对思辨哲学以及神学的批判"建立人的哲学批判"。按照费尔巴哈的观点,自然界是第一性的实体,但人在地位上是更重要的实体,"人是自然界最高级的生物",因而是理解自然的钥匙。因此,要"弄清楚自然的起源和进程","必须从人的本质出发"②。所以,费尔巴哈把人看作是思维与自然相统一的基础,力图以"现实的人"为基本原则来理解世界并构造哲学体系,从而建构了一种"新哲学"。这是一个以自然为基础,以人为核心和出发点的人本唯物主义体系。

"费尔巴哈比'纯粹的'唯物主义者有巨大的优越性:他也承认人是'感性的对象'。但是,毋庸讳言,他把人只看作是'感性的对象',而不是'感性的活动'。"③换言之,费尔巴哈不理解实践是人的存在方式,"从来没有把感性世界理解为构成这一世界的个人的共同的、活生生的、感性的活动"④。正因为如此,费尔巴哈力图发现现实的自然界,可最终得到的仍然是一个脱离了人及其实践活动,脱离了社会历史的抽象的自然界;力图发现现实的人,可最终得到的仍然是一个脱离社会历史的抽象的人,并最终陷入唯心主义历史观。"当费尔巴哈是一个唯物主义者的时候,历史在他的视野之外;当他去探讨历史的时候,他决不是一个唯物主义者。在他那里,唯物主义和历史是彼此完全脱离的。"⑤因此,超越人本唯物主义,建立和"历史"相结合的唯物主义,即历史唯物主义,是理论和历史的双重要求。

按照马克思的观点,物质生产是历史的发源地。人们为了能够生存

---

① 《费尔巴哈哲学著作选集》上卷,第249页。
② 《费尔巴哈哲学著作选集》上卷,第248页。
③ 《马克思恩格斯全集》第3卷,第50页。
④ 《马克思恩格斯全集》第3卷,第50页。
⑤ 《马克思恩格斯全集》第3卷,第51页。

和生活,必须进行物质实践,实现人与自然之间的物质变换;为了实现人与自然之间的物质变换,人与人之间必须互换其活动,并必然结成一定的社会关系。这就是说,人们的生存实践活动和"实际日常生活"自始至终包含着并展现为人与自然的关系和人与人的关系,或者说,包含着并展现为人与自然的矛盾和人与人的矛盾。在马克思看来,共产主义就"是人和自然界之间、人和人之间的矛盾的真正解决"[1]。

因此,作为"共产主义的唯物主义",历史唯物主义所关注和所要解决的基本问题,就是人与自然的关系和人与人的关系问题。社会生活在本质上是实践的,历史不过是人的实践活动在时间中的展开,正如马克思在《神圣家族》所说,"历史不过是追求着自己目的的人的活动而已"[2]。因此,"历史唯物主义"概念中的"历史",是人的活动及其内在矛盾得以展开的境域。

从形式上看,历史唯物主义研究的社会历史,似乎与自然无关。但是,问题在于,社会是在人与自然之间的物质变换过程中形成和发展起来的,人与自然之间的物质变换构成了社会存在和发展的"永恒的自然必然性"。"社会是人同自然界的完成了的本质的统一",而历史不外是"自然界对人说来的生成过程"[3]。因此,"把人对自然界的关系从历史中排除出去"[4],必然使社会历史虚无化,从而走向唯心主义历史观。

马克思在《神圣家族》中明确指出:"实物是为人的存在,是人的实物存在,同时也就是人为他人的定在,是他对他人的人的关系,是人对人的社会关系。"[5]这就是说,作为物质实践对象化的劳动产品,即"实物"与"实物"关系的背后是人与人的关系,是人与人之间活动互换的关系,或者说,"实物"不仅体现着人与自然的关系,而且体现着人与人的关系。历史唯物主义正是把人与自然之间的实践关系,即"工业和生活本身的生产方

---

[1]《马克思恩格斯全集》第42卷,第120页。
[2]《马克思恩格斯全集》第2卷,第118—119页。
[3]《马克思恩格斯全集》第42卷,第122、131页。
[4]《马克思恩格斯全集》第3卷,第44页。
[5]《马克思恩格斯全集》第2卷,第52页。

式"作为历史的基础,力图通过对人与自然关系的改变来改变人与人的关系,通过人对物的占有关系(私有制)的扬弃来改变人与人之间的关系,从而"把人的世界和人的关系还给人自己"①。

"只有当物按人的方式同人发生关系时,我才能在实践上按人的方式同物发生关系。"②具体地说,在实践中,人是以物的方式去活动并同自然发生关系的,得到的却是自然或物以人的方式而存在,从而使自然与人的关系成为"为我而存在"③的关系。这种"为我而存在"的关系本身就是一种否定性的矛盾关系。人类要维持自身的存在,即肯定自身,就要对自然界进行否定性的活动,即改变自然界的原生形态,并在其中灌注人的目的和社会关系的内涵,使之成为"人化自然""为我之物""社会的物"。

与动物不同,人总是在不断制造的与自然的对立关系中去获得与自然的统一关系的,对自然客体的否定正是对主体自身的肯定。这种肯定、否定的辩证法使人与自然处于双向运动中:实践不断地改造、创造着自然界,在自然界中打上社会关系的烙印,使自然成为"社会的自然",同时,又不断地改造、创造着人本身,包括他的社会关系,不断地把自然转化为社会的要素,使社会成为"自然的社会"。"自然的社会"和"社会的自然"构成了"感性世界",即"现实世界""现存世界",使世界二重化为自在世界和属人世界。

可以看出,人与自然之间这种"为我而存在"的否定性关系是最深刻、最复杂的矛盾关系。马克思之前的众多哲学大师都没有意识到这种矛盾关系及其基础地位,致使唯物主义自然观与唯物主义历史观"咫尺天涯",唯物论与辩证法遥遥相对。马克思高出一筹的地方就在于,通过对人的实践活动及其历史发展深入而全面的剖析,创立了历史唯物主义,科学地解答了人与自然的关系问题,从而在实现唯物主义自然观与唯物主义历史观统一的同时,实现了唯物论与辩证法的统一。这就是说,历史唯物主

---

① 《马克思恩格斯全集》第1卷,第443页。
② 《马克思恩格斯全集》第42卷,第124页。
③ 《马克思恩格斯全集》第3卷,第34页。

义创立之日,也就是辩证唯物主义形成之时。

在我看来,辩证唯物主义不过是历史唯物主义的又一称谓。全部社会生活在本质上是实践的,而实践活动本身就内蕴着"否定性的辩证法"。因此,作为"全部社会生活"哲学反映的历史唯物主义,本身就蕴含着"否定性的辩证法",本身就是唯物主义和辩证法的统一。辩证法在本质上是批判的和革命的。把辩证唯物主义看作是历史唯物主义的又一称谓,是为了透显历史唯物主义所内含的辩证法维度及其批判性和革命性。

无论从历史上看,还是从逻辑上说,历史唯物主义都不是所谓的辩证唯物主义在历史领域里的"推广"和"应用",更不是"一般唯物主义"在"社会现象领域"中的"贯彻和推广运用"。在马克思主义哲学体系中,既不存在一个独立的、作为理论基础的辩证唯物主义或一般唯物主义,也不存在一个独立的、仅仅具有应用性质的历史唯物主义。相反,那种"排除历史过程",脱离了历史唯物主义的所谓的辩证唯物主义绝不是马克思的辩证唯物主义,就其实质而言,它只能是自然唯物主义或"抽象的自然科学的唯物主义"在现代条件下的"复辟",预示的结局只能是唯心主义的方向。正如马克思所说,"那种排除历史过程的、抽象的自然科学的唯物主义的缺点,每当它的代表越出自己的专业范围时,就在他们的抽象的和唯心主义的观念中立刻显露出来"[①]。

以"现实的人"为思维坐标,以实践为出发点范畴和建构原则,去探讨人与自然的关系和人与社会的关系,即人与世界的关系,使历史唯物主义展现出一个新的理论空间,即一个自足而又完整、唯物而又辩证的世界图景。这就是说,历史唯物主义不仅是"唯物主义历史观",而且是"唯物主义世界观"。同时,由于历史唯物主义内含着"否定性的辩证法",所以,历史唯物主义是一种"真正批判的世界观"[②]。

[①]《马克思恩格斯全集》第23卷,第410页。
[②]《马克思恩格斯全集》第3卷,第261页。

三、重新审视唯物主义哲学与形而上学的关系

我在这里所说的"形而上学",不是指与辩证法相对立意义的思维方式,而是指传统的哲学形态,即关于超验存在之本性的理论。这种哲学形态力图从一种永恒不变的"终极存在"或"初始本原"出发,去理解和把握事物的本性以及人的本性。

从起源上看,形而上学形成于亚里士多德的《形而上学》一书。按照亚里士多德的观点,形而上学就是"第一哲学",即关于存在之存在的学说,或者说,是研究超感觉的、经验以外对象的学说。概而言之,形而上学所追求的是一切实在对象背后的那种终极的存在。正是在这个意义上,亚里士多德认为,哲学以"寻求最高原因的基本原理"为宗旨,因而是一切智慧中的"最高的智慧"。

从内容上看,形而上学与本体论密切相关。作为一个哲学概念,本体论是由高克兰纽斯在1613年首先使用的。按其原义,本体论就是关于存在本身的学说。由于存在本身属于超感觉的对象,所以,形而上学与本体论两个概念往往混同使用,或者说,本体论是形而上学的基础或核心。

在《形而上学》中,亚里士多德对形而上学这种哲学形态的研究对象、内容范围、概念术语都作了完整的论述,从而开创了理论形态的哲学。这无疑具有积极意义。然而,亚里士多德之后,哲学家们不仅把形而上学中的存在日益引向脱离现实事物,脱离现实的人的抽象的存在,成为一种抽象化的本体,而且使形而上学中的存在逐渐成为一种君临人与世界之上的一种神秘的主宰力量。形而上学由此与宗教神学同流合污了,失去了自身的积极意义。

因此,法国唯物主义一开始就反对"形而上学"。正如马克思在《神圣家族》中所说,"18世纪的法国启蒙运动,特别是法国唯物主义,不仅是反对现存政治制度的斗争,同时是反对现存宗教和神学的斗争,而且还是反对17世纪的形而上学和反对一切形而上学,特别是反对笛卡尔、马勒伯

朗士、斯宾诺莎和莱布尼茨的形而上学的公开而鲜明的斗争"①。法国唯物主义之所以反对形而上学,归根到底,是由"当时法国生活的实践性质"决定的。在马克思看来,"当时法国生活的实践性质"必然促使哲学"趋向于直接的现实,趋向于尘世的享乐和尘世的利益,趋向于尘世的世界"。②

其一,在18世纪,自然科学已经独立化,从形而上学中分化出去了。正如马克思在《神圣家族》中所说,"实证科学脱离了形而上学,给自己划定了单独的活动范围"③。而此时,牛顿经典力学也获得了巨大的成功。经过伏尔泰的系统介绍,牛顿的科学思想和哲学观念在18世纪的法国已经享有隆名盛誉,它造就了一种强烈的科学主义情绪,刺激着相当一部分科学家、哲学家反对"形而上学"。

其二,在18世纪,随着反封建、反宗教斗争的发展,人再次觉醒,开始注意自己了。正如马克思在《神圣家族》中所说,"实在的本质和尘世的事物开始把人们的全部注意力集中到自己身上"④,而形而上学所忽视的恰恰是人本身。因此,马克思在《神圣家族》中指出:在18世纪,"形而上学的全部财富只剩下想像的本质和神灵的事物了",因而"变得枯燥乏味了"⑤。它首先"在实践上已经威信扫地",继而"在理论上威信扫地"⑥。取而代之的是"反神学、反形而上学的唯物主义理论",即法国唯物主义。法国唯物主义或者从人与自然的关系中去研究人,或者从人与社会的关系中去研究人,并把"唯物主义运用到社会生活方面"⑦。

按照《神圣家族》的观点,首先在理论上反对形而上学并使其"在理论上威信扫地"的是培尔。对"宗教的怀疑引起了培尔对作为这种信仰的支柱的形而上学的怀疑"。于是,培尔从笛卡尔的怀疑论出发去批判形而上

---

① 《马克思恩格斯全集》第2卷,第159页。
② 《马克思恩格斯全集》第2卷,第161页。
③ 《马克思恩格斯全集》第2卷,第161页。
④ 《马克思恩格斯全集》第2卷,第161—162页。
⑤ 《马克思恩格斯全集》第2卷,第162页。
⑥ 《马克思恩格斯全集》第2卷,第161页。
⑦ 《马克思恩格斯全集》第2卷,第165页。

学,而笛卡尔哲学本身就是一种形而上学。所以,马克思在《神圣家族》中认为,培尔的批判"形而上学"的"武器是用形而上学本身的符咒锻铸成的怀疑论"①。这种批判可谓以毒攻毒。

接着是孔狄亚克"用洛克的感觉论去反对17世纪的形而上学"②,并集中批判了其中最具代表性的笛卡尔、斯宾诺莎、莱布尼茨和马勒伯朗士的形而上学体系。在孔狄亚克时代,存在着各种各样的形而上学,它们汇集在一起,在消极的意义上蔚然成风。其中,笛卡尔、马勒伯朗士、斯宾诺莎和莱布尼茨的哲学是17世纪形而上学的典型形态,它们以天赋观念论为理论支撑点,运用演绎法编织了一个思辨之网,或者以神为核心构造了一个神学形而上学,或者是"提高到思想中的绝对泛神论和一神论"。在黑格尔看来,这个时代的研究就是以这种方式进行的。从中,我们可以看出一种"神韵"。

孔狄亚克从两个方面批判了形而上学:一是依据洛克的唯物主义经验论,以感觉为出发点,围绕经验而展开认识论探讨,力图根据任何人都不能否认的事实进行推理;二是依据牛顿经典力学,以观察为基础,力图以牛顿力学倡导的自然科学的精确性来把握人类认识活动及其基本原则。

由此,孔狄亚克提出了一系列重要的观点:感觉是经验的基本要素,一切经验都可以化为感觉;感觉是物质、外部事物、外部环境作用于感官的结果,"人的全部发展都取决于教育和外部环境"③;经验包含着观察,通过观察获得的认识具有客观性;语言符号产生于人们的交往之中,同时,符号又"使人们交往更加自由,范围更加广阔",等等。

对形而上学的批判,对唯物主义经验论的探讨,使孔狄亚克得出一个明确的结论:"形而上学不是科学",并"证明法国人完全有权把这种形而

---

① 《马克思恩格斯全集》第2卷,第162页。
② 《马克思恩格斯全集》第2卷,第165页。
③ 《马克思恩格斯全集》第2卷,第165页。

上学当做幻想和神学偏见的不成功的结果而予以抛弃"①。

孔狄亚克及其后继者对形而上学展开了猛烈的攻势，充分展示了法国唯物主义的理论风采，并在哲学史上留下了浓墨重彩的一章。但是，在这个理论批判和哲学探讨的过程中，孔狄亚克又把经验主义推向极端。在这里，人的认识仅仅成了被动接受信息的机械运动，只是在狭窄的经验范围内安排感觉材料的活动，人及其认识的能动性、创造性、主体性都不见了。

实际上，这是整个法国唯物主义的缺陷。这就势必导致认识论研究的转向，即探讨认识主体的能动性，并突出自我意识的作用。执行、完成这一"转向"任务并因此声名显赫的是康德和黑格尔，而且黑格尔又建立起一个庞大的、包罗万象的形而上学王国。这表明，从孔狄亚克以至整个法国启蒙哲学到康德以至整个德国古典哲学的发展，从形而上学的衰败到形而上学的再度兴起，是历史和逻辑的必然。

这就是说，法国唯物主义举起了反对形而上学的大旗，但它并未完成反对形而上学的任务，或者说，它没有从根本上摧毁形而上学。所以，形而上学后来在19世纪又重新登上了哲学的王座。正如马克思在《神圣家族》所说，"黑格尔天才地把17世纪的形而上学同后来的一切形而上学及德国唯心主义结合起来并建立了一个形而上学的包罗万象的王国"，从而使形而上学"在德国哲学"中，特别是在19世纪的德国思辨哲学中，"曾有过胜利的和富有内容的复辟"。②

形而上学这次"复辟"之所以是"胜利的复辟"，是因为黑格尔在自己的形而上学体系中"以最宏伟的方式概括了哲学的全部发展"，产生了巨大的影响，正如恩格斯所说，"这是一次胜利进军，它延续了几十年，而且决没有随着黑格尔的逝世而停止。相反，正是从1830年到1840年，'黑格尔主义'取得了独占的统治"③。

---

① 《马克思恩格斯全集》第2卷，第165页。
② 《马克思恩格斯全集》第2卷，第159页。
③ 《马克思恩格斯选集》第4卷，第220页。

形而上学这次"复辟"之所以是"富有内容的复辟",是因为黑格尔使形而上学与概念辩证法融为一体了,整个世界被描述为处在不断运动、变化和发展的过程之中,而且黑格尔的辩证法力图揭示这种运动和发展的内在联系,从而不自觉地"给我们指出了一条走出这些体系的迷宫而达到真正地切实地认识世界的道路"①。

　　然而,在黑格尔的辩证法中,整个世界的发展都是由"绝对理性"支配的,是由"绝对理性"预先规划并决定的,而人仅仅是"绝对理性"自我实现的工具,人的能动性、创造性和主体性因此被黑格尔从根本上剥夺了。这就是说,在黑格尔的形而上学体系中,不仅本体成为一种抽象的存在,人也成为一种抽象的存在,人和人的主体性失落了。用现在时髦的话来说就是,在黑格尔的形而上学体系中,存在着一个"人学空场"。正因为如此,到了19世纪中叶,西方哲学再次掀起反形而上学的浪潮。"对思辨的形而上学和一切形而上学的进攻,就像在18世纪那样,又跟对神学的进攻再次配合起来。"②首先是费尔巴哈。"费尔巴哈把形而上学的绝对精神归结为'以自然为基础的现实的人',从而完成了对宗教的批判。同时也巧妙地拟定了对黑格尔的思辨以及一切形而上学的批判的基本要点。"③接着是孔德和马克思。如果说费尔巴哈"巧妙地"拟定了批判形而上学的基本要点,那么,孔德和马克思则从根本上摧毁了形而上学。孔德从自然科学的可证实原则出发批判了形而上学,马克思则从人类世界的现实基础——人的实践活动出发批判了形而上学。这是现代精神对近代精神和古代精神的批判。这次批判及其胜利是永久性的胜利,形而上学从此不可能东山再起了。用《神圣家族》的话来说就是,"这种形而上学将永远屈服于现在为思辨本身的活动所完善化并和人道主义相吻合的唯物主义"④。从本质上看,这种唯物主义就是批判继承了黑格尔的辩证法并

---

① 《马克思恩格斯选集》第4卷,第220页。
② 《马克思恩格斯全集》第2卷,第159页。
③ 《马克思恩格斯全集》第2卷,第177页。
④ 《马克思恩格斯全集》第2卷,第159—160页。

高扬人的主体性的历史唯物主义。这实际上是马克思在《神圣家族》中对新的哲学形态的基本规定。马克思当时认为,费尔巴哈在理论方面体现了这种"为思辨本身的活动所完善化并和人道主义相吻合的唯物主义"。实际上,费尔巴哈哲学并未达到这个高度。如前所述,费尔巴哈的人本唯物主义在总体上仍然属于"旧唯物主义",而马克思的历史唯物主义则是"新唯物主义"。真正创立这种"为思辨本身的活动所完善化并和人道主义相吻合的唯物主义"并终结形而上学的,正是马克思本人。海德格尔公正地指出:"形而上学就是柏拉图主义。尼采把他自己的哲学标示为颠倒了的柏拉图主义。随着这一已经由卡尔·马克思完成了的对形而上学的颠倒,哲学达到了最极端的可能性。哲学进入其终结阶段了。"①马克思主义哲学与形而上学的关系是一个涉及马克思主义哲学的性质和职能的重大理论问题,理应得到更为详尽地阐述。然而,由于篇幅的关系,我只好把这一重要任务留给以后的论文了。

(载《学术研究》2001年第1期)

---

① [德]海德格尔:《面向思的事情》,第70页。

附录三

历史唯物主义：哲学理论主题的根本转换与理论空间的重新建构
——在日本一桥大学的演讲

尊敬的岩佐教授、岛崎教授，各位老师、同学们：

应一桥大学邀请，我和我的同事们来到风景如画的日本，来到历史悠久的一桥大学，感到非常高兴。一桥大学是日本著名高等学府，是日本哲学研究的中心之一，其成果之丰硕令人感叹；一桥大学的许多教授参加了《马克思恩格斯全集》历史考证版第二版的编辑和研究，其精神执着令人钦佩。所以，能来到一桥大学做学术演讲并和各位同仁进行交流，我感到非常荣幸。

我今天演讲的题目是"历史唯物主义：哲学理论主题的根本转换与理论空间的重新建构"，主旨是重新阐述历史唯物主义的理论主题和理论空间。萨特说过，历史唯物主义是我们这个时代唯一不可超越的哲学。在我看来，历史唯物主义之所以在我们这个时代"不可超越"，就在于历史唯物主义实现了哲学理论主题的根本转换，并建构了新的理论空间，这一新的理论主题和理论空间又契合着当代的重大问题,因而具有当代意义。

一、历史唯物主义的理论主题:无产阶级和人类解放

历史唯物主义的创立,无疑是哲学史上的革命变革。在我看来,这一变革的实质就在于,它使哲学的理论主题发生了根本转换,即从"世界何以可能"转向"人类解放何以可能",从宇宙本体转向人的生存本体,从解释世界转向改变世界。

要真正理解哲学主题的这一转换,就要把握马克思所面临并生活于其中的那个时代的特点。黑格尔说过,哲学是"思想所集中表现的时代"。马克思把这一观点进一步发挥为"哲学是自己时代精神的精华"。的确如此。由哲学家们所创造的哲学体系,不管其形式如何抽象,也不管它们具有什么样的"个性",都和哲学家所处的时代密切相关。法国启蒙哲学明快泼辣的个性,德国古典哲学艰涩隐晦的特征,现代存在主义消极悲观的情绪,离开了它们各自的时代,都是无法理解的。对历史唯物主义的理解,同样需要关注它得以产生的时代及其特征。

马克思所面临并生活于其中的时代,是资本主义制度在西欧得以确立和巩固、人类历史从封建主义转向资本主义的时代。同时,这也是从农业文明转向工业文明、从自然经济转向商品经济的时代,是从"人的依赖性"转向"以物的依赖性为基础的人的独立性"的时代。问题在于,资产阶级在取得巨大的历史性胜利的同时,也给自己带来了巨大的社会性问题:生产社会化和生产资料私有制之间存在着无法解决的矛盾,这一矛盾导致人的劳动、人的关系和人的世界都异化了,人的生存状态成为一种异化的状态。

用马克思的话来说,这是一个"颠倒的世界"。具体地说,在资本主义社会中,"物的世界的增值同人的世界的贬值成正比",物的异化和人的自我异化是同一个过程的两个方面。按照马克思的观点,在这种异化状态中,资本具有个性,个人却没有个性,人的个性被消解了,人成为一种"单

面的人",国家也不过是"虚幻的共同体"。可见,19世纪中叶的西方社会是一个由资本关系所造成的人的生存状态全面异化的社会,揭露并消除这种异化因此成为"为历史服务的哲学的迫切任务"。

可是,西方传统哲学,包括德国古典哲学无法完成这一"迫切任务"。这是因为,从总体上看,西方传统哲学在"寻求最高原因"的过程中把存在、本体同人的活动分离开来,同人类面临的种种紧迫的生存问题分离开来,从而使存在成为一种抽象的存在,物质成为"抽象的物质",本体则是同现实的人及其活动无关的抽象的本体。从这种抽象的本体出发无法认识现实的人和人的现实。从根本上说,西方传统哲学就是"形而上学",向人们展示的是抽象的真与善,它似乎在给人们提供某种希望,实际上是在掩饰现实的苦难,抚慰被压迫的生灵,因而无法消除人的生存的异化状态,将现实的人带出生存的困境。

正因为如此,马克思认为,随着自然科学的独立化并"给自己划定了单独的活动范围",随着社会实践的发展并凸现出人的生存的异化状态,人们开始把"全部注意力集中到自己身上",此时,哲学应该从"天上"来到"人间",关注人的生存状态,关注人的解放,"为历史服务的哲学"同时应是"为思辨本身的活动所完善化并和人道主义相吻合的唯物主义"(马克思)。在我看来,完成这一历史任务的,正是马克思本人。不是别人,正是马克思在辩证法、人道主义和唯物主义之间架起了一座由此达彼的桥梁,使三者"吻合"起来。从本质上看,这种"为思辨本身的活动所完善化并和人道主义相吻合的唯物主义",就是历史唯物主义。

我们应该看到,马克思关怀的不是抽象的一般人的命运。马克思发现,如果不能给工人、劳动者这些占人口绝大多数的、被压迫的人们以真实的利益和自由,人类解放就是空话,甚至沦为一种欺骗。所以,马克思在《论犹太人问题》中就提出"探讨政治解放和人类解放的关系";在《〈黑格尔法哲学批判〉导言》中又提出超越"政治革命"的"彻底的革命、全人类的解放"的问题,并认为能够完成这一历史使命、担当"解放者"这一历史使命的,只能是无产阶级。无产阶级本身就是一个需要解放自己的阶级,在他身上"表明人的完全丧失";同时,无产阶级又是一个"只有通过人的完全回复才能回复自己本身"的阶级(马克思),是一个只有解放全人类才能最后解放自己的阶级。

按照马克思的观点,在人类解放的过程中,哲学把无产阶级当作自己的"物质武器",无产阶级把哲学当作自己的"精神武器";如果说无产阶级是人类解放的"心脏",那么,哲学就是人类解放的"头脑"。"头脑"不清,就不可能确立人类解放的真实目标,不可能理解人类解放的真实内涵。因此,联系到政治经济学批判和人类历史的考察,从哲学上探讨人类解放的内涵、目的和途径,就成为马克思的首要工作。这一工作的成果,就是"为历史服务的哲学",即历史唯物主义的创立。历史唯物主义不是"学院派",更不是传统哲学主题延伸的产物。历史唯物主义的创立同对时代课题的解答是密切相关、融为一体的,其根本特征就在于:以无产阶级和人类解放为理论主题,解答"人类解放何以可能"。

为了解答"人类解放何以可能",历史唯物主义必须探讨人的本质和存在方式或生存本体。按照马克思的观点,人类历史的"第一个前提"就是"有生命的个人"的存在;"有生命的个人"要存在,首先就要进行物质生产活动,解决像吃喝住穿这样一些生存的基本需要的问题。这就是说,物质生产活动是人类生存、人类历史的"第一个前提",是人类的"第一个历史活动"。从根本上说,人就是在物质生产活动中自我塑造、自我改变、自我发展的。正如马克思在《德意志意识形态》中所说的那样,当人开始生产自己的生活资料的时候,人就开始把自己和动物区别开来。人是什么样的,这同他们的生产是一致的,既和他们生产什么一致,又和他们怎样生产一致。

人不仅是自然存在物,而且是社会存在物,人的本质在其现实上是一切社会关系的总和。换句话说,人是自然存在物和社会存在物的统一,而这种统一恰恰是在实践活动中完成的,直接决定人的本质的社会关系也是在实践活动中生成的。因此,人通过实践创造了自己的社会关系和社会存在。正是在这个意义上,马克思认为,人本身的存在就是社会活动。

实践不断改变着现存世界,同时,又不断改变着人本身,包括他的肉体组织、社会关系、思维结构和价值观念。环境的改变和人的自我改变的一致,只能被看作并合理地理解为革命的实践。可见,人是实践中的存在,实践构成了人的存在方式,或者说,构成了人的生存本体。

正因为实践构成了人的存在方式或生存本体,所以,人的生存状态不是凝固不变的,而是处在不断的建构和改变之中。在资本主义社会,劳动这种人的生命活动的异化必然造成人的生存状态的全面异化,人与人的关系体现为物与物的关系,不是人支配物,而是物统治人。历史唯物主义正是通过对现存世界和人本身的异化状态的批判,揭示出被物的自然属性掩蔽着的人的社会属性,揭示出被物与物的关系掩蔽着的人与人的关系,并力图通过实践"使现存世界革命化",消除人的生存的异化状态,从而"确立有个性的个人"(马克思)。如果说无产阶级和人类解放是历史唯物主义的理论主题,那么,"确立有个性的个人",实现人的自由而全面发展就是历史唯物主义的最高命题。

在历史唯物主义的视野中,实践不仅是现存世界的本体,而且是人的生存的本体,是消除异化和"确立有个性的个人"的现实途径,而每个人的自由而全面发展是人的生存和发展的终极状态。这样,历史唯物主义就实现了对人的现实关怀和终极关怀的统一。这是一种双重关怀。在我看来,这是全部哲学史上对人的生存和价值最激动人心的关怀。

为了从理论上支撑这一观点,我愿简单地回顾一下马克思的思想进程。

在《1844年经济学哲学手稿》中,马克思提出,共产主义就是私有财产,即人的自我异化的积极扬弃,是通过人,并且为了人而对人的本质的真正占有,或者说,人以一种"全面的方式",作为一个"完整的人",占有自己的"全面的本质"。

在《德意志意识形态》中,马克思提出,要消除这样一种社会现象,这就是,人本身的活动对人来说成为一种异己的、同他对立的、压迫他的力量,从而"确立有个性的个人",使"各个人在自己的联合中并通过这种联合获得自己的自由"。

在《共产党宣言》中,马克思又提出,共产主义社会将是一个"联合体",在那里,每个人的自由发展是一切人的自由发展的条件。

在《资本论》中,马克思再次重申,共产主义社会就是要确立人的"自由个性",实现人的自由而全面发展。

可以看出,无论是所谓的"不成熟"时期,还是所谓的"成熟"时期,马克思关注的都是消除人的生存的异化状况,实现无产阶级和人类解放,从而实现人的自由而全面发展。人类解放是马克思毕生关注的焦点和为之奋斗的目标,构成了历史唯物主义的理论主题。

与唯心主义不同,与"那种排除历史过程的、抽象的自然科学的唯物主义"(马克思)也不同,历史唯物主义不是以一种抽象的、超时空的方式去理解和把握存在、本体问题,而是从实践出发去解读存在的意义,去把握人的生存和现存世界的本体。在这个意义上,历史唯物主义是生存论的本体论或实践本体论。这样,历史唯物主义就开辟了"从本体论认识现实的道路",从本体论这一哲学的根基上解答了"人类解放何以可能"这一时代课题。

一种思想或学说具有什么样的价值和意义,关键在于它提出了什么样的问题。提出问题的广度和深度标志着对问题理解的广度和深度,并决定着对问题如何解决的全部思考。历史唯物主义提出的"人类解放何以可能"问题是时代的课题,是人本身的根本问题,是人类历史的根本问题。无论你是否赞同这一学说,你都不可能回避或超越这一问题的深刻性和根本性。这是历史唯物主义所实现的哲学变革的根本内容和当代意义之所在。萨特提出,"历史唯物主义是我们时代唯一不可超越的哲学"。我赞赏萨特的这一观点,而且我比萨特本人更深刻地理解这一观点。

二、历史唯物主义的理论空间:批判的世界观

我在前面已经说明,无产阶级和人类解放是历史唯物主义的理论主

题,而对人类解放的探讨又必然使历史唯物主义去探讨人的存在方式或生存本体,探讨人类历史运动的一般规律。按照马克思的观点,人类历史的"第一个前提"就是"有生命的个人"的存在,而"有生命的个人"总是在人与自然和人与社会的双重关系中存在的。在《德意志意识形态》中,马克思指出,生命的生产,无论是通过劳动而达到自己生命的生产,还是通过生育而达到的他人生命的生产,表现为双重关系:一方面是自然关系,另一方面是社会关系。这就是说,对人类解放全面而深入的探讨,必然使历史唯物主义去探讨人与自然的关系和人与社会的关系,从而建构一个新的理论空间。

在我看来,历史唯物主义对"人之谜"的解答同对"历史之谜"的解答是密切相关、融为一体的。对"有生命的个人"的理解必然渗透、包含着对人与自然和人与社会关系的理解。饮食男女本是一种自然现象,可中国唐代大诗人杜甫所说的"朱门酒肉臭,路有冻死骨"却是一种社会现象,西方大文学家莎士比亚所描述的罗密欧与朱丽叶的爱情悲剧同样是一种社会现象。人类解放的问题不是一个科学问题,也不仅仅是一个"人学"问题,从根本说,它是一个如何看待和处理人与自然的关系和人与社会的关系,即人与世界的关系问题,是一个世界观问题。反过来说,历史唯物主义就是从人与自然和人与社会的双重关系中去把握人本身,解答"人类解放何以可能"这一问题的。历史唯物主义不是"人学",更不是人本唯物主义。

我断然拒绝普列汉诺夫的观点,这就是,马克思的唯物主义和费尔巴哈的唯物主义都属于"最新的唯物主义",马克思的"唯物主义观点是在费尔巴哈哲学的内在逻辑所指示的同一方向上发展起来的"。在我看来,这是一种无原则的糊涂观念。它表明,普列汉诺夫从根本上混淆了费尔巴哈的唯物主义与马克思的唯物主义之间的本质区别,不理解费尔巴哈的唯物主义是人本唯物主义,而马克思的唯物主义是历史唯物主义。

我们应当记住马克思在《德意志意识形态》中所说的话,那就是,当费尔巴哈是一个唯物主义者的时候,历史在他的视野之外;当费尔巴哈去探讨历史的时候,他不是一个唯物主义者。在费尔巴哈哲学中,唯物主义和历史是彼此脱离的。之所以如此,就是因为费尔巴哈仅仅把人看作"感性对象",只是从客体的方面去理解"对象、现实、感性",不了解实践活动的真实内涵和现实意义。正是在这个意义上,马克思把费尔巴哈的唯物主义"包括"在"从前的一切唯物主义",即"旧唯物主义"的范畴之中。与费尔巴哈不同,马克思把人看作"感性活动",并从这种"感性活动"出发去理解人本身以及人与世界的关系,从而创立了"新唯物主义",这就是历史唯物主义。

从根本上说,整个人类历史不过是人通过人的劳动而诞生的过程,是人的实践活动在时间中的展开。所以,历史唯物主义从物质实践出发考察人类历史,"是描述人们实践活动和实际发展过程的真正的实证科学"(马克思)。具体地说,人们为了能够生存和生活,必须进行物质实践,实现人与自然之间的物质变换;为了实现这种变换,人与人之间必须互换其活动,并必然结成一定的社会关系。

这就是说,人们的生存实践活动和"实际日常活动"自始至终包含并展现为人与自然的关系和人与社会的关系,或者说,包含着并展现为人与自然的矛盾和人与人的矛盾,而在马克思看来,共产主义就是"人和自然界之间、人和人之间的矛盾的真正解决"。因此,作为"共产主义的唯物主义",历史唯物主义所关注和所要解决的基本问题,就是人与自然的关系和人与社会的关系,即人与世界的关系问题。

马克思在《神圣家族》中说过,历史不过是追求着自己目的的人的活动而已;在《德意志意识形态》中又指出,人的活动包括两个基本方面,即一方面是人改造自然,另一方面是人改造人。所以,"历史唯物主义"概念中的"历史",是人的活动及其内在矛盾,即人与自然的矛盾和人与人的矛盾得以展开的境域,是人与世界的关系不断以新的形式得以展现的境域;"历史唯物主义"概念中的"唯物主义",是指人与自然之间的物质变换构成了人的生存和现实世界的基础。不必多说了,从以上的论述中我们已经可以看出,历史唯物主义是一种世界观,而不是像传统观点所理解的那样,仅仅是一种历史观。

从形式上看,历史唯物主义研究的社会历史似乎与自然无关。但是,问题在于,社会是在人与自然之间物质变换的过程中形成和发展起来的,人与自然之间的物质变换构成了社会存在和发展的现实基础;历史则是人的实践活动在时间中的展开,是"自然界对人说来的生成过程"。"只要有人存在,自然史和人类史就彼此相互制约。"(马克思)所以,马克思在《德意志意识形态》中指出,把人与自然界的关系从历史中排除出去,必然使历史虚无化,从而走向唯心主义历史观。马克思的这一见解是正确而深刻的。

马克思在《神圣家族》中说过,实物是为人的存在,是人的实物存在,同时也就是人为他人的定在,是他对他人的关系,是人对人的社会关系。这里的"实物"是指劳动产品。把马克思的这段话转换成通俗的语言来说,那就是,作为物质实践对象化的劳动产品,"实物"与"实物"关系的背后是人与人的关系,是人与人之间活动互换的关系,或者说,"实物"不仅体现着人与自然的关系,而且体现着人与人的关系,具有社会关系的内涵。

有一种观点认为,历史唯物主义的伟大之处就在于,它从人与人关系的背后发现了物与物的关系。我的观点正好相反。在我看来,历史唯物主义的划时代贡献就在于,它从物与物关系的背后发现了"人对人的社会关系"以及人与自然的关系,并从人与自然和人与社会这双重关系中追溯出人的实践活动的意义。正是把人与自然之间的实践关系作为历史的基础,历史唯物主义力图通过对人与自然关系的改变来改变"人对人的社会关系",通过对私有制条件下的人对物占有关系的扬弃来改变"人对人的社会关系",从而"推翻那些使人成为受屈辱、被奴役和被蔑视的东西的一切关系","把人的世界和人的关系还给人自己"(马克思)。

讲到这里,我们碰到一个无法回避的问题,这就是作为一种世界观,历史唯物主义与辩证唯物主义、实践唯物主义是一种什么样的关系?这是我们需要认真对待的问题。

我们应当注意,在实践活动中,人在按"人的方式同物发生关系"的同时,使"物按人的方式同人发生关系",结果使自然或物以人的方式而存在,使人与自然的关系成为一种"为我而存在"的关系。这是马克思在《德意志意识形态》中说的。这种"为我而存在"的关系是一种否定性的矛盾关系。人要维持自身的存在、肯定自身,就要对自然界进行否定性的活动,改变自然界的原生形态,并在其中注入人的目的,使之成为"人化自然""为我之物"。与动物不同,人总是在不断制造与自然的对立关系中去获得与自然的统一关系的,对自然客体的否定正是对主体自身的肯定。这种肯定、否定的辩证法使人与自然处于双向运动中:实践在改造自然界的同时,又改造着人本身;在把自然转化为社会的要素,使自然成为"历史的自然"的同时,又使历史成为"自然的历史"。

可以说,人与自然之间这种"为我而存在"的否定性的矛盾关系是最深刻、最复杂的矛盾关系。马克思之前的众多哲学大师都没有意识到这种矛盾关系及其基础地位,致使唯物主义自然观与唯物主义历史观"咫尺天涯",唯物论与辩证法遥遥相对。中国文豪郭沫若有一著名诗句,那就是,"沧海横流,方显出英雄本色"。在我看来,马克思就是这样的"英雄",思想中的英雄。马克思之所以成为思想中的英雄,就在于他高出一筹,而他高出同时代思想家一筹的地方就在于:通过对人的实践活动及其历史发展全面而深入的剖析,创立了历史唯物主义,科学地解答了人与自然和人与社会的关系,即人与世界的关系问题,从而在实现唯物主义自然观与唯物主义历史观统一的同时,实现了唯物论与辩证法的统一。这就是说,历史唯物主义创立之日,也就是辩证唯物主义形成之时。

我对列宁的这样一种观点持保留态度,这就是,历史唯物主义是把唯物主义"对自然界的认识推广到对人类社会的认识",而"物质的存在不依赖于感觉。物质是第一性的。感觉、思想、意识是按特殊方式组成的物质的高级产物。这是一般唯物主义的观点,特别是马克思和恩格斯的观点"(列宁)。我之所以对这一观点持保留态度,是因为列宁在这里把马克思的唯物主义等同于"一般唯物主义",并把这种"一般唯物主义"作为历史唯物主义的理论基础,这就忽视了马克思的"新唯物主义"与"旧唯物主义",即"一般唯物主义"的根本区别。

我不能同意斯大林的这一观点,这就是,历史唯物主义是辩证唯物主义在社会历史领域中的"推广"和"应用",而辩证唯物主义是一种研究自然界的方法和解释自然界的理论。研读斯大林的著作可以看出,在这种所谓的辩证唯物主义中,自然是脱离了人的活动的自然,是从历史中抽象出来的自然,实际上就是马克思在批判费尔巴哈时所说的那种"开天辟地以来就已存在的、始终如一的东西"。以这样一种抽象的自然为本体去建构历史唯物主义,必然使实践的本体论意义以及人的主体性被遮蔽,从而悄悄地走向马克思所批判的"抽象物质的或者不如说是唯心主义的方向"。在斯大林那里,"辩证唯物主义"实际上成为一种"抽象的唯物主义",而历史唯物主义划时代的贡献在相当大的程度上被抹杀了。

无论从历史上看,还是从逻辑上说,历史唯物主义都不是一般唯物主义或所谓的辩证唯物主义在历史领域里的"推广"和"应用"。在马克思主义哲学体系中,既不存在一个独立的、作为理论基础的辩证唯物主义,也不存在一个独立的、仅仅具有应用性质的历史唯物主义。相反,那种"排除历史过程",脱离了历史唯物主义的所谓的辩证唯物主义不是马克思的辩证唯物主义,就其实质而言,它只能是自然唯物主义在现代条件下的"复辟"。正如马克思在《资本论》所说的,那种排除历史过程的、抽象的自然科学的唯物主义的缺点,每当它的代表越出自己的专业范围时,就在他们的抽象的和唯心主义的观念中立刻显露出来。

在我看来,"辩证唯物主义"和"历史唯物主义"不是两个主义,而是同一个主义,即马克思的新唯物主义的不同表述。马克思的新唯物主义就是历史唯物主义,辩证唯物主义不过是历史唯物主义的又一称谓。全部社会生活在本质上是实践的,而实践活动本身就是一种否定性的辩证法。马克思在《1844年经济学哲学手稿》中指出,黑格尔"否定性的辩证法"的伟大之处首先在于,它把人的自我产生看作一个过程,把对象化看作失去对象,看作外化和这种外化的扬弃,所以,黑格尔抓住了劳动的本质,把对象性的人、现实的人理解为他自己的劳动结果。

因此,作为黑格尔辩证法的扬弃,作为社会生活哲学反映的历史唯物主义,本身就蕴涵着否定性的辩证法,本身就是唯物主义与辩证法的统一。辩证法在对现存事物的肯定的理解中同时包含对现存事物的否定的理解,即对现存事物必然灭亡的理解;辩证法对每一种既成的形式都是从不断的运动中,因而也是从它的暂时性方面去理解。所以,辩证法本质上是批判的和革命的。把辩证唯物主义看作是历史唯物主义的又一称谓,是为了透显历史唯物主义所内含的辩证法维度及其批判性和革命性。

在我看来,"历史唯物主义"与"实践唯物主义"也不是两个主义,而是同一个主义,即马克思的新唯物主义的不同表述。马克思的新唯物主义就是历史唯物主义,实践唯物主义不过是历史唯物主义的又一称谓。我刚才已经说过,历史唯物主义内含着辩证法维度及其批判性和革命性,所以,它总是在对现存事物的肯定的理解中同时包含着对现存事物的否定的理解。这种对现存事物的否定的理解,实际上就是通过改变现存事物,"使现存世界革命化",而"对实践的唯物主义者即共产主义者来说,全部问题都在于使现存世界革命化,实际地反对并改变现存的事物"(马克思)。所以,实践唯物主义与历史唯物主义具有内在的、本质的一致性。把实践唯物主义看作历史唯物主义的又一称谓,是为了透显历史唯物主义所内含的实践原则及其批判性和革命性。

讲到这里,我们也就不难理解马克思的那句名言了,这就是,"我们仅仅知道一门唯一的科学,即历史科学"。以现实的人为思维坐标,以实践为出发点范畴和建构原则,去探讨人与自然的关系和人与社会的关系,即人与世界的关系,使历史唯物主义展现出一个新的理论空间,一个自足而又完整、唯物而又辩证的世界图景。这就是说,历史唯物主义不仅仅是"唯物主义历史观",更重要的,是"唯物主义世界观"。由于历史唯物主义内含着辩证法维度和实践性原则,所以,历史唯物主义又是"真正批判的世界观"。这是马克思在《德意志意识形态》中说的。但是,马克思的这一重要思想一直未引起我们的重视。

在我的演讲即将结束的时候,我想简要概括一下我的演讲的中心内容。这就是,马克思从批判人的生存的异化状态入手,提出了研究劳动如何在历史上发生异化,人类如何扬弃异化而获得解放,每个人如何得到全面而自由发展的问题。这样,问题就转换了,人类解放变成了一个全新的哲学问题。这个问题犹如一条金色的牵引线,引导着马克思创立了一种新唯物主义的世界观,即历史唯物主义。

讲到这里,我不由自主地想起了马克思在《青年在选择职业时的考虑》中所说的一段至理名言,这就是,"如果我们选择了最能为人类福利而劳动的职业,那么,重担就不能把我们压倒,因为这是为大家而献身;那么,我们所感到的就不是可怜的、有限的、自私的乐趣,我们的幸福将属于千百万人,我们的事业将默默地、但是永恒发挥作用地存在下去,而面对我们的骨灰,高尚的人将洒下热泪。"一个刚刚中学毕业、年仅17岁的青年,似乎为自己写下了墓志铭,实际上是为一种新的思想竖起了凯旋门。在我看来,这是一个崇高的选择。这个选择从精神上和方向上决定了马克思的一生。"人类解放何以可能"让马克思一生魂牵梦萦,而实现无产阶级和人类解放则是历史唯物主义的理论主题。

谢谢大家!

(载《唯物论》(日本)2009年第12期)

附录四

重读马克思与走进马克思
——我的学术自述

1956年,我出生在一个普通教师家庭。我和我的同龄人一样,经历了共和国的风风雨雨、"天灾人祸"……我并不认为我"生不逢时",相反,我非常庆幸我有这一段特殊的经历。正是这段特殊的经历使我对社会与人生有了深刻的体认,并对我的哲学研究和学术生涯产生了极大的影响。实际上,"经历"本身就是一笔财富。当然,我们这一代不同于老一代。老一代在战争年代,在血与火的考验中度过,我们这一代在和平年代,在不断的精神苦炼中生存;老一代敢"问苍茫大地,谁主沉浮",我们这一代"敢问路在何方"。我们这一代有我们这一代人的苦苦追求。感谢邓小平!正是他老人家的拨乱反正、改革开放,使"九死一生"的中国现代化奇迹般地走出了历史的沼泽地,并为我们这一代人的发展开辟了新的天和地。

1978年2月,在"春天的故事"里,我走进了安徽大学哲学系,成为高校招生改革后的第一届大学生,并从此与哲学结下"不解之缘"。1986年,汪永祥教授把我领进了我向往已久的中国人民大学哲学系攻读硕士学位,汪老师的学术引导力引导着我真正走进"哲学门";1988年,陈先达教授把我留在中国人民大学哲学系任教,同时跟随他攻读博士学位,陈老师的思维穿力引导我走向哲学的深处;而我的挚友陈志良教授的"宏大叙事"能力又推动着我在一个新的平台上展开了哲学研究。我忘不了我的两位导师和这位挚友。从他们那里,我不仅看到了哲学家的文采,而且看到了哲学家的风采;不仅学到了文品,而且学到了人品。由此,我想起了《天真汉》中的天真汉对博学老人高尔同的礼赞:"要是没有你,我在这里就陷入一片虚无。"

一、从"误入"哲学到"钟情"哲学

我的职业、专业和事业都是哲学。如果说当初是我选择了哲学,那么,后来就是哲学选择了我;我适合哲学,哲学也适合我。但是,我最初选择哲学实属"误入歧途"。中学时期,我主要的兴趣是在数理化方面,并且成绩优异;高考之前,我担任过中学数学教师。所以,我最初志向是报考数学。但是,在高考前夕,一位哲学先行者——陈宗明老师告诉我:哲学是一个诱人的智慧王国,中国需要哲学,而你的天赋更适合学哲学。就是这一次谈话,竟使我"鬼使神差"般地在高考前夕改变了最初的志向,选择了哲学。从此,我踏上一块神奇的土地,至今仍无怨无悔。今天,我已与哲学连成一体,或者说哲学已融入我的生命活动之中,离开哲学我不知如何生活。

我之所以从"误入"哲学到"钟情"哲学,并不是因为哲学"博学",无所不知。实际上,"博学并不能使人智慧"(赫拉克利特),而无所不知的只能是神学。历史已经证明,凡是以无所不知自诩的思想体系,如同万世一系的封建王朝一样,无一不走向没落。

我之所以从"误入"哲学到"钟情"哲学,并不是因为哲学"爱"智慧。实际上,哲学本身就是一种智慧,它给人的生存和发展以智慧与勇气,这是一种"大智大勇"。如果说宗教是关于人的死的观念,是讲生前如何痛苦、死后如何升天堂的,那么,哲学就是关于人的生的智慧,是教人如何生活,如何生的有价值和有意义的。

我之所以从"误入"哲学到"钟情"哲学,也不是因为哲学是自然科学与社会科学的概括和总结,是关于整个世界"普遍联系"的科学,是关于自然、社会和思维运动一般规律的科学。实际上,哲学并不是科学,至少不同于科学。用恩格斯的话来说就是,现代科学的发展已经使"关于总联系的任何特殊科学"成为"多余"的了。用海德格尔的话来说就是,"对哲学能力的本质做这样的期望和要求未免过于奢求。"

从"误入"哲学到"钟情"哲学,我的这一心路历程的牵引线就是,哲学关注着人,与解答"人生之谜"密切相关。无论哲学是把目光投向人与自然的关系,还是转向人与社会的关系,归根到底,关注的都是人在世界中的位置,都是人本身的价值和意义。哲学之所以使哲学家们不停思索、寝食难安,就是因为它在总体上关注着人,关注着人的生存方式和发展规律。哲学总是熔铸着对人类生存本体的关注,对人类发展境遇的焦虑,对人类现实命运的关切,凝结为对人生之谜的深层理解与把握,因而构成了人生的"最高支撑点",或者说,构成了人的"安身立命"之根和"安心立命"之本。

哲学关注人,并不是说哲学要研究人的方方面面。对于哲学来说,重要的,是要确立正确的人生观,解答"人生之谜"。在我看来,人生观是个哲学问题,而不是科学问题,医学、生物学、考古学、数学、物理学、化学等都不可能解答"人生之谜"。倍数再高的显微镜看不透这个问题,再好的望远镜看不到这个问题,亿万次计算机也算不出这个问题;人生观是个哲学问题,而不仅仅是一个伦理学问题,因为在人与自我的关系中,必然渗透着人与自然、人与社会的关系,对人生的不同看法必然包含着对人与自然、人与社会关系的不同理解。

饮食男女本来是一种自然现象,可"朱门酒肉臭,路有冻死骨"却是一种社会现象。托尔斯泰的《复活》之所以在不同时期、不同国家引起不同读者的共鸣,就是因为《复活》着力刻画了聂赫留朵夫身上的自然属性与社会属性之间的矛盾冲突,而这种冲突在每个人身上都或多或少、或显或隐地存在着。文天祥的"人生自古谁无死,留取丹心照汗青"这一千古绝句表明,人的生与死本身属于自然规律,而生与死的意义却属于历史规律。英雄与小丑、流芳百世与遗臭万年的分界线,就是如何处理人与历史规律的关系:凡是顺历史规律而动、推动社会发展者,则是英雄,流芳百世;凡是逆历史规律而动、阻碍社会发展者,则是小丑,遗臭万年。历史已经表明,任何英雄乃至伟大人物一旦违背历史规律并同人民群众相对立,其结果只有一个——"霸王别姬"。

这就是说,人生观并不仅仅是一个对待人生的态度问题,更重要的,是一个如何看待和处理人与自然、人与社会的关系,即人与世界关系的问题。人与世界的关系问题就是世界观问题。因此,人生观就是世界观。在哲学中,既不存在一个独立的、仅仅作为理论基础的世界观,也不存在一个独立的、仅仅具有应用性质的人生观。在哲学中,世界观与人生观是高度统一、融为一体的。换言之,哲学既是世界观,又是人生观,是高度统一、融为一体的世界观和人生观。有什么样的世界观,就有什么样的人生观;反之,有什么样的人生观,就有什么样的世界观。我赞同并欣赏费希特的这一见解,即"你是什么样的人,你就会选择什么样的哲学。"

"成为圣人就是达到人作为人的最高成就。这是哲学的崇高任务"(冯友兰)。实际上,哲学不可能使人"成为圣人",但哲学能使人崇高。学习哲学,能够培养人的高举远慕的心态、执着专注的意志和慎思明辨的理性,从而提升人的精神境界。哲学思维的作用就在于,在"润物细无声"的过程中引导人走向崇高。正因为如此,"认识你自己"犹如一只"看不见的手"牵引着我不断地走向哲学、走近哲学、走进哲学。感谢哲学!它使我"看透人生""看破红尘",使我"波澜不惊""荣辱不惊",从而在"向死而生"的过程中寻求、创造生命的价值和意义。

我之所以从"误入"哲学到如此"钟情"哲学,更重要的,是因为马克思的哲学是关于现实的人及其发展的学说。正是在马克思的哲学中,我体验出一种对资本主义制度的彻底的批判精神,透视出一种对人类生存异化状态的深切的关注之情,领悟到一种旨在实现无产阶级和人类解放的强烈的使命意识,看到了人的全面而自由发展的远景。在众多的哲学体系中,我选择了马克思的哲学,我的研究方向和人生信仰都是马克思主义哲学。

当然,我注意到,对马克思哲学的争论持久而激烈。从历史上看,一个伟大的哲学家逝世之后,对他的学说进行新的探讨并引起争论,不乏先例。但是,像马克思这样在世界范围引起如此广泛、深入、持久、激烈的争论的,却是罕见的。马克思的"形象"在其身后处在不断地变换中,而且马克思离我们的时代越远,对他认识的分歧就越大,就像行人远去,越远越难辨认一样。于是,我开始重读马克思,并企望走进马克思。1995年,我在《中华读书报》明确提出:重读马克思。

重读马克思并不是无事生非或无病呻吟,而是当代实践、科学和哲学本身发展的需要。实际上,"重读"是思想史上常见的现象。历史常常出现这样一种现象,即一个伟大哲学家的某个观点以至整个学说往往在其身后、在经历了较长时间的历史运动之后,才充分显示出它的内在价值,重新引起人们的关注,并促使人们"重读"。黑格尔重读柏拉图,皮尔士重读康德,歌德重读拉菲尔……在一定意义上说,一部哲学史就是后人不断"重读"前人的历史。

马克思哲学的历史命运也是如此。20世纪的历史运动以及当代哲学的发展困境,使马克思哲学的内在价值和当代意义凸现出来了,哲学家们不由自主地把目光转向马克思,重读马克思。当代著名哲学家德里达由此发出这样的感叹:"不去阅读且反复阅读和讨论马克思、而且是超越学者式的阅读和讨论,将永远是一个错误,而且越来越成为一个错误,一个理论的、哲学的和政治的责任方面的错误。"

在重读马克思的过程中,我经历了从马克思哲学到马克思主义哲学史(包括苏联马克思主义和西方马克思主义),从马克思主义哲学史到西方哲学史,再到现代西方哲学、后现代哲学,然后再返回到马克思哲学这样一个不断深化的求索过程。其意在于,把马克思的哲学放置到一个广阔的理论空间中去研究。在我看来,对马克思哲学的研究离不开对马克思主义哲学史的研究,只有把握马克思创立马克思主义哲学的过程,把握马克思以后的马克思主义哲学的演变过程,才能真正把握马克思哲学的真谛,真正理解马克思哲学在何处以及何种程度上得到发展或被误读了;只有把马克思哲学放到西方哲学史的流程中去研究,才能真正把握马克思哲学对传统哲学变革的实质,真正理解马克思哲学的划时代的贡献;只有把马克思哲学与现代西方哲学以及后现代哲学进行比较研究,才可知晓马克思哲学的历史局限和伟大所在,真正理解马克思的哲学为什么是我们这个时代"唯一不可超越的哲学"(萨特)。

在重读马克思的过程中,我又进行了历史学、政治经济学和社会发展理论的"补课"。从马克思哲学的创立过程看,马克思对历史学、经济学、政治学都进行过批判性研究和哲学反思,不仅德国古典哲学,而且英国古典经济学、法国复辟时代历史学、英国和法国"批判的空想的社会主义"都构成了马克思哲学的理论来源;从马克思哲学的理论内容看,马克思的哲学是在阐述社会主义学说的过程中生成的,实现人的自由而全面发展既是马克思哲学的终极目标,又是马克思社会主义学说的最高原则;同时,马克思的经济学不仅是一种关于资本的理论,而且是对资本的理论批判,这是一种存在论意义上的批判,它所揭示的被物的自然属性所掩蔽着的人的社会属性,以及被物与物的关系所掩蔽着的人与人的关系,具有深刻的哲学内涵。

精神生产不同于肉体的物质生产。以基因为遗传物质的生物延续是同种相生,而哲学思维则可以通过对不同学科成果的吸收、消化和再创造,形成新的哲学形态。正像亲缘繁殖不利于种的发育一样,一种创造性的哲学一定会突破从哲学到哲学的局限。在我看来,马克思的哲学就是这样一种创造性的哲学。

在这样一个重读马克思的过程中,我的面前便矗立起一座巨大的英雄雕像群,我深深地体验到哲学家们追求真理和信念的悲壮之美;我的脑海映现出一个多维视界中的马克思,我深深地理解,在世纪之交、千年更替之际,马克思为什么被人们评为"千年来最有影响的思想家"。

二、在重读马克思的过程中领悟哲学

在重读马克思的过程中,我首先关注的问题就是,哲学是什么,哲学的位置究竟在哪里? 这是一个最折磨哲学家耐心的问题。

按照西方传统哲学的观点,哲学"寻求最高原因的基本原理",提供"全部知识的基础"和"一切科学的逻辑",是"最高智慧"。可是,在现代西方人本主义哲学看来,哲学关注并要解决的问题,是人的"精神的焦虑""信仰的缺失""形而上学的迷失""意义的失落"和"人生的危机";在现代西方科学主义哲学看来,"哲学就是那种确定或发现命题意义的活动",科学使命题得到证实,哲学使命题得到澄清,"科学研究的是命题的真理性,哲学研究的是命题的真正意义"(石里克)。

按照苏联马克思主义的观点,哲学研究的是"整个世界"的"普遍联系",是关于自然、社会和思维运动的一般规律的科学;在西方马克思主义看来,哲学的真正社会功能就在于,"对流行的东西进行批判",其"主要目的在于防止人类在现存社会组织慢慢灌输给它的成员的观点和行为中迷失方向"(霍克海默),"理智地消除以至推翻既定事实,是哲学的历史任务和哲学的向度"(马尔库塞)。

这一特殊而复杂的现象印证了黑格尔的见解:"哲学有一个显著的特点,与别的科学比较起来,也可以说是一个缺点,就是我们对它的本质,对于它应完成和能够完成的任务,有许多大不相同的看法。"的确如此。作为同原始幻想相对立的最早的理论思维形式,哲学是同科学一起诞生的。然而,对于什么是哲学,又从未形成一致的看法。不存在超历史的、囊括了所有哲学的统一的哲学定义,不存在为所有哲学家公认的哲学定义,不同时代、不同民族、不同派别的不同哲学家对哲学有不同的看法,不仅哲学观点不同,而且哲学理念也不同。"哲学是什么?""哲学的位置在哪里?"因此成为最折磨哲学家耐心的问题,由此导致哲学"总是被迫在起点上重新开始……从头做起"(石里克)。

实际上,这是科学史、思想史的正常现象。科学史、思想史表明,任何一门学科或学说在其发展过程中,除了要研究新问题外,往往还要回过头去重新探讨像自己的对象、性质和职能这样一些对学科或学说的发展具有方向性、根本性的问题。哲学不仅如此,而且更为突出,用石里克的话来说,这是"哲学事业的特征"。

从根本上说,哲学的位置是由实践活动的需要决定的,"理论在一个国家实现的程度,总是决定于理论满足这个国家的需要的程度"(马克思);从直接性上看,哲学的位置是由知识结构和认识水平决定的。不同时代的实践需要、知识结构和认识水平决定了哲学具有不同的位置。古代的实践需要、知识结构和认识水平,决定了古代哲学的"知识总汇"这一位置;近代的实践需要、知识结构和认识水平决定了近代哲学的"科学的科学"这一位置;现代的实践需要、知识结构和认识水平,决定了哲学分化为科学主义哲学、人本主义哲学和马克思主义哲学三大流派。马克思主义哲学关注现实的人及其历史发展,其理论主题就是无产阶级和人类解放。

按照马克思的观点,哲学必须关注政治,凸显自己的政治性。早在马克思哲学创立之初,马克思就指出:哲学和政治的"联盟是现代哲学能够借以成为真理的唯一联盟"。因此,哲学的批判要"和政治的批判结合起来"。更重要的是,"对现代国家制度的真正哲学的批判,不仅要揭露这种制度中实际存在的矛盾,而且要解释这些矛盾;真正哲学的批判要理解这些矛盾的根源和必然性,从它们的特殊意义上来把握它们"(马克思)。如果说马克思的经济学是政治经济学,那么,在一定意义上说,马克思的哲学就是政治哲学。我们不能把马克思哲学政治化,但我们也不能忘记马克思哲学的政治性。

哲学不等于政治,哲学家不是政治家,有的哲学家想方设法远离甚至脱离政治,但政治需要哲学。没有哲学论证其合理性的政治,缺乏理性和逻辑说服力，缺乏理念和精神支柱，很难获得人民大众，尤其是知识分子的拥护。由此，我们也就不难理解马克思为什么提出，哲学是人类解放的"头脑"。这是一方面。

另一方面，哲学不可能脱离政治，正如雅斯贝尔斯所说，哲学既离不开政治，也离不开政治的后果。哲学总是具有自己特定的政治背景，总是以自己独特的方式蕴含着政治，总是具有这种或那种政治效应，哲学与时代的统一性首先就是通过哲学的政治效应体现和实现出来的。从根本上说，哲学是以抽象的概念体系，并透过一定的认识内容而表现出来的特定的社会关系，它总是体现着特定阶级或社会集团的利益、愿望和要求。明快泼辣的法国启蒙哲学是如此，艰涩隐晦的德国古典哲学是这样，高深莫测的解构主义哲学也不例外。用解构主义大师德里达的话来说就是，解构主义通过解构既定的话语结构挑战既定的历史传统和现实的政治结构。

按照马克思的观点，哲学必须具有批判性，凸显自己的革命性。"真理的彼岸世界消逝以后，历史的任务就是确立此岸世界的真理。人的自我异化的神圣形象被揭穿以后，揭露具有非神圣形象的自我异化，就成了为历史服务的哲学的迫切任务。于是，对天国的批判变成对尘世的批判，对宗教的批判变成对法的批判，对神学的批判变成对政治的批判。"（马克思）

这就是说，哲学必须具有批判性。联系到马克思后来进行的政治经济学批判，可以说，哲学这种批判性是形而上学批判、意识形态批判和资本批判的高度统一。这种批判就是要"从现存的现实本身的形式中引出作为它的应有的和最终目的的真正现实"，从而"在批判旧世界中发现新世界"，并由此"对当代的斗争和愿望作出当代的自我阐明"。在马克思看来，这就是"批判的哲学"。哲学不是黄昏中起飞的"密涅瓦的猫头鹰"，仅仅进行事后的"反思"；哲学是黎明时分"高卢雄鸡的高鸣"，预示着新时代的到来。换言之，哲学是反思、批判和预见的统一。

哲学的批判不是对事物的现象的批判，而是对事物的本质的批判，在马克思看来，"如果事物的表现形式和事物的本质会直接合而为一，一切科学就都成为多余的了";哲学的批判不是对事物的"后果"的批判,而是对事物的"前提"的批判,在马克思看来,无产阶级"不是同德国国家制度的后果发生片面矛盾,而是同它的前提发生全面矛盾"。因此,哲学批判应是对事物的本质批判和前提批判,是本体论批判。在这种批判中形成的"否定性的辩证法"首先就是本体论批判的辩证法,辩证法因此在本质上是批判的和革命的。

按照马克思的观点,哲学必须关注改变世界,凸显自己的实践性。哲学不能仅仅"为了认识而注视外部世界",相反,"哲学不仅从内部即就其内容来说,而且从外部即就其表现形式来说,都要和自己时代的现实世界接触并相互作用"(马克思),从而使哲学这个"本身自由的理论精神变成实践的力量,并且作为一种意志走出阿门塞斯的阴影王国,转而面向那存在于理论精神之外的世俗的现实"。这就"像普罗米修斯从天上盗来天火之后开始在地上盖屋安家那样,哲学把握了整个世界之后就起来反对现象世界"(马克思)。

这就是说,哲学不仅要解释世界,更重要的,是要改变世界。因此,哲学批判必须和"革命的实践结合起来",和实践批判结合起来。"在思辨终止的地方,在现实生活面前,正是描述人的实践活动和实际发展过程的真正的实证科学开始的地方……对现实的描述会使独立的哲学失去生存的环境,能够取而代之的充其量不过是从对人类历史发展的考察中抽象出来的最一般的结果的概括。"(马克思)

与传统哲学不同,马克思的哲学关注的不是所谓的世界的终极存在,而是人的现实存在,是"对象、现实、感性"何以成为这样的存在。"对象、现实、感性"都是在人的实践活动中生成的,人本身也是在实践活动中自我塑造、自我改变、自我发展的,环境的改变和人的自我改变的一致,只能被看作是并合理地理解为革命的实践。因此,要实现人类解放,就必须改变世界。"哲学家们只是用不同的方式解释世界,问题在于改变世界。"(马克思)

马克思与他所批评的"哲学家们"的根本分歧就在于:"哲学家们"把

存在看作是某种超历史的或非历史的存在,以追问"世界何以可能"为宗旨而解释世界;马克思则把存在看作是历史的存在或实践的存在,以求索"人类解放何以可能"为宗旨而改变世界。因此,马克思哲学的出发点是"现实的人",宗旨是"确立有个性的个人",实现以"每个人自由发展"为条件的"一切人的自由发展"。马克思的哲学因此是关于现实的人及其发展的学说。

这,就是马克思视野中的哲学的位置。

三、在重读马克思的过程中走进马克思

重读马克思,使我认识到,马克思是传统哲学的终结者和现代哲学的开创者,马克思的哲学是现代唯物主义。

从根本上说,传统哲学就是"形而上学"。从历史上看,形而上学在对世界终极存在的探究中确立了一种严格的逻辑规则,即从公理、定理出发,按照推理规则得出必然结论。这无疑具有积极意义,标志着作为理论形态的哲学的形成。然而,亚里士多德之后,哲学家们把形而上学中的存在日益引向脱离了现实的人及其活动的存在,成为一种抽象的本体。因此,到了19世纪中叶,随着自然科学"给自己划定了单独的活动范围",随着社会发展"把人们的全部注意力集中到自己身上"(马克思),西方哲学掀起了反对形而上学的浪潮。孔德和马克思同时举起了反对形而上学的大旗,马克思明确提出:"反对一切形而上学"。

孔德从自然科学的可证实原则出发批判形而上学,马克思则从现实人的存在出发批判形而上学。孔德的拒斥形而上学与马克思的反对形而上学在时代性上是一致的,即都是现代精神对近代精神和古代精神的批判。所以,孔德和马克思同为传统哲学的终结者和现代哲学的开创者。

但是,孔德的拒斥形而上学与马克思反对形而上学在指向性上又具有本质的不同:孔德认为,拒斥形而上学之后,哲学应趋向自然科学,并把哲学局限于现象、知识以及可证实的范围内,力图用实证科学的精神来改

造和超越传统哲学;马克思则认为,反对形而上学之后,哲学应趋向人的存在,对人的异化了的生存状态给予深刻批判,对人类解放和人的自由而全面发展给予深切关注。为此,马克思力图建构一种新的哲学形态,即"为思辨本身的活动所完善化并和人道主义相吻合的唯物主义"(马克思)。这样,马克思便使哲学的理论主题从"世界何以可能"转换为"人类解放何以可能"。

对"人类解放何以可能"的探讨引导着马克思探讨人的存在方式,这就使哲学的聚焦点从宇宙本体转向人的生存本体;"人就是人的世界"(马克思),对"人类解放何以可能"的探讨又促使马克思探讨如何改变世界,这又使哲学从重在"认识世界何以可能"转向"改变世界何以可能"。由此,马克思的哲学终结了传统哲学,即形而上学,开创了现代哲学。马克思的哲学是现代唯物主义。

重读马克思,使我认识到,马克思的哲学是实践本体论。

当马克思把目光从"世界何以可能"转向"人类解放何以可能",从宇宙本体转向人的生存本体时,他就同时在寻找理解、解释和把握人的存在的依据。这个依据终于被马克思发现,这就是人的实践活动。按照马克思的观点,人是在利用工具改造自然的过程中维持自己生存,在实践过程中实现自我发展的。因此,实践成为人的生命之根和立命之本,构成了人类特殊的生命形式,即构成了人的存在方式和生存本体。

同时,人通过实践使自然成为"社会的自然",从而为自己创造出一个自然与社会"二位一体"的现存世界。实践是自在世界与属人世界分化和统一的基础,并在现存世界的运动中具有导向作用,即人通过自己的实践活动"为天地立心",重建世界。"这种活动、这种连续不断的感性劳动和创造、这种生产,正是整个现存的感性世界的基础。"(马克思)实践因此又构成了现存世界得以存在的本体。

这就是说,马克思确认,实践不仅是人的生存的本体,而且是现存世界的本体。在这个意义上,马克思的哲学是实践本体论。

马克思哲学在哲学史上所造成的革命性变革,就是从本体论这个哲学的根基上发动并展开的,其中,关键就在于,科学地解答了人与自然的关系这一本体论问题。按照马克思的观点,在实践活动中,人是以物的方式去活动并同自然发生关系的,得到的却是自然或物以人的方式而存在,即自在自然转化为"人化自然","自在之物"转化为"为我之物"。换言之,实践使人与自然的关系成为一种"为我而存在"的关系(马克思)。

这种"为我而存在"的关系是最深刻、最复杂的矛盾关系。正是这种矛盾关系"引无数英雄竞折腰",致使唯物主义对人的主体性"望洋兴叹",唯物论与辩证法遥遥相对,唯物主义自然观与唯物主义历史观"咫尺天涯"。而马克思哲学高出一筹的地方就在于:通过对实践深入而全面的剖析,科学地解答了人与自然的关系以及人与社会的关系问题,从而使唯物主义与人的主体性"吻合"起来了,唯物论与辩证法、唯物主义自然观与唯物主义历史观因此也达到了高度统一。

马克思哲学的本体论与传统哲学的本体论的根本区别就在于,传统哲学的本体论是以一种抽象的、超时空的方式去理解和把握存在问题,马克思哲学的本体论则从实践出发去理解和把握人的存在,从人的存在出发去解读存在的意义,并凸现了存在的根本特征——历史性。海德格尔独具慧眼,自觉地意识到了马克思唯物主义的这一特征:"这种唯物主义的本质不在于一切只是物质这一主张中,而是在于一种形而上学的规定,按照这种规定,一切存在者都呈现为劳动的质料。"

海德格尔的这一见解具有合理性。马克思哲学关注的不是所谓的整个世界的"终极存在",而是"对象、现实、感性"何以成为这样的存在。"对象、现实、感性"是在人的实践活动中生成的,因此,"全部问题都在于使现存世界革命化,实际的反对并改变现存的事物"(马克思),从而消除人的生存的异化状态。这样,马克思便使本体论从"天上"来到"人间",把本体论与人间的苦难和幸福结合起来了,从而开辟了"从本体论认识现实的道路"(卢卡奇),使无产阶级和人类解放得到了本体论的证明。

重读马克思,使我认识到,历史唯物主义不仅是"唯物主义历史观",更重要的,是"唯物主义世界观",马克思的哲学就是历史唯物主义。

从表面上看,历史唯物主义研究的社会历史似乎与自然无关。但问题在于,社会是在人与自然之间的物质变换过程中形成和发展起来的,人与自然之间的物质变换构成了人类社会的现实基础;为了实现人与自然之间的物质变换,人与人之间必须互换其活动,并结成一定的社会关系;人与自然的关系制约着人与人的社会关系,人与人的社会关系又制约着人与自然的关系,并在自然或物上打上了社会关系的烙印。因此,现存世界中的"自然"是一个社会范畴,是"历史的自然",现存世界中的"物"是具有社会关系内涵的、"可感觉而又超感觉的社会的物"(马克思)。确认这一点,是历史唯物主义的"唯物"之所在。

按照马克思的观点,人们的生存实践活动和实际日常生活始终包含着并展现为人与自然的关系和人与社会的关系,或者说包含着并展现为人与自然的矛盾和人与社会的矛盾。"只要人存在,自然史和人类史就彼此相互制约"(马克思),即人与自然的关系制约着人与人之间的关系,人与人之间的关系又制约着人与自然的关系。马克思自觉意识到这一点,并力图通过对人与自然关系的改变来改变人与人的关系,通过人对物的占有关系(私有制)的扬弃来改变人与人的社会关系。

这就是说,历史唯物主义所关注和所要解决的基本问题,就是人与自然的关系和人与社会的关系,即人与世界的关系问题。历史唯物主义概念中的"历史"是人的活动及其内在矛盾,即人与自然、人与社会的矛盾得以展开的境域。以实践为出发点范畴去探讨人与世界的关系,必然使历史唯物主义展现出一个新的理论空间,一个自足而又完整、唯物而又辩证的世界图景。因此,历史唯物主义不仅是"唯物主义历史观",更重要的,是"唯物主义世界观";由于内含着"否定性的辩证法",所以,历史唯物主义又是"真正批判的世界观"(马克思)。

在我看来,辩证唯物主义、实践唯物主义都是这一"唯物主义世界观""真正批判的世界观"的不同表述。把辩证唯物主义看作历史唯物主义的不同表述,是为了凸显历史唯物主义所内含的辩证法维度及其批判性和革命性;把实践唯物主义看作历史唯物主义的不同表述,是为了凸显历史唯物主义所内含的实践维度及其首要性和基本性。由此,我进一步理解"历史唯物主义是马克思的第一个伟大发现"这一命题的深刻内涵了。

我得出这样一个新的关于马克思哲学的总体认识,大体经历了三个阶段:

一是20世纪80—90年代初,我认为,历史唯物主义不是一个完整的哲学形态,只是马克思的历史哲学,是历史本体论与历史认识论相统一的历史哲学。1989年,我在《学术月刊》第11期发表《历史唯物主义现代形态的建构原则》一文,明确提出历史唯物主义是历史本体论与历史认识论相统一的现代历史哲学。这是一个颇具新意的观点。但是,这里有一个不自觉的理论预设,这就是,辩证唯物主义是历史唯物主义的理论基础。

二是20世纪80年代末到90年代末,我认为,马克思的哲学是实践唯物主义,并提出实践唯物主义与"辩证唯物主义"不能"同构"。1989年,我在《哲学动态》第3期发表《实践唯物主义是唯物主义的现代形态》一文,明确提出马克思主义哲学是实践唯物主义这一观点。1989年,我在《学术界》第5期发表《论马克思的实践唯物主义》一文,较全面地阐述了实践唯物主义的基本特征。之后,一直到20世纪末,我都坚持这一观点。但是,这一时期我有意回避了实践唯物主义与历史唯物主义的关系。可是,这个问题不解决,马克思主义哲学的"一体化"也就不可能彻底解决。于是,我开始重新审视历史唯物主义的理论空间。

三是从21世纪初开始,我对历史唯物主义的性质和职能有了新的认识,即历史唯物主义本身就是一个完整的哲学形态,是一种世界观,马克思哲学就是历史唯物主义。2000年,我在《安徽大学学报(哲学社会科学版)》第5期发表《法国唯物主义的两个派别及其启示——兼论历史唯物主义的世界观意义》一文,初步提出从理论主题的历史性转换这一根本点上看,唯物主义的发展经历了三个历史阶段,形成了三种历史形态,即自然唯物主义、人本唯物主义和历史唯物主义。之后,我在《学术研究》《河北学刊》《中国社会科学》等刊物发表一系列论文,重申并深化了这一观点,较全面地论证了历史唯物主义是一个自足而完整、唯物而又辩证的世界观。

重读马克思，使我认识到，资本批判具有深刻的哲学内涵，马克思的哲学是形而上学批判、意识形态批判和资本批判的统一。

1989年1月16日，我在《光明日报》上发表《拒斥形而上学是马克思哲学的基本原则》一文。之后，我进一步认识到马克思对传统本体论的变革和重建，是同对"形而上学"这种哲学形态的批判密切相关、融为一体的。从历史上看，形而上学形成之初，研究的就是"存在的存在"，力图把握的就是"不动变的本体"。这就是说，形而上学一开始就是与本体论密切相关，甚至融为一体的。正如黑格尔所说，"作为论述各种关于'有'的抽象的、完全普遍的哲学范畴"，本体论"就是抽象的形而上学"。因此，马克思在变革和重建本体论的同时，进行了形而上学批判。更重要的是，马克思对形而上学的批判并没有停留在"纯粹哲学"的层面，而是把形而上学批判同意识形态批判结合起来了。

马克思的形而上学批判是同意识形态批判密切相关、融为一体的。按照马克思的观点，在资本主义社会，形而上学就是资产阶级意识形态，或者说，是以意识形态的方式发挥其政治功能，从而为资产阶级政治统治辩护和服务的；形而上学之所以成为资产阶级意识形态，是因为形而上学中的抽象存在和资本主义社会中"抽象统治"具有同一性。"个人现在受抽象统治，而他们以前是互相依赖的。但是，抽象或现实，无非是那些统治个人的物质关系的理论表现。"（马克思）这就是说，现实社会中抽象关系的统治与形而上学中的抽象存在的统治具有必然的关联性及其同一性。用阿多诺的话来说就是，形而上学的同一性原则与现实社会生活中的同一性原则不仅对应，而且同源，正是在商品交换中，同一性原则获得了它的社会形式，离开了同一性原则，这种社会形式便不能存在。

马克思的形而上学批判、意识形态批判又是同政治经济学批判，即资本批判密切相关、融为一体的。按照马克思的观点，无论是形而上学批判，还是意识形态批判，都应当而且必须延伸到对现实生活过程的批判。这是因为，"意识在任何时候都只能是被意识到的存在，而人们的存在就是他们的现实生活过程"（马克思）。在马克思的时代，对现实生活过程的批判本质上就是对资本的批判。

在马克思看来,在现实生活过程中,资本具有支配一切的权利,问题在于,资本不是物,而是社会关系,它体现在物上并赋予物以特有的社会属性;资本创造了一个不同于传统社会的现代社会,即"社会、历史所创造的因素占优势"的社会。换言之,资本本身就是一种独特的社会存在,是现代社会的根本规定、存在形式和建构原则,构成了资本主义社会的基本建制。因此,马克思的资本批判本质上是一种存在论意义上的批判,具有深刻的哲学内涵和重大的哲学意义。

我们既不能从西方传统哲学、"学院哲学"的视角去理解马克思的资本批判理论,也不能从西方传统经济学、"学院经济学"的视角去理解马克思的资本批判理论。在我看来,马克思哲学的意义只有在同马克思资本批判理论的关联中才能真正显示出来;马克思的资本批判理论只有在马克思的哲学这一更大的概念背景下才能得到真正的理解,只有在无产阶级和人类解放这一更大的意识形态背景下才能得到真正的理解。一言以蔽之,形而上学批判、意识形态批判和资本批判的统一,这是马克思独特的思维方式,是马克思哲学独特的存在方式。

我的这一见解以"形而上学批判、意识形态批判和资本批判的统一"为题,发表在 2011 年 11 月 8 日的《光明日报》。这一见解是我的重读马克思的最新成果,我自不量力地认为,它标志着我开始走进马克思。

我断然拒绝这样一种观点,即马克思的哲学"见物不见人"。相反,马克思的哲学就是关于现实的人及其历史发展的学说,其旨趣就在于,"推翻那些使人成为受屈辱、被奴役和被蔑视的东西的一切关系","把人的世界和人的关系还给人自己"(马克思)。以"现实的人"为出发点,以"人类解放何以可能"为主题,以改变世界为己任,以"重建个人所有制"和"确立有个性的个人"为目标,使马克思的哲学展示出一种对人的现实存在和终极存在的双重关怀。在我看来,这是全部哲学史上最激动人心的关怀。

我不能同意这样一种观点,即马克思的哲学产生于"维多利亚时代",距今 160 年,已经"过时"。这是"傲慢与偏见",而且是一种无端的傲慢与偏见。我们不能依据某种学说创立的时间来判断它是否"过时",是否具有真理性。"新"的未必就是真的,"老"的未必就是假的。阿基米德原理创立的时间尽管很久远了,但今天的造船业无论多么发达也不能违背这个原理。如果违背这一原理,那么,造出的船无论多么"现代",多么"人性"化,也不能航行;如航行,必沉无疑。由于深刻地把握了人与世界的关系以及人类社会发展的一般规律、资本主义社会的发展规律,所以,产生于19世纪中叶的马克思的哲学又超越了19世纪这个特定的时代;由于所解答、所关注、所指向的问题契合着当代世界的重大问题,所以,马克思的哲学又具有内在的当代意义。在当代,无论是用结构主义、存在主义、弗洛伊德主义,还是用新历史主义、新自由主义、新保守主义,抑或用后现代主义、后殖民主义、后马克思主义来对抗马克思主义哲学,都注定是苍白无力的。在我看来,这种对抗犹如当年的庞贝城同维苏威火山岩浆的对抗。

马克思既是哲学家,又是革命家,是二者的完美结合;马克思的哲学既是解释世界的哲学,又是改变世界的哲学,是二者的高度统一。早在马克思主义哲学创立之初,马克思就明确指出:"对现实的描述会使独立的哲学失去生存环境,能够取而代之的充其量不过是从对人类历史发展的考察中抽象出来的最一般的结果的综合。这些抽象本身离开了现实的历史就没有任何价值。它们只能对整理历史资料提供某些方便,指出历史资料的各个层次的顺序。但是这些抽象与哲学不同,它们绝不提供可以适用于各个历史时代的药方或公式。相反,只是在人们着手考察和整理资料——不管是有关过去时代的还是有关当代的资料——的时候,在实际阐述资料的时候,困难才开始出现。这些困难的排除受到种种前提的制约,这些前提在这里是根本不可能提供出来的,而只能从对每个时代的个人的现实生活过程和活动的研究中产生。"因此,重读马克思不能仅仅从文本到文本,从哲学到哲学史,更重要的,是从理论到现实,再从现实到理论。

我始终认为,哲学不能仅仅成为哲学家之间的"对话",更不能成为哲学家个人的"自言自语",哲学应当也必须同现实"对话"。哲学家不应像"沙漠里的高僧"那样,腹藏机锋,口吐偈语,说着一些对人的活动毫无用处的话;哲学家不应像魔术师那样,若有其事地念着咒语,说着一些谁也听不懂的话。水中的月亮为天上的月亮,眼中的人为眼前的人。哲学似乎高耸于天国,可哲学家不能不食人间烟火,不能不生活在现实的社会中,不能不在现实的条件下进行认识活动、提出问题、拟订解决问题的方案,所谓超前性也不过是对可能性的充分揭示。不管哲学在形式上如何抽象,实际上都可以从中捕捉到现实问题。哲学史表明,任何一种有成就的哲学,无论从其产生的原因来看,还是就其提出的问题以及解决问题的方式而言,都是现实的,都或直接或间接、或多或少地解决了现实课题。同现实"对话",这是哲学得以存在和发展的根基。

当代中国最基本的现实就是改革开放和现代化建设。关注这一现实,探讨其中的规律性,思考并重建民族的生存方式、思维方式、价值观念,反过来,以一种面向21世纪的、中国化的马克思主义哲学引导现实运动,这是当代中国哲学家应有的良心和使命。我们应当明白,哲学与现实是一种双重关系:一方面,哲学不能脱离现实,必须直面现实问题,解答现实问题,否则,将失去自己存在的根基;另一方面,哲学又必须进入抽象的概念领域,以概念运动反映现实运动,引导现实运动,否则,就不是哲学。一种仅仅适应现实的哲学是不可能高瞻远瞩的。哲学既要入世,又要出世;既要深入现实,又要超越并引导现实。历史已经并正在证明,哲学变革是政治变革、社会变革的先导。

正因为如此,我的重读马克思是在同现实的"对话"中进行的。在与现实,尤其是市场经济实践的"对话"中重读马克思,使我深刻理解了以资本为基础的生产为何、如何"创造出一个普遍利用自然属性和人的属性的体系,创造出一个普遍有用性的体系",人与人的关系为何、如何转化为物与物的关系,"人的独立性"为何、如何以"物的依赖性"为基础,马克思主义为何、如何要实现人的全面而自由发展……在与现实的"对话"中重读马克思,使我切实感受到一个"鲜活"的马克思正在向我们走来。每当我们处在历史的十字路口时,马克思总是已经站在那里等候着我们,为我们指出方向,给我们智慧和力量。"有的人活着,他已经死了;有的人死了,他还活着。"(臧克家)马克思仍然"活着",并与我们同行,马克思的哲学仍然是我们这个时代的真理和良心,依然占据着真理和道义的制高点。

以上,就是我重读马克思的心路历程,以及在这个过程中所获得的对马克思主义哲学的新的认识。我并不认为我的这种认识完全恢复了马克思的"本来面目",这种解释完全符合马克思哲学的文本。我深知解释学的合理性,深知我的这种认识受到我本人的哲学素养、知识结构以及价值观念的制约。但是,我又不能不指出,这种认识的确是我30年来上下求索的结果,是我重读马克思的心灵写照和诚实记录。也许此路不通,但"谁如为我们指出了走不通的路,那么,他就像那个为我们指出了正确道路的人一样,对我们做了一件同样的好事"(海涅)。

"每个人都应该开创自己的路"(萨特)。在重读马克思的过程中,我所追求的理论目标,就是求新与求真的统一;我所追求的理论形式,就是诗一般的语言、铁一般的逻辑;我所追求的理论境界,就是建构哲学空间、雕塑思维个性。我真诚希望,我的哲学研究能为中华民族理论思维水平的提高作出应有的贡献;我的确希望,我的哲学研究能为当代中国的马克思主义哲学研究提供一片"希望的田野"。但是,我也深知自己"心有余而力不足",深知自己的哲学素养、知识结构和认识能力的不足。我衷心欢迎一切来自善意的批评和指责,而对于出自恶意的嘲讽和攻击,我的答复只能是:

"我要忠实地停留在我自己的世界上,
我就是我的地狱和天堂。"(席勒)

(载《北京师范大学学报》2012年第6期)

参考文献

1. 《马克思恩格斯全集》第 1 卷,人民出版社 1956 年版。
2. 《马克思恩格斯全集》第 2 卷,人民出版社 1959 年版。
3. 《马克思恩格斯全集》第 3 卷,人民出版社 1960 年版。
4. 《马克思恩格斯全集》第 4 卷,人民出版社 1958 年版。
5. 《马克思恩格斯全集》第 7 卷,人民出版社 1959 年版。
6. 《马克思恩格斯全集》第 9 卷,人民出版社 1961 年版。
7. 《马克思恩格斯全集》第 12 卷,人民出版社 1962 年版。
8. 《马克思恩格斯全集》第 15 卷,人民出版社 1963 年版。
9. 《马克思恩格斯全集》第 18 卷,人民出版社 1964 年版。
10. 《马克思恩格斯全集》第 19 卷,人民出版社 1963 年版。
11. 《马克思恩格斯全集》第 20 卷,人民出版社 1971 年版。
12. 《马克思恩格斯全集》第 21 卷,人民出版社 1965 年版。
13. 《马克思恩格斯全集》第 23 卷,人民出版社 1972 年版。
14. 《马克思恩格斯全集》第 24 卷,人民出版社 1972 年版。
15. 《马克思恩格斯全集》第 25 卷,人民出版社 1974 年版。
16. 《马克思恩格斯全集》第 39 卷,人民出版社 1974 年版。
17. 《马克思恩格斯全集》第 42 卷,人民出版社 1979 年版。
18. 《马克思恩格斯全集》第 46 卷上,人民出版社 1979 年版。
19. 《马克思恩格斯全集》第 46 卷下,人民出版社 1980 年版。
20. 《马克思恩格斯全集》第 47 卷,人民出版社 1979 年版。
21. 《马克思恩格斯选集》第 4 卷,人民出版社 1995 年版。
22. [德] 伯恩施坦:《社会主义的前提和社会民主党的任务》,舒贻上、杨凡等译,生活·读书·新知三联书店 1958 年版。

23. ［德］考茨基：《唯物主义历史观》第一分册，《哲学研究》编辑部编，上海人民出版社1964年版。

24. ［德］考茨基：《唯物主义历史观》第二分册，《哲学研究》编辑部编，上海人民出版社1965年版。

25. ［德］考茨基：《唯物主义历史观》第三分册，《哲学研究》编辑部编，上海人民出版社1984年版。

26. ［德］考茨基：《唯物主义历史观》第四分册，《哲学研究》编辑部编，上海人民出版社1964年版。

28. ［德］考茨基：《唯物主义历史观》第五分册，《哲学研究》编辑部编，上海人民出版社1964年版。

28. ［德］考茨基：《唯物主义历史观》第六分册，《哲学研究》编辑部编，上海人民出版社1965年版。

29. ［德］卢森堡：《资本积累论》，彭尘舜、吴纪先译，生活·读书·新知三联书店1959年版。

30. ［法］拉法格：《思想起源论》，王子野译，生活·读书·新知三联书店1963年版。

31. ［德］梅林：《保卫马克思主义》，吉洪译，人民出版社1982年版。

32. ［德］库诺夫：《马克思的历史、社会和国家学说——马克思的社会学的基本观点》第一卷，袁志英译，商务印书馆1988年版。

33. ［德］库诺夫：《马克思的历史、社会和国家学说——马克思的社会学的基本观点》第二卷，袁志英译，商务印书馆1988年版。

34. ［意］拉布里奥拉：《关于历史唯物主义》，杨启潾、孙魁译，人民出版社1984年版。

35. 《普列汉诺夫哲学著作选集》第1卷，博古等译，生活·读书·新知三联书店1959年版。

36. 《普列汉诺夫哲学著作选集》第2卷，晏成书等译，生活·读书·新知三联书店1961年版。

37. 《普列汉诺夫哲学著作选集》第3卷，刘亦宇等译，生活·读书·新知三联书店1962年版。

38. 《列宁全集》第1卷，人民出版社1983年版。

39. 《列宁全集》第18卷，人民出版社1988年版。

40. 《列宁全集》第55卷，人民出版社1990年版。

41. 《列宁选集》第2卷，人民出版社1995年版。

42. 《斯大林选集》下卷，人民出版社1979年版。

43. ［苏］布哈林：《历史唯物主义理论——马克思主义社会学通俗教材》，李光谟等译，人民出版社1983年版。

44. [苏] 柯普宁：《辩证法·逻辑·科学》，王天厚、彭漪涟等译，华东师范大学出版社1981年版。
45. [匈] 卢卡奇：《历史与阶级意识：关于马克思主义辩证法的研究》，杜章智、任立、燕宏远译，商务印书馆1992年版。
46. [匈] 卢卡奇：《关于社会存在的本体论·上卷——社会存在本体论引论》，白锡堃、张西平等译，重庆出版社1993年版。
47. [匈] 卢卡奇：《关于社会存在的本体论·下卷——若干最重要的综合问题》，白锡堃、张西平等译，重庆出版社1993年版。
48. [德] 柯尔施：《马克思主义和哲学》，王南湜、荣新海译，重庆出版社1989年版。
49. [德] 柯尔施：《卡尔·马克思——马克思主义的理论和阶级运动》，熊子云、翁廷真译，重庆出版社1993年版。
50. [意] 葛兰西：《实践哲学》，徐崇温译，重庆出版社1990年版。
51. [德] 霍克海姆：《批判理论》，李小兵等译，重庆出版社1993年版。
52. [德] 阿多诺：《否定的辩证法》，张峰译，重庆出版社1993年版。
53. [德] 哈贝马斯：《交往与社会进化》，张博树译，重庆出版社1989年版。
54. [德] 哈贝马斯：《重建历史唯物主义》，郭官义译，社会科学文献出版社2000年版。
55. [美] 弗洛姆：《马克思关于人的概念》，涂纪亮、张庆熊译，《西方学者论〈一八四四年经济学哲学手稿〉》，复旦大学出版社1983年版。
56. [美] 弗洛姆：《在幻想锁链的彼岸：我所理解的马克思和弗洛伊德》，张燕译，湖南人民出版社1986年版。
57. [法] 萨特：《辩证理性批判》第一分册，徐懋庸译，商务印书馆1963年版。
58. [法] 萨特：《萨特哲学论文集》，潘培庆等译，安徽文艺出版社1998年版。
59. [美] 马尔库塞：《爱欲与文明——对弗洛伊德思想的哲学探讨》，黄勇、薛民译，上海译文出版社1987年版。
60. [美] 马尔库塞：《单向度的人——发达工业社会意识形态研究》，张峰等译，重庆出版社1988年版。
61. [美] 马尔库塞：《历史唯物主义的基础》，薛民译，《西方学者论〈一八四四年经济学哲学手稿〉》，复旦大学出版社1983年版。
62. [法] 梅洛·庞蒂：《辩证法的历险》，杨大春、张尧均译，上海译文出版社2009年版。
63. [法] 阿尔都塞：《保卫马克思》，顾良译，商务印书馆1984年版。
64. [法] 阿尔都塞、巴里巴尔：《读〈资本论〉》，李其庆等译，中央编译出版社2008年版。

65. [法]列斐伏尔:《辩证唯物主义》,《西方学者论〈一八四四年经济学哲学手稿〉》,复旦大学出版社1983年版。
66. [法]列斐伏尔:《马克思的社会学》,谢永康、毛林林译,北京师范大学出版社2013年版。
67. [德]施密特:《马克思的自然概念》,欧力同、吴仲昉译,商务印书馆1988年版。
68. [德]施密特:《历史和结构——论黑格尔马克思主义和结构主义的历史学说》,张伟译,重庆出版社1993年版。
69. [英]柯亨:《卡尔·马克思的历史理论:一个辩护》,岳长龄译,重庆出版社1989年版。
70. [美]胡克:《对卡尔·马克思的理解》,徐崇温译,重庆出版社1989年版。
71. [美]埃尔斯特:《理解马克思》,何怀远等译,中国人民大学出版社2008年版。
72. [南]弗兰尼茨基:《马克思主义史》Ⅰ,李嘉恩等译,人民出版社1986年版。
73. [南]弗兰尼茨基:《马克思主义史》Ⅱ,胡文建等译,人民出版社1988年版。
74. [南]弗兰尼茨基:《马克思主义史》Ⅲ,胡文建等译,人民出版社1992年版。
75. [日]岩佐茂:《德意志意识形态的世界》,梁海峰、王广译,北京师范大学出版社2014年版。
76. [德]黑格尔:《精神现象学》上卷,贺麟、王玖兴译,商务印书馆1979年版。
77. [德]黑格尔:《精神现象学》下卷,贺麟、王玖兴译,商务印书馆1979年版。
78. [德]黑格尔:《小逻辑》,贺麟译,商务印书馆2003年版。
79. [德]黑格尔:《历史哲学》,王造时译,生活·读书·新知三联书店1956年版。
80. 《费尔巴哈哲学著作选集》上卷,荣震华、王太庆、刘磊译,商务印书馆1984年版。
81. 《费尔巴哈哲学著作选集》下卷,荣震华、王太庆、刘磊译,商务印书馆1984年版。
82. [德]舍勒:《哲学与世界观》,曹卫东译,上海人民出版社2003年版。
83. [瑞士]皮亚杰:《发生认识论原理》,王宪钿译,商务印书馆1981年版。
84. [德]卡西尔:《人论》,甘阳译,上海译文出版社1985年版。
85. [德]海德格尔:《存在与时间》,陈嘉映、王庆节译,生活·读书·新知三联书店1987年版。
86. [德]海德格尔:《面向思的事情》,陈小文、孙周兴译,商务印书馆1999年版。
87. [德]海德格尔:《形而上学导论》,熊伟、王庆节译,商务印书馆1996年版。
88. [德]胡塞尔:《现象学的观念》,倪梁康译,上海译文出版社1986年版。
89. [德]胡塞尔:《现象学的方法》,倪梁康译,上海译文出版社2005年版。
90. [德]伽达默尔:《哲学解释学》,夏镇平、宋建平译,上海译文出版社2004年版。
91. [英]波普尔:《历史决定论的贫困》,杜汝楫、邱仁宗译,上海人民出版社2009年版。

92. [英]麦克莱伦:《马克思以后的马克思主义》,余其铨、赵常林等译,中国社会科学出版社1986年版。

93. [法]洛克莫尔:《历史唯物主义:哈贝马斯的重建》,孟丹译,北京师范大学出版社2009年版。

94. [法]吕贝尔:《吕贝尔马克思学文集》(上),郑吉伟、曾枝盛等译,北京师范大学出版社2009年版。

95. [德]费彻尔:《马克思与马克思主义:从经济学批判到世界观》,赵玉兰译,北京师范大学出版社2009年版。

96. [美]奥尔曼:《异化:马克思论资本主义社会中人的概念》,王贵贤译,北京师范大学出版社2011年版。

97. [美]古尔德:《马克思的社会本体论:马克思社会实在理论中的个性和共同体》,王虎学译,北京师范大学出版社2009年版。

98. [法]利科:《哲学主要趋向》,李幼蒸、徐奕春译,商务印书馆1988年版。

99. [德]施太格缪勒:《当代哲学主流》上卷,王炳文、燕宏远等译,商务印书馆1986年版。

100. [德]施太格缪勒:《当代哲学主流》下卷,王炳文、燕宏远等译,商务印书馆1992年版。

第一版后记

　　这是一本研究马克思主义历史观基础理论或基本观点的著作。但是,我注意到,马克思主义历史观的基本观点本身不是一成不变的,而是随着实践的发展和科学的进步不断发展的;同时,人们对马克思主义历史观基本观点的认识也是随着实践的发展和科学的进步而不断发展的。因此,我们应当辩证地看待马克思主义历史观的基本观点。

　　对于像"自然历史过程"论、历史决定论、意识反映论这样一些已经成为"常识"的马克思主义历史观的基本观点,这本著作力图结合当代实践、科学和哲学本身发展的新成果讲出新内容,如结合统计决定论阐述历史决定论,结合发生认识论阐述意识反映论。

　　有些观点本来就是马克思主义历史观的基本观点,只是由于种种原因,原有的马克思主义哲学教科书没有涉及或未重视这些基本观点。为此,这本著作力图挖掘这些基本观点并给予深入研究,如人的生存本体、社会生活本质上是实践的、意识形态批判理论等。

　　有些观点在马克思、恩格斯那里有所论述,但又未充分展开、深入论证,而当代实践和科学的发展又日益凸显了这些观点所蕴含的问题,使之成为迫切需要解答的"热点"问题,成为马克思主义历史观在当代的理论生长点。对于这样一些观点,这本著作力图以当代实践、科学以及哲学的发展为基础,深入分析、充分展开、详尽论证,使之成熟、完善,上升为马克思主义历史观的基本观点,如"历史的自然与自然的历史""从后思索"法、时间是人的发展空间等。

有些观点本来是马克思主义历史观的基本观点,至今仍是马克思主义的基本观点,但随着学科的分化,这些观点已经从哲学中分化出去,成为其他学科的重要内容,如阶级斗争理论、国家学说已成为马克思主义政治学的内容。对于这样一些观点,这本著作只是有所涉及而未充分展开。这样做,主要是适应学科的分化,而不是说这些观点本身不重要。实际上,任何一门学科的内容都要经历一个从不确定到确定,确定以后还要不断调整的过程。

这就是这本著作的写作原则。在这本著作中,我力图以简洁的语言、适当的叙述、合理的逻辑从理论上再现马克思主义历史观。但愿这不是"一厢情愿"。

为了使读者更加了解马克思主义历史观研究的现状,我把"马克思主义历史观研究:问题、观点与思路"一文作为这本著作的附录。

1883年3月17日,恩格斯在悼念亡友马克思的演说中指出:"正像达尔文发现有机界的发展规律一样,马克思发现了人类历史的发展规律","不仅如此,马克思还发现了现代资本主义生产方式和它所产生的资产阶级社会的特殊的运动规律"。马克思是一个科学家,但"马克思首先是一个革命家。他毕生的真正使命,就是以这种方式或那种方式参加推翻资本主义社会及其所建立的国家设施的事业,参加现代无产阶级的解放事业,正是他第一次使现代无产阶级意识到自身的地位和需要,意识到自身解放的条件"。恩格斯的这一评价,极其公正而准确。

为了写作这本著作,我再次"重读马克思"。在这个"重读"的过程中,我深深地体会到马克思是科学家和革命家的完美统一,深刻地意识到马克思"两大发现"的内在关联及其划时代意义,自觉地认识到马克思主义历史观是无产阶级的自我意识,的确"是我们这个时代唯一不可超越的哲学"。马克思仍然活着,并与我们同行。

这本著作的"腹稿"是从2009年开始"草拟"的,但这本著作"手稿"的写作却是从2012年中秋节开始的。2012年中秋的月亮分外圆,高高地悬挂在天空中,安静、平静、清静乃至"冷"静,看着它,一种恍然如梦的舞台感油然而生,至今仍在脑海中萦绕。所以,当这本著作的"定稿"端放在写字台上时,我心中想的并不是这本著作本身,它既是定稿,它就只能是这样了。此时,我的思绪却和苏轼的中秋词《水调歌头》联系起来了。

  宋朝诗评家胡仔认为,"中秋词自东坡《水调歌头》一出,余词尽废"。在这首"余词尽废"、千古绝唱的中秋词中,苏轼持杯望月,由人及月,由月及人,他的遐思与凝想,他的感叹与遗憾,他的忧郁与期待,他的眼中景、意中事与胸中情……全都在这首词中表达出来了。在这首词中,苏轼把自己的遗世独立意识和往昔的神话传说融为一体,寄寓着"出世"与"入世"的双重心理活动,并在人的悲欢离合、月的阴晴圆缺中渗透着凝重的哲学思考。这是一个自然与社会高度契合的艺术作品,既揭示了"复绝尘寰的宇宙意识",又抛弃了"在神奇的永恒面前的错愕"心态(闻一多),词意游走于天上人间之中,才情穿越于时空环境之外,我深深地领悟到其中蕴含的深刻的哲理:我欲乘风归去,又恐琼楼玉宇,高处不胜寒;人有悲欢离合,月有阴晴圆缺,此事古难全……在我看来,这就是规律,人生的规律。

杨　耕
2012 年 11 月于北京世纪城时雨园

第二版后记

呈现在读者面前的这部著作,即《重建中的反思:重新理解历史唯物主义》,是我的《"危机"中的重建:历史唯物主义的现代阐释》的"修正"、深化和拓展。1995年,我出版了《"危机"中的重建——历史唯物主义的现代阐释》,力图在"重读"马克思的基础上"重建"历史唯物主义。在这以后的20年间,我又一直对我的这种"重建"进行"反思",力图在一个新的基础上重新理解历史唯物主义。所以,这部著作定名为《重建中的反思:重新理解历史唯物主义》。

《重建中的反思:重新理解历史唯物主义》又是我2012年出版的《马克思主义历史观研究》的第二版。同"第一版"相比,"第二版"有较大的变化:一是删去了"第一版"的第一章"马克思主义历史观的双重职能",增加了现在的导论"唯物主义的历史形态与历史唯物主义的理论特征",这一部分集中体现了我的历史唯物主义研究的新成果,即确认历史唯物主义是一种"唯物主义的世界观""真正批判的世界观";二是增加了现在的第六章"价值尺度与历史尺度",这一部分集中体现了我的历史唯物主义研究的新领域,并确认历史唯物主义是历史观与价值观、世界观与价值观的统一;三是调整了"第一版"的第七章"意识与意识形态批判"、第八章"实践反思与'从后思索'",增加了"意识形态批判与资本批判的统一""历史认识论:历史唯物主义的理论生长点"等方面的内容,并确认历史唯物主义是知识形态与意识形态的统一、意识形态批判与资本批判的统

一、本体论与认识论的统一;四是在"附录"增加了"历史唯物主义:基于概念史的考察与审视""重新理解斯大林与卢卡奇的本体论思想"两部分,以使读者进一步了解这部著作的主导思想。

无论是"危机中的重建",还是"重建中的反思",我都深深地体会到历史唯物主义博大精深,深深地体会到马克思创立历史唯物主义是一个艰难曲折的思想登山之路。认识自然,难;认识社会,更难。当一门门自然科学像繁星一样布满在科学的"太空",使人类智慧之光照射到自然界的深处,不断发现自然规律时,人类对自己及其历史的认识却仍然停留在表层,历史规律仍然在人们的视野之外。在马克思之前,唯心主义在历史观中独占鳌头,一统天下几千年。

马克思是"普罗米修斯",使唯物主义之光终于照射进了历史领域。从空间上看,唯物主义自然观与唯物主义历史观相距很近;从时间上看,唯物主义历史观与唯物主义自然观又相距很远,从唯物主义自然观的产生到唯物主义历史观的创立,人类整整经过了两千多年的心路历程,可谓"咫尺天涯"。马克思划时代的贡献首先就在于,他科学地解答了人与自然、人与社会的关系,即人与世界的关系问题,创立了历史唯物主义,从而消除了"物质的自然"与"精神的历史"对立的神话,实现了唯物主义自然观和唯物主义历史观的统一、唯物主义与辩证法的融合,并终结了"形而上学"。"历史唯物主义是我们这个时代唯一不可超越的哲学。"萨特的这一评价公正而中肯。

1986年,汪永祥教授把我领进了我向往已久的中国人民大学哲学系攻读硕士学位,学习、研究历史唯物主义。从那时到现在,时间已经过去了整整30年。30年间,我的"身份"处于不断的转换中,思想也处在剧烈的变化中,但我"咬定青山不放松"(郑板桥),哲学研究始终聚焦在历史唯物主义上。所以,在这部研究历史唯物主义的新著即将出版之际,我不由自主地想起了我的领路人、我的导师汪永祥教授。此时,他已"生活"在另一个世界了。人的一生忘记的是大量的事、多数的人,记住的是少量的事、少数的人,融入生命中的只是个别的人。汪永祥教授就是融入我的生命中的人。我忘不了他的音容笑貌、喜怒哀乐,忘不了他的谆谆教诲、殷切希望,忘不了在我的人生转折关头他对我"严父"般的指点和"慈母"般的关心……我深深地怀念汪永祥教授。"要是没有你,我在这里就陷入一片虚无。"(《天真汉》)

杨　耕

2016年3月于北京世纪城时雨园

第三版后记

呈现在读者面前的这部著作,是我的《马克思主义历史观研究》的第三版(以下简称"第三版")。

2000年,我在《安徽大学学报(哲学社会科学版)》第5期发表了《法国唯物主义的两个派别及其启示——兼论历史唯物主义的世界观意义》,以重新考察法国唯物主义的理论特征为契机,重新审视了唯物主义的历史形态和历史唯物主义的理论空间,初步提出一个不同于传统观点的新观点,这就是,从理论主题的历史性转换这一视角来看,唯物主义在其发展过程中经历了三个历史阶段,形成了三种历史形态,即自然唯物主义、人本唯物主义和历史唯物主义;围绕着"人类解放何以可能"这一理论主题,历史唯物主义深入考察了"人们的实践活动和实际发展过程",全面阐述了人与自然的关系和人与社会的关系,即人与世界的关系,从而展示了一个新的理论空间,一个自足而又完整、唯物而又辩证的世界图景;历史唯物主义不仅是"唯物主义历史观",更重要的,是"唯物主义世界观",一种内含着"否定性的辩证法"的"真正批判的世界观"。之后,我又发表了一系列论文进一步论证和阐述了这一新的观点。《马克思主义历史观研究》第二版(以下简称"第二版"),即《重建中的反思:重新理解历史唯物主义》就是这些研究成果的总结、概括和升华。

《重建中的反思:重新理解历史唯物主义》出版于2016年,至今已5年。5年来,尽管我对历史唯物主义的研究有所深化,观点有所变化,但我对历史唯物主义的总体认识没有改变,对《重建中的反思:重新理解历史唯物主义》的核心观点没有改变,即历史唯物主义是"唯物主义世界观"和"真正批判的世界观"。因此,"第三版"继承并坚持了"第二版"的核心观点,延续并维持了"第二版"基本的理论格局和总体的理论框架。也正因为如此,我把这部著作仍然命名为《重建中的反思:重新理解历史唯物主义》。

但是,"第三版"对"第二版"做了一次全面的技术性修订:一是对"第二版"的主要范畴作了全面修订,以使范畴的内涵更加明晰;二是对"第二版"的文字作了全面修订,以使文字表述更加准确;三是对"第二版"的标点符号作了全面修订,以使标点符号的使用更加规范;四是增加了一些重要论据,从而使论证更加充分;五是对"第二版"的引文作了全面核对,以使引文准确无误。可以说,几乎在"第二版"的每一页都留下了修改的痕迹。

同时,"第三版"对"第二版"的附录作了较大的调整:一是删去了第二版的"附录二 重新理解斯大林与卢卡奇的本体论思想";二是保留了"第二版"的"附录三 唯物主义历史观研究:问题、观点与思路",并把它调整为"第三版"的附录一;三是增加了"重新审视唯物主义的历史形态和历史唯物主义的理论空间——重读《神圣家族》""历史唯物主义:哲学理论主题的根本转换与理论空间的重新建构——在日本一桥大学的演讲""重读马克思与走进马克思——我的学术自述",分别作为"第三版"的附录二、三、四。之所以作出这样的调整,是为了使读者更加了解我的历史唯物主义研究的进程和特征。

正因为如此,我把这部著作"定性"为《重建中的反思:重新理解历史唯物主义》"第三版"。

感谢华东师范大学出版社社长王焰编审的理解和支持,将"第三版"列入出版计划;感谢社项目部主任朱华华副编审精心组织"第三版"的编辑、出版工作,并和张婷婷编辑一起,担任本书的责任编辑,高质量地完成了"第三版"的编辑工作;感谢北京师范大学出版集团杜丽娟编辑不辞辛劳,打印了"第三版"的全部书稿,并核对了全部引文。没有她们的理解、支持、劳动,这部著作的思想只能成为我的个人意识,而不可能转化为社会意识。这使我想起了马克思在《1844年经济学哲学手稿》中所说的一段至理名言:"甚至当我从事科学之类的活动,即从事一种我只是在很少情况下才能同别人直接交往的活动的时候,我也是社会的,因为我是作为人活动的。不仅我的活动所需的材料,甚至思想家用来进行活动的语言本身,都是作为社会的产品给予我的,而且我本身的存在就是社会的活动;因此,我从自身所做出的东西,是我从自身为社会做出的,并且意识到我自己是社会存在物。"

人是社会存在物,个人总是"社会个人"。社会可以离开任何一个人,但任何一个人都不可能离开社会,"我们都是集体性的人物"(歌德)。个人只有在推动社会、集体发展的过程中才能求得个人的自我发展,才能实现个人的自我价值。仅凭"自我",个人什么也实现不了。在我看来,"我就是我",是一句貌似高深、实则毫无内容的空话,或者说,是一句貌似高深、实则毫无意义的废话。任何一个"我"都必然生活在一定的社会关系中,并受到这种特定的社会关系的制约和支配。"不管个人在主观上怎样超脱这种关系,他在社会意义上总是这些关系的产物。"(马克思)这就是说,有什么样的社会关系,就有什么样的"我"。人的本质不是单个人所固有的抽象物,在其现实性上,它是一切社会关系的总和,"那就是我"。

我的近40年的历史唯物主义研究成果,集中体现在《危机中的重建:唯物主义历史观的现代阐释》和《重建中的反思:重新理解历史唯物主义》这两部著作中。此次,这两部著作作为《杨耕文集》的第3、4卷一同由华东师范大学出版社出版,让我心存感激,浮想联翩……《重建中的反思:重新理解历史唯物主义》第二版出版于2016年,至今已过去5年;《危机中的重建:唯物主义历史观的现代阐释》第二版出版于2011年,至今已过去整整10年。5年来、10年来,尽管我的"社会角色"不断转换,人生体悟不断深化,但我对哲学依然"一往情深"、不离不弃,依然在哲学这块古老的土地上"走四方",依然"一个人走在荒野上,默默地向着远方",我把"梦想刻在远方"(《走四方》)。此时,我不由自主地想起了汪国真的诗句:

> 我不去想是否能够成功,
> 　既然选择了远方,
> 　便只顾风雨兼程。

杨　耕

2021年10月于北京世纪城时雨园